Migrationsforschung als Kritik?

Paul Mecheril • Oscar Thomas-Olalde
Claus Melter • Susanne Arens
Elisabeth Romaner (Hrsg.)

Migrationsforschung als Kritik?

Spielräume kritischer
Migrationsforschung

 Springer VS

Herausgeber
Prof. Dr. Paul Mecheril
Carl von Ossietzky Universität
Oldenburg, Deutschland

Dipl.-Päd. Susanne Arens
Carl von Ossietzky Universität
Oldenburg, Deutschland

Mag. Oscar Thomas-Olalde
Universität Innsbruck, Österreich

Mag. a. Elisabeth Romaner
Universität Innsbruck, Österreich

Prof. Dr. Claus Melter
Hochschule Esslingen, Deutschland

ISBN 978-3-531-18621-4   ISBN 978-3-531-19144-7 (eBook)
DOI 10.1007/978-3-531-19144-7

Die Deutsche Nationalbibliothek verzeichnet diese Publikation in der Deutschen Natio-
nalbibliografie; detaillierte bibliografische Daten sind im Internet über http://dnb.d-nb.de
abrufbar.

Springer VS
© Springer Fachmedien Wiesbaden 2013

Lektorat: Anita Konrad, Innsbruck

Gedruckt auf säurefreiem und chlorfrei gebleichtem Papier

Springer VS ist eine Marke von Springer DE. Springer DE ist Teil der Fachverlagsgruppe
Springer Science+Business Media.
www.springer-vs.de

Inhalt

2. Kritik konkret: Schlaglichter empirischer Migrationsforschung

Migrationsforschung als Kritik?
Erkundung eines epistemischen Anliegens in 57 Schritten

Paul Mecheril / Oscar Thomas-Olalde / Claus Melter / Susanne Arens / Elisabeth Romaner

Migration als altes und neues Phänomen

1) Die Idee der Kritik, die die im vorliegenden Buch versammelten Analysen orientiert, verfolgt das Anliegen, Herrschaftsstrukturen zu untersuchen. Dabei ist für die Perspektive „Migrationsforschung als Kritik?" das Fragezeichen konstitutiv. Es verweist darauf, dass die Praxis der Kritik sich nicht mit Hilfe von aus verallgemeinerbaren normativen Prinzipien gewonnenen, unumstößlichen Kriterien auf den Begriff bringen lässt. Diese allgemeine Überlegung zum Kritikbegriff wird im zweiten Abschnitt entwickelt und als das Moment erläutert, an dem sich jene Migrationsforschung orientiert, die wir (die HerausgeberInnen) mit Gründen präferieren.

Zuvor wollen wir uns dem weiten Feld der Migrationsforschung in drei Schritten nähern. Zunächst kennzeichnen wir Universalität und Aktualität der Migration und beleuchten in einem zweiten Schritt den Umstand, dass Migrationsforschung ihren Gegenstand nicht schlicht abbildet, sondern selbst als soziale Praxis und insbesondere als Normalisierungspraxis betrachtet werden muss, die Migration als das Außergewöhnliche hervorbringt. Im dritten Abschnitt diskutieren wir unter der Bezeichnung Nicht-Ausländerforschung jene Ansätze der Migrationsforschung, die sich kritisch gegen die Besonderung der Migration wenden und fragen daran anschließend nach dem grundlegenden Gegenstand der Migrationsforschung. Dieser findet sich unseres Erachtens in dem Verhältnis, das Individuen zu natio-ethno-kulturellen Ordnungen eingehen und eingehen müssen, in den politischen und kulturellen Kämpfen, den empirischen Ausprägungen, den Veränderungen und Beharrlichkeiten dieses Verhältnisses. Migrationsforschung hat es also mit einem relationalen Gegenstand zu tun.

2) Um das Feld der Forschungen zu Migration betrachten und kommentieren zu können bezeichnen wir es im Weiteren in einer Zusammenhangssuggestion als

Feld *der* Migrationsforschung. Dieses Feld zeichnet sich mittlerweile etwa im Hinblick auf behandelte Thematiken, methodologische Perspektiven, Referenztheorien, wissenschaftstheoretische Selbstverständnisse oder paradigmatische Vorannahmen durch Vielschichtigkeit und Komplexität aus. Dies ist einerseits dem Grad der Komplexität des Gegenstandes selbst geschuldet (z. B. Hoffmann-Nowotny 1994: 390), andererseits aber wohl auch dem diskursiven Kampf darum, was unter Migration verstanden werden und zum Ausdruck kommen soll. Bestimmungsversuche von Migration erweisen sich hierbei als durchaus schwierig, da sie oftmals entweder so abstrakt sind, dass sie kaum Aussagekraft haben (wenn Migration allgemein als „Wanderung" oder „Mobilität" bestimmt wird, ohne dass dabei etwa Zugehörigkeitsordnungen, Diskriminierungs- und Machtverhältnisse oder Grenzregime thematisch werden) und/oder so speziell gehalten sind, dass viele Facetten und Phänomene unthematisiert bleiben (wenn beispielsweise Migration auf die sogenannte Arbeitsmigration oder reguläre Migration beschränkt wird).

Migrationsbewegungen stellen eine kontemporäre Grunderfahrung dar (vgl. etwa Middell/Middell 1998). Die Gegenwart kann also mit guten Gründen unter der Perspektive Migrationsgesellschaft untersucht und diskutiert werden, da Phänomenen der Überschreitung kulturell, juristisch, lingual und (geo-)politisch signifikanter Grenzen unter Bedingungen der Gegenwart weltweit (gewiss jedoch in unterschiedlicher Weise) sehr große Bedeutung zukommt. Migrationsphänomene und die sich um sie rankenden politischen, kulturellen und wissenschaftlichen Auseinandersetzungen stellen die Funktionalität und Legitimität gesellschaftlicher Realität auf den Prüfstand, stärken sie und unterziehen sie Wandlungsprozessen.

3) Praxen und Phänomene, wie sie heute unter dem Begriff Migration zum Thema werden, stellen historisch betrachtet indes keine neuen Erscheinungen dar. Migration als Ausdruck von Veränderungen, Wandel und Bewegung in Form und als Folge der Mobilität von Personen(-gruppen) (vgl. Hoffmann-Nowotny 1994: 388f.) ist vielmehr eine durchgängige historische Tatsache. Auch wenn in öffentlichen Diskursen nicht selten Migrationsphänomene als das Besondere und Außergewöhnliche behandelt werden, finden sich hinreichende Hinweise auf die Allgemeinheit und Gewöhnlichkeit von Migration. In einem Überblicksartikel zur Migrationssoziologie merkt Hans-Joachim Hoffman-Nowotny an, dass Migration in Form (nomadischen) Wanderns durch „den weitaus größten Teil der Geschichte" gar die „eigentliche Existenzform des Menschen" darstellt, die erst im Zuge der „neolithischen Revolution" durch Sesshaftigkeit abgelöst wurde (Hoffmann-Nowotny 1994: 388). Obwohl die dichotome Gegenüberstellung von Sesshaftigkeit versus Mobilität irreführend ist, wird deutlich, dass Mobilität (in Re-

lation zu spezifischen Formen von Sesshaftigkeit) einen historischen Normalfall darstellt. Migration als „historisches und anthropologisches Kontinuum" (Düvell 2006: 202) stellt eine universelle menschliche Praxis dar.

4) Gleichwohl konstituieren Migrationsbewegungen heutige gesellschaftliche Formationen in einer besonderen Art und Weise – quantitativ wie qualitativ. Formen, Eigenschaften, Ver- und Ausbreitung von Migration sowie ihre gesellschaftlich-diskursiven Thematisierungen haben sich gewandelt. So werden beispielsweise in den letzten Jahren durch den Anstieg des Bedarfs nach persönlichen Dienstleistungen etwa in den Bereichen Haushalt und Pflege in relativ wohlhabenderen Kontexten transnationale und transkontinentale Migrationsbewegungen insbesondere von Frauen forciert. Die Feminisierung von Migration, etwa in transnationalen Versorgungsketten, wird hierbei von einer migrationspolitischen Abgrenzungspolitik gerahmt, die diese Arbeitsleistung nicht selten in Illegalität abdrängt (vgl. Lutz/Palenga-Möllenbeck 2011).

Migrationsphänomene stellen eine entscheidende Antriebsquelle gesellschaftlichen Wandels dar. Damit verbunden sind Transformationen, die auf eine dynamische Art und Weise gesellschaftliche und politische Machtverhältnisse widerspiegeln oder hervorrufen sowie zugleich befestigen und destabilisieren. Verschiedene Formen und Prozesse gesellschaftlichen Wandels wiederum ermöglichen neue Formen der Migration, insbesondere die sogenannte transnationale Migration gilt als gegenwärtig (und zukünftig) besonders relevante Form.

5) Wenn im klassischen migrationssoziologischen Modell der Immigration/Emigration die Erfahrung des Wechsels von Existenzformen im Fokus steht, gewinnt im Rahmen gegenwärtiger Migrationsprozesse jener Umstand an Bedeutung, dass Übergang und Wechsel selbst, das Pendeln, das faktisch-imaginative Bewegen zwischen Zugehörigkeitskontexten sowie Mehrfachzugehörigkeiten zu einer verbreiteten, gleichwohl etwa nach Klassen- und Geschlechtszugehörigkeit variierenden Existenzform geworden ist. Die Bezeichnung „transnational" verweist darauf, dass im Zuge von Migrationsprozessen soziale Räume entstehen, die sich von traditionellen nationalen Lebenskontexten unterscheiden und in denen Variationen der Möglichkeit von Verbundenheit und Zugehörigkeit zu mehreren national-kulturellen Kontexten die Normalform darstellen (vgl. etwa Pries 2010a, 2010b). Damit werden „Lebensformen, Erfahrungswelten und Identifikationsmuster, die sich nicht an einem nationalen Kontext (allein) festmachen lassen" (Mayer 2005: 18), adressiert.

6) Die Kennzeichnung von Migrationsbewegungen als transnational bezieht sich freilich auf jene historisch einschneidende Unterscheidungspraxis, die durch die Nationenbildung und das Modell des Nationalstaats im 18. und 19. Jahrhundert eingeführt wurde: ohne national(staatlich)e Unterscheidungen keine transnationalen Phänomene. Zugleich stellen transnationale Bewegungen und Existenzformen die klassifikatorische Logik nationalstaatlicher Unterscheidungen in Frage. Transnationale Migration ist zudem „unentwirrbar mit den sich verändernden Bedingungen des globalen Kapitalismus verbunden. Sie muss daher im Kontext der globalen Beziehungen zwischen Kapital und Arbeit analysiert werden" (Han 2006: 155).

Die (neoliberale) Entgrenzung von Finanzkapital, Produktionsverhältnissen und Arbeitsabläufen, deren aktuelle Varianten unter Begriffen wie Globalisierung und Deregulierung debattiert werden, gehen mit neuen Formen der Migration einher (vgl. Düvell 2006: 200ff.). Es ist davon auszugehen, schreibt Petrus Han, „dass der Transnationalismus der Gegenwart [...] einen neuen Typus von Migrationserfahrungen markiert, der die zunehmende globale Durchdringung des Kapitals widerspiegelt" (Han 2006: 155f.).

Migrationsforschung als Normalisierungspraxis: historisch-systematische Anmerkungen

7) Obwohl jede Geschichte „immer auch Migrationsgeschichte" (Gogolin/Krüger-Potratz 2006: 28) ist, wurde Migration in den politisch-historischen Selbstbeschreibungen wie in den wissenschaftlichen (Sub-)Disziplinen, die für das Historische zuständig sind, zumeist ausgeblendet. Letztlich ist diese Ausblendung der Migrationstatsache aus der allgemeinen Geschichtsschreibung Teil der Geschichte, die über die Geschichtsschreibung zu schreiben wäre. Auch wenn bestimmte Facetten und Topoi von Migration – z. B. in der Formulierung „Völkerwanderung" – zuweilen Erwähnung finden (vgl. Hoffmann-Nowotny 1994: 389), bleibt die durch Migrationsbewegungen konstituierte historische Realität in Darstellungen, die ein Allgemeines zu repräsentieren beanspruchen, bis heute weitgehend unsichtbar. Für die zeitgeschichtliche Forschung schreiben Esch und Poutrus:

> Überdeutlich wird die Tendenz zur Segregation der Migration innerhalb der deutschen Zeitgeschichte, wenn man den Stellenwert dieses Themas in neueren Gesamtdarstellungen zur deutsch-deutschen Nachkriegsgeschichte [...] bzw. zur Geschichte der ‚Bonner Republik' betrachtet [...]. In diesen überwiegend politikgeschichtlichen Werken werden die durch Migration hervorgerufenen gesellschaftlichen Veränderungen zwar nicht geleugnet [...], aber letztlich doch nur am Rande behandelt. (Esch/Poutrus 2005: 1)

Hinsichtlich pädagogischer Geschichtsschreibung kann ein ähnlicher Umgang mit Migration konstatiert werden. Marianne Krüger-Potratz (2005) verweist auf historische Verkürzungsmomente. Die Geschichte der Interkulturellen Pädagogik – jener erziehungswissenschaftlichen Subdisziplin, die in Deutschland für das Themenfeld Migration und Bildung zuständig ist – beginnt mit zunächst einzelnen fachwissenschaftlichen Debatten Ende der 1960er Jahre. Diese „Stunde Null" basiert jedoch auf der Ausblendung der historisch deutlich weiter zurückreichenden, generellen Geschichte des pädagogischen Umgangs mit (migrationsbedingter) Heterogenität. Auch die Verwandtschaft von pädagogischen Konzepten der Nachkriegszeit oder der Weimarer Republik mit Erziehungstheorien im Kontext von Kolonialismus und Nationalsozialismus wird selten empirisch und theoretisch zu erfassen gesucht (vgl. Lamparter 1999; Ortmeyer 2010). Es wird ersichtlich, dass nicht nur die Maßnahmen, die darauf zielen, Heterogenität zum Verschwinden zu bringen, wiederkehrend Verwendung finden, sondern auch die Muster der Legitimation der Exklusion (vgl. Krüger-Potratz 2005: 62ff.).

Diese Zusammenhänge werden in der Regel jedoch nicht als Geschichte des pädagogischen Umgangs mit „Migrationsphänomenen" behandelt (vgl. ebd.). Diese Dethematisierung von Migration schafft mithin erst die Voraussetzung dafür, dass der Eindruck entsteht, Migration sei zeitlich oder räumlich ein gesellschaftlich neues und historisch besonderes Vorkommnis. In Darstellungen zur Geschichte der Pädagogik und Erziehungswissenschaft ist beispielsweise wenig über den Beitrag pädagogischer Einrichtungen zur Konstruktion von nationaler Identität und migrationsgesellschaftlicher Differenz zu lesen. Dieses Thema wird etwa in dem Einführungsbuch von Harney und Krüger (2006) bestenfalls zwischen den Zeilen angesprochen. In der „Geschichte der Pädagogik" (Benner/Brüggen 2011) findet sich zwar ein Abschnitt mit der Überschrift „Erziehung – Staat – Staatserziehungswissenschaft", die Frage des Beitrags von Erziehung zur (wirkmächtigen) gesellschaftlichen Imagination einer (staatsbürgerlichen) nationalen Identität und den damit verbundenen Ausschlussmechanismen wird jedoch nicht behandelt. Stattdessen geht es um Fragen „staatlicher Bevormundung des Einzelnen" versus „Fragen des gemeinschaftlich Besten" sowie die damit verbundenen staatlichen Regulierungen von Erziehung („Staatserziehungswissenschaft"; ebd. 118ff.). Auch in den Darstellungen zur Entwicklung des Schulwesens finden sich keine Hinweise auf das Migrationsthema (vgl. ebd. 232ff.). Diese Unsichtbarkeit und mangelnde Aufmerksamkeit für die differentielle, nationalstaatlich gefasste Erzeugung des und der politischen Anderen und Nicht-Anderen, beispielsweise durch die nationalstaatlich gerahmte Schule (vgl. Schiffauer et al. 2002), wird einer Perspektive, die um die lange Geschichte des Verhältnisses von Erziehung/ Bildung und Migration weiß, zum Problem (Krüger-Potratz 2005: 55f.; 62ff.).

8) Die systematische wissenschaftliche Thematisierung von Migration im amtlich deutschsprachigen Raum stellt eine eher junge Erscheinung dar. Von der Ausdifferenzierung einer eigenständigen Migrationsforschung kann erst für den Zeitraum der letzten 25 Jahre gesprochen werden. Der Beginn der Migrationsforschung ist mit jener gesellschaftlichen Konstellation verknüpft, die aus der sogenannten Gastarbeiteranwerbung und der damit verbundenen Einwanderung entstand. Gegenüber dieser „neuen" Migration hat sich die deutsche Öffentlichkeit und Politik zunächst beharrlich ignorant verhalten, sodann überrascht gezeigt und in dieser Überraschung die Vorstellung von Migration als neues, besonderes und gewissermaßen dramatisches Phänomen (mit-)erzeugt.

9) Die (wissenschaftliche) Thematisierung von Migration bezeichnet kein „neutrales" Sprechen, welches einen vorgängigen und gegebenen Gegenstand schlicht untersucht. Vielmehr handelt es sich hier – wie bei jeder (wissenschaftlichen) Sprachpraxis – um ein (re-)konstruktives Tun, das ihren Gegenstand in einer ganz spezifischen Weise hervorbringt, bestätigt und/oder verändert. Mit der Enthistorisierung erscheint im Rahmen der wissenschaftlichen Thematisierung von Migration diese als historisch und gesellschaftlich besonderer Fall, oft sogar als Problemfall. Gerade dadurch werden nicht-migrantische Lebens- und Gesellschaftsverhältnisse zum Normalfall stilisiert und implizit zum Maßstab erhoben, an dem Migrationsphänomene wahrgenommen, eingeschätzt und beurteilt werden.

10) Der wissenschaftliche Diskurs über Migration hat sich in unterschiedlichen Wissenschaftsdisziplinen entwickelt und dort mitunter spezifische Teilbereiche hervorgebracht wie z. B. die „Migrationssoziologie" oder die „Interkulturelle Pädagogik". Prominente Orte der wissenschaftlichen Thematisierung von Migration sind die Bevölkerungswissenschaften und die Demographie, aber auch die Geographie, die Geschichts-, Politik-, Rechts- und Wirtschaftwissenschaft, Ethnologie, Geschlechterforschung, Sprach- und Literaturwissenschaften, Medizin, Psychologie und Erziehungswissenschaft (vgl. Bommes 2011b: 36). Nicht zuletzt aufgrund der relativ kurzen Geschichte und der Heterogenität der Ansätze fällt es schwer, von Migrationsforschung als einem bereits etablierten und klar bestimmbaren Wissenschaftszusammenhang zu sprechen. Andererseits wird gerade diese Heterogenität bzw. Interdisziplinarität als Bestimmungsmerkmal der sich etablierenden Migrationsforschung verstanden (Bommes 2011a: 11). Migra-

tion ist ein Forschungsgebiet, das die Zuständigkeit einer Vielzahl von Disziplinen aufruft. Aktuell wird sie oft als inter- und multidisziplinärer Forschungszusammenhang dargestellt, befördert über die Ausdifferenzierung entsprechender
Subdisziplinen. Mittlerweile zeigen nicht nur unterschiedliche Foren und For-
schungszusammenhänge den diversifizierten Status der Migrationsforschung an,
sondern es finden sich auch Ansätze und Momente, Migrationsforschung paradigmatisch auszudifferenzieren, etwa in Versuchen der Etablierung einer Kritischen Migrationswissenschaft. Exemplarisch sei hier das Forum Empirische Migrationsforschung genannt.[1]

11) Migration(-sforschung) fungiert gewissermaßen als ein Katalysator von Bin-
nendifferenzierungen vieler Wissenschaftsdisziplinen und liegt zugleich quer zu
den Disziplinen. Die disziplinäre „Querstellung" des Migrationsthemas erweist
sich als charakteristisch und wiederholt sich auch innerhalb der einzelnen Disziplinen, was etwa an der Soziologie gezeigt werden kann. Die Folgen der Migration, schreibt Michael Bommes (2011b: 36), bestehen darin, dass

> [...] Migranten in den Zielregionen meist in allen relevanten sozialen Kontexten, der Ökono-
> mie, der Politik, dem Recht, der Erziehung, der Gesundheit, dem Sport, der Massenmedien
> oder der Religion individuell oder als Familien sozial in Erscheinung treten. Migrationsso-
> ziologen müssen damit zugleich immer auch Familien-, Erziehungs-, Jugend- oder Rechtsso-
> ziologen, Arbeitsmarktforscher, Betriebs-, Industrie oder Organisationssoziologen, Ungleich-
> heitsforscher, Konfliktsoziologen, Politikwissenschaftler oder Staatstheoretiker usw. sein.

Eine Perspektive, die migrationsgesellschaftliche Realität allein als das soziale Erscheinen der MigrantInnen versteht, leistet einen reduktiv bedeutsamen, da
maskierten Beitrag zur Reproduktion institutioneller Logiken, die „Migranten"
und „Migrantinnen" als fremde, neue Elemente ansprechen und konstituieren.
Dennoch wird die Aufgabe der Migrationsforschung, wenn wir sie über die Soziologie hinausreichend verstehen, deutlich: MigrationsforscherInnen sind in ihrem Tun damit konfrontiert, dass der Gegenstand von ihnen verlangt, immer auch
bildungs- und erziehungswissenschaftliche, soziologische, politikwissenschaft-
liche, psychologische und kulturwissenschaftliche Perspektiven einzubringen.

12) Die Forschungstätigkeiten, die innerhalb des relativ kurzen Zeitraums der noch
andauernden Ausdifferenzierung der Migrationsforschung stattgefunden haben,
sind umfangreich und vielfältig (vgl. z. B. Bommes 2011b; Bukow/Heimel 2003;
Treibel 1999). Auch ein Blick auf entsprechende Institutionen, Forschungs- und
Publikationslandschaften verdeutlicht dies eindrücklich. Die Ausweitung wissen-

---

1   Internet: http://empirische-migrationsforschung.de

schaftlicher Studien und die Institutionalisierung des Forschungsfeldes signalisieren, dass das Thema Migration mittlerweile im Zentrum des gesellschaftlichen Interesses (an sich selbst) angekommen ist – zumindest ist es auf dem Weg dorthin. Die Art und Weise, wie Migration dort in Erscheinung tritt und inszeniert wird, verdeutlichen aber auch, dass sie in dieser neuen Zentralität nach wie vor „besonders" (geblieben) ist. Dies zeigt sich etwa darin, dass Migration und Migrationsforschung disziplinär betrachtet bis heute häufig Subdisziplinen oder Teilbereiche darstellen: Migrationssoziologie etwa wird als „spezielle Soziologie" betrieben, die der „Allgemeinen Soziologie" gegenübergestellt ist (vgl. exemplarisch die Struktur des zweibändigen Werkes von Kerber/Schmieder 1991/1994). Dies leistet einer Auffassung Vorschub, nach der sich das Gegenstandsfeld der „Migrationssoziologie" von jenem der „Allgemeinen Soziologie" unterscheidet. Sowohl die soziologische Befassung mit dem Allgemeinen ist in diesem Verständnis von der Befassung mit Migrationsbewegungen zu trennen, als auch die vermeintlich mit dieser disziplinären Ordnung korrespondierenden Objektbereiche „Gesellschaft im Allgemeinen" versus „Gesellschaft im Speziellen". Ähnlich wurde im Kontext von Pädagogik und Erziehungswissenschaft die Ausdifferenzierung der „Interkulturellen Pädagogik" kritisch kommentiert (vgl. Krüger-Potratz 2005), stärkt diese Ausdifferenzierung unter anderem doch die irrige Auffassung, dass das Allgemeine, das in der Allgemeinen Erziehungswissenschaft behandelt werde, ein von (migrationsgesellschaftlicher) Differenz bereinigtes Allgemeines sei (vgl. Mecheril 2006).

13) Als „Ausländerforschung" bezeichnen wir jene in begrifflicher, disziplinärer und methodologischer Hinsicht zwar disparaten Ansätze, denen jedoch eines gemeinsam ist: Sie verstehen Migrationsforschung in erster Linie als Untersuchung der Situation von AusländerInnen, MigrantInnen oder Menschen mit Migrationshintergrund (usw.). Damit affirmieren sie direkt oder indirekt die Realität gegebener, den Handlungsspielraum von MigrantInnen (etc.) konstituierender sozialer, politischer, kultureller und rechtlicher Verhältnisse. Dieser Auffassung folgend stellen so unterschiedliche Ansätze wie die der Assimilations- und Integrationsforschung jene Migrationsforschung, die dem Humankapitalansatz verpflichtet ist, als auch die historische Gastarbeiterforschung immer dann „Ausländerforschung" dar, wenn sie sich ausschließlich und einseitig auf die Bedingungen gelingender Eingliederung von MigrantInnen in bestehende, direkt oder indirekt als gegeben geltende Ordnungen beziehen.

14) Der – freilich zeitversetzte – wissenschaftliche Bezug auf die Einwanderung im Zuge der Anwerbeankommen in den 1960er/1970er Jahren wird in der Regel als Beginn der Migrationsforschung im deutschsprachigen Raum angesetzt. Unbesehen der oben genannten Probleme, die mit dieser Setzung verbunden sind, machen einige Entwicklungslinien deutlich, dass der Wandel der Forschung eng gekoppelt an bedeutsame gesellschaftliche Entwicklungen und Diskurse stattgefunden hat (vgl. Bukow/Heimel 2003).

Die Migrationsforschung machte als Gastarbeiterforschung gewissermaßen ihre ersten Schritte und beschäftigte sich v. a. aus sozialarbeiterischer Sicht mit den sozialen und psychischen Folgen des Lebens in der sogenannten Fremde. Dabei ist sie oft nicht eindeutig vom sozialarbeiterischen und politischen Engagement zu trennen, wenn z. B. die wissenschaftliche Beschäftigung mit der Lebenssituation der ArbeitsmigrantInnen es erfordert, zugleich politisch Position zu beziehen und beispielsweise für die Abschaffung von Notunterkünften und die Bereitstellung von Wohnraum zu plädieren (vgl. ebd. 15).

15) Als Ausländerforschung steht Migrationsforschung in den 1970er Jahren bereits zunehmend im Zeichen von Assimilations- und Integrationsdiskursen. Unter diesen Vorzeichen versucht sie, die Bedingungen für eine gelungene Eingliederung zu erkunden, was insbesondere Erziehungs- und SprachwissenschaftlerInnen „auf den Plan" ruft (ebd.). Der Begriff Migrationsforschung selbst kommt im Lauf der 1980er Jahre auf. Das dominierende Thema der Forschung lautet nun: Fremdheit. Verbunden damit wird insbesondere durch Soziologie und Ethnologie die „Ethnizität" der „Fremden" entdeckt, die nicht zuletzt als Erklärung für das „Integrationsproblem" herangezogen wird (ebd. 16). Zugleich wird erstmals auch massive Kritik an dieser Sichtweise erhoben (z. B. Auernheimer 1998). Zunehmend rücken in der Folge einzelne Bevölkerungsgruppen in den Fokus der Migrationsforschung. Im Kontext der Entwicklung der EU werden türkisch etikettierte Personengruppen und andere Nicht-EU-EinwanderInnen prominent und wiederkehrend hervorgehoben. Dies geschieht nicht zufällig, sondern muss mit der Konstruktion einer europäischen Identität in Abgrenzung zu ihrem Anderen in Verbindung gebracht werden (vgl. Attia 2009). Generell rücken nun vermehrt Fragen „kultureller Identität" in den Vordergrund und wirken über (forschungsunterstützte) Selbst- und Fremdethnisierungsprozesse auf gesellschaftliche Zugehörigkeitsverhältnisse (vgl. Bukow/Heimel 2003). Trotz der in den 1990er Jahren stark zunehmenden rassistischen Gewalt und der durchaus erschrocknen öffentlichen Reaktionen darauf ändert sich die wissenschaftliche Praxis als Forschung über vermeintlich Fremde nicht grundlegend. Sie schließt weiterhin an kulturras-

sistische Unterscheidungspraxen an und bestärkt diese (vgl. ebd. 17). Bis heute konzentriert sich ein nicht unwesentlicher Teil der Migrationsforschung auf Mangellagen und „Abweichungen" von „Menschen mit Migrationshintergrund", auf Konflikte zwischen „Allochthonen" und „Autochthonen" bzw. „Einheimischen" und „Fremden", auf Probleme der „Anderen" wie z. B. „Schulversagen", auf die Deskription und die Explikation von „kulturellen Differenzen" (ebd. 18).

16) Zugleich aber ist Migrationsforschung auch gekennzeichnet durch eine beständige selbstreflexive Kritik an der Einseitigkeit und Produktivität ihres Blicks. Sie ist damit nicht nur von Beginn an in (politische, soziale, rechtliche, ökonomische, pädagogische etc.) Handlungszusammenhänge verstrickt, sondern entwickelt im Lauf ihrer Ausdifferenzierung auch unterschiedliche Verhältnisse zu diesen Verstrickungsmomenten. Sobald diese Involviertheiten selbst zum Gegenstand von Migrationsforschung werden, haben wir es mit Formen reflexiver Migrationsforschung zu tun, die zu Bewusstsein bringen, dass sich Migrationsforschung konstitutiv zwischen der (impliziten) Affirmation des gesellschaftlich Gegebenen und seiner Kritik bewegt.

Migrationsforschung als Nicht-Ausländerforschung – die Ausdifferenzierung einer Forschungsperspektive

17) Die explizit kritisch von Ausländerpädagogik und Gastarbeiterforschung abgesetzte Beschäftigung mit Migration entfaltet sich zunächst vornehmlich über die Analyse alltagsweltlicher Praktiken sowie alltäglicher Selbstverständnisse und Positionierungen. Auf dieser Ebene werden nun auch „MigrantInnen" als deutungs- und handlungsmächtige Subjekte „entdeckt": sie sind in der Lage, sich in einem durch ihren rechtlichen und/oder sichtbaren migrationsgesellschaftlichen Status konstituierten Handlungsraum sinnvoll auf generalisierte sowie konkrete Andere und sich selbst zu beziehen. Anstelle des fast schon chronisch behaupteten Kulturkonfliktes und der Identitätsdiffusion rücken im Zuge dieser auch methodischen Umorientierung soziale und identitäre Aspekte des praktischen und symbolischen Umgangs mit ethnischen, nationalen und kulturellen Kategorien in den Vordergrund. Wolf-Dietrich Bukow (1999) hat dies als „nichtreduktionistische Rekonstruktion des Alltagslebens" bezeichnet. Konsequenterweise gewinnen in so einem Rahmen vor allem interpretativ-rekonstruktive, qualitative

Methoden an Bedeutung, die dem Anspruch folgen, entsprechende Rekonstruktionen aus der „Perspektive der Subjekte" vorzunehmen.[2]

18) Diese Debatten, die unter der Bezeichnung „Kritik der Ausländerforschung" zusammengefasst werden können, weisen (implizit) auf mindestens zwei Perspektiven hin, in denen das Thema Subjekt/Subjektivität in der (Migrations-)Forschung gedacht und relevant wird bzw. werden kann.

a. Mit der Re-Konstruktion subjektiver Handlungs- und Deutungsmuster, Positionierungen und Alltagspraxen geht es in kritischer Absetzung von der Ausländerforschung darum, MigrantInnen in ihrem Subjektstatus sichtbar zu machen. Da der Verlust von Gewissheiten, das Bewusstsein um Kontingenz sowie der Umgang mit Mehrdeutigkeiten als Anforderungen verstanden werden können, mit denen Mitglieder moderner Gesellschaften generell konfrontiert sind, entkommen „MigrantInnen" aus dem diskreditierenden Blick jener Ansätze, die ihnen einen Modernisierungsrückstand attestieren (vgl. Gutiérrez Rodríguez 1999). Das Migrationssubjekt wird somit in den Status gehoben, nicht nur die Anforderungen der Moderne an das einzelne Individuum, sondern auch produktive Möglichkeiten des Umgangs mit diesen Anforderungen gleichsam (proto)typisch darzustellen (vgl. Apitzsch 2010).

b. Sobald MigrantInnnen als (typische) Subjekte moderner Verhältnisse verstanden und untersucht werden, werden auch stärker subjektkritische und subjektivierungstheoretische Ansätze in der Analyse migrationsgesellschaftlicher Realitäten bedeutsam. Diese gewinnen im Zuge neuerer Theorie-Debatten stärker an Bedeutung. Diese zweite Forschungsperspektive setzt das Subjekt nicht als „natürlichen" Referenzpunkt voraus. Vielmehr geht es darum, Prozesse der Konstitution von Subjekten zu untersuchen, die „Voraus-Setzungen" der Subjektwerdung selbst zu befragen, zu erklären und zu kontextualisieren. Die Frage lautet dann nicht mehr in erster Linie, wie migrantische Subjekte sich deutend und handelnd zu gesellschaftlichen Bedingungen ins Verhältnis setzen. Vielmehr geht es darum, die gesellschaftlichen Bedingungen in den Blick zu nehmen, aufgrund derer Menschen überhaupt in die Position kommen, (sich) als migrationgesellschaftlich spezifische Subjekte zu denken, als solche zu handeln und sich auf gesellschaftliche Bedingungen zu beziehen (vgl. Rose 2012; Yıldız, Safiye 2009).

---

2   Vgl. hierzu Beiträge in Badawia et al. 2003.

19) Forschungsansätze, die sich im Zeichen einer Orientierung am Subjekt kritisch auf die Gastarbeiter- und Ausländerforschung beziehen, sind im Verlauf der Geschichte der Migrationsforschung ihrerseits bald Gegenstand selbstreflexiver Kritik geworden. Sie stellen zwar eine kritische Intervention im Hinblick auf wissenschaftliche Praxen defizitärer Zuschreibung und Verobjektivierung dar, zugleich aber wiederholen sie (freilich unter veränderten Vorzeichen) die Unterscheidung zwischen natio-ethno-kulturellem „Wir" und „Nicht-Wir", „MigrantInnen" und „Nicht-MigrantInnen". Darüberhinaus neigen sie dazu, diese Unterscheidung zu naturalisieren. Der Anspruch, Migrationsverhältnisse gewissermaßen aus Sicht der Subjekte zur Geltung zu bringen, produziert und reproduziert die Verhältnisse, die die Subjekte und mit Ein- und Ausgrenzungen einhergehende Vorstellungen natio-ethno-kultureller (Nicht-)Zugehörigkeit hervorbringen.

Den häufig unter der Bezeichnung „von der Defizit- zur Differenzperspektive" eingeforderten Perspektivenwechsel begleitet ein generell für die Migrationsforschung charakteristisches Dilemma. Damit Migration als gesellschaftliches Phänomen wahrnehmbar, besprechbar, anerkennbar und seiner historischen und aktuellen Zentralität entsprechend selbstverständlich(er) werden kann, braucht es eine Kennzeichnung, die aber immer wieder gefährdet ist, zur Besonderung der Anderen beizutragen. Es wird hier ein Spannungsfeld deutlich, in dem sich die Debatte um Migration grundlegend bewegt. Wann und wie enthalten gerade subjekt- und anerkennungsorientierte Forschungspraxen Momente alienierender Zuschreibung? Wann und wie laufen sie somit Gefahr, Prozesse des gesellschaftlichen Othering zu re-/produzieren?

20) Vor diesem Hintergrund kann ein vermehrtes Einbeziehen subjektivierungstheoretischer Momente als eine „Antwort" auf Essentialisierungstendenzen in der und durch die Migrationsforschung verstanden werden. Ein subjektivierungstheoretisch inspirierter Zugang fragt im Wesentlichen nach dem Zusammenhang der wechselseitig konstitutiven Hervorbringung von Subjekten (in gesellschaftlichen Ordnungen) und gesellschaftlichen Ordnungen (durch Subjekte) (vgl. Supik 2005; Yıldız, Safiye 2009). Die grundlegende Annahme hierbei ist, dass Subjekte selbst immer schon durch die entsprechenden gesellschaftlichen Verhältnisse „formiert" sind, bevor sie sich (als Subjekte) darauf beziehen können (vgl. Reckwitz 2007a, 2007b und 2010; Zima 2007: 196ff.; Bublitz 2003: 86ff). Subjektivierungstheoretische Ansätze im Kontext von Migrationsforschung sind in poststrukturalistische, diskurs- und/oder hegemonietheoretische Argumentationen eingebunden. Insbesondere einige jüngere Studien sind hier erwähnenswert, die sich mit Bezug auf die Cultural und Postcolonial Studies mit Subjektivierungsprozessen in der

Migrationsgesellschaft auseinandersetzen und hierbei auf Themen und Konzepte wie Interpellation (Rose 2012), Hybridität (Ha 2005) und Artikulation (Steyerl/Gutiérrez Rodríguez 2012) fokussieren.

21) Obwohl mit dem Subjektivierungsbegriff gesellschaftliche Verhältnisse zum Gegenstand von Migrationsforschung werden, muss sich Migrationsforschung bisweilen einen Mangel an gesellschaftstheoretischer Fundierung bescheinigen lassen, zumindest eine mangelnde Reflexion des im Zuge eines methodologischen Nationalismus implizit gesetzten Gesellschaftsbegriffs. So attestiert z. B. Nina Glick Schiller (2010: 109) vielen, auch aktuellen Studien zu Migration einen Mangel an Auseinandersetzung mit macht- und herrschaftstheoretischen Fragestellungen. Migrationsforschung, so Glick Schiller, sei seltsam zurückhaltend hinsichtlich aktueller sozialwissenschaftlicher Entwicklungen. Insofern bedürfe es einer Forschungsperspektive, die etwa zu aktuellen und historischen Phasen der Globalisierung, zu Theoretisierungen globaler gesellschaftlicher Netzwerke, zu den Diskussionen um die zweite Moderne, der Kritik des methodologischen Nationalismus oder dem Plädoyer für methodologischen Kosmopolitismus Bezug nehme (vgl. ebd. 111).

22) Eine klare gesellschaftstheoretische Zuspitzung weisen in diesem Zusammenhang Forschungen zu Grenz- und Migrationsregimen auf. Auch hier sind subjektivierungstheoretische Überlegungen bedeutsam (vgl. Hess/Tsianos 2007). Der zentrale Bezugspunkt der durchaus heterogenen Ansätze ist jedoch der Begriff des Regimes (vgl. Karakayalı/Tsianos 2007: 12). Vereinfachend gesagt geht es um die Analyse von politischen, kulturellen und interaktiven Mechanismen der Regulation und Steuerung von Migration bzw. globalen Wanderungsprozessen (vgl. Düvell 2003), also um Fragen der Migrationspolitik und -kontrolle. Allerdings gehen Politik oder Regierung im Denkhorizont der Regimeforschung nicht länger von einer zentrierten, souveränen Macht wie etwa dem Staat aus. Momente der Regulation von Migration artikulieren sich vielmehr in unterschiedlichsten gesellschaftlichen Kontexten und werden unter Beteiligung verschiedener gesellschaftlicher AkteurInnen hervorgebracht, bestätigt und transformiert. Die Migrationsbewegung stellt in diesem Zusammenhang selbst ein wesentliches Moment dar, welches (bestätigend und transformierend) in die Regulierungsprozesse eingreift. Migration wird in diesem Forschungszusammenhang weniger als subjektive Erfahrung und Praxis, sondern mehr als kollektive transitorische Bewegung beforscht und zur Geltung gebracht.

Der Begriff des Regimes verweist auf das „mehr oder weniger ungeordnete Ensemble von Praktiken und Wissen-Macht-Komplexen" (Karakayalı/Tsianos 2007: 13), worin und wodurch sich gesellschaftliche Ordnungen (re-)konstituieren. Regimeanalysen stellen die Frage, wie durch die Vielzahl auch widersprüchlicher gesellschaftlicher Praktiken und Bewegungen hindurch Verfestigungsmomente und -strukturen als Institutionen von Kontrolle und Regierung entstehen. Der Fokus liegt dabei auf Ebenen der Aushandlung, welche mit der Installierung eines Regimes entstehen und dieses hervorbringen. Ein Regime wird somit als ein relativ autonomer Prozess verstanden, den „die Akteure, die ihn installierten, für eine Zeit lang als objektives Regelwerk akzeptierten, dem sie sich unterwarfen" (Tsianos 2010). In diesem Sinn können Regime als historisch bedingte, aber nicht zwingende Verstetigung von Verhältnissen begriffen werden, in die die verschiedenen gesellschaftlichen AkteurInnen involviert sind. Diese Analyseperspektive versteht die Konstitution eines Regimes nicht als Top-down-Prozess, sondern richtet den Fokus auf eine Vielzahl institutioneller und informeller AkteurInnen, auf den diskursiven Kontext sowie auf Aushandlungen, Konflikte, Brüche und Widerstände (ebd.). Grenz- und Migrationsregimeforschung bezieht sich damit nicht zuletzt auf das Inventar Foucaultscher Machtanalysen (vgl. Kasparek/Hess 2010: 17). Hierbei rückt insbesondere jene Strukturierung von Gesellschaft(lichkeit) ins Licht, die sich in Begriffen der modernen nationalen Ordnung der Welt (vgl. Lossau 2002; Lippuner/Lossau 2004) artikuliert. Wesentlicher Bestandteil ist dabei die nationalstaatliche „Territorialisierungsnorm", eine Ordnungsmatrix, die bestrebt ist, „Raum, Gesellschaft und Kultur symbolisch und juridisch zur Deckung zu bringen" (Karakayalı/Tsianos 2007: 8). Diese Matrix bestimmt die wissenschaftliche als auch die politische und öffentliche Wissensproduktion ganz wesentlich. Damit „macht" sie (auch) Migration, indem sie beispielsweise Vorstellungen generiert, in denen das Überschreiten nationalstaatlicher Grenzen zum Problem wird (vgl. ebd. 11). Als zentrales Moment ist in diesem Zusammenhang nicht zuletzt der „Integrationsimperativ" (vgl. Karakayalı/Tsianos 2007: 8) oder „das Integrationsdispositiv" (vgl. Mecheril 2011) zu verstehen.

23) Von einem deterministischen Verständnis, in welchem Migration lediglich als Objekt der Behandlung durch Praktiken der Grenzkontrolle gedacht wird (wie es sich z. B. in der Metapher der „Festung Europa" äußert), setzt sich das Konzept der Autonomie der Migration kritisch ab (vgl. Bojadžijev/Karakayalı 2007). Migrationsphänomene haben das Potential, die sie konstituierenden Ordnungen zu beirren. Migrationsforschung als Grenzregimeforschung ist in besonderer Weise auch an diesen beirrenden und irritierenden Momenten interessiert, an jenem

„Überschuss" der Migration, der sich den Kontrollpraktiken entzieht und zugleich die Etablierung „neuer" Kontrollpraktiken evoziert. Auf diese Weise greifen Migrationspraktiken massiv in Grenzregime ein und sind nicht das ihnen gegenübergestellte Objekt der „Behandlung", sondern ein dynamischer Teil dieser Regime. Migrationsphänomene wirken (auch) auf den nationalstaatlich konfigurierten Gesellschaftsraum, sie reproduzieren ihn und machen zugleich seine Brüchigkeit sichtbar (vgl. Bojadžijev/Karakayalı 2007; Cuttitta 2010). In diesem Sinn interessieren sich entsprechende Analysen für das, „was durch diese Bedingungen aktueller Formen der Vergesellschaftung hindurchgeht, um darüber hinauszuweisen" (ebd. 203). Migration kann so als eine „klandestine Form" verstanden werden, die einen „driftenden" sozialen Raum kreiert, indem sie sich auf nationale oder supranationale Strukturen stützt und diese zugleich transformiert. Dieser driftende oder transnationale Raum existiert seinerseits nicht unabhängig, sondern nur in einer konfliktuellen Relation zum jeweiligen (supra-)nationalen Integrationsparadigma und seinen praktischen Auswirkungen (vgl. ebd.). Genau hierin konstituiert sich letztlich der Raum der Migration:

> Der soziale Raum der Migration wird mit dem Integrationsdispositiv gleichsam gekerbt […].
> Die Kerbung ist ein Vorgang, bei dem der gelebte Raum reterritorialisiert, d. h. zählbar, regierbar und planbar gemacht wird. Dagegen beinhaltet der transnationale Raum Momente der Deterritorialisierung, in denen MigrantInnen jenen oben beschriebenen Verengungen gleichsam „entfliehen". Diese Flucht und die institutionalisierten Versuche, die Flucht zu „binden", sie zu regulieren und in Bahnen zu lenken, konstituieren den Raum der Migration. (Karakayalı/
> Tsianos 2007: 10)

Migration wird somit niemals ausschließlich auf externe, etwa ökonomische oder politische Faktoren zurückgeführt bzw. reduktiv als ihre Funktion verstanden, sondern kommt selbst als soziale Bewegung und „generische Kraft" in den Blick (vgl. Tsianos 2010).

Der Gegenstand der Migrationsforschung:
Veränderung des Verhältnisses von Individuen zu Ordnungen

24) Der Aufstieg der Soziologie, schreibt Ulrich Beck (2005: 1), fällt „mit dem Aufstieg des Nationalstaates, des Systems internationaler Politik und des Nationalismus zusammen". Dies ist ein historischer Zusammenhang, aus dem sich die „Axiomatik des ‚methodologischen Nationalismus' ergibt, nach der Nation, Staat, Gesellschaft die ‚natürlichen' sozialen und politischen Formen der modernen Welt sind" (ebd.). Ähnliche Verhältnisse gelten auch für die erziehungswissenschaftliche Migrationsforschung, die sich innerhalb eines „nationalen Selbst-

verständnisses der Bildung" (Gogolin 1994) entwickelte. Folgerichtig werden zentrale Kategorien der sozialwissenschaftlichen und pädagogischen Forschung mit dem Nationalstaat als quasi unausweichliche Bezugsgröße verbunden. Mit dem Begriff des „methodologischen Nationalismus" (vgl. Wimmer/Glick Schiller 2002; Glick Schiller 2010) wird Kritik an jenen Studien und Denkweisen geübt, die das Konzept der Nation unreflektiert und selbstverständlich als Analyse-, Strukturierungs- und Darstellungskategorie des Gesellschaftlichen verwenden. Über diesen ideologischen Zugang zur Analyse gesellschaftlicher und historischer Prozesse werden diese Prozesse gewissermaßen innerhalb der Grenzen individueller Nationalstaaten eingeschlossen. Die Analysen konstruieren so einen Gesellschaftsraum, der in Form eines „Containers" imaginiert wird (Glick Schiller 2010: 11). Zugleich macht sich Nationalismus als produktiver methodologischer Zugang unsichtbar, indem er die Nation als selbstverständliche Referenz setzt, ohne diese Setzung und ihre historischen, gesellschaftlichen und kulturellen Bedingungen selbst kenntlich zu machen, zu befragen oder zu reflektieren. Durch die fehlende Thematisierung des nationalen und historischen Kontextes wird die nationale Ordnung als natürliche oder zumindest fraglose Ordnung scheinbar überhistorisch in Szene gesetzt. Nationalstaaten erscheinen im Licht des methodologischen Nationalismus konsequent als historische und sozio-politisch-gesellschaftliche Souveräne (ebd.).

25) In der Kritik am „methodologischen Nationalismus" artikuliert sich nicht zuletzt das Primat einer transnationalen Perspektive. Transnationalismus als paradigmatische Perspektive bedeutet nicht einfach eine simple Verschiebung nationalstaatlicher Souveränität auf eine höhere, suprastaatliche Ebene. Das Transnationale kann als begriffliche Referenz einer migrationswissenschaflich inspirierten Theorie des Sozialen verstanden werden, die die nationale Territorialisierungs-matrix und -macht nicht setzt, sondern vielmehr die Setzung selbst in ihrer Bedeutung für (globale) Gesellschaftsverhältnisse analysieren will.

26) Wodurch werden Bewegungen von Menschen im globalen Raum möglich und unmöglich gemacht? Welche Qualität haben die Bewegungen, welche Reaktionen und Konsequenzen zeitigen sie? Diese Fragen können nicht auf nationale und staatliche Regelungen reduziert werden. Wir gehen davon aus, dass sich die Grundkategorie der Migrationsforschung in der Veränderung des Verhältnisses von Individuen zu Zugehörigkeitsordnungen findet. Einem früheren Vorschlag folgend (Mecheril 2003), bezeichnen wir diese zwar als natio-ethno-kulturelle Zugehörigkeitsordnungen, verwenden diese Attribuierung aber stärker als all-

gemeine Chiffre für mit territorialer Referenz ausgestattete, politisch-imaginäre Zugehörigkeitsordnungen der Moderne, die die Bewegungen von Menschen über Grenzen und innerhalb von Grenzen reglementieren, herausfordern und provozieren. Diese Zugehörigkeitsordnungen haben zwar viel mit der Logik national-staatlicher Unterscheidungen zu tun, können aber nicht mit ihnen gleichgesetzt werden. Die Theoretisierung der Verhältnisse von „global power" (Glick Schiller 2010) muss sich auf politische, kulturelle und ökonomische globale Interdependenzen beziehen, in deren Rahmen Migrationsbewegungen artikuliert und vollzogen werden. Neben diesen globalen und supranationalen Verhältnissen, auf die beispielsweise Konzerne und der globale Fluss des Kapitals einwirken, sind zudem lokale Kontexte wie Kommunen oder Cities (vgl. Sassen 1998) unterhalb des Nationalstaates von Bedeutung.

Die Bedeutung von Migrationsbewegungen kann freilich nur mit Bezug auf Zugehörigkeitsordnungen erfasst werden. Ohne Rekurs auf die Existenz von Zugehörigkeitsordnungen wären wir nicht in der Lage, Migration in seiner Konsequenz für die Subjekte und die Räume der Migration zu beschreiben und zu untersuchen. Dies würde entweder einem (global-)ökonomischen Reduktionismus oder einer Provinzialisierung des Migrationsgeschehens Vorschub leisten. Die natio-ethno-kulturellen Zugehörigkeitsordnungen sind diffuse, vielgesichtige, variable Unterscheidungsformen, die sowohl von nationalstaatlichen Differenzierungspraxen als auch von Unterscheidungen getragen werden, die „den Westen" von einem „Rest" (Hall 1994) trennen, an „Rasse"-Konstruktionen anschließen, zwischen „Europeanness" und „Non-Europeanness" (Hesse 2009) sowie zwischen „Islam" und „Non-Islam" (Mecheril/Thomas-Olalde 2011) unterscheiden. Diese Ordnungen werden in komplex-dynamischen, gleichwohl eine Trägheit aufweisenden glokalen Prozessen der De-Stabilisierung von Identitäts- und Zugehörigkeitskonzepten sowie Raumverständnissen erzeugt.

27) In diesem Zusammenhang sei darauf hingewiesen, dass gesamtgesellschaftliche und globale Entwicklungen seit einigen Jahren erneut vermehrt über „Religion" analysiert und erklärt werden. Das meistdiskutierte und vermutlich auch wirkmächtigste Beispiel stellt Samuel P. Huntingtons These vom „Kampf der Kulturen" (1996/1997) dar, in der er Religionen und Kulturen als stets verbunden behauptet. Der Kern seines Entwurfs besteht darin, „Kultur" und „Religion" als jene Identitätselemente zu kennzeichnen, die einen realen, historischen und politischen Gehalt sowie politische Mobilisierungskraft besitzen. Huntington teilt die „Welt" in neun Kulturkreise auf, die – ganz nach der Balance-of-Power-Doktrin des Kalten Krieges – um militärische und wirtschaftliche Dominanz konkur-

rieren. Dem „Westen" stehen z. B. der „afrikanische", der „indische", der „japanische" oder der „islamische Kulturkreis" gegenüber, letzterer wird als einziger explizit religiös definiert. Es ist gerade diese „islamische Welt", die in der These Huntingtons als Gegensatz zur „westlichen Identität" besprochen wird. Dem „Islam" als Religion der Anderen wird nicht die historische Rolle von Religionen im Westen oder die Rolle „westlicher Religiosität" zugebilligt. Vielmehr dient er dazu, das „Nicht-Muslimisch-Sein" des „Westens" hervorzubringen und in dieser Negativität einen Ort, der gewiss zu sein scheint. KritikerInnen halten Huntingtons Thesen für eine programmatische diskursive Hervorbringung des „Islam", der als ein (nicht ganz neues) Feindbild des Westens das durch das Ende des sogenannten Kalten Krieges und der ideologischen Zweiteilung der Welt hervorgebrachte Vakuum an Antagonismen ausfüllt.

Jenseits der politischen Konsequenzen der Thesen Huntingtons ist hier der einseitige Rekurs auf Religion interessant. Religion wird verwendet, um eine Grenze zwischen einer Wir- und einer Nicht-Wir-Gruppe zu markieren, die den grundlegenden Unterschied zwischen beiden im „Wesen der Anderen" sehen will. Huntington scheut nicht die Offenlegung des (politisch-voluntaristischen) Unterscheidungsprinzips, auf dem seine Thesen basieren: „Wir wissen, wer wir sind, wenn wir wissen wer wir nicht sind und gegen wen wir sind" (Huntington 1997: 21). Huntington legt seiner Auseinandersetzung mit der aktuellen weltpolitischen Lage zuerst eine politisch-philosophische Prämisse (Identität lässt sich nur durch negative Abgrenzung herstellen) und dann eine epistemologische Setzung („Kultur" und „Religion" sind für bestimmte „Kulturen" und „Religionen" ein unveränderliches Merkmal) zu Grunde. Alternative westliche Analysen der „neuen Weltordnung" weisen zuweilen in selbstkritischem Gestus darauf hin, dass die Gewalt, der Terror und der „kulturelle Hass", der dem „Westen" entgegengebracht wird, eine Reaktion auf den militärischen, politischen und kulturellen Imperialismus darstellt, der mit einer vom Westen her gesteuerten Globalisierung einhergeht. So lautet Benjamin Barbers These von „Jihad vs. McWorld" (1995). Seine politischen und globalisierungskritischen Positionen setzen jedoch eine essentialistische Aufteilung der Welt voraus. Hier die wirtschaftliche (pervertierte und hegemoniale) Rationalität des Westens, dort die kulturell und religiös erklärbare Abwehrreaktion der Unterdrückten, die mit der „muslimischen Welt" identifiziert werden (vgl. Mecheril/Thomas-Olalde 2011).

Wenn wir von Migration sprechen, diese Bewegung über und innerhalb von Grenzen verstehen wollen und damit auch, was Grenzen zu Grenzen macht, dann wäre es unangemessen, die religiös codierte Kartographie der gegenwärtigen Welt und ihrer Menschen zu vernachlässigen. Diese findet sich ja nicht nur in der Schublade Huntingtons, sie findet sich in den Köpfen der GrenzpolizistInnen, in den Routinen der Sicherheitsdienste, im Deutungshaushalt von LehrerInnen oder in den Schreibvorlagen und Textbausteinen, aus denen RedakteurInnen ihre Zeitungsnachrichten modellieren. Wenn wir also von Migration sprechen, dann sprechen wir von der Wirksamkeit oftmals religiös codierter natio-ethno-kultureller Zugehörigkeitsordnungen und ihrer Schwäche.

28) Praxen, in denen Religion, „zivilisierte Kultur" und auch „Rasse"-Konstruktionen miteinander verwoben sind, um Herrschaftsansprüche, Ausbeutung und Unterwerfung zu legitimieren, kennzeichnen das Geschehen in Europa seit dem Kolonialismus (vgl. Arndt/Ofuatey-Alazard 2011; Wollrad 2009). Dass auch heute natio-ethno-kulturelle Zugehörigkeitsordnungen mit vermeintlicher oder faktischer Religiosität sowie rassistischen Zuschreibungen verwoben sind, zeigt sich etwa im zunehmenden antimuslimischen Rassismus in Europa (vgl. Attia 2009) oder auch in den „Rasse"-Konstruktionen bestärkenden Vorstellungen bei Grenzkontrollen.[3] Die Causa Sarrazin macht deutlich, wie religionsbezogene, rassistische und natio-ethno-kulturelle Zuschreibungen auch geschlechtsbezogen miteinander verwoben werden, wenn pauschalisierend und hegemoniale Imaginationen bekräftigend z. B. in Bildern von „Kopftuchmädchen" oder „im Teehaus sitzenden türkisch-arabischen Männern" und „ihrer Kultur" gespochen wird. Diese Diskurse formieren Zugehörigkeits- und Handlungsräume von Menschen.

29) Wirkkraft und Wirkungsweise des Rassismus liegen darin, dass er Deutungsangebote liefert, die gesellschaftliches Geschehen und Wirklichkeit verstehbar werden lassen und ermöglichen, in dieser Realität zu handeln. Rassismus stellt hierbei kein transhistorisches Phänomen dar. Rassistische Ideologien müssen im Kontext sowohl ihrer historischen Ausprägung als auch in ihren übergreifenden Strukturprinzipien analysiert werden (vgl. Miles 1992: 137). Miles zufolge liegt der ideologische Gehalt des Rassismus

> erstens in seiner Bedeutungskonstruktion einer oder mehrere Merkmale als Kriterium für die Bezeichnung einer Kollektivgruppe in der Weise, daß ihr ein naturgegebener, unwandelbarer Ursprung und Status und von daher eine ihr innewohnende Differenz anderen Gruppen gegenüber zugeschrieben wird. [...]. Zweitens müssen der so bezeichneten Gruppe zusätzlich negativ bewertete Merkmale zugeschrieben werden und/oder sie muss so dargestellt werden, dass sie negative Konsequenzen für irgendeine andere Gruppe verursacht. Die Merkmale können biologischer oder kultureller Provenienz sein. Dieser Konstruktion zufolge besitzen alle Menschen, die eine naturgegebene biologische Gruppe bilden eine Reihe von (negativ bewer-

---

3   Zur polizeilichen Kontrollpraxis des racial profiling und dessen juristische Rechtfertigung vgl. Migazin 2012.

teten) biologischen und oder kulturellen Merkmalen. Daraus folgt, daß die Präsenz einer solchen Gruppe als höchst problematisch erscheint: Sie wird ideologisch als Bedrohung dargestellt. (ebd. 105f.)

Betonen Rassismustheoretiker wie Miles die symbolische Bedeutung körperlicher, somatischer Merkmale, so beschäftigen sich Theoretiker wie Balibar (1990), Barker (1981), Taguieff (1987) und Hall (1994) mit weiteren Spielarten des Rassismus. Diese Perspektiven haben gemein, dass sie auf einen historisch an den „klassischen" oder kolonialen Rassismus anschließenden, neuen Typus des Rassismus aufmerksam machen. Der Begriff „Neo-Rassismus" (Balibar 1990) verweist darauf, dass rassistische Unterscheidungen und Begründungen neben biologischen oder körperlichen Merkmalen auch „Kultur" heranziehen. Die Ungleichbehandlung, die den „Neo-Rassismus" oder „Kultur-Rassismus" kennzeichnet, wird nicht mehr mit einem Bezug auf „Rasse" legitimiert. An die Stelle dieses Konzeptes ist – mit potenziell ähnlichem Gehalt – „Kultur" getreten. Im „Kultur-Rassismus" werden als unterschiedlich stilisierte Wertesysteme dazu benutzt, ein System essentieller Differenz zwischen Gruppen zu konstruieren. Über den Begriff der Kultur wird Ausgrenzung in zwei Schritten legitimiert. Zunächst werden Wertesysteme und Lebensformen von kulturellen Gemeinschaften als unvereinbar behauptet. Sodann wird behauptet, es sei sinnvoll und erforderlich, die „kulturell andere" Gruppe, deren Lebensweise mit „unserer" unvereinbar sei, zu beschränken, zu kontrollieren und ihre Rückkehr, Rückführung oder Separierung zu ermöglichen.

In diesem Zusammenhang sind unterschiedliche Fragen denkbar und angemessen, wie z. B.: Wie ist eine historisch und territorial kontingente natio-ethno-kulturelle Zugehörigkeitsordnung aufgebaut? Welche Verbindungen geht sie zu „Rasse" und „völkischen" Kultur- sowie zu Religions-Konstruktionen ein? Inwieweit ist diese Ordnung historisch und aktuell mit Gesellschaftsverhältnissen, die mit Praxen des Rassismus einhergehen, verwoben? Und inwieweit verstärkt sie diese Praxen selbst? Zu berücksichtigen ist dabei, dass die rassistische Unterscheidungspraxis immer mit hierarchischen und machtvollen Bewertungen einhergeht. Es gibt historische Kontinuitäten, die sich seit kolonialen Versklavungs-, Ausbeutungs-, Deportations- und Mordpraxen[4] im Nationalsozialismus fortsetzten und in der heutigen Zeit sprachliche und gedanklich-theoretische Spuren im „Wissensarchiv deutscher Sprache" (Arndt/Ofuatey-Alazard 2011) hinterlassen haben. Das Sprechen über „Kulturen" und „Ethnien" kann in (unmerklicher) Ver-

---

4   Beispielsweise wird die historische Tatsache des Völkermords an den Herero und Nama bis heute von Deutschland nicht als solche anerkannt (vgl. Dietrich/Strohschein 2011; Küppers-Adebisi/ Küppers-Adebisi 2012).

bindung zu „Rasse"-Konstruktionen und Rassismus machtvoll und gewaltförmig sein. Kulturalisierungen und Ethnisierungen wirken allerdings nicht notwendigerweise und immer in der Logik rassistischer Unterscheidungen. Bedeutsam ist somit, Unterscheidungs- und Diskriminierungspraxen im Rahmen von natio-ethno-kulturellen Zugehörigkeitsordnungen, sowie in Verbindung mit „Rasse"-Konstruktionen und Rassismus zu erkennen.

31) Die Verortung von Menschen und Lebensweisen als „Bevölkerung" in Nationalstaaten, die Formierung der Menschen und ihrer Bewegungen durch supra-(national)staatliche und außerstaatliche Instanzen werden etwa mit Bezug auf die Ordnungsschemata „Sprache" (vgl. Dirim 2010) oder „Religion" (vgl. Tezcan 2003) geo-territorial artikuliert, fixiert und bestimmt. Menschen und Lebensweisen werden auf diese Weise nicht nur identifizierbar, sondern tatsächlich auch im territorialen Sinn ver-ortbar: Natio-ethno-kulturelle Differenz weist nicht nur auf Prozesse von Raumkonstruktionen hin, etwa in Form von Kartographien, der Errichtung und Symbolisierung von Grenzen etc., sondern „nutzt" diese so entstehenden „geographischen Gebilde" zur Ordnung und Reg(ul)ierung des Sozialen.[5] Hierfür werden Personen, Personengruppen, Sprachen und Lebensweisen platziert, verortet, zugeordnet, nicht zuletzt begrenzt und mittels der dadurch möglich werdenden Abgrenzung und Unterscheidung in einer ganz bestimmten Art und Weise identifizierbar gemacht. Sowohl die Zuweisung eines bestimmten „Platzes" in der natio-ethno-kulturellen Ordnung, als auch die Fixierung von „Gesellschaftlichkeit" generell in geo-territorialen Kategorien sind Merkmale der Ver-Ortungslogik, um die es im Rahmen der Analyse von Migrationsprozessen geht.

32) Natio-ethno-kulturelle Zugehörigkeitsordnungen beziehen sich auf und erzeugen hochgradig komplexe, auch imaginierte, intersubjektiv größtenteils anonyme, historisch gewachsene, politisch verfasste, normativ strukturierte, von Kämpfen um die Inhalte und Richtungen sozialer Ordnung geprägte, symbolische und durch Kommunikation begrenzte, geographische Referenzen aufweisende, Individuen als „Ganzheit" ansprechende und deshalb hohe identitäre Relevanz besitzende Kontexte. Natio-ethno-kulturelle Zugehörigkeit verweist auf Strukturen, in denen symbolische Distinktions- und Klassifikationserfahrungen, Erfahrungen der Handlungsmächtigkeit und Wirksamkeit sowie biographische Erfahrungen der kontextuellen Verortung ermöglicht werden. Die Bezeichnung „natio-ethno-kulturell" ruft in Erinnerung, dass die sozialen Zugehörigkeitsordnungen, für die Phänomene der Migration bedeutsam sind, von einer unbestimmten Wir-

---

5   Zur Ordnung des Nationalstaatlichen vgl. Lippuner/Lossau 2004.

Einheit strukturiert werden. Natio-ethno-kulturelle Zugehörigkeitskontexte sind – um es aus der Perspektive eines Individuums zu formulieren – faktische und imaginäre Räume, in denen es ein handlungsrelevantes Verständnis seiner selbst erlernt und praktiziert.

33) Der Begriff Zugehörigkeitsordnung bezeichnet jene machtvollen Zusammenhänge, die durch eine komplexe Form der Ermöglichung und Reglementierung, der symbolischen, kulturellen, politischen und biographischen Einbeziehung und Ausgrenzung auf Individuen produktiv Einfluss nehmen. Die Zugehörigkeitsordnung kann man als strukturierten und strukturierenden Zusammenhang beschreiben, in dem aus Individuen Subjekte werden. Mit Blick auf den Zusammenhang von Zugehörigkeitsordnung und Macht können zentrale analytische Facetten unterschieden werden; wir sprechen hier von der dreifachen Macht der Zugehörigkeit: Natio-ethno-kulturelle Zugehörigkeitsordnungen sind erstens machtvoll, weil sie in ihrem Einflussbereich Mittel der Disziplinierung, der Habitualisierung und Bindung zur Wirkung bringen. Zweitens sind sie machtvoll, da migrationsgesellschaftliche Zusammenhänge in der Regel Dominanzzusammenhänge darstellen, für die charakteristisch ist, dass bestimmte natio-ethno-kulturelle Zugehörigkeiten gesetzlich, politisch und kulturell gegenüber anderen privilegiert sind. Schließlich sind natio-ethno-kulturelle Zugehörigkeitsordnungen machtvoll, weil sie zumeist mit einer exklusiven Logik operieren und den Einzelnen auferlegen, sich in dieser ausschließenden Ordnung darzustellen und zu verstehen.

Zugleich werden Zugehörigkeitsordnungen durch Migrationsphänomene problematisiert und beunruhigt. Dies erfolgt allein schon dadurch, dass die Imagination eines natio-ethno-kulturellen „Wir" konstitutiv auf das „Andere" angewiesen ist. Genau diese Angewiesenheit begründet die Krisenhaftigkeit des Wir, da es an sich und für sich nicht sein kann. Die Krisenhaftigkeit natio-ethno-kultureller Ordnung besteht weiterhin darin, dass sie als historische Erfindung und Konstruktion beständig nach Imaginationspraxen und performativen Aufführungen verlangt, was in der Iteration die Un-Möglichkeit der endgültigen Fixierung der Bedeutung der Ordnung anzeigt. Durch die Angewiesenheit auf inszenatorische Praxen (Wir-Rhetoriken, Fahnen, Hymnen, Fußballspielübertragung) wird zugleich auch die existenzielle Notwendigkeit fortwährender Selbstaufführung und Selbsterfindung angezeigt – ein Krisenphänomen.

34) Migrationsbewegungen unter den Bedingungen der natio-ethno-kulturellen Ordnung der Welt lassen sich als Bestätigung und Schwächung dieser Ordnung untersuchen. Ihren eigentlichen Gegenstand findet die Migrationsforschung ge-

nau hier: in der Analyse der Reproduktion sowie der Verschiebung der Differenz- und Zugehörigkeitsordnung, in der Analyse der Erfahrungen, die von diesen Ordnungen vermittelt werden, den synchron und diachron differentiellen Handlungsspielräumen. Dieser Gegenstand wird in der Migrationsforschung nicht nur „behandelt", sondern strukturiert, hervorgebracht und reproduziert, denn die wissenschaftliche Rede von Migration spiegelt nicht einfach die Tatsache (transnationaler) Mobilität wider, sie trägt bisweilen auch zur Aufrechterhaltung der natioethno-kulturellen Zugehörigkeitsordnung und dem damit phantasierten Wir bei. Migrationsforschung kann hierbei auf ihren Beitrag zur Bestätigung der imaginativen Unterscheidung zwischen natio-ethno-kulturellem Wir und seinem Anderen betrachtet werden.

35) Wenden wir uns mit diesen Überlegungen zum Gegenstand der Migrationsforschung der Frage nach ihren zentralen Aufgaben zu, dann ergibt sich zweierlei. Zum einen geht es darum, Zugehörigkeitsordnungen nicht als natürlichen Container zu verstehen, in dem das gesellschaftliche Leben sich schlicht vollzieht, sondern diese Ordnungen genealogisch im Hinblick auf Bedingungen und Konsequenzen ihres Wirksamwerdens zu untersuchen. Zum anderen geht es im Wissen um die dreifache Macht dieser Ordnungen in ausgeprägter Art und Weise um die Untersuchung der Macht, die in und von diesen Ordnungen über Individuen ausgeübt wird und um die Untersuchung der Frage, wie sich Individuen diesen Ordnungen entziehen, diese verändern oder/und aneignen. Diese Aufgaben stellt sich zumindest jene Migrationsforschung, die von einer Idee der Kritik motiviert ist.

Kritik

36) Für die Perspektive „Migrationsforschung als Kritik?" ist das Fragezeichen konstitutiv – nicht, weil die Möglichkeit einer kritischen Migrationsforschung angezweifelt oder diese (persönliche, politische, fachliche) Option in einer quasi-voluntaristischen Einstellung entschieden werden müsste. Das Fragezeichen markiert auf der semiotischen Ebene eine konkrete Praxis, löst diese aber aus der allzu engen Gewissheit des Urteilens. Die Praxis der Kritik lässt sich weder durch die Aufstellung von Kriterien noch durch die Erarbeitung verallgemeinerbarer normativer Prinzipien auf einen Begriff bringen. Kritik ist ein anfälliges Unterfangen. Sie zeichnet sich durch Instabilität aus. Noch mehr: Kritik ist auf das angewiesen, was sie in Frage stellt. Wenn Kritik ausgeübt wird, geschieht dies nur unter je diesen Verhältnissen. Wenn also beispielsweise eine Inkongruenz zwischen Anspruch und sozialer Praxis oder eine Divergenz zwischen den norma-

tiven Prinzipien der Gesellschaft und gesellschaftlicher Wirklichkeit festgestellt wird, ereignet sich Kritik nicht nur in Bezug auf, sondern auch nur aufgrund des Gegebenen. Kritik, die die Genese normativer Orientierungen, gesellschaftlicher Strukturen und ihrer gewaltvollen Folgen freilegen möchte, ist selbst nur in und aus dieser Geschichte heraus möglich. Selbst wenn Kritik auf einen anderen Ort (Utopia) und auf die andere Möglichkeit, das Selbst und die Welt zu gestalten, hindeutet, ist sie mit der positiven Wirklichkeit des Gegebenen intrinsisch verbunden.

37) Kritische Praxis kann nur als Kritik jener Normen und Verhältnisse, in die die Kritik selbst eingebunden ist, gelingen. Wenn hierbei zwischen dem kritischen Motiv (das Aufzeigen dessen, was Menschen unterwirft), dem Gegenstand der Kritik und der Position der KritikerInnen unterschieden wird, werden in einem reflexiven Ansatz die historischen, gesellschaftlichen, politischen und institutionellen Wechselwirkungen zwischen Praxis, Gegenstand und Subjekt der Kritik zum Thema. So stellt sich für kritische Positionen in der Migrationsforschung z. B. die Frage nach der gesellschaftlichen, institutionellen, erkenntnispolitischen Position der SprecherInnen, nach dem mehr oder weniger hegemonialen Ort des Sprechens[6] und nach der Verortung der Kritik selbst innerhalb von hierarchischen Repräsentationsverhältnissen.

38) Seit Längerem wirkt ein abweisender und abwertender Affekt gegenüber Kritik. In einer Art postkritischer Kritik der Kritik, die keine politische Wirksamkeit oder gar Radikalität einklagt, die weder die Entwicklung genauerer Überprüfungskategorien noch den Nachweis empirischer und methodologischer Konsistenz einfordert, wird schlicht die pragmatische Effizienz von Kritik bemängelt. Dieser einerseits postmodern inspirierte, andererseits neoliberale antikritische Gestus stellt Kritik als Projekt produktiven und notwendigen Denkens in Frage. Ruth Sonderegger (2009) merkt an, dass Kritik als Aufklärungsprojekt sowohl durch pragmatische Trivialisierung als auch durch gewisse posthumanistische Diskreditierungen herausgefordert werde. Pragmatisch wird Kritik trivialisiert, indem sie rein funktional aufgefasst wird. In dieser Denkfigur wird Kritik zur Strategie bzw. zu einem Instrument degradiert, mit dem bestehende Programmatiken qua Überprüfung perfektioniert werden sollen. Kritik soll „dienlich sein", so diese Aneignung der Kritik in akritischer Haltung. Kritische Migrationsforschung würde demnach allenfalls das Ziel verfolgen, eine solidere analytische Basis zu liefern, um hegemonial gewordene teleologisch-normative Setzungen (etwa die

---

6   Z. B. der Ort der Wissenschaft oder der Universität/der Hochschule.

„Integration von MigrantInnen", oder „den Zusammenhalt der plural gewordenen Gesellschaft") umstands- und widerspruchsloser zu erfüllen.
      Der systematisch kritische Anspruch ruft darüber hinaus Skepsis hervor, weil
er unter Verdacht steht, in einem „überholten Humanismus" bzw. im paternalis-
tisch-emphatischen und totalitären Impuls der Aufklärung verhaftet zu sein (vgl.
Sonderegger 2009: 55). Diese Skepsis korreliert paradoxerweise mit der Übernah-
me von kritischen Positionen der emanzipatorischen Bewegungen in der zweiten
Hälfte des 20. Jahrhunderts in den gesellschaftlichen Mainstream. Luc Boltanski
und Ève Chiapello (2003) haben in „Der neue Geist des Kapitalismus" beschrieben, wie der Spätkapitalismus (in ihrer Diktion: der Netzwerkkapitalismus) sich
die Begrifflichkeit aus der Kapitalismuskritik der 1968er-Bewegung angeeignet
und einen als kritisch geltenden Wertekanon („Autonomie", „Flexibilität", „Kreativität", „Selbstbestimmung", „Selbstverantwortung") in die eigene Individu-
alisierungssemantik und Managementkultur integriert hat. So konnte der Spätkapitalismus sich gewissermaßen qua dialektischer Aufhebung gegen die Kritik
immunisieren. Für eine Migrationsforschung im Zeichen der Kritik wird mithin
die Frage relevant, welche kritischen Diskurselemente aus der Migrationsforschung und der politischen Praxis in den politischen und gesellschaftlichen Mainstream Eingang gefunden haben. Welche kritischen Wissensbestände werden in
dominante bzw. hegemoniale Diskurse über Migration aufgenommen und eingeschlossen? So wurden z. B. meritokratische Argumentationsmuster zum festen
Bestandteil dominanter Diskurse über Integration. Das Staatssekretariat für Integration in Österreich hat „Integration durch Leistung" zum Leitmotiv gewählt.
In Deutschland ist in einflussreichen politischen Verlautbarungen vermehrt davon die Rede, dass MigrantInnen über „Kompetenzen" verfügen und es diese zu
stärken gelte. In gewisser Weise werden hier die seit Jahren von „migrantischen
Bewegungen" und KritikerInnen der nationalstaatlichen Migrationspolitiken formulierten Forderungen nach Anerkennung der Leistungen und Ressourcen von
MigrantInnen dialektisch und machterhaltend in ein sanktionierendes Integrati-
onsregime aufgenommen. Im Rahmen politischer und gesellschaftlicher Diskurse, die den Wert der Migration vorrangig auf ihre instrumentelle Bedeutung und
ihre ökonomische Verwertbarkeit reduzieren, werden somit „gute" von „schlechten" MigrantInnen unterschieden. „Gut" sind jene, die einen Beitrag zur Siche-
rung „unseres" Wohlstandes leisten, „schlecht" solche, die „unsere" Ressourcen
verbrauchen. Die Instrumentalisierung von MigrantInnen unter ökonomischer
Verwertungsperspektive bewirkt, dass sie ihre Anwesenheit durch gesellschaftliche Erträge legitimieren müssen. Der Umgang mit MigrantInnen spiegelt hier-

bei eine allgemeine, für den gegenwärtigen ökonomistischen Gesellschaftstyp kennzeichnende Form des Zugriffs auf Subjekte wider.

39) Neben der Annexion kritischer Semantiken erfährt Kritik auch eine Trivialisierung allgemeiner Natur. Immer wieder wird auf den etymologischen Ursprung des Wortes hingewiesen, der auf „Urteilen" und „Unterscheiden" zurückgeht (Sonderegger 2010: 55). Mit diesem Hinweis wird Kritik zur allgemeinen Praxis, weshalb jegliche Forschungs- und Wissenschaftspraxis für sich beanspruchen darf, letztlich kritisch zu sein; selbst jene, die sich als systemkonform und systemerhaltend erweist. Die formelle Affirmation und Universalisierung von Kritik geht mit einer inhaltlichen und performativen Aushöhlung des Begriffs einher. Während sich die Figur der „konstruktiven Kritik" im Sinne einer systemerhaltenden und -verbessernden Evaluation etabliert hat, wird Kritik als politisch ambitionierte Praxis in Frage gestellt, da sie „destruktiv" sei. Kritik ist jedoch letztlich eine Praxis, die beanspruchen muss, das Gesetz des Gegebenen (provisorisch) außer Kraft zu setzen, ohne gleich ein neues Gesetz zu instituieren. In diesem Sinne wohnt der Kritik ein konstitutives Moment der Destruktion und des Nicht-Konstruktiven inne, das sie einer Kultur, die auf unabgesetzte Perfektionierung des Vorhandenen setzt, suspekt und lästig werden lässt. Michel Foucault fasst dies so:

> Die Kritik hat nicht die Prämisse eines Denkens zu sein, das abschließend erklärt: Und das gilt es jetzt zu tun. Sie muss ein Instrument sein für diejenigen, die kämpfen, Widerstand leisten und das, was ist, nicht mehr wollen. Sie muss in Prozessen des Konflikts, der Konfrontation, des Widerstandsversuchs gebraucht werden. Sie darf nicht das Gesetz des Gesetzes sein. Sie ist keine Etappe in einer Programmierung. Sie ist eine Herausforderung für das, was ist. (Foucault 2005: 41)

40) Auf dem Prüfstand steht heute jede Form von Kritik, die für sich beansprucht, mit einem anderen Maß zu messen und sich an einem anderen Maß zu orientieren, als an den Gesetzmäßigkeiten des Gegebenen und des alternativlos Erscheinenden. Vielleicht zeigt sich dies nirgends so klar wie in den gesellschaftlichen Diskursen über Migration; es verweist aber nur auf einen allgemeinen Zusammenhang. Gerade in Anbetracht gegenwärtiger diskursiver Tendenzen, die Kritik als Projekt in Frage stellen, ist eine selbstreflexive Kritik angehalten, die Effekte dessen in den Blick zu nehmen, was sie ausmacht, ausdrückt und auslöst.

Was die Kritik als speziellen Akt des Sprechens betrifft, so sind Selbstzumutung und Anmaßung wohl ihre unmittelbar subjektivierenden Effekte. Kritik nimmt – ungeachtet ihres sachlichen Urteils – im Moment der Verlautbarung performativ, intersubjektiv wirksam und sozial artikuliert eine erste gewissermaßen maßlose Unterscheidung vor. Die Unterscheidung zwischen den „kritisch" Sprechenden und den anderen noch „unkritisch" Handelnden bzw. zwischen den eigenen Vorstellungen und den kritisierten Verhältnissen und Handlungspraxen. Diese Unterscheidung ist keineswegs nur unter dem Vorzeichen von intellektueller Arroganz, expertokratischer Vorstellung oder wissenschaftselitärem Selbstverständnis gegeben. Die kritische Praxis muss von einer relevanten Differenz zwischen den eigenen Wissensbeständen und denen der wie auch immer deklarierten und imaginierten AdressatInnen ausgehen. Diese Differenz ist konstitutiv. Im kritischen Sprechakt messen SprecherInnen dieser Differenz eine solche Relevanz zu, dass sie zuweilen ausdrücklich auf die Selbstattribuierung „kritisch" rekurrieren, um einen besonderen Ort, eine besondere inhaltliche Position oder ein diskursives Außen für sich zu beanspruchen. Ein solcher Anspruch lässt sich letztlich nur durch den Verweis auf „das Eigentliche" legitimieren: auf den eigentlichen Kerngehalt sozialer Verhältnisse, auf den wahren Motor der Geschichte, die wirklichen Ursachen von gesellschaftlichen Entwicklungen, den Kern menschlicher Existenz oder die eigentlichen Interessen, Ideale und Normen von bestimmten Gruppen.

Die Praxis der Kritik hat ihren Ursprung in der Tradition der Aufklärung als Kritik an Wahrheits- und Absolutheitsansprüchen. Zugleich versucht sie sich von dieser Tradition zu distanzieren, unter anderem aufgrund der Verbindung von Kolonialismus und Aufklärung (vgl. Lüsebrink 2006) sowie postmoderner Kritik von absoluten Setzungen. Eine Kritik, die die Erinnerung an Absolutheitsansprüche wachhält, wird sich der im Akt der Kritik implizierten Anmaßung des Wahrheitsanspruchs bewusst und macht sich selbst zum Gegenstand kritischer Reflexion. Weil Kritik sich stets zwischen Selbstzumutung und Anmaßung bewegt, stellt sie einen prekären Ort der Verständigung dar. Dennoch ist Kritik, auch wenn sie ohne prophetischen Gestus und Transformationen beschwörende Emphase auskommt, auf die – wie auch immer einzuschätzende – Wirksamkeit ihrer Vermittlung angewiesen.

41) Damit rückt das Ziel näher, einige Aspekte von Kritik als wissenschaftliche und soziale Praxis, aber auch als theoretisches und epistemologisches Projekt zu konturieren. Im Zentrum stehen die Fragen nach dem Wesen, den Gegenständen, Orten, Spielräumen und Effekten von Kritik in der Migrationsforschung. Bereits zuvor wurde angesprochen, warum konkrete Formen der Migrationsforschung mit einem kritischen Anspruch gut daran tun, ihre Begriffe nicht zu reifizieren, ihren kritischen Charakter nicht zu verstetigen und ihre Positionen nicht zu hypostasieren. Denn die Kritik der Kritik ist Folge des kritischen Motivs selbst und ist dann, wenn man diese Rekursivität der Kritik ernst nimmt, radikal.

Ideengeschichtlich kann von einer reflexiven Wende in der europäischen Geschichte kritischen Denkens gesprochen werden, die mit historisierenden, machtkritischen und subjekttheoretischen Ansätzen einhergeht. In Anlehnung an eine Diagnose von Foucault verortet Alex Demirović (2008) diese Wende in den 1960er-Jahren und führt sie nicht etwa auf kulturelle oder politische Umstände im Allgemeinen zurück, sondern auf eine konkrete Praxis von Kritik, die sich ihren eigenen Ursprüngen, theoretischen Voraussetzungen, systematischen Konstrukten und politischen Implikationen widmet. Für Demirović geht die reflexive Wende vor allem auf die kritische Analyse der Machteffekte jener theoretischen Systeme (vor allem Marxismus und Psychoanalyse) zurück, von denen der Impuls, das Instrumentarium und die politische Forderung nach lokaler, historisch und sozial verorteter kritischer Praxis herrührten. Die schärfsten und theoretisch ambitioniertesten KritikerInnen emanzipatorischer Theorie- und Gesellschaftsprojekte sind in der Tat nicht in den Reihen der Desillusionierten zu finden, sondern unter jenen, die Kritik als erkenntnispolitische Praxis verstehen und zu üben versuchen. Lokale kritische Positionen gewinnen und entfalten ihr kritisches Potential aus ihrer besonderen Verortung innerhalb unterschiedlicher Ordnungen der Hierarchisierung. Feministische, postkoloniale, queere oder migrantische Positionen sind Beispiele für lokale Orte der Kritik. Solcherart lokale kritische Artikulationen klagen erkenntnistheoretisch und politisch die Reflexion und Positionierung von bestimmten Subjekten innerhalb von machtproduktiven und machterhaltenden, hierarchisch strukturierten Räumen ein und betonen die Situiertheit von Wissen (vgl. Haraway 1995) innerhalb von hegemonialen Geschichtsschreibungen. Es ist also nicht nur die theoretische Reflexion, die eine gewisse Verlangsamung der Kritik einfordert, sondern auch der Anspruch auf eine kritische Haltung, die vor den Effekten und Folgen der eigenen theoretischen Praxis nicht Halt macht. „Kritik der Kritik" konzentriert sich in der Fähigkeit, Verhältnisse, Strukturen, Diskurse, Praxen und Regime frei von politischem Pragmatismus zu hinterfragen und die subjektivierenden Machteffekte der eigenen kritischen Rede einer kritischen Überprüfung zu unterziehen. Emanzipatorische (Denk-)Projekte, die auf ihre Kritikresistenz argumentativ und politisch hinarbeiten, entlarven sich selbst als nicht emanzipatorisch. Selbstkritik ist notwendig, wenn Kritik ihr Grundmotiv nicht aufgeben will, nämlich das Aufzeigen dessen, was Menschen im Hinblick auf die Möglichkeit einer freieren Existenz behindert, degradiert und entmündigt.

42) Damit ist ein Spannungsverhältnis skizziert, das in jedem kritischen Unterfangen strukturell eingelagert ist: Wie ist es möglich, die Unterwerfung und die Gewalt, die mit hegemonial gewordenen Formen des Wissens und der Erkennt-

nisgenerierung aufs Engste verbunden sind, zu erkennen und diese Erkenntnis zu
artikulieren, ohne die AdressatInnen, an die sich die Kritik wendet, zu entmündigen? Wie ist es aber wiederum möglich, im Wissen um die Machteffekte von
gesellschaftlichen Strukturen, von Wissen, Repräsentation und Erkenntnisgene-
rierung Gesellschafts- und Subjektkritik auszuüben, ohne sich im Kabinett einer
spekulativen narzißtischen Selbstreflexion (Bourdieu 1993) zu verlieren? Der Sta-
chel des Widerspruchs, der diesen Fragen innewohnt, wird noch deutlicher, wenn
das Grundmoment genealogischer Kritik berücksichtigt wird, wie sie etwa in den
unterschiedlichen, aber in ihren erkenntnispolitischen Praxen konvergierenden
Werken von Michel Foucault und Gayatri Chakravorty Spivak zum Tragen kommt.
Foucault hat nachvollziehbar gemacht, dass Macht und Wissen in einer konstitu-
tiv-dialektischen Verbindung stehen. Es gibt demnach kein machtneutrales Wissen und keine Macht, die sich nicht in das Wissen einlässt. Es geht also immer um
die Dynamik der Machtproduktion durch Wissen und der Erkenntnisproduktion
durch Macht. In seinem viel zitierten Vortrag „Was ist Kritik?" vor der Société
française de philosophie im Jahr 1978 formuliert es Foucault folgendermaßen:

> Es geht also nicht darum zu beschreiben, was Wissen ist und was Macht ist und wie das eine
> das andere unterdrückt oder mißbraucht, sondern es geht darum, einen Nexus von Macht-
> Wissen zu charakterisieren, mit dem sich die Akzeptabilität eines Systems [...] erfassen läßt.
> (Foucault 1992: 33)

So kann Migrationsforschung als Kritik sich nicht darauf beschränken, sozioökonomische, gesellschaftliche und politische Positionen, Diskurse und Praxen
kritisch zu adressieren, ohne die Wissensbestände, die diese ermöglichen und
stabilisieren, zu befragen. Das bedeutet auch: nicht ohne die eigene (institutionelle, disziplinäre, ökonomische und politische) Gebundenheit kritisch auszuwei-
sen und die Machteffekte von Wissen (inklusive der eigenen Wissens-Produkti-
on) zu reflektieren.

Gibt es einen Ausweg aus dem kritischen Paradoxon? Wenn wir uns nicht
auf einen voluntaristischen Reduktionismus einlassen und das paradoxe Verhältnis durch eine „Entscheidung" vermeintlich auflösen wollen, dann bietet sich nur
jene Position an, aus der die erkenntnispolitische Unmöglichkeit einer „Lösung"
klar wird. Somit erfolgt eine reflexive Radikalisierung von Kritik. Denn wenn
Kritik nicht ausschließlich pragmatisch und interventionistisch sein will, dann
kann sie nicht anders, als sich zu sich selbst *nicht* affirmativ zu verhalten (vgl.
Demirović 2008: 26).

Ungeachtet unterschiedlicher epistemologischer Grundlagen innerhalb des
komplexen Raumes kritik-kritischer Positionen (von der sogenannten zweiten Generation der Kritischen Theorie über Foucault bis zu den Queer Studies und de-

konstruktiver Rassismuskritik) lassen sich zwei analytische Konstanten ausma-
chen. Zum einen wird die objektivistische Vorstellung von Kritik zugunsten des
Wissens um die soziale, politische und historische Gebundenheit jedes Denkens,
also auch des kritischen Denkens, aufgegeben. Zum anderen ist die machttheore-
tische Kritik der Effekte von Diskursen im Allgemeinen und von kritischen Diskursen im Speziellen unentbehrlich.

43) In seinen etymologischen Ursprüngen steht „Kritik" eindeutiger als heute
mit dem Substantiv „Krise" (krisis) in Verbindung. Beide Begriffe waren in der
Antike in Rechtsprechung und Medizin verankert. Eine „Krisis" bezeichnete einen Streit, aber auch ein Rechtsurteil. Urteilen, scheiden, trennen und unterscheiden sind Verben, die auf den „kritischen Akt" sowohl in der Rechtssprache als
auch in der Moral hinweisen. Medizinisch bezeichnete „Krisis" einen Schwebe-
zustand, der auf einen Wendepunkt zusteuert. Bereits in der Neuzeit wird „Krisis" in seiner medizinischen Bedeutung auf gesellschaftliche Belange übertragen.
So lassen sich gesellschaftliche und politische Zustände etwa mit einem fieber-
haften Zustand, d. h. mit einem kritischen Zustand, vergleichen, der auf eine für
den weiteren Verlauf entscheidende Veränderung schließen lässt. In der Zeit der
großen politischen Umwälzungen in Europa findet der Kritikbegriff Eingang in
die Gesellschaftsphilosophie und Politik. Wer eine Krise diagnostiziert, sieht
sich in der Lage zur Verkündung präventiver, therapeutischer oder unmittelba-
rer Handlungsanforderungen, respektive wird dazu aufgefordert. Diese Verbindung zwischen Kritik als diagnostischer Praxis, die soziale Pathologien erkennt
und definiert, und dem impliziten Erkenntnis- und Machtanspruch entsprechende Maßnahmen einzuleiten, ist für die Reflexion über die Möglichkeiten und Dilemmata einer kritischen (Migrations-)Forschung von Bedeutung. Denn dieser
Zusammenhang legt das Paradoxon frei, das Kritik als invasiver und interventi-
ver Sprechpraxis eingeschrieben ist: Wer angibt Pathologien (Unnatürliches, Be-
drohliches, Zerstörendes, Illegitimes) zu erkennen, begibt sich in ein Verhältnis zu
Anderen, das mit einem ausgesprochenen oder unausgesprochenen Versprechen
von Heilung oder Veränderung verbunden ist. In dieser Verbindung zwischen de-
skriptiver und präskriptiver Diagnose sind konstitutive Fragen enthalten, welche
die kritische Reflexion in den letzten Jahrzehnten maßgeblich prägen: die Fragen
nach der Geltung, den Kriterien und nach der Verallgemeinerbarkeit von Kritik.

44) In der philosophischen und sozialwissenschaftlichen Rezeption sowie in den
Debatten über diese Fragen wird der Diskurs über Kritik meist anhand von di-
chotom gefassten Kategorien strukturiert: normative/a-normative Kritik, Parti-

kularismus/Universalismus, immanente/externe Kritik. Einige Positionen sollen hier kursorisch rekonstruiert werden und exemplarisch mit Anfragen an das Projekt „Migrationsforschung als Kritik?" verknüpft werden.

Bei aller Differenz in ihren theoretischen Grundlagen und Implikationen, verorten Denktraditionen von Marx bis Spivak Kritik als eine grundlegende epistemische Praxis und rekurrieren letztlich auf einen gemeinsamen Topos: Kritik ist notwendig. Die Plausibilisierung dieser Notwendigkeit fällt ebenso unterschiedlich aus wie die Selbstverständnisse der kritischen Positionen selbst. In idealtypischer Einstellung können die Plausibilisierungsmuster in vier Grundrichtungen systematisiert werden:

- Ontologische Plausibilisierungsmuster begründen die Notwendigkeit von Kritik in der Diskrepanz zwischen dem „wahren Wesen" bzw. der „wahren Bestimmung" (der Welt, der Gesellschaft, der Menschen) und der sozialen Wirklichkeit;

- Hegemoniekritische Plausibilisierungsmuster sehen die Notwendigkeit von Kritik in der Entlarvung des Selbstverständlichen durch Analyse der hegemonialen Mechanismen der „Verselbständlichung" oder der „Selbstverständlichmachung" (Jaeggi 2009: 269) begründet;

- Ideologiekritik hält Kritik angesichts des festgestellten falschen Bewusstseins bzw. des universellen Verblendungszusammenhangs der Massen (Adorno) für notwendig;

- Kritische Projekte, für die die (Selbst-)Bezeichnung (de)konstruktiv sinnvoll ist, verweisen auf die Notwendigkeit der Kritik, da Genese und Effekte sozial konstruierter Wirklichkeiten und gesellschaftlich dominanter Normen zu denaturalisieren seien.

45) Eine reflexive Kritik hat an sich selbst die Frage zu stellen, anhand welcher Kriterien sie Distanz zu Praxen, Institutionen, Wissensbeständen, Ordnungen und Diskursen gewinnt, um diese zu beurteilen und gegebenenfalls Interventionen zu offerieren oder Transformationen zu bedenken. Die Frage nach dem Geltungsanspruch ist nicht nur für die selbstkritische Reflexion der Theorie, sondern auch für die soziale Praxis von grundlegender Relevanz. In einem Kommentar zum angesprochenen Vortrag von Foucault bemerkt Judith Butler, dass die erste unbeantwortbar anmutende Frage, die im Hinblick auf eine politisch wirksame, selbst- und machtkritische Haltung zu stellen sei, in jener bestehe, die das Verhältnis zwischen der (gegenstandsrelativen) Kontingenz und dem (konstitutiven) Anspruch auf allgemeine Geltung von Kritik befrage (vgl. Butler 2002). Das We-

sen von Kritik ist ihre Gegenstandsbezogenheit und damit ihre Kontingenz. Kritik ist immer die Kritik an etwas (einer Praxis, einer Politik, eines Diskurses, einer Episteme, einer Institution) und „verliert ihren Charakter in dem Augenblick, in dem von dieser Tätigkeit abgesehen wird und sie nur noch als rein verallgemeinerbare Praxis dasteht" (ebd. 224).

Dennoch: Wenn Kritik mehr als ein partikulares Urteil sein soll, das eingeschränkten Perspektiven verschrieben und spezifischen Interessen verpflichtet ist, muss sie sich auf allgemeinere Kriterien berufen können. Hier wird die Grundspannung deutlich, die jedem wissenschaftlichen kritischen Vorhaben eingeschrieben ist. Klagt Kritik ohne weitere Begründung und Reflexion nur jene Aspekte an, die bestimmte Subjekte unter bestimmten Bedingungen, zu einer bestimmten Zeit in einer bestimmten Weise an ihrer Freiheit und Entfaltung hindern, so ist sie deswegen nicht weniger legitim, wohl aber relativ. Sucht Kritik hingegen Prinzipien und Kriterien, die den Subjekten und ihren Aspirationen *an sich* gerechter werden, so stellt sie sich in ein Verhältnis zu ihren AdressatInnen und „der Wirklichkeit", das auf mögliche Bevormundungs- und Vereinnahmungseffekte hin befragt werden muss. Dies ist kein theoretisches Dilemma der Kritik, sondern zeigt die Konturen eines historisch entstandenen und wandelbaren Spannungsfeldes, das die Bedingungen der Möglichkeit, die Formen und Effekte von Kritik (als wissenschaftliche Praxis) rahmt.

46) Theoretische und wissenschaftliche Praxen, die auf Kritik als Teil des eigenen Selbstverständnisses rekurrieren, sollten daher in der Lage sein, über die eigenen Maßstäbe der Kritik sowie ihre epistemologische und erkenntnispolitische Begründung Auskunft zu geben (vgl. Celikates 2009; Jaeggi 2009; Demirović 2008; Geuss 1981). Sind die Maßstäbe der Kritik innerhalb der Gesellschaft und seinen Ordnungssystemen selbst anzutreffen oder soll Kritik tiefer ansetzen und die Ordnungen selbst hinterfragen? Unter welchen Bedingungen und mit welcher Legitimation ist es möglich, in der Denkübung der Kritik den gesellschaftlichen Ort zu verlassen, um neue Leitbilder, Normen und Maßstäbe zu gewinnen? „Urformen" externer Kritik sind die religiös legitimierte Prophetie oder die theologischen Ontologien. Formen der Kritik, die Verhältnisse und Lebensbezüge zum Inhalt haben, diese aber weder untereinander noch mit den Ansprüchen der Gesellschaft und der AkteurInnen in Verbindung bringen, können die Verhältnisse und Lebensgefüge nur an einer transzendentalen Vorstellung messen, seien es die Vorstellung einer göttlichen Bestimmung, einer eigentlichen Existenz oder Konzepte mehr oder weniger gelingender Lebensverhältnisse und -praxen.

Rahel Jaeggi erinnert an die Hegelsche Charakterisierung einer rein externen Kritik, die à la longue in einen „Moralismus des bloßen Sollens" einmündet (Jaeggi 2009: 267). Moderne Formen externer Kritik – vor allem jene, welche auf der affirmativen Rezeption der Theorie von Marx gründen – gewinnen ihre Aussagekraft aus der kontrastierenden Analyse von realen (sozialen, wirtschaftlichen, politischen) Verhältnissen auf der einen Seite und der Ausformulierung neuer Entwürfe für eine menschliche (gelingende, gute, gerechte, humane) Existenz. Diese Formen von Kritik äußern sich in einem erkenntnistheoretischen und erkenntnispolitischen Dualismus, der richtiges von falschem Bewusstsein, wahre von unwahrer Existenz, authentische von entfremdeter Weltansicht sowie weniger gelingende versus gelingendere Gesellschaftsverhältnisse trennt.

Kritikformen, die außerhalb der Gesellschaft nach neuen Kriterien und Maßstäben zur Gestaltung des Sozialen im Sinne eines gelingenden Lebens Ausschau halten, räumen ExpertInnen (ProphetInnen, Gelehrten, TheoretikerInnen, WissenschaftlerInnen, PolitikerInnen) eine zentrale Rolle ein. Ihnen wird die Fähigkeit zugeschrieben, aus dem falschen Bewusstsein gewöhnlicher AkteurInnen herauszutreten und zu den Kerngehalten des Menschlichen vorzudringen. Diese Kritikformen scheinen historisch delegitimiert (vgl. etwa Rosa 2009: 27), vor allem im Hinblick auf die gewaltförmigen (vereinnahmenden, paternalistischen, bevormundenden, degradierenden) politischen Konsequenzen einer solchen dualistischen Gewissheit, die sich letztlich in mehr oder weniger ausgestalteten Formen eines orthodoxen Prinzipienkanons konkretisiert. Diese Diagnose soll nicht zu einem Verzicht auf die Anliegen und Inhalte dieser Kritikformen führen, jedoch die genannten Umsetzungsversuche kritisch reflektieren.

Auf der anderen Seite des Spektrums finden sich Formen der Kritik, die ihre Kriterien aus dem gesellschaftlich Gegebenen gewinnen: aus völkerrechtlichen und nationalstaatlichen Gesetzen, kulturell verankerten ethischen Prinzipien, gesellschaftlich geltenden Idealen oder reziproken Vereinbarungen. Einige Formen dieser internen Kritik fokussieren auf das Aufdecken der Diskrepanzen zwischen gesellschaftlichen Idealen (z. B. dem Ideal der Gleichberechtigung der Individuen in einer demokratisch verfassten Gesellschaft) und den Strukturen bzw. sozialen Praktiken (z. B. Formen institutioneller oder prozeduraler Exklusion aufgrund von aufenthaltsrechtlichen Bestimmungen). Andere Formen interner Kritik befragen die empirisch ermittelten oder theoretisch rekonstruierten Aspirationen und Erwartungen der AkteurInnen selbst, um aus diesen Konzepten Maßstäbe der Kritik zu gewinnen und mit gegenwärtigen Handlungspraxen und Gesellschaftsverhältnissen zu vergleichen (vgl. Boltanski 2010; Ranciére 2007). Diese Kritik gewinnt ihre normative Kraft aus dem Anspruch, das Unrecht, das

Anderen angetan wird, aufzuzeigen. Iris Marion Young nennt fünf Bedingungen, bei deren auch nur partiellem Vorliegen davon ausgegangen werden kann, dass eine gesellschaftliche Gruppe unterdrückt wird. Die Bedingungen lauten: Ausbeutung, Marginalisierung, Machtlosigkeit, kultureller Imperialismus und Gewalt.

> Briefly, a group is oppressed when one or more of the following conditions occurs to all or a large portion of its members: (1) the benefits of their work or energy go to others without those others reciprocally benefiting them (exploitation); (2) they are excluded from participation in major social activities, which in our society means primarily a workplace (marginalization); (3) they live and work under the authority of others, and have little work autonomy and authority over others themselves (powerlessness); (4) as a group they are stereotyped at the same time that their experience and situation is invisible in the society in general, and they have little opportunity and little audience for the expression of their experience and perspective on social events (cultural imperialism); (5) group members suffer random violence and harassment motivated by group hatred or fear. (Young 1989: 261)

Young hebt hervor, dass universalistische, auf „Gerechtigkeit" und „Gleichheit" zielende Modelle in ihrer „Differenzblindheit" Bedingungen für die Teilnahme an öffentlichen Strukturen und Prozessen einführen, die bestimmte gesellschaftliche Gruppen bevorteilen und andere benachteiligen. Es geht darum, Unrechtserfahrungen deprivilegierter Subjekte in den Diskurs über die Gesellschaft hineinzureklamieren und die Position der Entrechteten, Nicht-Sprechenden, Nicht-Gehörten und Nicht-Vertretenen zu repräsentieren. Bei dieser Form von adressatInnenorientierter Kritik stellt sich die Frage nach Möglichkeit und Grenze der Repräsentation von Nicht-Sprechenden bzw. von jenen, deren Sprechen nicht gehört wird. Feministische und postkoloniale Studien, besonders von Gayatri Chakravorty Spivak, haben diesen Umstand in seinen theoretischen Dimensionen und kolonialisierenden Effekten expliziert (vgl. Spivak 1999).

Ein anderer Modus immanenter Kritik sucht in historisch gewachsenen und sozial-gemeinschaftlich etablierten Wertvorstellungen wie z. B. Gerechtigkeit, Solidarität oder Subsidiarität nach den Parametern, die die tiefen Aspirationen der Menschen beinhalten und widerspiegeln, um den gesellschaftlichen und politischen Status Quo zu kritisieren. Die Position von Michael Walzer (vgl. Walzer 1993; 1997; 2002) steht hier paradigmatisch für eine immanente Kritik, die ihre Verortung innerhalb bestimmter Kulturtraditionen markiert und eine ausgeprägte Theorieskepsis an den Tag legt. Dies wird besonders in seiner Antwort an Axel Honneth deutlich (Walzer 2009). Für Walzer sind Gesellschaftsanalyse und Gesellschaftskritik nicht nur zwei voneinander abgrenzbare Bereiche, sondern vielmehr zwei autonome Vorhaben. Walzer kritisiert eine theoretische bzw. wissenschaftliche Kritik, die nicht an Tradition und Gemeinschaft rückgebunden ist. Damit lenkt er das Augenmerk auf die Gefahren intellektueller Kritik,

die sich von der Lebenswelt und den in tradierten kollektiven Erfahrungen ein-
gebundenen ethischen Referenzen der AkteurInnen entkoppelt hat. Für Walzer
sind Theorie und Kritik aufeinander beziehbar, diese Verbindung versteht er aber
als kontingent, wenn nicht sogar als zufällig (vgl. Walzer 2009: 591). Präzise Gesellschaftstheorie könne zwar kritisch sein und Gesellschaftskritik auch theoretisch untermauert, diese Verbindung sei aber weder im logischen noch im politischen Sinne notwendig. Gesellschaftskritik, so läßt sich Walzer paraphrasieren,
braucht keine Theorie und schon gar keine „Forschung", wenngleich „[k]ritische
Werte manchmal Forschungen, die das theoretische Unternehmen voranbringen,
inspirieren" (Walzer 2009: 591).

Gegen Walzer muss eingewendet werden, dass eine Kritik, die sich an den
wie auch immer lautenden Werten einer Gesellschaft orientiert, Gefahr läuft,
selbstreferenziell zu argumentieren und die Verbindungen zwischen Wissen und
Macht unbeleuchtet zu lassen. Dadurch werden Diskurse und Wissensbestände
reproduziert, die Hierarchien, Ordnungen, Normalitätsvorstellungen und Exklu-
sionsmechanismen stützen und ermöglichen, wohingegen deren Analyse und Entlarvung die zentrale Aufgabe von Kritik sein sollte.

Migrationsforschung als offenes Projekt der Kritik

47) Viele Ansätze in der deutschsprachigen Migrationsforschung neigen dazu,
empirisch aufgefundene Regelmäßigkeiten als Gesetzmäßigkeiten wiederzuge-
ben. Durch dieses Paradigma, das wir weiter oben in dem Begriff „Ausländerforschung" gefasst haben, werden als Codes und Regeln wirkende Strukturen, in
denen Herrschaft ausgeübt wird, wiederholt. Assimilation sei, so beispielsweise
Hartmut Esser (2004), für MigrantInnen alternativlos. Alternativlosigkeit wird
hier jedoch allein an der empirischen Struktur gesellschaftlicher Wirklichkeit
belegt und ausgewiesen. Weil die Struktur gesellschaftlicher Wirklichkeit Assimilation erfordere, sei Assimilation unabdingbar, so kann die Argumentationsfigur gerafft wiedergegeben werden. Eine Reflexion auf den Wert einer Analyse, die sich darauf beschränkt, Konzepte allein am Kriterium ihrer „empirischen
Bewährung" zu bemessen, findet sich hier hingegen nicht. Dadurch werden die
strukturellen Erfordernisse des Arbeits- und Wohnungsmarktes, der Bildungs-
institutionen, Gesundheits- und Pflegesysteme affirmiert. Der Empirismus beispielsweise der Integrationsforschung bestätigt in dem empirischen Hinweis auf
„Erfordernisse" ebendiese. Da es diesem Empirismus an einem Standpunkt der
Kritik und Beurteilung mangelt, der außerhalb des Feldes der empirischen Untersuchung gewonnen wurde, imitiert und dupliziert er in der Bestätigung die Kraft

der sozialen Macht, die in dem Feld wirkt. Man könnte hier von einer „Gewalt der bejahenden Registratur" sprechen. Der mit der Affirmation verbundene Mangel an Distanz ist bei wissenschaftlichen Analysen von sozialer und gesellschaftlicher Wirklichkeit grundsätzlich unangemessen, ganz besonders aber dort, wo es um die Analyse von marginalitätsproduktiven Zusammenhängen und deprivilegierten Positionen geht. Denn, um ein Beispiel zu geben, die Einsicht oder das empirische Ergebnis, dass für bestimmte soziale Gruppen Teilhabe an bestimmten gesellschaftlichen Zusammenhängen nur durch praktische Akte der Untertänigkeit möglich ist, bestätigt die unterwürfigkeitsgenerative Struktur, wenn sie die empirische Realität dieser Struktur nicht hinsichtlich ihrer normativen Angemessenheit befragt.

48) Zu dieser Befragung bedarf es aber eines Standpunktes, der nicht schlicht in der Untersuchung der empirischen Realität gefunden werden kann, sondern als normativ reflektierter, kritischer Standpunkt der Analyse vorausgeht und zugleich nachfolgt. Um nicht der bereits angesprochenen Gefahr eines kritischen Moralismus oder eines Kritik-Totalitarismus zu erliegen, ist der Ausgangs- und Rückzugspunkt der Kritik inhaltlich nicht festgelegt, sondern beweglich. Er verändert sich – auch als Ergebnis der jeweiligen empirischen Analysen – beständig, bezeichnet gleichwohl einen Außenstandpunkt, der ermöglicht, gegenüber dem empirisch Aufgefundenen einen Widerspruch zu formulieren. Vor diesem Hintergrund ist es sinnvoll, eine Migrationsforschung zu präferieren, die sich an einem reflexiven Verständnis von Kritik orientiert. Intellektuelles Denken, das aus den Erfahrungen mit kritisch-normativer Orthodoxie und ihrer unbarmherzigen Gewissheit gelernt hat, wird von einer gewissen Vorsicht und Zurückhaltung geleitet. Gleichwohl kann der Anspruch, soziale Prozesse in einem kritischen Sinne zur Geltung zu bringen, nicht aufgegeben werden. Jene Migrationsforschung im Zeichen der Kritik, die eine zurückgenommenere Haltung pflegt, bekennt sich zur Praxis der Kritik, ohne ein für alle Mal festgelegt zu haben, an welchen Maßgaben die Kritik sich zu orientieren habe. Das Maß der Kritik steht *nicht* außer Frage. Die mit dieser Infragestellung verbundene, empirisch begründete begriffliche und methodologische Arbeit verstehen wir als konstitutive Aufgabe einer sich in der Praxis der Kritik erschaffenden Migrationsforschung. Anders als es für die migrationssoziologische In- und Exklusionsforschung charakteristisch ist, wird eine in diesem Sinne angelegte Untersuchung von Zumutungen, die mit faktischen, imaginierten und zugeschriebenen Überschreitungen natio-ethno-kultureller Grenzen verbunden sind, nicht auf einen Begriff von Herrschaft verzichten. Ebenso wird sie – anders als eine eher als soziale Ungleichheitsforschung ange-

legte Migrationsforschung – den Macht- und Herrschaftskontext, in dem Positionierungen in einer Migrationsgesellschaft stattfinden, nicht allein auf ungleiche Verteilungsverhältnisse reduzieren.

49) Als Grundmotiv der Kritik hatten wir weiter oben das Aufzeigen dessen bestimmt, was Menschen im Hinblick auf die Möglichkeit einer freieren Existenz behindert, degradiert und entmündigt. Gegen migrationsgesellschaftliche Ordnungen, in denen die natürliche Ungleichheit der Menschen, die Unvermeidbarkeit der Exklusion, die unabänderbare, zumindest träge Gegebenheit hierarchischer Asymmetrien behauptet und erzeugt wird, findet die Praxis der Kritik, um die es hier geht, zunächst ihren Ausgangspunkt in einem Moment der Empörung. Das Unbehagen, das Nein, die Zurückweisung und das Wissen um Unrechtmäßigkeit sind zwar der idealisierte Beginn und das Motiv kritischer (Migrations-) Forschung, aber noch kein wissenschaftlicher Akt. Das Nein und die „moralische Disposition zum Nein" motivieren und eröffnen jedoch Erkenntnisprozesse. Das hier präferierte Verständnis von Sozialwissenschaft macht damit einen moralischen Vorbehalt in Bezug auf allein rationalistisch begründetes wissenschaftliches Tun geltend. Für den Vorrang dieses moralisch vorbehaltlichen Verständnisses können keine universell zwingenden Gründe angeführt werden, bestenfalls kann das Motiv der Präferenz plausibel gemacht werden.

50) „Migration" ist ein hoch politisiertes Thema, da es in der Diskussion um das Thema Migration immer auch um die Frage geht, wie und wo symbolische und materielle Grenzen politischer Kontexte festgelegt werden sollen und welcher Umgang innerhalb dieser Grenzen mit Differenz und Ungleichheit angemessen ist. Diese konstitutive politische Dimension des Gegenstandes wirkt insofern auf das akademische Feld, in dem Migrationsforschung betrieben wird, als Forschungsprojekte und Untersuchungen Ergebnisse produzieren, die immer mit politischen Aussagen verbunden sind, ob dies nun gewollt ist oder nicht. Darüber hinaus hat sich Migrationsforschung – zumindest in Deutschland – als Reaktion auf die gesamtgesellschaftliche Wahrnehmung von Migration als „Problem" und in starker Abhängigkeit von politischen Förderperspektiven als Auftragsforschung entwickelt (Bukow/Heimel 2003). Migration ist ein gesamtgesellschaftlich bedeutsames und umkämpftes Thema, das grundlegende Fragen berührt: Wer ist legitimes politisches Subjekt? Welche sozialen Ungleichheiten zwischen Menschen sind hinnehmbar? Daher werden die Beiträge der Migrationsforschung immer auch von einer politischen Öffentlichkeit aufgegriffen, diskutiert und verwertet. Zum Teil beteiligt sich

die Migrationsforschung auch explizit an den öffentlichen Debatten, versteht ihre Beiträge gar als sozialpolitische Orientierungsangebote.

Michael Bommes (2011a: 11f.) attestiert der Migrationsforschung in diesem Zusammenhang eine „nahezu ungezügelte Bereitschaft, sich auf der Grundlage ihrer Forschung zu engagieren und migrations- bzw. integrationspolitisch Stellung zu nehmen", wodurch Migrationsforschung „zu einem Bestandteil ihres Gegenstandes" werde. In diesem Zusammenspiel, so Bommes weiter,

> [...] kommt es durch ihre Bereitschaft zu Engagement und normativer Intervention bei gleichzeitiger Verwendung wissenschaftlicher Reputation zur Untermauerung der je eingenommenen, selbst eigentlich nicht wissenschaftlich rechtfertigbaren Positionen. (ebd.)

Bommes sucht die Gründe dieser Politiknähe sowohl im Gegenstandsbereich als auch in der Forschung selbst:

> Problemstellungen internationaler Migration sind in der modernen Gesellschaft zunächst weitgehend politisch konstituiert, denn diese Migrationen stellen die mit der Institutionalisierung des Nationalstaates als segmentär differenzierter Form des politischen Systems einhergehende Einteilung der Weltbevölkerung in nationale Staatsbevölkerung in Frage. Problemstellungen internationaler Migration stellen sich daher in der Gesellschaft vielfach als politische Probleme. (ebd.)

Zugleich führt Bommes die Breite und Interdisziplinarität des Gegenstandsbereichs an, die in Versuchen, diese handhabbar zu machen, Forschung insbesondere auf die politisch induzierte Problemstellung von Migration, Integration und sozialer Ungleichheit heruntergebrochen hat. Damit

> [...] war und ist eine spezifische Verengung der theoretischen und empirischen Möglichkeiten der Wissenschaft verbunden, für die es eigentlich keine wissenschaftliche Rechtfertigung gibt. (ebd.)

Genau vor diesem Hintergrund plädiert Bommes für „wissenschaftliche Distanz", damit Migrationsforschung schlussendlich gewissermaßen zu „sich selbst" kommen könne.

51) Grundsätzlich kann dem Plädoyer gegen eine politisch oder vorrangig auf Veränderung der Verhältnisse verengte Migrationsforschung zugestimmt werden. Wir treten für Migrationsforschung und -wissenschaft ein, die sich grundsätzlich durch die Pluralität ihrer Fragestellungen, Zugänge und theoretischen Sprachspiele auszeichnet. Die Realisierung dieser Vielfalt kann nun aber nicht den einzelnen WissenschaftlerInnen aufgebürdet werden (hier wird es immer „Vereinseitigungen" und „Verengungen" geben müssen). Vielmehr muss dies über die Form der Insti-

tutionalisierung der (Migrations-)Wissenschaft ermöglicht werden. Im Zuge der Unentbehrlichkeit wissenschaftlicher Pluralität präferieren wir selbst jedoch eine Analyse, die von der Kritik an Herrschaftsstrukturen motiviert ist. Dies ist zwar eine „Verengung", angesichts des Zusammenhangs von Migration und Machtverhältnissen, freilich eine Verengung auf eine relevante Gegenstandsdimension. Von der Kritik an Herrschaftsstrukturen motivierte Forschung kann als engagierte Forschung bezeichnet werden. Allerdings handelt es sich hier nicht um ein Engagement, dessen erstes Ziel es ist, Herrschaftsstrukturen zu schwächen. Vielmehr geht es darum, die Eigenschaften von Herrschaftsstrukturen, ihre Bedingungen und Konsequenzen empirisch zu untersuchen und theoretisch zu explizieren. Es geht um ein *epistemisches Engagement* und damit um die Aufhebung der irreführenden Entgegensetzung von Distanz und Engagement.

Auch wenn die Veränderung migrationsgesellschaftlicher Verhältnisse nicht das erste Ziel wissenschaftlicher Tätigkeit sein kann, so ist die Analyse migrationsgesellschaftlicher (Herrschafts-)Strukturen von der Annahme bzw. vom Glauben getragen, dass das Erkennen potenziell einen mittelbaren – wenn auch nie prognostizierbaren und in seiner Wirkung auch möglichweise kontraproduktiven – Beitrag zur Veränderung gesellschaftlicher Herrschaftsverhältnisse leisten kann.

52) Die Eigenständigkeit des wissenschaftlichen Tuns wird also über das Motiv der Kritik, Herrschaft des Menschen über den Menschen zu untersuchen, nicht preisgegeben. Vielmehr mobilisiert dieser Beweggrund Fragen, Untersuchungen und Studien, die auf Erkenntnisgewinn gerichtet sind und an der Art gewonnener Erkenntnis beurteilt werden. Die idealtypisch auf Begriffe und den Austausch von Argumenten setzenden Operationen wissenschaftlichen Tuns werden durch das Motiv der Kritik nicht durch andere Modi ersetzt, sondern bekräftigt.

53) Über die reflexive Explikation der Motive und Interessen bezieht sich der wissenschaftliche Erkenntnisprozess auf die Grundlagen des eigenen Tuns, die sich nicht aus der Analyse selbst ergeben, sondern dieser vorgelagert sind. Ernst Tugendhat schreibt in seiner ersten Vorlesung über Ethik (1995: 18):

> Ich glaube, daß man zu dem Schluß kommen muß, daß eine kritische Gesellschaftstheorie, so wichtig sie ist, nicht an die Stelle einer Ethik treten kann, sondern eine Moral voraussetzen muß.

Das moralische Grundmotiv jener Migrationsforschung, um die es in diesem Buch geht, soll nun entlang einiger Ausführungen zum Herrschaftsbegriff präzisiert werden. In wohl nicht unerheblichem Maße ist auf die imposante Rezeptionsgeschichte des von Max Weber formulierten Herrschaftsbegriffs zurückzuführen, dass sich in maßgeblichen Teilen der soziologischen und politikwissenschaftlichen Beschäftigung mit Herrschaft eine Verengung auf Formen von Herrschaft findet, die aufgrund der Zustimmung der Beherrschten zu dem asymmetrischen Verhältnis von Befehl und Gehorsam als legitim gelten. Herrschaft wird bei Weber zum Anderen der Gewalt, da sie durch Billigung der Beherrschten als Form legitimer Machtausübung verstanden wird.

> Der enge Nexus von Herrschaft und Legitimität entspringt [bei Weber, Anm. d. Hg.] der normativen Erwartung, daß diese demokratisch begründet sei und eine „rationale" Form annehme. [...] Zwar wird der Zwangscharakter der Vergesellschaftung, dem notfalls mit dem Staat als Inhaber des Monopols legitimer physischer Gewaltsamkeit Nachdruck verliehen wird, durchaus gesehen, doch im Grunde gehen Macht und Herrschaft auf die positiven Leistungen für die Herrschaftsunterworfenen zurück. (Imbusch 1998: 23)

Genau diese Argumentationsfigur kennzeichnet weite Teile des migrationssoziologischen oder integrationspädagogischen Blicks auf MigrantInnen: Der Zwangscharakter der Angleichung (etwa in den unter Sanktionsauflagen durchgeführten Integrationskursen) wird gesehen, doch im Grunde ist man der Ansicht, dass die Legitimität von Macht und Herrschaft auf die positiven Leistungen für MigrantInnen zurückgehe. Herrschaftskritik in der Weberschen Tradition beschränkt sich auf durch Zustimmung gerechtfertigte Herrschaft. Welche Themen sich aber durchsetzen und welche gesellschaftlichen Inhalte auf der anderen Seite durch Nicht-Thematisierung der öffentlichen Wahrnehmung entzogen bleiben, interessieren nicht oder nur am Rand (vgl. Massing 2004). Eine über diese Verengung hinausgehende Herrschaftskritik, die die Existenz von asymmetrischen Abhängigkeitsstrukturen nicht schlicht akzeptiert, sondern ihre Erfordernis befragt, würde demgegenüber folgende Themen und Fragen[7] ins Zentrum rücken:

- Der materielle Gehalt von Herrschaft

- Die GewinnerInnen und VerliererInnen legitim institutionalisierter Herrschaftsverhältnisse

- Was Menschen bewegt, sich Herrschaftsstrukturen zu fügen oder sich ihnen zu widersetzen

- Die mit Herrschaftsformen einhergehenden Machtasymmetrien.

Für eine derart verstandene herrschaftskritische Migrationsforschung sind insbesondere die Folgen von „legitim" institutionalisierten asymmetrischen Verhältnissen der Unterscheidung von Bedeutung. Da diese Verhältnisse nicht einfach das Resultat von Unterdrückungsstrukturen sind, bedarf es eines Herrschaftsbe-

---

7   Wir folgen hier Hinweisen von Aden 2004: 11.

griffs, der sowohl das Moment des Zwangs und der Verhinderung als auch das des Zugeständnisses und der Ermöglichung aufnimmt.

Herrschaft verstehen wir in diesem Sinne als institutionalisiertes, eine gewisse Dauerhaftigkeit aufweisendes, temporär verfestigtes, strukturiertes und strukturierendes soziales Verhältnis, in dem die Möglichkeiten wechselseitiger Einflussnahme (Macht) asymmetrisch verteilt sind. Im Unterschied zu Gewaltverhältnissen zeichnen sich Herrschaftsverhältnisse durch eine Art Selbstverständlichkeit aus. Als gelebte und auf eine verfestigte Geschichte zurückblickende Realität asymmetrischer Beziehungen erscheinen sie selbstverständlich, unabänderlich oder „natürlich". Die in einer kritischen Migrationsforschung in den Blick genommenen „legitim" institutionalisierten asymmetrischen Verhältnisse der Unterscheidungen[8] stellen nicht nur selbstverständliche, sondern in ihrer Selbstverständlichkeit unmerkliche, in Bourdieuscher Terminologie: doxische Verhältnisse der Asymmetrie dar. Eine Migrationsforschung, die diese Asymmetrien indirekt oder direkt als gegeben akzeptiert, muss als Praxis der Konservierung und Verlängerung von Herrschaft verstanden werden. Denn immer sind Herrschaft und Unterordnung mit dem Argument aufgetreten, dass Unterordnung funktional und bedeutsam für die Beherrschten sei: es entspreche ihrer Natur (Nähe zu sich selbst), es ermögliche ihnen den Eingang ins Paradies (Nähe zu Gott), es sei Voraussetzung ihrer gesellschaftlichen Partizipation (Nähe zu Privilegien).

54) Für die Beherrschten zeigen sich die Konsequenzen der als gegeben er- und gelebten Herrschaft nicht allein in Nachteilen, sondern auch in Vorteilen und Nutzen. Herrschaft wirkt sowohl als Zwang wie als Ermöglichung. Es geht nicht um eine Gegenüberstellung dieser beiden Formen, sondern darum, das Zusammenwirken beider Momente, die in der Regel nie ohne einander vorkommen, zu untersuchen. Begrenzung und Erweiterung, Zwang und Befähigung, Verbot und Gabe verhalten sich weder ausschließend noch additiv, sondern durchdringen einander. Der Vorteil ermöglicht den Nachteil, die Beeinträchtigung richtet sich im Nutzen ein. Michel Foucault hat diesen Zusammenhang so formuliert:

> Wenn sie nur repressiv wäre, wenn sie niemals anderes tun würde als nein sagen, ja glauben sie dann wirklich, daß man ihr gehorchen würde? Der Grund dafür, daß die Macht *herrscht*, daß man sie akzeptiert, liegt ganz einfach darin, daß sie nicht nur als neinsagende Gewalt auf uns lastet, sondern in Wirklichkeit die Körper durchdringt, Dinge produziert, Lust verursacht, Wissen hervorbringt, Diskurse produziert; man muß sie als ein produktives Netz auffassen, das den ganzen sozialen Körper durchzieht. (Foucault 1978: 35; Hervorhebung durch die Hg.).

---

8   Sowohl kategorial-grundsätzlicher Art (Unterscheidung zwischen „MigrantInnen" und „Nicht-MigrantInnen") als auch materialer Art (Scheidung von ökonomischen Privilegien, Rechten, Prestige etc.).

Die Untersuchung des Zusammenspiels von Beeinträchtigungen und Vorteilen, von Einschränkungen und Ermöglichungen ist nun von besonderem Interesse. Die Bedingungen der Platzierung und Einbeziehung, die das Handlungsvermögen von in migrationsgesellschaftlichen Kontexten als Andere und Nicht-Andere geltenden Personen konstituieren, können hierbei als subjektivierende Momente eines durch formelle wie informelle, gesetzliche wie kulturelle Zwänge und Möglichkeiten strukturierten Raumes materieller und symbolischer Unterscheidungen verstanden werden.

55) Einer vom Motiv der Kritik mobilisierten Migrationsforschung geht es somit um drei wesentliche Ziele: erstens um die Analyse migrationsgesellschaftlicher Herrschaftsstrukturen, also jener Strukturen, die Menschen im Hinblick auf die Möglichkeit einer freieren Existenz behindern, ihre Würde einschränken und sie entmündigen.

Zweitens richtet sich kritische Migrationsforschung auf Subjektivierungsprozesse unter den Bedingungen dieser Strukturen. Im Sinne eines post-orthodoxen Kritikverständnisses kann und soll aber das, was hier „freiere Existenz", „Behinderung", „Würde" und „Entmündigung" heißt, nicht endgültig festgelegt werden, sondern bedarf der fortwährenden begrifflichen Vergewisserung und empirischen Auseinandersetzung. Wenn wir an einer kritischen Analyse des Einsickerns und Eindringens von Macht in die Möglichkeiten der Menschen interessiert sind, „ihr Leben auf würdige und sichere Art zu verbringen" (Grossberg 1999: 62), wenn wir daran interessiert sind, die machtvolle Beschneidung von Handlungsräumen und -möglichkeiten zum Thema zu machen, dann können wir nicht darauf verzichten, uns begrifflich und empirisch mit den Themen Verhinderung, Einschränkung und Begrenzung oder auch Widerstand auseinanderzusetzen. Dass wir es hierbei empirisch mit vielfältigen Formen der Verhinderung und Ermöglichung von würdevollen Handlungen und Lebensweisen zu tun haben, die sich flexibel verknüpfen, kontextspezifisch neue Konstellationen schaffen, sich entkoppeln und wieder verbinden und damit einfache Analysen, Veränderungsvorschläge und Parteinahmen erschweren, sollte und kann nicht davon abhalten, die grundsätzliche Gegebenheit ungleicher Verhältnisse der Verhinderung/Ermöglichung zum Thema zu machen. In einem Rahmen, der durch das Bekenntnis zur Kritik gezeichnet ist, wird es unmöglich das Motiv preiszugeben, nämlich durch Analysen für Verhältnisse einzutreten, in denen Menschen ihr Leben auf würdige und sichere Art führen. Die Vorstellung jedoch, was es heißt, dass Menschen ihr Leben auf „würdige und sichere Art" führen, ist notwendig offen zu halten und in dem unabschließbaren Projekt der fortwährenden Re-Vision der Kritik immer wieder zu öffnen.

Drittens zielt kritische Migrationsforschung auch auf die Analyse von Möglichkeiten und Formen der Verschiebung und Veränderung von Zugehörigkeitsordnungen und Herrschaftsstrukturen, sowie des Widerstands gegen sie und in ihnen. Herrschaftsverhältnisse sind weder strikt determinierend noch notwendig, sie weisen Handlungs- und Spielräume auf und sind kontingent. Eine auf dem Motiv der Kritik gründende Migrationsforschung ist an der Untersuchung dieser Räume und Optionen der Kontingenz in besonderer Weise interessiert, kommen doch hier Alternativen in den Blick, die der Komparativform des „Freieren", „Würdigeren" nahe kommen. Worin dieses „Freiere" und „Würdigere" je kontextspezifisch besteht, ist nicht vor der Analyse bereits bestimmt, sondern Gegenstand der empirischen wie der begrifflichen Analyse. Das „Freiere" und „Würdigere" zeigt sich in unterschiedlichen Kontexten, diachron und synchron, unterschiedlich. Es ist nicht festgelegt; genau diese Nicht-Festgelegtheit, diese Modulation, dieses Gleiten, diese Variation gilt es nachzuvollziehen und zu wagen. Für sie steht Migrationsforschung im Zeichen der Kritik ein.

56) Formen der Verschiebung und Veränderung von Herrschaftsstrukturen sowie des Widerstands dagegen kommen einer Migrationsforschung, die sowohl einem Idealismus des Subjektes als auch einem Determinismus der Struktur entsagt, nicht als heroische Handlungen von Individuen und Gruppen oder als Phänomen bloß (herrschafts-)struktureller Emergenz in den Blick. Widerstand und Veränderung sind beides, sie sind der Struktur der Herrschaftsverhältnisse selbst eingelagert. Sie sind zugleich an das hermeneutisch-interpretierende und politisch-aktionale Vermögen von individuellen und kollektiven AkteurInnen geknüpft. Mit Bezug auf die Frage, wie Veränderungen der Verhältnisse möglich sind, die materiell und symbolisch deprivilegierte Subjekte hervorbringen und ihre Lebensverhältnisse beeinflussen, ist es sinnvoll und notwendig, beide Auffassungen von Widerstand und Handlungswirksamkeit nicht gegeneinander auszuspielen, sondern in ihrem spannungsvollen Verhältnis zueinander empirisch explorativ, theoretisch explikativ und politisch artikuliert zur Geltung zu bringen. Handlungen und Geschehnisse, die eine verändernde Unruhe in politische, kulturelle und interaktive Ordnungen des degradierenden und deprivilegierenden Unterscheidens einbringen, sind weder auf das Tun Einzelner zu reduzieren noch auf das selbstbezügliche Spiel einer strukturalen Logik.

57) Das Grundmotiv kritischer Migrationsforschung – so können wir nun am Ende unserer Überlegungen genauer formulieren – wird genährt von einem moralischen Impuls, der die Legitimität jener migrationsgesellschaftlichen Phänomene zurückweist, die Menschen in ihren Möglichkeiten für eine freiere Existenz behindern, degradieren und entmündigen. Dieses Motiv der Kritik mobilisiert und leitet die wissenschaftliche Aufmerksamkeit in eine Richtung, die migrationsgesellschaftliche Herrschaftsstrukturen, Subjektivierungsphänomene und Formen der Verschiebung und Veränderung dieser Strukturen empirisch und begrifflich in den Blick nimmt. Somit wird kritische Migrationsforschung durch zweierlei gekennzeichnet (die Trennung ist erforderlich, um nicht einem Moralismus zuzuarbeiten oder wissenschaftliche Praxis mit politischer zu verwechseln): eine spezifische moralisch-ethisch begründete politische Ambition und die Präferenz eines bestimmten Untersuchungsbereiches, der durch Herrschaftsverhältnisse und Praxen ihrer Re-Produktion und Ab-Wandlung gekennzeichnet ist. Die Frage jedoch, ob es für Sozial-, Human- und Gesellschaftswissenschaften einen anderen Typ von „Untersuchungsbereich" gibt, möchten wir am Ende offen lassen.

Literatur

Aden, Hartmut (2004). Herrschaftstheorien und Herrschaftsphänomene. Governance und Herrschaftskritik, in: *Aden*, Hartmut (Hg.): Herrschaftstheorien und Herrschaftsphänomene. Wiesbaden, 9–21.

Apitzsch, Ursula (2010). Care, Migration and the Gender Order, in: *Apitzsch*, Ursula/*Schmidbauer*, Marianne (Hg): Care and Migration, Opladen, 113–125.

Arndt, Susan/*Ofuatey-Alazard*, Nadja (Hg.) (2011). Wie Rassismus aus Wörtern spricht. (K)Erben des Kolonialismus im Wissensarchiv deutsche Sprache. Ein kritisches Nachschlagewerk, Münster.

Attia, Iman (2009). Die „westliche Kultur" und ihr Anderes. Zur Dekonstruktion von Orientalismus und antimuslimischem Rassismus, Bielefeld.

Auernheimer, Georg (1998). Kritische Pädagogik heute, Berlin.

Badawia, Tarek/*Hamburger*, Franz/*Hummrich*, Merle (Hg.) (2003). Wider die Ethnisierung einer Generation. Beiträge zur qualitativen Migrationsforschung. Frankfurt am Main.

Balibar, Etienne (1990). Gibt es einen „Neo-Rassismus", in: *Balibar*, Etienne/*Wallerstein*, Immanuel (Hg.): Rasse-Klasse-Nation. Ambivalente Identitäten, Hamburg, 23–38.

Barber, Benjamin (1995). Jihad vs. McWorld. How Globalism and Tribalism are reshaping The World, New York.

Barker, Martin (1981). The New Racism, London.

Beck, Ulrich (2005). Europäisierung – Soziologie für das 21. Jahrhundert, APuZ. Aus Politik und Zeitgeschichte 34–35/2005, Bonn, 24–35. Internet: http://www.bpb.de/apuz/28897/europaei-sierung-soziologie-fuer-das-21-jahrhundert?p=all (Recherchedatum 28.08.2012).

Benner, Dietrich/*Brüggen*, Friedhelm (2011). Geschichte der Pädagogik, Stuttgart.

Biffl, Gudrun/*Dimmel*, Nikolaus (Hg.) (2011). Migrationsmanagement Band 1, Grundzüge des Managements von Migration und Integration, Bad Vöslau.

Bojadžijev, Manuela/*Karakayalı*, Serhat (2007). Autonomie der Migration. 10 Thesen zu einer Methode, in: Transit Migration Forschungsgruppe (Hg.): Turbulente Ränder. Neue Perspektiven auf Migration an den Grenzen Europas, Bielefeld, 203–209.

Boltanski, Luc/*Chiapello*, Ève (2003). Der neue Geist des Kapitalismus. Aus dem Französischen von Michael Tillmann, Konstanz.

Boltanksi, Luc (2010). Soziologie und Sozialkritik. Berlin.

Bommes, Michael (2011a). Vorwort, in: *Bommes*, Michael: Migration und Migrationsforschung in der modernen Gesellschaft. Eine Aufsatzsammlung. IMIS-Beiträge; Heft 38/2011, 11–14.

Bommes, Michael (2011b). Nationale Paradigmen der Migrationsforschung, in: *Bommes*, Michael: Migration und Migrationsforschung in der modernen Gesellschaft. Eine Aufsatzsammlung. IMIS-Beiträge; Heft 38/2011, 15–52.

Bourdieu, Pierre (1993). Narzißtische Reflexivität und wissenschaftliche Reflexivität, in: *Berg*, Eberhard/*Fuchs*, Martin (Hg.): Kultur, soziale Praxis, Text. Die Krise der ethnographischen Repräsentation. Frankfurt am Main, 365–374.

Bublitz, Hannelore (2003). Diskurs, Bielefeld.

Bukow, Wolf-Dietrich (1999). Der Fundamentalismusverdacht. Plädoyer für eine Neuorientierung der Forschung im Umgang mit allochthonen Jugendlichen. Opladen.

Bukow, Wolf-Dietrich/*Heimel*, Isabel (2003). Der Weg zur qualitativen Migrationsforschung, in: *Badawia*, Tarek/*Hamburger*, Franz/*Hummrich*, Merle (Hg.): Wider die Ethnisierung einer Generation. Beiträge zur qualitativen Migrationsforschung, Frankfurt am Main, 13–39.

Butler, Judith (2002). Was ist Kritik? in: Deutsche Zeitschrift für Philosophie, H.2, 249–265.

Celikates, Robin (2009). Kritik als soziale Praxis. Gesellschaftliche Selbstverständigung und kritische Theorie. Frankfurt am Main.

Cuttitta, Paolo (2010). Das europäische Grenzregime: Dynamiken und Wechselwirkungen, in: *Hess*, Sabine/*Kasparek*, Bernd (Hg.): Grenzregime. Diskurse/Praktiken/Institutionen in Europa. Berlin/Hamburg, 23–40.

Demirović, Alex (2008). Leidenschaft und Wahrheit. Für einen neuen Modus der Kritik, in: *Demirović*, Alex (Hg.): Kritik und Materialität, Münster, 7–39.

Dietrich, Anne/*Strohschein*, Juliane (2011). Kolonialismus. in: *Arndt*, Susan/*Otuatey-Alazard*, Nadja (Hg.): Wie Rassismus aus Wörtern spricht. (K)Erben des Kolonialismus im Wissenssarchiv deutsche Sprache. Ein kritisches Nachschlagewerk, Münster, 114–119.

Dirim, İnci (2010). „Wenn man mit Akzent spricht, denken die Leute, dass man auch mit Akzent denkt oder so." Die Frage des (Neo-)Linguizismus in den Diskursen über die Sprache(n) der Migrationsgesellschaft, in: *Mecheril*, Paul/*Dirim*, İnci/*Gomolla*, Mechthild/*Hornberg*, Sabine/*Stojanov*, Krassimir (Hg.): Spannungsverhältnisse. Assimilationsdiskurse und interkulturell-pädagogische Forschung. Münster/New York/Berlin/München, 91–112.

Düvell, Franck (2003). Grundzüge des europäischen Migrationsregimes, Internet: www-user.uni-bremen.de/~fduvell/EUMig.pdf (Recherchedatum 12.08.2012).

Düvell, Franck (2006). Europäische und internationale Migration. Einführung in historische, soziologische und politische Analysen, Münster.

Esch, Michael G./*Poutrus*, Patrice G. (2005). Zeitgeschichte und Migrationsforschung: Eine Einführung. Internet: http://www.zeithistorische-forschungen.de/site/40208466/default.aspx (Recherchedatum 04.09.2012).

Esser, Hartmut (2004). Welche Alternativen zur »Assimilation« gibt es eigentlich? in: *Bade*, Klaus/ *Bommes*, Michael (Hg.): Migration-Integration-Bildung. Grundfragen und Problembereiche. Osnabrück, 41–59.

Foucault, Michel (1978): Dispositive der Macht. Über Sexualität, Wissen und Wahrheit. Berlin.

Foucault, Michel (1978/1992): Was ist Kritik? Berlin.

Foucault, Michel (2005). Diskussion am 20.5.1978., in: *Defert*, Daniel/*Ewald*, François (Hg): Michel Foucault. Schriften in vier Bänden. Dits et Ecrits. Frankfurt am Main, 23-43.

Geuss, Raymond (1981). The Idea of a Critical Theory. Habermas & The Frankfurt School. Cambridge.

Glick Schiller, Nina (2010). A global perspective on transnational migration. Theorising migration without methodological nationalism, in: *Bauböck*, Rainer/*Faist*, Thomas (Hg.): Diaspora and Transnationalism. Concepts, Theories and Methods, Amsterdam.

Gogolin, Ingrid (1994). Der monolinguale Habitus der multilingualen Schule. Münster/New York.

Gogolin, Ingrid/*Krüger-Potratz*, Marianne (2006). Einführung in die Interkulturelle Pädagogik, Opladen/Bloomfield Hill.

Grossberg, Lawrence (1999). Was sind Cultural Studies? in: *Hörnig*, Karl H./*Winter*, Rainer (Hg.): Widerspenstige Kulturen. Cultural Studies als Herausforderung. Frankfurt am Main, 43–83.

Gutiérrez Rodríguez, Encarnación (1999). Intellektuelle Migrantinnen – Subjektivitäten im Zeitalter von Globalisierung. Eine postkoloniale dekonstruktive Analyse von Biographien im Spannungsfeld von Ethnisierung und Vergeschlechtlichung, Opladen.

Ha, Kien Nghi (2005). Hype um Hybridität. Kultureller Differenzkonsum und postmoderne Verwertungstechniken im Spätkapitalismus, Bielefeld.

Hall, Stuart (1994). Der Westen und der Rest: Diskurs und Macht, in: *Hall*, Stuart: Rassismus und kulturelle Identität. Ausgewählte Schriften 2, Hamburg, 137–179.

Han, Petrus (2006). Theorien zur internationalen Migration, Stuttgart.

Haraway, Donna Jeanne (1995). Situiertes Wissen. Die Wissenschaftsfrage im Feminismus und das Privileg einer partialen Perspektive, in: *Haraway*, Donna Jeanne: Die Neuerfindung der Natur. Primaten, Cyborgs und Frauen, Frankfurt am Main, 73–97.

Harney, Klaus/*Krüger*, Heinz-Hermann (Hg.) (2006). Einführung in die Geschichte der Erziehungswissenschaft und Erziehungswirklichkeit, Opladen/Bloomfield Hill.

Hess, Sabine/*Tsianos*, Vassilis (2007). Europeanizing Transnationalism! Provincializing Europe! Konturen eines neuen Grenzregimes, in: Transit Migration Forschungsgruppe (Hg.): Turbulente Ränder. Neue Perspektiven auf Migration an den Grenzen Europas, Bielefeld, 23–38.

Hesse, Barnor (2009). Afterword: Black Europe's Undecidibality, in: *Hine Clark*, Darlene/*Keaton*, Trica Danielle/*Small*, Stephen (Hg.): BLACK EUROPE AND THE AFRICAN DIASPORA, Illinois, 291–304.

Hoffmann-Nowotny, Hans-Joachim (1994). Migrationssoziologie, in: *Kerber*, Harald/*Schmieder*, Arnold (Hg.): Spezielle Soziologien. Problemfelder, Forschungsbereiche & Anwendungsorientierungen, Hamburg, 388–406.

Huntington, Samuel P. (1996/1997). Kampf der Kulturen. Die Neugestaltung der Weltpolitik im 21. Jahrhundert, München.

Imbusch, Peter (1998). Macht und Herrschaft in der Diskussion, in: *Imbusch*, Peter (Hg): Macht und Herrschaft. Sozialwissenschaftliche Konzeptionen und Theorien. Opladen, 9–26.

Jaeggi, Rahel (2009). Was ist Ideologiekritik? in: *Jaeggi*, Rahel/*Wesche*, Tilo (Hg.): Was ist Kritik. Frankfurt am Main, 266–295.

Karakayalı, Serhat/*Tsianos*, Vassilis (2007). „Movements that matter", in: Transit Migration Forschungsgruppe (Hg.): Turbulente Ränder. Neue Perspektiven auf Migration an den Grenzen Europas, Bielefeld, 7–17.

Kasparek, Bernd/*Hess*, Sabine (2010): Einleitung. Perspektiven kritischer Migrations- und Grenzregimeforschung, in: *Kasparek*, Bernd/*Hess*, Sabine (Hg.): Grenzregime. Diskurse/Praktiken/Institutionen in Europa. Berlin/Hamburg, 7–22.

Kerber, Harald/*Schmieder*, Arnold (Hg.) (1991). Soziologie. Arbeitsfelder, Theorien, Ausbildung. Ein Grundkurs, Reinbeck bei Hamburg.

Kerber, Harald/*Schmieder*, Arnold (Hg.) (1994). Spezielle Soziologien. Problemfelder, Forschungsbereiche, Anwendungsorientierungen. Reinbeck bei Hamburg.

Krüger-Potratz, Marianne (2005). *Interkulturelle Bildung. Eine Einführung*, Münster.

Küppers-Adebisi, Adetoun/*Küppers-Adebisi*, Michael (2012). AFRIKA.kopf.bilder.DEUTSCHLAND. Eine Ausstellungsbesprechung (...) Kuratiert und rezensiert von Adetoun Küppers-Adebisi und Michael Küppers-Adebisi, in: Freitext. Kultur- und Gesellschaftsmagazin, Heft 19, Berlin, 17–22.

Lamparter, Wilfried E. (1999). Erziehung zur Arbeit: Zum britischen und deutschen Kolonialismus im südlichen Afrika, Marburg.

Lippuner, Roland/*Lossau*, Julia (2004). In der Raumfalle. Eine Kritik des spatial turn in den Sozialwissenschaften, in: *Mein*, Georg/*Rieger-Ladich*, Markus (Hg.): Soziale Räume und kulturelle Praktiken. Über den strategischen Gebrauch von Medien. Bielefeld, 47–64.

Lossau, Julia (2002). Die Politik der Verortung. Eine postkoloniale Reise zu einer anderen Geographie der Welt, Bielefeld.

Lüsebrink, Hans-Jürgen (2006). Das Europa der Aufklärung und die außereuropäische koloniale Welt. Göttingen.

Lutz, Hema/*Palenga-Möllenbeck*, Ewa (2011). Das Care-Chain-Konzept auf dem Prüfstand. Eine Fallstudie der transnationalen Care-Arrangements polnischer und ukrainischer Migrantinnen, in: *Metz-Göckel*, Sigrid/*Bauschke Urban*, Carola (Hg.): Transnationalisierung und Gender. Special Issue for GENDER. Zeitschrift für Geschlecht, Kultur und Gesellschaft 1/ 2011, 9–27.

Massing, Otwin (2004). Herrschaft – kritische Bestandsaufnahme der Funktionen einer komplexen Kategorie, in: Aden, Hartmut (Hg.): Herrschaftstheorien und Herrschaftsphänomene.Wiesbaden.

Mayer, Ruth (2005). Diaspora. Eine kritische Begriffsbestimmung, Bielefeld.

Mecheril, Paul (2003). Prekäre Verhältnisse. Über natio-ethno-kulturelle (Mehrfach-) Zugehörigkeit, Münster/New York.

Mecheril, Paul (2006): Was Sie schon immer über Rassismuserfahrungen wissen wollten, in: *Leiprecht*, Rudolf/*Kerber*, Anne (Hg.): Schule in der Einwanderungsgesellschaft. Ein Handbuch. Schwalbach/Ts., 462–471

Mecheril, Paul/*Scherschel*, Karin/*Schrödter*, Mark (2003). „Ich möchte halt von dir wissen, wie es ist, du zu sein". Die Wiederholung der alinierenden Zuschreibung durch qualitative Forschung, in: *Badawia*, Tarek/*Hamburger*, Franz/*Hummrich*, Merle (Hg.): Wider die Ethnisierung einer Generation. Beiträge zur qualitativen Migrationsforschung. Frankfurt am Main, 93–110.

Mecheril, Paul (2011). Wirklichkeit schaffen: Integration als Dispositiv, in: APuZ. Aus Politik und Zeitgeschichte, 61. Jg., Heft 43, 49–54. Internet: http://www.bpb.de/publikationen/3IV45A,2,0,W irklichkeit_schaffen%3A_Integration_als_Di spositiv_Essay.html (Recherchedatum 28.01.2012).

54   P. Mecheril/O. Thomas-Olalde/C. Melter/S. Arens/E. Romaner

Mecheril, Paul/*Thomas-Olalde*, Oscar (2011). Die Religion der Anderen. Anmerkungen zu Sub-jektivierungspraxen der Gegenwart, in: *Allenbach*, Birgit/*Goel*, Urmila/*Hummrich*, Merle/ *Weißköppel*, Cordula (Hg.): Jugend, Migration und Religion. Interdisziplinäre Perspektiven, Baden-Baden, 35–66.

Middell, Katharina/*Middell*, Matthias (1998). Migration als Forschungsfeld, in: Grenzgänge. Beiträ-ge zu einer modernen Romanistik, 9(5), Leipzig, 6–23.

Migazin (2012). Bundestag verteidigt verdachtsunabhängige Kontrollen nach Hautfarbe. Verfügbar unter http://www.migazin.de/2012/06/26/bundesregierung-verteidigt-verdachtsunabhangige-polizeikontrollen-nach-hautfarbe/ (Recherchedatum 15.05.2012)

Miles, Robert (1992). Rassismus. Einführung in die Geschichte und Theorie eines Begriffs, Hamburg.

Ortmeyer, Benjamin (2010). Mythos und Pathos, statt Logos und Ethos. Zu den Publikationen füh-render Erziehungswissenschaftler in der NS-Zeit: Eduard Spranger, Herman Nohl, Erich We-niger und Peter Petersen. 2. durchgesehene Auflage, Weinheim/Basel.

Pries, Ludger (2010a). Transnationalisierung. Theorie und Empirie grenzüberschreitender Verge-sellschaftung. Wiesbaden.

Pries, Ludger (2010b). Soziologie der Migration, in: *Kneer*, Georg/*Schroer*, Markus (Hg.): Hand-buch spezielle Soziologien. Wiesbaden, 475–490.

Rancière, Jacques (2007). Le philosophe et ses pauvres. Paris.

Reckwitz, Andreas (2007a). Subjekt, Bielefeld.

Reckwitz, Andreas (2007b). Die Moderne und das Spiel der Subjekte. Kulturelle Differenzen und Subjektordnungen in der Kultur der Moderne, in: *Bonacker*, Thorsten/*Reckwitz*, Andreas (Hg.): Kulturen der Moderne. Soziologische Perspektiven der Gegenwart, Bielefeld, 97–118.

Reckwitz, Andreas (2010). Das hybride Subjekt. Eine Theorie der Subjektkulturen von der bürger-lichen Moderne zur Postmoderne, Weilerswist.

Rosa, Hartmut (2009). Kritik der Zeitverhältnisse. Beschleunigung und Entfremdung als Schlüs-selbegriffe der Sozialkritik, in: *Jaeggi,* Rahel/*Wesche*, Tino (Hg.): Was ist Kritik? Frankfurt am Main, 23–54.

Rose, Nadine (2012). Migration als Bildungsherausforderung. Subjektivierung und Diskriminierung im Spiegel von Migrationsbiographien, Bielefeld (im Erscheinen).

Sassen, Saskia (1998). Globalization and its discontents. Essays on the New Mobility of People and Money. New York.

Schiffauer, Werner/*Baumann*, Gerd/*Kastoryano*, Riva/*Vertovec*, Steven (Hg.) (2002). Staat – Schule – Ethnizität. Politische Sozialisation von Immigrantenkindern in vier europäischen Ländern, Münster/New York/München/Berlin.

Sonderegger, Ruth (2009). Wie diszipliniert ist (Ideologie-)Kritik? Zwischen Philosophie, Soziolo-gie und Kunst, in: *Jaeggi*, Rahel/*Wesche*, Tino: Was ist Kritik? Frankfurt am Main, 55–80.

Sonderegger, Ruth (2010). Wie emanzipatorisch ist Habitus-Forschung? Zu Rancières Kritik an Bourdieus Theorie des Habitus, in: LiTheS 3 (Juli 2010). Internet: http://lithe uni-graz.at/ lithes/10_03.html (Recherchedatum 10.03.2012).

Spivak, Gayatri Chakravorty (1999). A Critique of Postcolonial Reason: Toward a Critique of the vanishing present. Cambridge.

Steyerl, Hito/*Gutiérrez Rodríguez*, Encarnación (Hg.) (2012). Spricht die Subalterne deutsch? Mi-gration und postkoloniale Kritik, 2. Auflage, Münster.

Supik, Linda (2005). Dezentrierte Positionierung. Stuart Halls Konzept der Identitätspolitiken, Bielefeld.

Taguieff, Pierre-André (1987). La force du préjugé, Paris.

Tezcan, Levent (2003). Religiöse Strategien der „machbaren" Gesellschaft. Verwaltete Religion und islamistische Utopie in der Türkei, Bielefeld.

Treibel, Annette (1999). Migration in modernen Gesellschaften. Soziale Folgen von Einwanderung, Gastarbeit und Flucht, Weinheim/München.

Tsianos, Vassilis (2010). Zur Genealogie und Praxis des Migrationsregimes, in: BILDPUNKT. Zeitschrift der IG Bildende Kunst, Wien, 2010. Internet: http://www.linksnet.de/de/artikel/25418 (Recherchedatum 08.08.2012).

Tugendhat, Ernst (1995). Vorlesungen über Ethik. Frankfurt am Main.

Walzer, Michael (1993). Kritik und Gemeinsinn. Frankfurt am Main.

Walzer, Michael (1997). Zweifel und Einmischung. Gesellschaftskritik im 20. Jahrhundert. Frankfurt am Main.

Walzer, Michael (2002). Die Tugend des Augenmaße Über das Verhältnis von Gesellschaftskritik und Gesellschaftstheorie, in: *Wenzel*, Justus (Hg.): Der kritische Blick. Über intellektuelle Tätigkeiten und Tugenden. Frankfurt am Main, 25–38.

Walzer, Michael (2009). Gesellschaftskritik und Gesellschaftstheorie, in: *Forst*, Rainer/*Hartmann*, Martin/*Jaeggi*, Rahel/*Saar*, Martin: Sozialphilosophie und Kritik. Frankfurt am Main.

Wimmer, Andreas/*Glick Schiller*, Nina (2002). Methodological Nationalism and Beyond: Nation-State Building, Migration and the Social Sciences, in: Global Network 2(4).

Wollrad, Eske (2009). „dass er so weiß nicht ist wie ihr" – Rassismus in westdeutschen Kinder- und Jugendbüchern, in: *Melter*, Claus/*Mecheril*, Paul (Hg.): Rassismuskritik Band I: Rassismustheorie und -forschung. Schwalbach/Ts, 163–178.

Yıldız, Erol (2009). Vom hegemonialen zu einem diversitätsbewussten Blick auf die Einwanderungsgesellschaft. Heinrich Böll Stiftung, Internet: http://www.migration-boell.de/web/diversity/48_2212.asp (Recherchedatum 08.08.2012).

Yıldız, Safiye (2009). Interkulturelle Erziehung und Pädagogik. Subjektivierung und Macht in den Ordnungen des nationalen Diskurses, Wiesbaden.

Young, Marion Iris (1989). Polity and Group Difference. A Critique of the Ideal of Universal Citizenship. in: Ethics. An international journal of social, political and legal philosophy, 99, 250–274.

Zima, Peter V. (2007). Theorie des Subjekts, Tübingen.

Internetadressen:

http://www.imis.uni-osnabrueck.de (Recherchedatum 15.05.2012)
http://www.empirische-migrationsforschung.de (Recherchedatum 15.05.2012)

1.
Wem nützt Kritik wodurch?

Einleitend

Claus Melter / Elisabeth Romaner

Die Frage nach dem Nutzen macht deutlich, dass kritische Migrationsforschung nicht einfach eine (distanzierte) Beschreibung von Migrationsverhältnissen ist, sondern soziale Wirkungen hat, die es in einer selbstreflexiven und gesellschaftlichen Perspektive zu befragen gilt.

Das Wissen über migrantische oder nicht-migrantische Subjekte, Migrationsandere oder Nicht-Migrationsandere, wird durch den Diskurs der Migrationsforschung maßgeblich mitgestaltet. Die Befragung migrationswissenschaftlichen Wissens auf seine erkenntnispolitischen Effekte hin verlangt, dass Migrationsforschung sich *nicht* von ihrem Untersuchungsgegenstand distanziert versteht. Vielmehr muss sie sich in ein Verhältnis zu ihren (möglichen) erkenntnispolitischen und sozialen Wirkungen setzen und ihr eigenes Involviertsein reflektieren. Nicht um dieses zu überwinden, sondern um mit Hilfe der Selbstreflexion symbolische und materielle Zugehörigkeits- und Diskriminierungsverhältnisse einer Migrationsgesellschaft so zu analysieren, dass eine Minderung der davon ausgehenden Herrschaft möglich ist.

Was bedeutet es, in der Migrationsforschung eine reflexive Selbstzugewandtheit und die Berücksichtigung ihrer – schwer vorhersagbaren – Wirkung einzuklagen? Eine Selbstzugewandtheit, die nicht narzisstisch-reflexiv (Bourdieu 1993)[1] ist, kann sich der Geschichte des *Begriffs* der kritischen Migrationsforschung selbst widmen und deren Institutionalisierung befragen, ihren „Bezug zu jenem Recht, alles zu sagen (oder nicht alles zu sagen)" (Derrida 2001: 70). „An dieser Grenze muss sie verhandeln und ihren Widerstand organisieren. An ihr muss sie sich ihren Verantwortungen stellen" (ebd. 76f.)[2].

In dieser Selbstzugewandtheit und Wirkungsberücksichtigung, dem Wissen um das Eingebettetsein in Diskurse und deren Transformation, kann Migrations-

---

1   *Bourdieu*, Pierre (1993). Narzißtische Reflexivität und wissenschaftliche Reflexivität, in: *Berg*, Eberhard/*Fuchs*, Martin (Hg.): Kultur, soziale Praxis, Text. Die Krise der ethnographischen Repräsentation. Frankfurt am Main, 365–374.

2   *Derrida*, Jacques (2001). Die unbedingte Universität. Frankfurt am Main. [Orig.: L' université sans condition]

forschung engagierte Distanz zu ihrem eigenen Inneren, zu ihrem Gegenstand, ihren Veräußerungen, ihren Wirkungs- und Veränderungsgraden schaffen. Erst darin kann ein *distanziertes Engagement* den Anmaßungen des Wirkens und Veränderns, des Wollens und Sollens gewahr werden.

Die AutorInnen bearbeiten in diesem Abschnitt unterschiedliche Facetten der Leitfrage: Wem nützt Kritik wodurch?

Yeşim Kasap-Çetingök analysiert in ihrem Text zu „*'Interkulturelle Kompetenz' als Konzept kritischer Migrationsforschung?*" gängige und als kritisch geltende Konzepte interkultureller Kompetenz und pädagogischer Professionalität. Sie plädiert für eine Erweiterung bestehender Konzepte im Sinne einer vermehrten Einbeziehung institutionsanalytischer und strukturtheoretischer Ansätze für Interkulturelles Lernen und pädagogische Professionalität sowie pädagogische Institutionsentwicklung.

Birge Krondorfer konstatiert in ihrem „*Plädoyer für Widersetzungen. Ein feministisches Essay*" die Notwendigkeit einer stärker feministisch orientierten Perspektive innerhalb der kritischen Migrationsforschung und damit einhergehend verstärkte Bezugnahmen auf Themen, die aus der Beschäftigung mit der Differenzkategorie Gender resultieren. Begründet wird ein standort-reflexives Wissenschaftsverständnis, welches nicht-dominanten Sprechpositionen und Themen Artikulationsraum ermöglicht und sich herrschaftskritisch für Veränderungen einsetzt.

Brigitte Kukovetz und **Annette Sprung** befassen sich in ihrem Beitrag mit dem „*Transfer kritischer Forschung: Zur „Nützlichkeit" kritischen Wissens für die Praxis*". Ausgehend von den Möglichkeiten sowie Spannungsfeldern angewandter Forschung werden die Effekte pädagogischer Bildungsarbeit in und mit Institutionen untersucht. Neben einer Selbstreflexion der eigenen Rolle und Handlungen sowohl als Fortbildnerinnen als auch als Forscherinnen stellen sie die Wirkungen einer diskriminierungskritisch ambitionierten interkulturellen Fortbildung für die MitarbeiterInnen und AdressatInnen der untersuchten Institution in den Fokus.

Manuel Peters geht es in seinem Beitrag „*Zur Bedeutung der Alltagsinteraktion für die Migrationsforschung. Eine durch Goffman und Laclau/Mouffe informierte Kritik am Migrationsdiskurs*" darum, für die machtvolle Erzeugung von Fremdheit in Migrationsdiskursen theoretische Bezüge und gewissermaßen eine Sprache zu finden. Dies geschieht durch Rückgriff auf eine interaktionistische

Perspektive (Goffman) und ihre Ergänzung um diskurstheoretische Überlegungen von Laclau und Mouffe.

Wiebke Scharathow analysiert unter dem Titel „*'Klar kann man was machen!'* *Forschung zwischen Intervention und Erkenntnisinteresse*" aus einer rassismuskritischen Perspektive ein von ihr konzipiertes und durchgeführtes Forschungssetting mit Jugendlichen mit Migrationsgeschichte. Hierbei geht sie auf Ambivalenzen wie auch auf Möglichkeiten ein, Artikulationsräume für Menschen mit Rassismuserfahrungen zu schaffen, Bildungsprozesse für die Beteiligten am Forschungsprozess zu initiieren und interventionistisches Potential zu realisieren.

Erol Yıldız schließlich untersucht in seinem Beitrag „*Postmigrantische Verortungspraktiken: ethnische Mythen irritieren*" das Verhältnis von Subjektivierungspraxen und transnationalen Migrationsverhältnissen. In diesen post-migrantischen Verhältnissen zeigt sich, dass Personen der sogenannten zweiten und dritten Migrationsgeneration, die selbst keine unmittelbare Migrationerfahrung aufweisen, durch ein globalisiertes Alltagsverständnis neue Perspektiven und neue Sozial- und Identitäts-Zwischenräume schaffen. Zugleich rücken von gesellschaftlichen Verhältnissen vermittelte Positionierungen in dieser Perspektivierung in den Blick.

„Interkulturelle Kompetenz" als Konzept kritischer Migrationsforschung?

Yeşim Kasap-Çetingök

Einleitung

In der erziehungswissenschaftlichen Diskussion ist eine Umstellung von der Qualifikations- zur Kompetenzdiskussion zu beobachten. An Stelle einer professionstheoretischen Bestimmung des pädagogischen Handelns rücken mehrheitlich Kompetenzmodelle, die die individuellen Voraussetzungen von PädagogInnen hervorheben. Der Begriff der „Handlungskompetenz" wurde als zentrale Richtlinie für den Studiengang der Diplompädagogik bereits in den 70er Jahren als Alternative zum Konzept „Qualifikation" aufgenommen, das sich eher technologisch auf Effizienz ausrichtete. Der Anspruch der Vermittlung berufsrelevanter und praxisbezogener Qualifikation müsse als mangelhaft eingelöst angesehen werden, konstatierten damals Münchmeier und Thiersch (1976) diese Umstellung der erziehungswissenschaftlichen Ausbildung. Neben mangelhafter Organisation sei „insbesondere die Beziehung zwischen Ausbildung und Praxis" ungeklärt, sowohl hinsichtlich der von der Praxis erwarteten Qualifikationen als auch hinsichtlich des Verhältnisses von Ausbildungsangebot und Berufsmöglichkeiten (ebd. 230). Professionalität wurde daher auf der Ebene eines beruflichen Ethos thematisiert. Der grundlegende Gedanke war, dass Erziehung parteilich sein soll „als spezifische Form von Professionalisierung, die [...] ihren Status, ihre Kenntnisse und Fähigkeiten in der Institution für die AdressatInnen einsetzt" (ebd. 31).

Die Idee der Befreiung des pädagogischen Handelns von den organisatorischen und bürokratischen Zwängen und das lineare Verständnis von Theorie und Praxis setzen sich in der gegenwärtigen Diskussion fort. Nieke (2002) entwirft ein heuristisches Schema zu professionellen pädagogischen Kompetenzen: *Gesellschaftsanalyse, Situationsdiagnose* und *Professionelles Handeln.* In Niekes Konzept ist die Trennung der Theorie als Disziplin gegenüber der Praxis als Profession erkennbar. Engelke et al. (2009) sehen demgegenüber Profession als Zusammenspiel von Wissenschaft, Ausbildung und Praxis. Wie die Komponenten, die die Gesellschaft, die PädagogInnen und die AdressatInnen betreffen, aufeinander wirken – diese Frage bleibt bei beiden offen.

Kompetenzforschung und Schule

Das psychologische Konzept der Handlungskompetenz führt Kompetenzbereiche als Wissensbereiche des LehrerInnenhandelns auf und versucht dieses Verhältnis empirisch zu bestimmen. Dabei werden psychologisch-pädagogisches Wissen, Fach- und fachdidaktisches Wissen, Organisations- und Beratungswissen unterschieden. Diese Wissens- und Kompetenzbereiche werden durch motivationale Orientierungen und Werthaltungen der Lehrkräfte sowie durch Professionswissen und selbstregulative Fähigkeiten ergänzt (vgl. Baumert/Kunter 2006: 32). Die einzelnen Kompetenzen gelten als prinzipiell lern- und vermittelbar. Die Annahme, dass sie unvermittelbar zu realisieren sind, führt zu der Frage, ob jeweils derselbe Wissenstyp im Handlungsvollzug verwendet wird, oder wie die verschiedenen Wissenstypen intern in Beziehung gesetzt werden.

Während in der Erziehungswissenschaft die Kompetenzen an sich als Handlungsvorbereitung diskutiert werden, rückt in den psychologischen Konzepten die Realisierung der Kompetenzen in den Vordergrund (vgl. Klieme/Harting 2007). Es stellt sich die Frage, ob pädagogisches Handeln steuerbar ist. Die Wissensverwendungsforschung weist nämlich nach, dass erfahrenen Lehrkräften kein zweckrational angewandtes Regelwissen im Sinne von Wenn-Dann-Regeln als Handlungsbasis dient, sondern ein ganz eigenes besonderes Erfahrungswissen (vgl. Dewe et al. 1992).[1] Die neuere Wissensverwendungsforschung zeigt, dass eine Transformation des wissenschaftlichen Wissens in die Praxis durchaus stattfindet, aber eine intentionsgerechte Verwendung der Wissensangebote unwahrscheinlich ist und von der „Senderseite" auch nicht kontrolliert werden kann (vgl. Beck/Bonss 1989). Die Prämisse, Wissen leite Handeln an (knowledge informs action), wird auch von der neueren Organisationsforschung in Frage gestellt (vgl. Weick 1995). Entscheidungen in der Organisation Schule folgen institutionalisierten Mustern und orientieren sich an Gelegenheiten.

---

1   Dieses Wissen ist in einen Praxiszusammenhang eingelassen und bleibt implizit bzw. wird in Krisensituationen artikuliert. Die praktisch geübte Person weiß, wie etwas zu tun ist, ohne jedoch viel über das Warum sagen zu können. Bastian und Helsper (2000) bezeichnen als weitere Wissensformen *ein dem Gegenstand zugeordnetes Fachwissen* sowie ein *wissenschaftliches Wissen* (das argumentativer Begründung bedarf und die systematisch-methodische Überprüfung der Geltung von Behauptungen einschließt), ein *selbstbezüglich-biographisches Wissen* (die Tatsache, dass wir in Grenzen nicht nur etwas über andere, sondern auch über uns selbst wissen), sowie ein *kasuistisch-reflexives Fallwissen*, das eine Art Mittlerstellung zwischen Theorie- und Erfahrungswissen einnimmt.

Dieser Effizienzorientierung scheinen auch die Konzepte zur „Interkulturellen Kompetenz" zu folgen. Versucht wird, PädagogInnen das Wissen zur Aneignung bereitzustellen, um der migrationsbedingten Heterogenität in pädagogischen Organisationen „erfolgreich" zu begegnen. Ihre inhaltliche Kontur entstammt vier erziehungswissenschaftlichen Perspektiven: der Interkulturellen Pädagogik (Auernheimer 2003), der Reflexiven Interkulturellen Pädagogik (Hamburger 2000), dem Diversity-Ansatz (zuletzt Hormel/Scherr 2004) und der Migrationspädagogik (Mecheril 2004).

Wider-Standpunkt

Ziel des vorliegenden Beitrags ist es, einen Widerstandpunkt[2] innerhalb des interkulturellen Kompetenzdiskurses herzustellen. Die sozialpsychologisch orientierte Diskussion, die auf der verkürzten Sicht des pädagogischen Handelns aufbaut, steht für den Versuch, explizit persönlichkeitsspezifische Merkmale der/des pädagogisch professionell Handelnden aufzulisten sowie die Orientierungsmodelle normativ zu benennen, um die durch „kulturelle Differenzen" hervorgerufene Kommunikationssituation zu bewältigen. Diese Dimension des pädagogischen Handlungssubjekts ist jedoch nur eine weitere Dimension der pädagogischen interkulturellen Praxis und steht damit im Wechselverhältnis.

> Was pädagogische Praxis von anderen Formen der Vermittlung auszeichnet, ist der *lokale*, d.h. der unter den [...] institutionellen Bedingungen [...] themenbezogene und zwischen den [...] Professionellen und Adressaten stattfindende [...] Vermittlungs- und Kommunikationsprozess. Wichtiger [...] noch als die [...] Themen wird so [...] das situationale, d.h. durch Face-to-face-Interaktionen geprägte Arrangement. (Kade /Lüders 1996: 912, Hervorhebungen im Original)

Dieser besondere Interaktionstyp kann nicht einfach normativ eingeführt werden. Er muss in einem empirischen Sachverhalt zu verorten sein.

Welches Verhältnis wird zwischen der pädagogischen Organisation bzw. der Gesellschaft in diesen Konzepten konstruiert? Zur Beantwortung dieser Frage beziehe ich mich auf die strukturtheoretische Professionstheorie, die all diesen Dimensionen sowie der Kontingenz der pädagogischen Kommunikation Rechnung trägt. Der Begriff der Kontingenz thematisiert in der Systemtheorie (vgl. Luhmann 1986) das Problem der Auswahlspielräume, das als Grundproblem be-

---

2   Widerstand ist, was im Diskurs gegen herrschende Aussagen, Meinungsäußerungen, Initiativen, Forderungen, Programme ins Feld geführt wird. Haeske (2008) arbeitet in seiner diskursanalytisch angelegten Studie die Wider-Standpunkte des Kompetenzdiskurses heraus: die Unklarheit des Kompetenzbegriffs, die Problematisierung des Subjektverständnisses, des Begriffs „Selbstorganisation", des Lern-Verständnisses, der verkürzten Sicht der Zusammenhänge, der Ökonomisierung, der Produktionslogik, der Tabuisierung von Widerstands-Kompetenzen und der politischen Dimensionen des Kompetenzdiskurses (ebd. 271).

arbeitet werden muss, wenn Handlungen zustande kommen sollen. Alle Kommu-
nikationsteilnehmerInnen müssen mit der Tatsache umgehen lernen, dass es zu
jedem vollzogenen Handeln Alternativen gibt, sodass in einem solch komplexen
System wie Unterricht stets in einem Möglichkeitsspielraum operiert wird. Somit sind Selektionen aus Handlungsmöglichkeiten erforderlich, die mit dem Risiko des Verfehlens der angemessenen Anschlusshandlung behaftet sind. Genau
genommen ist von einer „doppelten Kontingenz" auszugehen, da auf allen Seiten Handlungsalternativen möglich sind.

Im ersten Teil des Beitrags soll die Professionstheorie kurz angerissen werden, im zweiten Teil die aktuellsten Reflexions- und Wissensinhalte der reflexiven Interkulturalität und der Migrationspädagogik anhand der Handlungstheorie
erörtert werden. Anschließend wird die pädagogische Professionalität in interkulturellen Kontexten sowie der Organisationsbezug kritisch diskutiert.

Pädagogische Professionalität: Die widersprüchliche Struktur und Unsteuerbarkeit des pädagogischen Handelns

Die strukturfunktionalistische Sicht auf Profession im gesellschaftlichen Modernisierungsprozess geht auf Parsons (1981) zurück. Bei ihm sind Professionen
Ausdruck einer Rationalitätssteigerung und -zumutung in der Bewältigung der
Probleme des sozialen Lebens. Besondere Merkmale waren eine auf wissenschaftlichen Kenntnissen gründende Berufsausübung, Autonomie bei der Formulierung
von Standards der Berufsausübung und Ausbildung, eine berufsständische Organisation sowie eine explizit artikulierte Berufsethik und die sogenannte Klien-
tInnenorientierung. Diese Position beschäftigt sich vorwiegend mit der Institutionalisierung von (pädagogischen) Berufsbildern und ihrer Legitimation durch
entsprechende Zertifikate. In diesem berufssoziologischen Sinn bezeichnet der
Professionsbegriff einen standespolitischen Abgrenzungsmechanismus (vgl. Stichweh 1997). Da in der Pädagogik jedoch einige dieser Kennzeichen nur teilweise
entwickelt sind, wurde sie – verbunden mit einer Defizitperspektive – mit dem
Begriff „Semiprofession" belegt (vgl. Anderson 1987).

Diverse Professionsverständnisse

Die handlungstheoretische Richtung bezeichnet mit dem Professionsbegriff cha-
rakteristische Grundstrukturen professionellen pädagogischen Handelns und wirk-
te der Diskussion um eine „Semiprofession" entgegen. Hier steht die Diskussion
unter einem eigenständigen Theorieanspruch, dem es auf die innere Logik pädagogischen Handelns ankommt. Im Unterschied zur funktionalen Differenzie-

rung greift z. B. Schütze (1987) eine „interaktionistisch" orientierte Betrachtung auf. Der Ansatz von Oevermann (1979) knüpft demgegenüber bei seinem Entwurf von Grundtheoremen professionalisierter Tätigkeiten an die Rekonstruktion therapeutischer Praxis an. Ihm zufolge ist die zentrale Aufgabe einer professionellen Pädagogik die Übertragung der im Wissenschaftssystem erzeugten Handlungsbegründungen auf individuelle Entscheidungsprobleme der jeweiligen KlientInnen, um deren Handlungsfähigkeit (wieder-)herzustellen. Professionelles Handeln wird hier als Einheit von wissenschaftlicher und hermeneutischer Kompetenz gefasst. Der notwendige Transformationsprozess muss im pädagogisch Handelnden stattfinden. Dewe et al. (2001: 36) weisen auf die verschiedenen Möglichkeiten hin, wie dieser Prozess konzipiert werden kann. Wichtig erscheint insbesondere der Gedanke, dass er nicht als reiner Transfer verstanden wird, der Wissen nur in die eine Richtung (d. h. von der Theorie zur Praxis) zu implementieren versucht. Professionalisierung ist deshalb nicht mit Verwissenschaftlichung gleichzusetzen, sondern eher in Richtung einer „wechselseitigen Bereicherung" zweier verschiedener Wissensstrukturen – des theoretischen und handlungspraktischen Wissens – gedacht.

Strukturtheoretische Professionstheorie und Paradoxien

Der Gegensatz zwischen einer „szientistisch missverstandenen Wissenschaftlichkeit" und einem „unkritischen Alltagsbewusstsein" ist falsch, da es nicht um die „bloße Optimierung von Handlungsstrategien, Arbeitsabläufen und Organisationsstrukturen im Interesse technischer Effizienz" (ebd. 23) gehen kann. Das ist schon deshalb nicht möglich, weil die Pädagogik fundamental an ihr „Technologiedefizit" gebunden ist. PädagogInnen sind mit einem Balanceakt zwischen Anspruch auf Intentionalität und Erfolgswillen und den Grenzen der Planbarkeit und Steuerung menschlichen Verhaltens konfrontiert. Koring (1989) formuliert dazu pointiert, dass PädagogInnen eine Vermittlungsinstanz zwischen Individuum und Gesellschaft sind (ebd. 335).

Die durch die Pädagogik zu vermittelnden Gegensätze lassen sich nicht nur auf Gesellschaft vs. Individuum oder Theorie vs. Praxis beschränken, sondern zeigen sich auf vielerlei Ebenen der „Antinomien der Moderne" (Helsper 2004). Pädagogisches Handeln ist in mindestens vier Paradoxien eingespannt: Dem *Individualisierungsparadox* als Widerspruch von Freiheit und Zwang, dem *Rationalisierungsparadox* als Widerspruch von Organisation und Interaktion, dem *Pluralisierungsparadox* als Widerspruch von Differenzierung und Einheit und dem *Zivilisierungsparadox* als Widerspruch von Distanz und Nähe: Pädagogi-

sches Handeln definiert sich als „interaktiv-asymmetrisches Vermittlungsverhält-
nis in der Spannung von Fallverstehen und subsumtivem Regelwissen" (ebd. 31).
Im Fokus der strukturtheoretischen Professionstheorie stehen also, kurz gesagt, auch *Wissen und Können* als zentrale Komponenten der professionellen Kompetenz. Ihre Herangehensweise unterscheidet sich jedoch von kompetenztheore-
tischen Auseinandersetzungen hinsichtlich Handlungsstruktur, unterschiedlicher
Wissenstypen und ihres epistemischen Status sowie der Entstehung und mentaler
Repräsentation professionellen Wissens und Könnens. Während in der Struktur-
theorie die unmittelbare Anwendung des Wissens nicht vorgesehen ist, gilt im psychologischen Kompetenzmodell die Annahme, dass die Lehrkräfte sich ein breites
technologisches Repertoire aneignen, das das systematische und erfahrungsbasier-
te Wissen randständig werden lässt (vgl. Baumert/Kunter 2006: 473). Während
die handlungstheoretische Sichtweise das Scheitern des Handelns zur Normalität
erklärt, wird bei Kompetenzmodellen Erfolg als evaluierbares Ergebnis des Handelns erwartet. Die folgende exemplarische Analyse der interkulturellen Kompe-
tenzansätze veranschaulicht die diesbezüglich konstruierten Zusammenhänge.

Reflexions- und Wissensinhalte in den interkulturellen
Kompetenzkonzepten

Die interkulturellen Pädagogik versucht die Frage zu beantworten, wie ein Mangel an Wissen, Orientierung, Erfahrung und Fertigkeiten in Bezug auf professionelles Handeln unter den Bedingungen sogenannter kultureller Differenz behoben
werden kann. Interkulturelle Kompetenz bezeichnet demnach eine „dauerhafte
Fähigkeit", die es ermöglichen soll, mit Angehörigen anderer Kulturen kultursen-
sibel zu interagieren bzw. „kulturelle Überschneidungssituationen" erfolgreich
zu bewältigen (vgl. Leenen/Grosch 1998). Hierbei liegen die Ziele vor allem in
der Beseitigung von Störungen des Verstehens.
Hamburger (2000) entwickelte in Analogie zum Konzept der „reflexiven
Modernisierung" von Ulrich Beck eine reflexive interkulturelle Kompetenzentwicklung, die zur Differenzierung des Selbst- und Fremdverständnisses beiträgt
und sich von der Annahme klar umrissener Kulturen, zwischen denen Verstehen
und Verständigung stattfindet oder nicht, ausdrücklich distanziert (ebd. 94). Bei
pädagogischer Kommunikation „handelt [es] sich also weniger um einen Vorrang
im Denken, den die Reflexive Interkulturalität beansprucht, […] als vielmehr um
eine reale Konfrontation" (ebd. 192). Er verordnet den PädagogInnen und ihrem
Klientel handlungsvorbereitend die Revision der eigenen sozialen Kategorien wie
nationale Identität und kollektive Zugehörigkeit in Bezug auf deren Tragfähig-

keit. Im Sinne pädagogischer Vernunft (vgl. Badawia 2006) sollten PädagogInnen im interkulturellen Kontext zwischen durch die Pluralität ausgelösten *Irritationen* und *Intuitionen* vermitteln. Aus der Differenz als *Inhalt* der gegenseitigen Zuschreibungen soll somit ein Verständnis von Differenz als *Kompetenz* entstehen. Man würde dementsprechend in Übergängen denken, indem man sich selber und den Anderen in *intra-* und *inter*kulturellen Modi des Übergangs (transversal) zu begreifen lernt.

Jenseits der Diskussion um interkulturelle Kompetenz, die durch den statischen sowie dynamischen Kulturbegriff[3] geprägt ist, verweist Hamburger auf die zentrale Verortung der Kulturentwicklungsdynamik am Ort des Geschehens. Durch die Konzentration der Reflexion auf den „Zwischenraum zwischen zwei oder mehr Kulturen" (Hamburger 2000: 192) wird die andauernd geforderte gesellschaftliche Partizipation von MigrantInnen und Einheimischen konkret ermöglicht. Die Konfrontation mit der Differenz als Spielraum, Vieldeutigkeit, Widerspruch und Ambivalenz wird dann bei einer von der Vernunft bestimmten ethischen Haltung nicht mehr als Bedrohung erlebt. Die Orientierung an der transversalen Vernunft soll die interkulturelle Haltung im Bewusstsein der AkteurInnen hervorheben. Erst wenn auf dieser mentalen Ebene eine Veränderung der Perspektive stattfindet, kann die Rationalität des Handelns entsprechend modifiziert werden.

Hamburger versucht an dieser Stelle das Technologiedefizit des pädagogischen Handelns durch den Ausbau von professionellen Reflexionsschleifen über die verändernde Wahrnehmung von „anderen" Kulturen aufzulösen (vgl. Kade/Seitter 2003). Der Erfolg des Handelns kann in interkulturellen Kontexten durch eine positive mentale Einstellung auf die kulturellen Unterschiede erreicht werden.

Mecheril (2008) setzt weniger Vertrauen in die Kraft von in dieser Weise erfassten Reflexionsinhalten und benennt gesellschaftliche Machtverhältnisse als einen Referenzpunkt der Reflexion. Er versteht interkulturelle Begegnung als einen Raum, der durch die unterschiedlichen Ressourcen von AkteurInnen strukturiert ist (ebd. 31). Mecheril richtet seinen Blick auf die hierarchischen Strukturen innerhalb der Kulturen und legt darauf Wert, dass die MigrantInnen selbst die produktiven Muster der Aneignung und Neu-Beschreibung ihrer Position entwickeln (ebd. 31). Anstatt per se davon auszugehen, dass MigrantInnen eine andere Kultur haben, solle der/die interkulturell Kompetente beobachten, unter „welchen

---

3   Die qualitativen Studien, die besonders Bildungsverläufe erfolgreicher MigrantInnen über biographische Interviews rekonstruieren, lösen sich von statischen kulturdeterministischen Annahmen und machen in einer dynamischen Perspektive deutlich, dass Ethnizität auch als wirksame Ressource zur Überwindung von Diskriminierungserfahrungen genutzt werden und über formale Bildung zu sozialem Aufstieg führen kann (vgl. Schulze/Soja 2003).

Bedingungen [...] mit welchen Wirkungen [er/sie] ‚Kultur' als Begriff" (ebd. 27)
gebrauche. Er plädiert dafür, den jeweiligen Sinn kontextspezifischer Gebrauchs-
weisen der „Kultur"-Praktik zu erkennen. Dieser Handlungsimperativ im Sinne
einer (Selbst-)Beobachtungskompetenz bildet die Säule seiner Definition von interkultureller Kompetenz: nämlich die „Kompetenzlosigkeitskompetenz". Diese
beschreibt er nicht mehr mit der üblichen Kompetenzsemantik (Fähigkeiten, Erfahrung, Vermögen, Bewusstsein etc.), sondern mit professionstheoretischen Begriffen. Er kritisiert an den Konzepten der interkulturellen Kompetenz, dass sie
„technologische Suggestionskraft" entfalten. Mecherils Reflexionskonzept bezieht
sich in einer besonderen Weise auf die Grenzen professionellen Handelns, seine
paradoxen und problematischen Auswirkungen. Eine so verstandene interkulturelle Kompetenz erweise sich z. B. darin, dass professionelles Handeln die Frage
reflektiert, inwiefern es zur Reproduktion von Wir- und Nicht-Wir-Unterschei-
dungen beiträgt, die in Traditionen der Über- und Unterordnung verhaftet bleiben.
So definiert Mecheril das an die Pädagogik gebundene Luhmann'sche „Technologiedefizit" um, demzufolge PädagogInnen paradoxerweise bei gleichzeitigem
Anspruch auf Intentionalität und Erfolgswillen immer mit den Grenzen der Planbarkeit und Steuerung menschlichen Verhaltens konfrontiert sind. Die Grenzen
bzw. Folgen des pädagogischen Handelns werden dabei in der Reproduktion der
ungleichen Verhältnisse innerhalb der Kulturen verortet. Mecheril schlägt vor,
die Nicht-Technologisierbarkeit des pädagogischen Handelns durch die Kategorie Wissen/Nicht-Wissen zu überwinden. Nicht-Wissen ermöglicht, so Mecheril,
vielmehr jene Art von Wissen um die Grenzen des Wissens, seiner Anwendbar-
keit und um seine Eingebundenheit in Verhältnisse der Macht und Ungleichheit.
(ebd. 30) Eine weitere Säule seines Konzepts sind die Erfahrungsrealitäten der
Klientel als Eingangsvoraussetzung des professionellen Handelns. Für ihn geht es
um ein Wissen, das Erfahrung und Handlungsmöglichkeiten der KlientInnen als
in Strukturen der ungleichen Verteilung von Macht und Ressourcen entwickelte Phänomene versteht, und zugleich das eigene Handeln als in solchen Strukturen profiliertes und zu aktualisierendes begreift. Die Reflexionsinhalte beziehen
sich auf die gesellschaftlichen Dominanzverhältnisse, denen PädagogInnen wie
MigrantInnen unterschiedlich unterworfen sind.
    Mecheril nutzt den Wechsel der Beobachtungsposition zur Bearbeitung der
Paradoxie der Erziehung, indem er einerseits aus der Perspektive des erzieherisch
Handelnden, andererseits aus einer theoretischen Außensicht spricht, welche die
Perspektiven der Handelnden und der zu erziehenden Subjekte gleichermaßen
umfasst (vgl. Kade/Seitter 2003: 51). Die gleichzeitige Anwendung dieser Pers-

pektiven verdeckt die „strukturelle Differenz" (vgl. Radtke 2004: 101) zwischen Wissensformen und der „eigensinnigen Verwendung" des Wissens in der Praxis. So lässt sich als Zwischenbilanz festhalten, dass Wissens- und Reflexionsinhalte für PädagogInnen als *selbstbezüglich-biographisches Wissen* fungieren. Darüber hinaus lässt sich anhand dieses kursorischen Blicks veranschaulichen, dass aktuelle Überlegungen zu interkultureller Kompetenz ein auf die Handlungsabsicht zielendes sowie an Sollensvorstellungen anknüpfendes normatives Handlungsmodell implizieren. Die Effizienzidee basiert darauf, dass der Handlungserfolg durch Reflexion über die konstruierten Differenzen sowie die bestehenden Machtverhältnisse zwischen den Alltagswelten gesichert wird. Hier stellt sich nun die Frage, wie in diesen Konzepten die anderen Dimensionen der pädagogischen Praxis reflektiert werden. Im Folgenden soll das in diesen Konzepten implizierte Verhältnis zwischen der Organisation und dem pädagogischen Handeln näher betrachtet werden.

Organisationstheoretisches Verständnis in den interkulturellen Kompetenzkonzepten

Hamburger (2000) entwickelte aus der Kritik des organisationstheoretischen Ansatzes (Radtke 1996), der die Institutionalisierung von interkultureller Erziehung in Frage stellt, weil sie die Differenz ontologisiere, ein neues Programm. Darin soll die Interkulturalität in der Schule erst thematisiert werden, wenn die Selbstverständlichkeit der Anwesenheit von MigrantInnenkindern als eine zwanglose Anerkennung und Gleichberechtigung nicht gegeben ist (ebd. 191). Im Vergleich zum Gesellschaftsmodell funktional differenzierter Gesellschaften möchte er dadurch die Bedeutung von Kulturen, die für Selbstdefinitionen von Menschen und Gesellschaften wirksam sind, hervorheben. Der Begriff der Gleichberechtigung bezieht sich hier auf das Existenz- und Behauptungsrecht, im Falle der europäischen Gesellschaften etwa auf die Verpflichtung zu demokratischen Werten, einschließlich der Geschlechtergerechtigkeit und einer Orientierung an dem Konzept des modernen Individualismus. Diese sozial gültigen Erwartungen sind identisch mit der „core culture" und mit dem gesellschaftlichen Selbstentwurf, der Konstruktion und Imagination gesellschaftlicher Einheit (vgl. Fuchs 1992). Hamburger verortet in diesem Sinne die auf der nationalen Einheitskonstruktion basierenden Werte der Toleranz und Akzeptanz auf der Mikroebene des Unterrichts und sieht vor, dass sie unabhängig von anderen Dimensionen realisiert werden sollen. Dass zwischen der Makro- und Mikroebene die Organisation Schule als Instanz berücksichtigt werden sollte, vermittelt die Studie von Gomolla und Radtke (2007).

Diese Studie, die das pädagogische Handeln allein an strukturelle organisationelle Voraussetzungen bindet, prüft die Hoffnung auf die korrigierende Wirkung des Diskurses der Interkulturellen Pädagogik auf die Logik bzw. die Selektionspraxis in der Schule. Nach den vorgelegten Befunden ist diese Wirkung sehr eingeschränkt. Schulen orientieren sich vornehmlich an ihren organisationsinternen Problemen und Problemlösungen und rekurrieren nur dann, wenn es ihnen zur Legitimation[4] dieser Lösungen dient, auf ethnische Zugehörigkeiten der SchülerInnen. Die Eigenlogik der Organisation lässt sich nicht ohne Weiteres verändern.

Dieser Befund verstärkt die Notwendigkeit, die pädagogische Praxis in interkulturellen Kontexten in Anbetracht der Organisationslogik der Schule zu reflektieren. Das funktional differenzierte Gesellschaftsmodell berücksichtigt diesen Aspekt, indem der Begriff der Gleichberechtigung als Teilhabechance erfasst wird. Dieses Modell fragt danach, welche Voraussetzungen Individuen zu erfüllen haben, um in die Teilsysteme der Schule inkludiert zu werden. Differenzierungstheoretisch entscheidet in erster Linie die spezifische Logik der jeweiligen Organisation über Inklusion. Die Organisation Schule, die im Wohlfahrtsstaat die Bildungsansprüche der BürgerInnen verwaltet und das öffentliche Gut „Bildung" verteilt, begrenzt demnach über ihre Inklusionsregeln die Teilhabechancen im Sinne der Gerechtigkeit in der Gesellschaft (vgl. Bommes 1999). Das vielfach schlechte schulische Abschneiden von MigrantInnenkindern belegt, dass es die so verstandene „Gerechtigkeit" im deutschen Bildungssystem nicht gibt. Wie Analysen von Bos et al. (2004) zeigen, haben SchülerInnen, deren Eltern beide in Deutschland geboren sind, im Vergleich zu solchen, deren Eltern nicht in Deutschland geboren sind, eine knapp dreimal höhere Chance, eine Realschul- statt einer Hauptschulempfehlung und eine knapp fünfmal höhere Chance, eine Gymnasial- statt einer Hauptschulempfehlung zu erhalten. Eine jüngere Studie von Diefenbach (2007) aktualisiert diese Befunde insoweit, dass MigrantInnenkinder inzwischen etwas häufiger in eine höhere Schulform wechseln.

Welches organisationstheoretische Verständnis lässt sich nun im Konzept von Mecheril (2008) erschließen? Er bemerkt dazu, dass reflexives Handeln reflexiver Orte bedürfe, und setzt fort:

Diese Ermöglichung von Orten, die in Bezug auf Interkulturalität reflexiv und selbstreflexiv sind, scheint mir insofern eine weit wichtigere Aufgabe zu sein, als die Intensivierung „inter-

---

4   Zwei weitere Ebenen, so Radtke (2005), sind: „*Erstens* auf der Ebene öffentlich diskutierter *Programme,* in denen die Ziele, die zu vermittelnden Inhalte, die Methodik und Didaktik zur Steuerung der Interaktionen und die Erfolgs- bzw. Selektionskriterien festgelegt werden; *zweitens* [...] auf der Ebene der pädagogischen *Interaktion* zwischen Lehrern und Schülern, überwiegend in der Form Unterricht, welcher der Vermittlung der [...] Inhalte und Normen dient." (ebd. 1).

kultureller Kompetenz", welche immer gefährdet ist, Technologiemodelle zu favorisieren und vornehmlich individuelles Handeln zu fokussieren. (ebd. 33)

Wenn der Begriff der „Orte" als Organisation definiert werden kann, scheint in seinem Konzept die Erfüllung der pädagogischen Professionalität mit der von ihm zu Recht definierten Reflexivität des Programms der Organisation in eins zu fallen. Wenn Unterscheidungen im Schulprogramm anhand der von ihm als ideelle normative gesellschaftliche Leitlinie bezeichneten Prämissen herausgearbeitet werden, so die Annahme, würden die Lehrkräfte dann die neue gemeinsame pädagogische Vision realisieren. Ersichtlich ist, dass den institutionellen Bedingungen in beiden ausgewählten Konzepten dabei keine die Kommunikation regulierende Funktion zugeschrieben werden.

Diese organisationstheoretische Perspektive scheint mit dem Organisationsverständnis im Konzept der „Lernenden Organisation" identisch zu sein (vgl. Tacke 2004). In diesen neuen Ansätzen wird deutlich, dass die pädagogischen AkteurInnen im Rahmen übergreifender Strukturvorgaben und -probleme Möglichkeiten besitzen, die institutionellen Strukturen zu verändern. In derartigen Verständigungs-, Kooperations- und Aushandlungsprozessen der Schul- und Unterrichtsentwicklung entstehen durchaus Räume für einen – von einer kooperativen Berufskultur getragenen (vgl. Terhart 1994) – Professionalisierungsschub, für den kennzeichnend ist, dass sich das Handeln an bereichseigenen, d. h. pädagogisch vernünftigen Kriterien orientiert. So zeichnet sich eine Transformation von einer eher bürokratisch-administrativen zu einer professionellen, vom pädagogischen Geschäft her gestalteten Organisation ab. Diese Herangehensweise ist in den interkulturellen Kompetenzansätzen vorzufinden. Die Verknüpfung wird durch den Begriff der Reflexion geleistet und besetzt den Platz, der bislang in den Theorien über pädagogische Organisationen offen geblieben ist, im Sinne einer gesteigerten Erwartung an die Leistungen, die durch die pädagogische Organisation erbracht werden, und im Hinblick auf Möglichkeiten, das pädagogische Handeln organisationsinternen und -externen Diskursen zugänglich zu machen (vgl. Kuper 2001).

Wie kann nun die pädagogische Praxis der spezifischen – selektiven – Logik der Schule gerecht werden, organisationstheoretisch beschrieben werden und zu Reflexionswissen gelangen, sodass die Teilhabechancen von MigantInnenkindern erhöht werden können?

Die Organisation Schule und die pädagogische Professionalität

Das konstruierte lineare Verhältnis zwischen dem Programm und der Interaktionsebene der Organisation egalisiert aus der Sicht des Neo-Institutionalismus die Differenz zwischen pädagogischen und organisatorisch/administrativen Sinnbezirken. Eine „logic of confidence and good faith" (Meyer/Rowan 1992: 40) kann sich nicht als ein Schutzschild vor der gleichsam auf die organisatorische Hinterbühne verlagerten pädagogischen Eigenlogik etablieren, weil die so beschriebene Organisation keine Hinterbühne mehr kennt.

In der Perspektive des Neo-Institutionalismus wird die gesellschaftliche Umwelt von Organisationen mit dem Institutionsbegriff erfasst. Gleichberechtigung, Toleranz oder Anerkennung als gesamtgesellschaftliche Erwartungen würden damit als Institutionen gelten. Als normativ wirksame, allgemein verfügbare Wissensbestände stellen Institutionen den entscheidenden Bezugspunkt für organisationsinterne Strukturbildungen dar. Der Neo-Institutionalismus legt die Annahme der losen Kopplung auf das Verhältnis zwischen dem Programm und der Interaktionsebene pädagogischer Organisationen hin aus. Nach Meyer/Rowan (vgl. 1992) sind allein auf der administrativen Ebene Strukturelemente formaler Rationalität eingelassen. Sie sind Bestandteile einer zeremoniellen Fassade, mit denen Organisationen sich ihrer Umwelt zuwenden. So sichern Organisationen ihre Legitimität und den Bezug erforderlicher Ressourcen aus der Umwelt auf der Basis eines „dramatic enactments of the rationalized myth per-vading modern societies" (ebd. 28). Als von diesem Management der Umweltbeziehungen abgekoppelt werden die Interaktionsebenen betrachtet. Sie sind hinter der zeremoniellen Fassade verborgen und können in diesem Freiraum eine Eigenlogik entfalten, die nicht durch die administrative Ebene reguliert wird. Organisationen werden somit als umweltabhängige und offene Systeme erfasst.

Luhmann (2002) grenzt sich vom Neo-Institutionalismus sowie wertintegrierten Organisationsverständnissen in Kompetenzkonzepten ab. Sein Ansatz scheint mir überzeugender, weil es empirisch zu Mischverhältnissen verschiedener Dimensionen kommt. Er identifiziert die Selektionsfunktion der Schule im gesellschaftlichen Kontext:

> Anzuerkennen ist, dass keine Organisation ihre eigenen Werte unabhängig von entsprechenden Wertungen ihrer gesellschaftlichen Umwelt setzen kann. [...] Für den Fall der Erziehung ist ohnehin klar, dass es keine Schulen gäbe, wenn Erziehung in der Gesellschaft nicht als Wert geschätzt würde. Aber damit ist das Problem von Generalisierung/Respezifikation nur in die Organisation hineinkopiert, und man sieht noch nicht deutlich, wie es dort [...] weiterbehandelt wird. (ebd. 159)

Er schlägt vor, Organisationen als autopoietische Systeme aufzufassen, die Entscheidungen aus ihren eigenen Produkten reproduzieren (vgl. Luhmann 2002). Aus dieser Perspektive lassen sich zwei Aspekte gewinnen: Die Umwelt kommt in der Organisation vor, wie im Neo-Institutionalismus angemerkt ist, aber die jeweilige Organisation transformiert die von außen kommende Irritation in für die Organisation relevante Information nach eigenen Motiven und nur in ihrer eigenen Logik (ebd.). Der zweite Aspekt weist auf die strikte Abhängigkeit des Handelns von der Organisationslogik hin. Zwischen der Ebene der Ideen und der Praxis „gibt es [...] einerseits eine [...] Vorstellung von Kontrolle und andererseits eine Art institutionelle Verpflichtung auf dieselben Werte, mit denen zugleich die besondere Funktion des Systems [...] zum Ausdruck gebracht wird." (ebd. 145) Innerhalb der differenzierten gesellschaftlichen Ordnung kommt der Organisation eine vermittelnde Funktion zu. Die Mitgliedschaftsrolle wird nicht über das Programm, sondern über die Eigenlogik der Organisation mit der gesellschaftlichen Umwelt verbunden. Es liegt an Organisationen, die gesellschaftliche Funktion so weit zu respezifizieren, dass das Verhalten in der unmittelbaren Interaktion daran anschließen kann.

Die Festlegung der Rolle der Lehrkräfte kann in der Mikrosoziologie der Interaktion makrosoziologische Bezüge sichtbar machen. Auf der Ebene der Interaktion müssen PädagogInnen die genannten antinomischen Spannungen zwischen vorhandenen Optionen, der Sachbindung an den Stand pädagogischen Wissens, gültigen Orientierungen etwa an Gerechtigkeitsnormen ebenso wie materiellen Effizienzkriterien (z. B. ökonomischer Umgang mit Organisationsressourcen) austragen (vgl. Radtke 2006: 83). Für diesen Fall institutioneller Interaktion kommt der Semantik besondere Bedeutung zu. Organisationen im Sinne der (Sub-)Systeme manifestieren sich sprachlich in Form von „Spezialsemantiken" (vgl. dazu Luhmann/Schorr 1982: 21) in der Interaktion. In dem Maße, wie sich die moderne funktional differenzierte Gesellschaft durch eine Vielzahl sozialer Subsysteme (Politik, Wirtschaft, Wissenschaft, Religion, Justiz, Familie, Gesundheitssystem) auszeichnet, lässt sich auch die Sprache der Gegenwart durch eine Vielzahl von Sprachen kennzeichnen: Sprache der Bildungspolitik, der Wirtschaft, der Wissenschaft, der gesellschaftlichen Werte, des pädagogischen Wissen, der Familie etc. Damit sind sprachliche Spezialverfahren der Konstitution sozialer Wirklichkeit angesprochen, die auf die unterschiedlichen Bereiche der Syntax und Semantik übergreifen. Derartige „Kommunikationskodes", die auf ein spezifisches soziales (Sub-)System verweisen, werden verwendet, um dieses auch außerhalb von Interaktion bestehende Wissen interaktiv wiederherzustellen (vgl. auch Hausendorf 1992).

Durch die Bezugnahme von PädagogInnen oder KlientInnen auf unterschiedliche Semantiken im Sinne der Diskurse kann eine Kommunikationsstruktur, die durch Kontingenz bestimmt ist, und eine gegenseitige Beeinflussung der Beteiligten entstehen. „Interkulturell" ist demzufolge ein Kommunikationsereignis in dem Maße, wie unterschiedliche Zugehörigkeiten der TeilnehmerInnen relevant gesetzt werden. Nach diesem konversationsanalytischen Verständnis von interkultureller Kommunikation wird die Orientierung an personengebundenen Daten, aufgrund derer man über das Vorliegen oder Nichtvorliegen interkultureller Kommunikation entscheidet, modifiziert (vgl. Hausendorf 2007). Der Blickwinkel wird dann auf den Umgang mit der Interkulturalität in Zusammenhang mit der Selektionsfunktion der Organisation Schule gerichtet und die pädagogische Kommunikation dabei als ein offener Prozess beschrieben. Diese Betrachtung legt nahe, sich in der Kompetenzdiskussion hinsichtlich professionellem Handeln von der favorisierten Normativität zu verabschieden und empirische Untersuchungsstrategien anzuwenden. Es gilt herauszuarbeiten, wie von den Beteiligten auf die unterschiedlichen Semantiken (die Sprache des Selektionswissens, der Interkulturalität, der gesellschaftliche Erwartungen etc.) Bezug genommen wird und in welchem Verhältnis sie zueinander stehen.

Eine so angelegte Beobachtung des pädagogischen Handelns setzt die Annahme voraus, dass das pädagogische Handeln von grundlegenden Spannungen vor allem zwischen der Interaktion und Organisation durchzogen ist. Die pädagogische Professionalität in interkulturellen Kontexten kann durch die Reflexion über diese Spannungen erreicht werden.

Resümee

Der Begriff der pädagogischen Professionalität und ein strukturtheoretisches Professionsverständnis sollen in die Migrationsforschung eingeführt werden, um einen durch den Kompetenzbegriff eingeschränkten Blick und die damit verbundene eindimensionale Erfassung und Reflexion des pädagogischen Handelns zu vermeiden. Über wissenschaftliches Wissen oder interkulturelle Handlungsmaximen kann keine Handlungskompetenz für die Begegnung der migrationsbedingten Heterogenität erworben werden, wohl aber Reflexionskompetenz, sodass organisationales Handeln nachträglich reflektiert und auf seine Angemessenheit hin überprüft werden kann. Für die Schule heißt das zu hinterfragen, in welchem Zusammenhang die Semantik des Selektionswissens und der Interkulturalität angewendet werden, wobei Angemessenheit bedeutet, dass migrationsbedingte Voraussetzungen die Teilhabechancen am Erziehungssystem nicht verhindern.

So können PädagogInnen kasuistisches reflexives Fallwissen für interkulturelle Kontexte gewinnen. Dieses Wissen erhebt keinen Anspruch, das Handeln in migrationsbedingten Kontexten zu optimieren bzw. zu rationalisieren. Als Reflexionswissen soll es von den PraktikerInnen selbstständig mit den jeweiligen Handlungsanforderungen in Beziehung gesetzt werden. Dabei entwickeln sie im beruflichen Sozialisationsprozess ein „Können", das einen Wissenstyp eigener Art darstellt und migrationsbedingte Benachteiligungen verhindern kann, und eine Veränderung von Wahrnehmungsstrukturen, die nicht auf die kulturellen Unterschiede oder hierarchischen Verhältnisse zwischen den Kulturen gerichtet sind, sondern auf Zusammenhänge zwischen der Selektion und Interkulturalität.

Der hier formulierte Wider-Standpunkt zielt im Sinne einer foucaultschen Kritik (1976) darauf ab, sich von diesem Modell abzuwenden und geht stattdessen von der Idee aus, dass erst die Reflexion über organisationales Handeln Benachteiligungen von MigrantInnen offenlegen, gesellschaftlich verorten und Interventionschancen auf der Ebene der politischen Praxis steigern kann.

Literatur

Anderson, Lorin W. (1987). The Decline of Teacher Autonomiy: Tears or Cheers? Internationale Zeitschrift für Erziehungswissenschaft 33, 357–373.

Auernheimer, Georg (2003). Einführung in die Interkulturelle Pädagogik, Darmstadt.

Badawia, Tarek (2006). Die leise Vernunftstimme der Intrakulturalität – Kritische Anmerkungen zur „Reflexiven Interkulturalität" in: *Badawia*, Tarek/*Luckas*, Helga/ *Müller*, Heinz (Hg.): Das Soziale Gestalten. Über Mögliches und Unmögliches der Sozialpädagogik, Berlin, 282–294.

Bastian, Johannes/*Helsper*, Werner (2000). Professionalisierung im Lehrerberuf, in: *Bastian*, Johannes/*Helsper*, Wernert/*Reh*, Sabine/*Schelle*, Carla (Hg.): Professionalisierung im Lehrerberuf, Opladen, 167–192.

Baumert, Jürgen/*Kunter*, Mareike (2006). Stichwort: Professionelle Kompetenz von Lehrkräften, in: Zeitschrift für Erziehungswissenschaft, 9(4), 469–520.

Beck, Ulrich/*Bonns*, Wolfgang (Hg.) (1989). Weder Sozialtechnologie noch Aufklärung? Analysen zu Verwendung des sozialwissenschaftlichen Wissens, Frankfurt am Main.

Bommes, Michael (1999). Migration und nationaler Wohlfahrtsstaat. Ein differenzierungstheoretischer Entwurf, Opladen.

Bos, Wilfried/*Voss*, Andreas/*Lankes*, Eva-Maria/*Schwippert*, Knut/*Thiel*, Oliver/*Valtin*, Renate (2004). Schullaufbahnempfehlungen von Lehrkräften für Kinder am Ende der vierten Jahrgangsstufe, in: *Bos*, Wilfried/*Lankes*, Eva-Maria/*Prenzel*, Manfred/*Schwippert*, Knut/*Valtin*,

Renate/*Walther*, Gerd (Hg.): IGLU. Einige Länder der Bundesrepublik Deutschland im nationalen und internationalen Vergleich, Münster, 191–227.

Dewe, Bernd/*Ferchoff*, Wilfried/*Radtke*, Frank-Olaf (1992). Auf dem Wege zu einer aufgabenzentrierten Professionstheorie pädagogischen Handelns, in: *Dewe*, Bernd/*Ferchoff*, Wilfried/*Radtke*, Frank-Olaf (Hg.): Erziehen als Profession, Opladen, 7–20.

Dewe, Bernd/*Ferchoff*, Wilfried/*Scherr*, Albert/*Stüwe*, Gerd (2001). Professionelles soziales Handeln. Soziale Arbeit im Spannungsfeld zwischen Theorie und Praxis. Weinheim.

Diefenbach, Heike (2007). Kinder und Jugendliche aus Migrantenfamilien im deutschen Bildungssystem, Wiesbaden.

Engelke, Ernst/*Borrmann*, Stefan/*Spatscheck*, Christian (2009). Theorien der sozialen Arbeit. Eine Einführung, Freiburg.

Foucault, Michael (1976). Mikrophysik der Macht. Berlin.

Fuchs, Peter (1992). Die Erreichbarkeit der Gesellschaft. Zur Konstruktion und Imagination gesellschaftlicher Einheit, Frankfurt am Main.

Gomolla, Mechthild/*Radtke*, Frank-Olaf (2007). Institutionelle Diskriminierung. Die Herstellung ethnischer Differenz in der Schule, Wiesbaden.

Haeske, Uwe (2008). „Kompetenz im Diskurs". Eine Diskursanalyse des Kompetenzdiskurses, Berlin.

Hamburger, Franz (2000). Reflexive Interkulturalität, in: *Hamburger*, Franz/*Kolbe*, Fritz-Ulrich/*Tippelt*, Rudolf (Hg.), Pädagogische Praxis und erziehungswissenschaftliche Theorie zwischen Lokalität und Globalität. Festschrift für Volker Lenhart zum 60. Geburtstag, Frankfurt am Main, 191–200.

Hausendorf, Heiko (1992). Gespräch als System. Linguistische Aspekte einer Soziologie der Interaktion, Opladen.

Hausendorf, Heiko (2007). Gesprächs-/Konversationsanalyse, in: *Straub*, Jürgen/*Weidemann*, Doris (Hg.): Handbuch interkulturelle Kommunikation und Kompetenz. Grundbegriffe – Theorien – Anwendungsfelder, Stuttgart, 403-415.

Helsper, Werner (2004). Pädagogisches Handeln in den Antinomien der Moderne, in: *Krüger*, Heinz-Herrmann/*Helsper*, Werner (Hg.): Einführung und in Grundbegriffe und Grundfragen der Erziehungswissenschaft, Wiesbaden, 15–31.

Hormel, Ulrike/*Scherr*, Albert (2004). Vielfalt, Normalität und Diskriminierung. Ansätze der Diversity-Pädagogik, in: *Hormel*, Ulrike/*Scherr*, Albert: Bildung für die Einwanderungsgesellschaft. Perspektiven der Auseinandersetzung mit struktureller, institutioneller Diskriminierung, Wiesbaden, 203–233.

Kade, Jochen/*Lüders*, Christian (1996). Lokale Vermittlung. Pädagogische Professionalität unter den Bedingungen der Allgegenwart medialer Wissensvermittlung, in: *Combe*, Arno/*Helsper*, Werner (Hg.): Pädagogische Professionalität. Untersuchungen zum Typus des pädagogischen Handelns, Frankfurt am Main, 887–923.

Kade, Jochen/*Seitter*, Wolfgang (2003). Jenseits des Goldstandards. Über Erziehung und Bildung unter den Bedingungen von Nicht-Wissen, Ungewissheit, Risiko und Vertrauen, in: *Helsper*, Werner/*Kade*, Johann (Hg.), Ungewissheit. Pädagogische Felder im Modernisierungsprozess, Weilerswist, 50–72.

Klieme, Eckhard/*Hartig*, Johannes (2007). Kompetenzkonzepte in den Sozialwissenschaften und im erziehungswissenschaftlichen Diskurs, in: *Prenzel*, Manfred/*Gogolin*, Ingrid/*Krüger*, Heinz-Hermann (Hg.): Kompetenzdiagnostik, Zeitschrift für Erziehungswissenschaft, Sonderheft 8, Wiesbaden, 11–29.

Koring, Bernhard (1989). Eine Theorie des pädagogischen Handelns, Weinheim.

Kuper, Harm (2001). Organisationen im Erziehungssystem. Vorschläge zu einer systemtheoretischen Revision des erziehungswissenschaftlichen Diskurses über Organisation, in: Zeitschrift für Erziehungswissenschaft (4)1, 83–106.

Leenen, Wolf-Rainer/*Grosch*, Harald (1998). Interkulturelles Lernen in der Lehrerfortbildung, in: Bundeszentrale für politische Bildung (Hg.): Interkulturelles Lernen. Arbeitshilfen für politische Bildung, Bonn, 317–340.

Luhmann, Niklas (2002). Das Erziehungssystem der Gesellschaft. Frankfurt am Main.

Luhmann, Niklas/*Schorr*, Karl-Eberhard (1982). Zwischen Technologie und Selbstreferenz. Fragen an die Pädagogik, Frankfurt am Main.

Luhmann, Niklas (1986). Systeme verstehen Systeme, in: *Luhmann*, Niklas/*Schorr*, Karl-Eberhard (Hg.), Zwischen Intransparenz und Verstehen, Fragen an die Pädagogik, Frankfurt am Main, 72–117.

Mecheril, Paul (2004). Grenze und Bewegung, in: *Mecheril*, Paul: Einführung in die Migrationspädagogik, Weinheim/Basel.

Mecheril, Paul (2008). „Kompetenzlosigkeitskompetenz". Pädagogisches Handeln unter Einwanderungsbedingungen, in: *Auernheimer*, Georg (Hg.): Interkulturelle Kompetenz und pädagogische Professionalität, Wiesbaden, 15–34.

Meyer, John W./*Rowan*, Brian (1992). Intitutionalized Organizations: Formal Structure as Myth and Ceremony, in: Meyer, John W./Scott, W. Richard (Hg.): Organizational Environments, Newbury Park, 21–44.

Münchmeier, Richard/*Thiersch*, Hans (1976). Die verhinderte Professionalisierung. Zwischenbericht zu Ausbildungsproblemen im erziehungswissenschaftlichen Hauptfachstudium, in: *Haller*, Hans-Dieter/*Lenzen*, Dieter (Hg.): Lehrjahre der Bildungsreform – Resignation oder Rekonstruktion?, Stuttgart, 225–246.

Nieke, Wolfgang (2002). Kompetenz, in: *Otto*, Hans-Uwe/*Rauschenbach*, Thomas/*Vogel*, Peter (Hg.), Erziehungswissenschaft: Professionalität und Kompetenz, Opladen, 13–27.

Oevermann, Ulrich (1979). Probleme der Professionalisierung in der berufsmäßigen Anwendung sozialwissenschaftlicher Kompetenz, Frankfurt am Main.

Parson, Talcott (1981). Sozialstruktur und Persönlichkeit, Frankfurt am Main.

Radtke, Frank-Olaf (2004). Der Eigensinn pädagogischer Professionalität jenseits von Innovationshoffnungen und Effizienzorientierungen. Übergangene Einsichten aus der Wissensverwendungsforschung für die Organisation der universitären Lehrerbildung, in: *Koch-Priewe*, Barbara/*Kolbe*, Fritz-Ulrich/*Wildt*, Johannes (Hg.): Grundlagenforschung und mikrodidaktische Reformansätze zur Lehrerbildung, Bad Heilbrunn, 99–149.

Radtke, Frank-Olaf (2005). Editoral: Transnationalismus und sprachliche Hypridität. Neue theoretische und empirische Herausforderungen für den pädagogischen Umgang mit „Ethnizität" in der modernen Einwanderungsgesellschaft, Internet: www.sowi-online.de/jounal/2005-1/editoral_radtke.htm, (Recherchedatum 12.01.2012)

Radtke, Frank-Olaf (1996). Mechanismen ethnischer Diskriminierung in der Grundschule, in: *Ralph* Kersten/*Doron* Kiesel/*Sener* Sargut (Hg.): Ausbilden statt Ausgrenzen, Frankfurt am Main,121–132.

Schulze, Erika/*Soja*, Eva-Maria (2003). Verschlungene Pfade. Über die Bildungskarrieren von Jugendlichen mit Migrationshintergrund, in: Auernheimer, Georg (Hg.): Schieflagen im Bildungssystem. Die Beteiligung der Migrantenkinder, Opladen, 197–210.

Schütze, Fritz (1987). Symbolischer Interaktionismus, in: *Ammon*, Ulrich/*Dittmar*, Nobert/*Mattheier*, Klaus J. (Hg.): Soziolinguistik. Ein internationales Handbuch zur Wissenschaft von Sprache und Gesellschaft, Berlin/New York, 520–553.

Stichweh, Rudolf (1997). Professionen in einer funktional differenzierten Gesellschaft, in: *Combe*, Arno/*Helsper*, Werner (Hg.): Pädagogische Professionalität. Untersuchungen zum Typus pädagogischen Handelns, Frankfurt am Main, 49–69.

Tacke, Veronika (2004). Organisation im Kontext der Erziehung. Zur soziologischen Zugriffsweise auf Organisationen am Beispiel der Schule als lernender Organisation, in: *Böttcher*, Wolfgang/*Terhart*, Ewald (Hg.): Organisationstheorien in pädagogischen Feldern. Analyse und Gestaltung, Wiesbaden, 19–42.

Terhart, Ewald (1994). Schulkultur. Hintergründe, Formen und Implikationen eines schulpädagogischen Trends, in: Zeitschrift für Pädagogik, 40, 685–703.

Weick, Karl E. (1995). Der Prozess des Organisierens, Frankfurt am Main.

Plädoyer für Widersetzungen. Ein feministisches Essay

Birge Krondorfer

Wenn es nicht nur um ein Zur-Sprache-Bringen der unwürdigen Vergesellschaftungsprozeduren geht, sondern um eine Befragung der durch diese bedingten Migrationsforschung selbst, wer wäre in dieser Gemengelage von Migrationswissenschaften und in Minorisierungsangelegenheiten antirassistisch oder antisexistisch engagierten Kulturen zu adressieren? Ein paar Motive von anderer Seite mögen zur „interkonfessionellen" Diskussion anregen.

Widersprüchliche Verhältnisse. Fragen über Fragen

> Diejenigen von uns, die in dieser Gesellschaft als nicht akzeptabel definiert sind, diejenigen von uns, die in den Schmelztiegeln der Unterschiede geschmiedet worden sind, diejenigen von uns, die mittellos, lesbisch, Schwarz, älter sind, wissen, dass *Überleben keine akademische Fähigkeit ist*
>
> (Audre Lorde)

Während der Tagung „Migrationsforschung als Kritik" entstand mein Erstaunen über den positiven Wissenschaftsbegriff, diese emphatische Vorstellung von Forschung als Distanzierungsoption. Diesem Gestus steht die Perspektive einer feministischen Theoriebildung genuin skeptisch gegenüber. Wissenschaft stellt eine symbolische Ordnung dar, die als Institution nicht nur aus- und einschließt, sondern eine spezifische abendländische phallogozentrische Wissensordnung hervorgebracht hat. Zusätzlich sind wir heute mit einer ökonomistischen Utilitarisierung des Wissens konfrontiert, die Redlichkeit, Courage und Kritik ins Abseits driften lässt. Beide Motive verweisen auf die im System platzierte Problematik der Wissenschaft, wofür bereits ein bekanntes berüchtigt-berechtigtes Diktum „raisonniert so viel ihr wollt, und worüber ihr wollt, nur gehorcht" (Kant 1995: 170) aufschlussreich war, das heute durch die dominierende Produktionslogik noch überboten wird: „raisonniert so viel ihr wollt, und worüber ihr wollt, nur produziert"; ein Progressionsgebot, das selbst das Raisonnieren nicht mehr erlaubt.[1] Die Institution Universität kann und will sich zunehmend eine kritische Wissenschaft nicht mehr leisten. Migrationsforschung ist wie alle Forschung eingebettet in das neoliberalistische Mainstreaming, das auch die akademischen Organisationen erfasst hat. Exzellenzinitiativen und die Fetischisierung eines personifizierten ExpertInnentums, gepaart mit messbarer Leistungsmaximierung, fördert mit dem Ausdividieren des Wissen-Schaffens ad infinitum in immer kleinere Einheiten eine „Expertise" genannte Parzellierungsmentalität. Diese wiederum soll dann in Aufrufen zur Transdisziplinarität und Intersektionalität aufgehoben und mit anderen Spezialdiskursen zusammengedacht werden, was insbesondere in der Genderforschung hoch im Kurs steht, mit geradezu moralisch geführten Debatten. Als ob feministische Theoriebildung nicht von Beginn an polyperspektivisch unterwegs gewesen wäre, von der inzwischen vielfach kritisierten Ausrufung universalisierter Maximen abgesehen, die der Anfangseuphorie eines Bruchs mit aller herkömmlichen Sozialität geschuldet waren.

Aber selbst das Analysebesteck der Intersektionalität – gilt es denn nur für das Feld der Genderforschung? Auch bei dieser Tagung fehlte sie weitgehend, ebenso wie die frauenforschende Intervention, obwohl die seit den 70er-Jahren entwickelten feministischen Wissenschaften auf vielen Ebenen zur kritischen Migrationsforschung anschlussfähig wären, und das nicht nur weil – mit Julia Kristeva (1990) gesprochen – es die Frauen sind, die zu Beginn unserer Kultur als die ersten Fremden in Erscheinung treten.[2] Die feministische Theorie und Praxis hat immer schon „Heimat"kritik betrieben, sowie das abendländische Selbst(-bewusstsein) hinterfragt: nicht nur hinsichtlich seines Meisterstatus, seiner Herrschaft der abwertenden Unterscheidung, sondern auch bezogen auf seine Patho(s) logie der Unterwerfung allen Nichtichs. Durch Reflexionen historisch-kritischer Anthropologie, Philosophie- und Religionskritik sowie Psychoanalyse wurde die Genealogie der Teilung selbst einer Revision unterzogen, die das Verdrängte des Subjekts nicht nur in augenfälligen Vergesellschaftungsformen, sondern in den Tiefendimensionen der Spaltung des Sozialen suchte. Diese Denkbewegungen sind wie verschollen; die Bedrängnisse des (kollektiv) Verdrängten finden auch in der Sprache der Migrationsforschung keine Artikulation. Es wird – salopp gesagt –

---

1   Bei Entscheidungen werden z.B. widersprüchliche Reflexionen nicht berücksichtigt, da Ergebnisse nicht prozessual behandelt, sondern in einer Ökonomie der Effizienz als Produkt gehandelt werden.

2   Bei der Tagung wurde leider nur in informellen Gesprächen mit Kolleginnen vermerkt, dass die Auseinandersetzungen um Marginalisierung, Ausschlüsse und Ungleichbehandlung sich mehr als ähneln. Doch von feministischen Bibliotheken wollen auch MigrationsforscherInnen scheints nichts lernen. So bleiben die metatheoretischen wie organisationspraktischen Plagereien zur Topologie des/der „Anderen" un(an)erkannt.

eine ungeschiedene Mehrheit angenommen, was mich hier spontan zu der These in Frageform (ver-)führt hat, ob kritische Migrationstheorie nicht insofern ungewusst eine Männer(selbstbe-)forschung darstellen könnte, als die Ökonomie der Politik nach wie vor vom Herrn dominiert ist. Die These sei vorläufig dahingestellt.

Der in fortschrittlichen Diskurskreisen favorisierte Standpunkt des Postkolonialismus, ein weiterer Aspekt innerhalb der Migrations-, Rassismus – und Kulturwissenschaften, lässt sich insofern zwiespältig reflektieren, als diese Perspektive gerade in deutschen und österreichischen Landen vom Postnationalismus und ihrer Verbindung damit ablenkt. Europa (auch ex negativo) zu totalisieren vergisst nicht nur die Jahrhunderte währenden innereuropäischen Kämpfe um Vorherrschaft und die damit verbundenen historischen Verschiedenheiten der politischen Großraumgebilde[3], sondern auch die postfaschistische Revitalisierung via explodierender Maßnahmen für die Innere Sicherheit, eines ökonomischen und technologischen Rassismus. Der innerkolonialistische Genozid des letzten Jahrhunderts ist ebenso wie der globalisierte kapitalistische Neokolonialismus heutiger Tage, der unseren Lebensstil garantiert, kaum im Horizont postkolonialer Rekurse zu beschreiben. Ist diese Verschiebung kritischen Interesses an Geschichte und ihrer überschwellenden und unterschwelligen Nachhaltigkeit ein Symptom ungewusster Abwehr einer neuen Generation politischer Theorien, sich mit der eigenen Abkunft zu beschäftigen?

Diese nervöse Anmerkung schlägt eine Brücke zu den Richtschnüren der Tagung, nämlich den Kardinalfragen nach Geltung, Maß und Ort von Kritik.[4] Zur ersteren gehört unabdingbar die Selbstkritik aller – auch normativer als veränderungsbeseelter – Forschung. Jeder selbstgewissen Eingerichtetheit, und sei diese noch so radikal kritisch, droht ein dogmatisierendes Verhängen, ein Reflexionsmortale. Das hängt eng mit der Prüfung des Ortes der Kritik zusammen, seiner Materialität, die unauflöslich mit ihrer je eigentümlichen Idealisierung verwoben ist. Da der Ort der Wissenschaft nicht der Ort der Politik ist und umgekehrt – dem einen fehlt notwendigerweise die Differenz des anderen – weshalb es mehr als wünschenswert, geradezu nötig wäre, *nicht* zu wählen. Theoriebildung *und* politische Praxis zu betreiben wäre ein Signal! Ein Spagat zwischen Episteme und Engagement, der institutionalisierte Zielgeraden ausschließt, doch dafür die gegenseitig erblindeten wie verblendeten Reduktionen wieder eröffnen kann. Das

---

3   Es macht einen Unterschied, ob bspw. von Great Britain oder vom Habsburgerreich die Rede ist. Überall postkoloniale Hegemonie zu entlarven wird dann zweifach ahistorisch: in Bezug auf die europäische Geschichte selbst und in Bezug auf die Gegenwart, von der gesagt werden muss, dass das Verbindende des Nord/Westens nicht die post-, sondern die globalisierte neokolonialistische Reichtums- via Armutsproduktion darstellt.

4   Vgl. Anmerkung 2

führt zur Frage nach dem guten Maß von Kritik, insofern es eine Mitte benennt, welche die Immunisierung von Wissenschaft und selbstgewisse Ressentiments politischer Praxis verstören kann. Ein Maß in diesem Verständnis ist wesentlich das Antidot gegen Totalisierungen partikularer Perspektiven und indiziert eine Grenze aller antirassistischen Motivationen. Wenn, wovon Emmanuel Levinas (1989) spricht, von Grund her alle allen ein Anderes sind und der/die Andere unerkennbar bleibend nichts als Achtung erwartet, dann ist Vorsicht vor allen Annahmen geboten, die der Gegenseite rein voluntaristische Beweggründe unterstellen, sind wir doch alle Unterstellte.

Von wo aus lassen sich im Wissen um diese befangene Unterwerfung denn nun Ansprüche auf Differenz bewahren? Wie lässt sich eine kritische Haltung behaupten, wenn ein/e jede/r von uns *im* vom Kapitalismus durchdrungenen System gehalten wird? Dieser Widerspruch stellt eine unauflös- wie unaufgebbare Herausforderung dar, die anderes ist als Opportunität und Opposition. Gelingen kann dies dann, wenn (der ins Antiquariat versetze Begriff der) Aufklärung sich auch als Selbstaufklärung ins Benehmen setzt, denn aufklärende Kritik ist nicht arrogant, sie fragt und befragt auch sich selbst. Kritik hat keine Antwort, aber sie ist die Aufnahme von Verantwortung auf der Seite ihrer solidarischen Konnotation, wozu die Schlüsselworte Dissidenz, Subversion und Alterität gehören, die aktuell eine Verlustgeschichte zu schreiben scheinen.

Stattdessen sind heute Selfempowerment, Inklusion und Anerkennung hoch im (Migrations-) Diskurs und en vogue in der politischen Praxis, was auf den Wunsch hindeutet, vom und im System akzeptiert zu werden (vgl. Krondorfer 2011). Ein Plädoyer für das Nicht-Identische hingegen ist notwendig, wenn es darum geht, von der politischen Theorie Hannah Arendts das Durchhalten und die Achtung von Unterschieden zu lernen.[5] Das Faktum, dass wir als je singulär Geborene und damit als Verschiedene (im Deutschen sinnfällig doppeldeutig) doch alle Gleiche sind, führt Arendt zu der Differenzierung zwischen dem präpolitischen Hort des Privaten, dem ökonomischen Kollektiv im Singular und dem politischen Raum des Öffentlichen. Dieser konstituiert sich durch die Wahrung von Unterschieden, was sie Pluralität nennt – nicht zu verwechseln mit dem heute neoliberal propagierten Individualismus – die das urteilende Gespräch und damit das politische Handeln erst ermöglicht. Der Tisch, als Metapher für Präsenz und Distanz, um den herum eine Versammlung statthat (Arendt 2008: 66), stellt ein Denkbild für die Achtung der Anderen dar, indem die Anwesenden weder übereinander herfallen noch sich spiegelnd ineinander abbilden. Die Einsicht

---

5   Womit nicht soziale und rechtliche Ungleichheitsverhältnisse gemeint sind.

in das Potential dieser Dialektik von Dependenz und Unabhängigkeit ermöglicht den Raum der Freiheit, den eigentlichen Sinn des Politischen.

Widerstrebende Bedingtheiten. Forschung, Frauen, Framing.

> For [...] in fact, as a woman, I have no country. As a woman I
> want no country. As a woman my country is the whole world.
>
> (Virginia Woolf)

Das Bekenntnis zum Glauben an die „unbedingte Universität" (Derrida 2010: 187) als Ort „an dem nichts außer Frage steht [...] selbst die überlieferte Idee der Kritik als theoretischer Kritik, ja noch [...] des Denkens als ‚Befragung'" (ebd. 190) muss ein prinzipiell teilbares bleiben, wenn sie „ihrem erklärten Wesen nach ein Ort letzten kritischen – und mehr als kritischen – Widerstands gegen alle dogmatischen und ungerechtfertigten Versuche sich ihrer zu bemächtigen [ist]" (ebd. 189). Doch gibt es diese Universität de facto nicht. Eben dieses Faktum gilt es einmal mehr auf seine Genealogie hin zu befragen: unter dem Aspekt der in dieser Institution ein- wie ausgeschlossenen Geschlechterdifferenz, der Tiefendimension aller Differenzen.[6]

Als in der Antike die Vorstellung vom Bürger entstand, basierte dies auf dem Ausschluss der Frauen, die wie Barbaren und Sklaven als „Fremdkörper" unter der Bedingung der hierarchisierten Unterordnung eingemeindet wurden. Mehr oder weniger haben seither alle Gesellschaften ihre kollektiven Abwehren des „Fremden" am weiblichen Körper ausgehandelt. Bis heute:

> Indem der Westen Schleier und Kopftuch [...] als Symbole patriarchaler Unterjochung interpretiert, erzählt er auch etwas über die ideologische „Verwendung" des weiblichen Körpers in der Geschichte des Westens. [...] Ohne die barbusige Marianne auf den Barrikaden der Republik hätte den europäischen Frauen die rasante Entblößung ihres Leibes nie als Zeichen ihrer Freiheit und Gleichberechtigung verkauft werden können. Der Gewalt, der der Westen die verschleierte Muslimin ausgesetzt glaubt, steht die Gewalt des westlichen voyeuristischen Blicks gegenüber. (Braun/Mathes 2007: 26f.)

Analog verhält es sich mit dem erforschenden Blick der Wissenschaft, die von der Abspaltung der Leiblichkeit lebt. Mit der Entstehung der Schrift entwickelte sich der Prozess der Entkörperung, der Abstraktion und der geistigen Unsterblichkeit, die der männliche Körper repräsentierte, im Verbund mit der Zuweisung des Leiblichen, der Sexualität, der Sterblichkeit an den weiblichen Körper. Diese als Geschlechterordnung strukturierte Wissensordnung (und vice versa) schuf

---

6   Verbunden mit dem „frommen" Wunsch, dass Migrationsforschung das sowie ihr Geschlechterverhältnis nicht länger im Denkrahmen *des* Migrations-Anderen vergisst.

eine Ungleichheit zwischen den Geschlechtern, dessen gewusste, verdrängte und unbewusste Gesetzmäßigkeit bis heute wirkmächtig ist. Als Sediment des Erkenntnissubjekts und seiner Organisationsform nach wie vor virulent, wird im Wissenschaftsgehäuse selbst das konstitutiv „Andere" erzeugt. Die Bivalenzverkettungen von Beherrschbarkeit versus Unberechenbarkeit, Kultur versus Natur, Verstand versus Gefühl, Wissenschaft versus Anderswissen, Helles versus Dunkles usw. sind geschlechtsmetaphysische Derivate, die sich immer wieder in verschiedenen „Fremdartigkeiten" materialisieren. Das „Logische" der Wissenschaften hängt überwiegend ungewusst von seinem Gegenteil, dem Unbewussten, das dem symbolisch Weiblichen strukturell zugeordnet ist, ab und hat verschiedene Formen der Verarbeitung jenes „Anderen" produziert. Es wird nicht nur als unterworfenes und entmündigtes Objekt gehandelt, denn:

> [es] haben sich viele Möglichkeiten des Umgangs entwickelt, mit diesem Anderen umzugehen: Ausgrenzung, Eingemeindung, Instrumentalisierung, Entschärfung, Entwendung, Abstraktion, Idealisierung, Anbetung ... à suivre. (Braun et al. 2009: 11)

Das westliche Wissen-Schaffen bedarf des Unbewussten, der verdrängten Weiblichkeit, des ihm selbst Fremden zur Selbstlegitimation. Die paradoxe Dynamik besteht in der Produktion von noch nicht Fassbarem, damit die Rationalisierung weiter und weiter fortschreiten kann.

> Die westliche Wissensordnung bedarf sowohl der Enthüllung als auch der Verhüllung, um den Forscherdrang [...] zu befriedigen – und für beides muss der weibliche Körper herhalten. (Man sieht, die verschleierte Muslima kommt für das Problem der modernen Wissensproduktion wie gerufen: Hätte es sie nicht schon gegeben, sie hätte erfunden werden müssen, damit dem westlichen Wissensdrang der Stoff nicht ausgeht). (Braun 2009: 130)

Diese Wissensordnung hat sich eine ihr gemäße Institutionalisierung geschneidert, die für ihre Mitglieder „mütterliche" Sicherheit durch eine geregelte Umwelt und genormte Kommunikation organisiert und Fremdheiten ausschließt. Widersprüche werden nach wie vor zugunsten des einen Geschlechts (vgl. Krondorfer 2010) gelöst. Die Universität ist nicht nur historisch eine männlich dominierte vergeschlechtlichte Formation, in der sichtbare wie subtile Techniken Platzzuweisungen regulieren und die von „einer sozial extrem verzerrten innerwissenschaftlichen Anerkennungskultur [gerahmt ist], die sich um die eigenen würdevollen Prinzipien der rein meritokratischen Leistungsbewertung überhaupt nicht schert" (Holland-Cunz 2005: 149). In diesem Ordnungssystem haben Wissenschafterinnen die Position der „integrierten Aussenseiterin" (ebd.) inne, die nolens volens an der Herrschaftlichkeit der Wissenschaft partizipiert, einem System, das nicht nur die „sogenannte Dritte Welt, die menschliche und nichtmenschliche Natur" (ebd.)

ausbeutet, sondern auch hierarchisch nach Geschlecht, Ethnie und Klasse strukturiert ist. Zur Selbstimmunisierung (der Einzelnen wie der gesamten Organisation) gehört der Geltungsanspruch auf „Objektivität" und Geschlechterindifferenz.

> Es scheint kein Problem zu sein, wenn Frauen in die Institutionen einrücken. Da aber jede Institution strukturelle „Mutter" ist, spricht ihr „Mund" per se das Gesetz des Vaters aus. Das heißt, das männliche Wertesystem neutralisiert jede feministische Intention. An ihrer Stelle erscheint die „Karrierefrau", die sich mit Schick und Scharm „rückwirkend" feminin inszeniert, denn Leistung und Gratifikation werden in phallischer Währung gehandelt. (Treusch-Dieter 1993: 97)

Die geforderte Anerkennung, der Wertbegriff selbst, der Unwert oder Gleichwertigkeit definiert, ist an männlichen Parametern orientiert, und der erkämpfte Selbstwert ist durch dauernden Selbstverlust bedroht. Denn:

> [...] seine Perspektive wird nie eine andere sein, als die der Internalisierung des Herrn durch den Knecht, der seinen Objektstatus zugunsten seiner Subjektivierung hinwegarbeitet. Subjektivierung aber heißt Selbstunterwerfung, mehr nicht. Ihr ist die Aufrechterhaltung der Position des Herrn immanent, was für Frauen heißt: sie versuchen Herr ihrer selbst zu sein. Sie stehen ihren „Mann" [...] (ebd. 96)

Forderungen von Frauen nach Veränderungen stellen das an sich nicht Machbare dar, haben Besonderheitswert, der nur „durchgeht", wenn das Allgemeine nicht in Frage gestellt wird. Das „Gesetz des Herrn" bleibt unangetastet.

Eine tiefendimensionale Dekonstruktion des abendländischen männlichen Subjekts greift diese Gesetzlichkeit der „symbolischen Ordnung" selbst an.[7] Denn ein als vollständig imaginiertes Subjekt stellt eine (Selbst)Illusion dar, eine Verleugnung der grundsätzlichen Abhängigkeit von anderen und seiner Verwiesenheit auf Geburt und Tod.

> Geschlechterdifferenz bezeichnet [...] die Notwendigkeit und den [...] Modus, wie die Geschlechter die Tatsache der Gespaltenheit des Subjekts und die Verstrickung im Getrenntsein je unterschiedlich verarbeiten, ausdrücken und zu bewältigen suchen. (Rendtorff 1998: 81)

Das als männlich gesetzte Subjekt ergießt sich in Allmachtsphantasmen durch Unterwerfung oder Anpassung all dessen, was es nicht ist und substituiert seinen Mangel durch ein unendliches Gebären von Produkten. Diese Perspektive auf eine Ökonomie der Kompensation durch permanente Produktivität verweist das Subjekt auf seine Mangelhaftigkeit, die der Phallus – von der Kastration bedroht – darstellt, aber gleichsam den Zugang zu den Austauschsystemen der Sozietät eröffnet. Insofern materialisiert sich im Geschlechterverhältnis eine prinzipielle

---

7   Im Rekurs auf die lacanianische Psychoanalyse bedeutet „symbolische Ordnung" die Sprache als unsichtbare Struktur, die alle Denk-, Fühl- und Handlungsweisen bestimmt.

und historische Hierarchie: das Weibliche repräsentiert den asymmetrischen Zugang, das Intermediäre, das vergesellschaftete Nicht-Gesellschaftliche (vgl. Soiland 2010), und entzieht sich damit jeder positiven Setzung. Eine Gleichberechtigung der Geschlechter bleibt also notwendigerweise abstrakt und rührt an die nie endende Grundfrage, wie denn in der Differenz Gleichheit möglich sein könnte, ohne dass diese Differenz zugleich Ungleichheit bedeutet.[8]

Wahrungen der Distanz. Kritik als das Nicht-Identische

> Eine gemeinsame Welt verschwindet, wenn sie nur noch unter einem
> Aspekt gesehen wird; sie existiert nur in der Vielfalt ihrer Perspektiven.
>
> (Hannah Arendt)

Die Reklamation der Egalität durch die liberale Gleichstellungspolitik erscheint, da sie den Riss im Subjekt verleugnet, für Frauen und Männer am wenigsten bedrohlich und ist durch die (Post-)Genderdiskurse ebenso wie durch die Strategie des Gendermainstreaming hegemonial geworden. Insbesondere letztere wird inzwischen als neoliberalistische Passung des Geschlechterkonflikts kritisiert (vgl. Krondorfer 2007a), da dessen Motivation nicht Geschlechtergerechtigkeit, sondern ökonomische Effizienz ist.[9]

Die EU hat sich im Vertrag von Lissabon zum Ziel gesetzt, einer der führenden Wirtschaftsräume im globalen Wettbewerb mit den USA, den NAFTA- und ASEAN-Ländern etc. zu werden. Für eine solche Zielpositionierung und deren Umsetzung bedarf es aber der bestmöglichen Nutzung aller Humanressourcen – und daher auch jener, die bisher aufgrund von Geschlechterdiskriminierung und männlichen Dominanzkulturen vernachlässigt wurden (Bendl 2006: 71).

Der Parameter des Mainstreaming hat inzwischen auch die Migrationsdebatte erreicht, z. B. als Vorstellung einer länderübergreifenden Gegenstrategie zum Integrationsdiskurs, als „Abschied vom Containermodell" einer homogenen Nationalidentität (vgl. Hess/Moser 2009: 19). Für die Migrationsfrage könnte es jedoch auch hier von Interesse sein, sich mit den theoretischen und praktischen Gendermainstream-Erfahrungen auszutauschen. Ob „das gezielte Fördern von Menschen, die bisher weniger Chancen in der Gesellschaft haben, notwendigerweise dazu [führt], dass die Machtverhältnisse verändert und die Mitglieder

---

8   Dies hat nichts mit Identitätskonstruktion zu tun, denn Differenz ist das Gegenteil von Identität und meint nicht (Ersatz)Figuren, die auf Identifizierung basieren; obwohl genau dieses Verständnis inflationär geworden ist (vgl. Drygala/Günter 2010: 125ff.).
9   Das in Wirtschaft, aber auch in Sozialprojekten geforderte Diversitymanagement obliegt den gleichen Kriterien.

der Dominanzgesellschaft in ihrer unhinterfragten privilegierten Position irritiert werden" (Goel 2009: 107), muss unter dem ja eigentlich kritisierten Aspekt des „Standard-Bürgers" (ebd. 100) bezweifelt werden. Eine Gleichheitsidee, die eine Verähnlichung der Differenzwahrung vorzieht, spielt der Homogenisierung aller Unterschiede in die Hände. Von einer Gleichartigkeit der Menschen auszugehen und dies durch allseitige Inklusionsbestrebungen zu fundieren, bestätigt bestehende Herrschaftsverhältnisse.

> Die Einverleibung [wäre] nur solange attraktiv oder akzeptabel, wie sie einen kulturellen oder moralischen Zuwachs verspräche und die kollektive Identität an Wert gewänne [...] Wenn wir [...] mit den Anderen gleich sein sollen, dann müssen diese wenigstens gleich wertvoll sein wie wir, möglichst sogar besser als wir, damit die Familiensymbiose sich lohnt. (Thürmer-Rohr 2002: 6)[10]

Was ist Mainstreaming anderes als Einpassung in den Hauptstrom, der durch „weibliche" Qualitäten oder interkulturelle Bereicherung gar noch effektiver fließt? Wo ist die Grenze von Teilhabeforderungen und einer kolonisierten Teilnahme im Binnenraum? Ein Raum, in dem sich – ohne von populistisch rassistischen, sexistischen und protofaschistischen Chauvinismen mit ihren faktischen Gewalteffekten abzusehen – immer Bewältigungsversuche der Andersheit der Anderen abspielen, die mit humanistischen Forderungen nicht zu fassen und durch Rationalisierungen allein nicht zu diagnostizieren sind.

> Der/das Fremde soll das „unpassende" Element darstellen, das die Gruppe hindert, zu einer sicheren, einheitlichen und harmonischen gemeinsamen Gruppenidentität zu finden. [...] Letztendlich gibt es aber einer Art wie auch immer unbewusstes „Wissen" darum, daß dieser Punkt umfassender Identität und Harmonie unerreichbar ist, daher lässt sich in einer solchen Funktion der Fremde als Platzhalter der Unmöglichkeit der Gruppenidentität umschreiben und *muß* gerade [...] beständig Auszugrenzender bleiben. (Rendtorff 1998: 85, Hervorhebung im Original)

So wie die Weiblichkeit die Unmöglichkeit von Vollständigkeit überhaupt repräsentiert, so stellt das Fremde die Unmöglichkeit kollektiver Identität dar.

Die Herausforderung der unendlichen Kluft der Differenz bestünde darin, diese permanente Beunruhigung weder durch assimilierende Praxis noch durch intelligible Kritik zu (ver)bannen, wiewohl dies realpolitisch und kontextabhängig notwendig ist, sondern sie offen zu lassen und auf sich zu nehmen. Eine jede (Selbst-)Gewissheit läuft Gefahr in die Fänge dessen zu geraten, was abgelehnt wird: Sowie gesagt werden konnte, dass die Patriarchatskritik auf das Patriarchat

---

10 Die Problematik des Egalitarismus wird in postkolonialen Theoriedebatten am Paradigma der Universalismuskritik ähnlich diskutiert. Auch westliche Konzeptionen eines für alle geltenden „humanistischen" Menschenbildes, die sich gegen Ungleichheiten der Barbarisierten wendeten, dienten der kolonialen Expansion (vgl. Schirilla 2003: 74).

fixiert bleibt, für das sie lediglich die „bessere" Frau konzipiert (vgl. Treusch-Dieter 1993: 91), so kann gesagt werden, dass die Mehrheitskritik auf die jeweilige
Mehrheit fixiert bleibt, für das sie lediglich die bessere „Minderheit" konzipiert.

Es ginge also darum, bei jedem Diskurs, der das Wahrheit-Sagen – auch jenes einer Minderheitenposition – beansprucht, auf seine Legitimierung hin zu
befragen. Auch wenn bei einer Praxis der „Ent-Unterwerfung" darum gerungen
wird „nicht auf diese Weise und um diesen Preis regiert zu werden" (Foucault
1992: 11f.), kann Kritik als „reflektierte Unfügsamkeit" nicht nur Kritik an der
Autorisierung von offiziellem Wissen durch Macht beanspruchen (ebd. 15), sondern müsste auch die eigene Wissensgenese befragen. „Es ist also für die Art des
Wissens selbst immer entscheidend, wie das Wissen erzeugt wird, wer über die
Mittel zur Produktion dieses Wissens, über das Wissen selbst sowie seine Verteilung und Übermittlung verfügt." (Demirovic 2010: 394). Kritisches Wissen muss
die eigene Bedingtheit zur Disposition stellen, wenn es sich nicht als bloße Anti-
Norm gerieren und damit selbst zur Norm werden will, es trotzdem Subversion,
Verweigerung, Widerworte nicht aufgeben will. Nicht nur die Art, auch der Ort
des Wissens ist entscheidend für die jeweiligen Angewiesenheiten *und* die Horizonte, die sich ergeben.[11] So stimmt es bedenklich, wenn heute auf Integration durch (Self-)Empowerment[12] gesetzt wird und eine „radikale Kulturkritik", in
„Sehnsucht und Widerstand" (bell hooks 1996) gezeichnet, vergessen ist. Der aktuellen Programmatik der Symmetrie entspricht der Verlust des Nicht-Identitären:

> différance als Verweis auf den/die/das andere(n), d. h. als unabweisliche Erfahrung – ich be-
> tone: unabweisbar – der Andersartigkeit des anderen, des Heterogenen, des Singulären, des
> Nicht-Gleichen, des Verschiedenen, der Dissymmetrie, der Heteronomie. (Derrida 2003: 151)

In dreifacher Hinsicht ist Migrationsforschung also gefordert: Sie bedarf der Selbstkritik (in) ihrer Institutionalisierung, will sie nicht zur Ware im Wissen(schaft-)
smarkt werden. Sie bleibt gerade als kritische Migrationsforschung ohne feministische Perspektiven in und auf Differenzen da wie dort selbstgenügsam. Und:
„Migrationsforschung *als* Kritik" braucht den Geist der Unterscheidung wider
die Gefahr einer die Unterschiede egalisierenden Totalität.

Eine kritische ZeitgenossInnenschaft wäre eine Kunde von reflektierter Zugehörigkeit, die, mit Arendt gesprochen „es für uns erträglich macht, mit anderen, immer fremden Menschen in derselben Welt zu leben, und es ihnen ermöglicht, uns zu ertragen." (Arendt 1994: 126)

---

11   „In diesem Sinn ist jeder Heimatlose, zumindest potentiell, das wache Bewusstsein aller
      Beheimateten [...]. Und so meine ich, wir Migranten haben diese Funktion als Beruf und
      Berufung auf uns nehmen." (Flusser 2007: 30).
12   Zur kritischen Einschätzung dieses Allrounders vgl. Krondorfer 2007b.

Literatur

Arendt, Hannah (1968/1994). Übungen im politischen Denken. 1. Zwischen Vergangenheit und Zukunft, München/Zürich.

Arendt, Hannah (1958/2008). Vita activa oder Vom tätigen Leben, München/Zürich.

Bendl, Regine (2006). Gender Theory Goes Business – Geschlechtertheorien als Ausgangspunkt zur Umsetzung von Gender Mainstreaming in verschiedenen Organisationskulturen, in: *Gubitzer*, Luise/*Schunter-Kleemann*, Susanne (Hg.): Gender Mainstreaming – Durchbruch der Frauenpolitik oder deren Ende?, Frankfurt am Main/New York, 69–104.

Braun, Christina von (2009). Das Geschlecht des Unbewussten in der Wissensordnung, in: *Braun*, Christina von/*Dornhof*, Dorothea/*Johach*, Eva (Hg.): Das Unbewusste. Krisis und Kapital der Wissenschaften. Studien zum Verhältnis von Wissen und Geschlecht, Bielefeld, 119–136.

Braun, Christina von/*Mathes*, Bettina (2007). Verschleierte Wirklichkeit. Die Frau, der Islam und der Westen, Berlin.

Braun, Christina von/*Dornhof*, Dorothea/*Johach*, Eva (2009). Das Unbewusste. Krisis und Kapital der Wissenschaften, in: *Braun*, Christina von/*Dornhof*, Dorothea/*Johach*, Eva (Hg.): Das Unbewusste. Krisis und Kapital der Wissenschaften. Studien zum Verhältnis von Wissen und Geschlecht, Bielefeld, 9–23.

Demirovic, Alex (2010). Von der bedingten Universität zum emanzipatorischen Wissen, in: *Horst*, Johanna-Charlotte/*Kagerer*, Johannes/*Karl*, Regina/*Kaulbarsch*, Vera/*Kleinbeck*, Johannes/*Kreuzmair*, Elias/*Luhn*, Anouk/*Renner*, Adrian/*Sailer*, Anna/*Severin*, Tillmann/*Sohns*, Hanna/*Sréter*, Jennifer (Hg.): Unbedingte Universitäten. Was passiert? Stellungnahmen zur Lage der Universität, Zürich, 393–405.

Derrida, Jacques (1996/2003). Einsprachigkeit, München.

Derrida, Jacques (1998/2010). Die unbedingte Universität, in: *Horst*, Johanna-Charlotte/*Kagerer*, Johannes/*Karl*, Regina/*Kaulbarsch*, Vera/*Kleinbeck*, Johannes/*Kreuzmair*, Elias/*Luhn*, Anouk/*Renner*, Adrian/*Sailer*, Anna/*Severin*, Tillmann/*Sohns*, Hanna/*Sréter*, Jennifer (Hg.): Unbedingte Universität. Was ist Universität? Texte und Positionen zu einer Idee, Zürich, 187–196.

Drygala, Anke/*Günter*, Andrea (2010) (Hg.): Paradigma Geschlechterdifferenz. Ein philosophisches Lesebuch, Sulzbach/Taunus.

Flusser, Vilém (1994/2007). Von der Freiheit des Migranten. Einsprüche gegen den Nationalismus, Berlin/Wien.

Foucault, Michel (1978/1992). Was ist Kritik? Berlin.

Goel, Urmila (2009). Für eine nachhaltige Migrations- und Integrationspolitik in Deutschland – Wider die (Re)Produktion ungleicher Machtverhältnisse und Privilegien, in: FES Gesprächskreis Migration und Integration, Einwanderungsgesellschaft Deutschland – Wege zu einer sozialen und gerechten Zukunft. Internet: http://www.urmila.de/forschung/integration/texte/politik.html (Recherchedatum 25.09.2011)

Hess, Sabine/*Moser*, Johannes (2009). Jenseits der Integration. Kulturwissenschaftliche Betrachtungen einer Debatte, in: *Hess*, Sabine/*Binder*, Jana/*Moser*, Johannes (Hg.): no integration?! Kulturwissenschaftliche Beiträge zur Integrationsdebatte in Europa, Bielefeld, 11–25.

Holland-Cunz, Barbara (2005). Die Regierung des Wissens. Wissenschaft, Politik und Geschlecht in der „Wissensgesellschaft", Opladen.

hooks, bell (1996/1990). Sehnsucht und Widerstand. Kultur, Ethnie, Geschlecht, Berlin.

Kant, Immanuel (1784/1995). Der Streit der Facultäten und kleinere Abhandlungen, Werk in sechs Bänden, Band 6, Köln.

Kristeva, Julia (1988/1990). Fremde sind wir uns selbst, Frankfurt am Main.

Krondorfer, Birge (2007a). Gendermainstreaming – ein politisches Placebo? Streitbare Skizzierungen, in: *Krondorfer*, Birge (Hg.): Gender im Mainstream? Kritischer Perspektiven. Ein Lesebuch, Wien, 39–47.

Krondorfer, Birge (2007b). Antidiskriminatorische Bildung von Migrantinnen. Eine Darreichung, in: *Bankosegger* Karoline/*Forster* Edgar (Hg.): Gender in Motion. Genderdimensionen der Zukunftsgesellschaft, Wiesbaden, 93–114.

Krondorfer, Birge (2010). Die Universität und ihre Frauen – eine unauflösbare Ambivalenz? Bemerkungen zur Identität von Wissenschafterinnen, in: *Hey*, Barbara/*Rath*, Anna/*Wieser*, Ilse (Hg.): Qualität messen und sichern. Werkstattberichte aus zehn Jahren universitärer Frauenförderung in Graz, Universität Graz, 55–70.

Krondorfer, Birge (2011). Ambivalenzen der Integration von MigrantInnen. Notizen zum Verhältnis von Inklusion und Exklusion, in: *Isop*, Utta/*Ratković*, Viktorija (Hg.): Differenzen leben. Kulturwissenschaftliche und geschlechterkritische Perspektiven auf Inklusion und Exklusion, Bielfeld, 26–40.

Lévinas, Emmanuel (1973/1989). Humanismus des anderen Menschen, Hamburg.

Rendtorff, Barbara (1998). Geschlecht und différance – Die Sexuierung des Wissens. Eine Einführung, Königstein/Taunus.

Schirilla, Nausikaa (2003). Autonomie in Abhängigkeit. Selbstbestimmung und Pädagogik in postkolonialen, interkulturellen und feministischen Debatten, Frankfurt am Main.

Soiland, Tove (2010). Luce Irigarays Denken der sexuellen Differenz. Eine dritte Position im Streit zwischen Lacan und den Historisten, Wien.

Thürmer-Rohr, Christina (2002). Anfreunden mit der Welt – Jenseits des Brüderlichkeitsprinzips, Vortrag 02/11 auf der Tagung „Dimensionen einer nachhaltigen Gesellschaft. Feministische Zugänge und Perspektiven", München. Internet: www.frauenakademie.de/dokument/img/thuermer.pdf (Recherchedatum 22.09.2011)

Treusch-Dieter, Gerburg (1993). Lückenhafte Anmerkungen zu Müttern und Amazonen mit einem unausgedachten Schluß, in: *Maresch*, Rudolf (Hg.): Zukunft oder Ende. Standpunkte – Analysen – Entwürfe, Wien, 89–99.

Transfer kritischer Forschung: Zur „Nützlichkeit" kritischen Wissens für die Praxis

Brigitte Kukovetz / Annette Sprung

Einleitung

Zahlreiche angewandte Forschungsprojekte im Feld Migration/Integration verfolgen den Anspruch, Impulse zur Veränderung gesellschaftlicher Praxen zu erbringen. Antizipierte Wandlungsprozesse reichen – je nach Zielsetzung und Handlungsfeld – von Sensibilisierung und Bewusstseinsbildung bis hin zur Implementierung konkreter Maßnahmen, etwa in Institutionen („interkulturelle Öffnung"). Die Diskrepanz zwischen den Vorstellungen der ForscherInnen und den Erwartungen der AkteurInnen in den „beforschten" Bereichen kann dabei beträchtlich sein. Relevante Einflussfaktoren stellen gesellschaftliche Diskurse (z. B. bezüglich des Verständnisses von „Integration", der Abwehr einer Auseinandersetzung mit Rassismen), aber auch die unterschiedlich definierten Handlungsspielräume der Beteiligten (in persönlicher und institutioneller Hinsicht) dar. Der vorliegende Beitrag fragt nach Möglichkeiten sowie Spannungsfeldern angewandter Forschung, wobei insbesondere Aspekte des Transfers von Erkenntnissen sowie die Gestaltung partizipativer Wissenschaft im Mittelpunkt stehen.

Unsere (selbstkritischen) Reflexionen basieren auf einem Forschungsprojekt zur Kommunikationsqualität in sozialen Diensten, das nach einführenden Anmerkungen zur Idee der „interkulturellen Öffnung" näher beschrieben wird.

Interkulturelle Öffnung

Diskussionen über eine so genannte „interkulturelle Öffnung" von Institutionen werden im deutschsprachigen Raum seit rund 15 Jahren geführt (vgl. Barwig/ Hinz-Rommel 1995). Sie basieren auf der Erkenntnis, dass Angebote sozialer Regeldienste (z. B. Sozial- oder Jugendämter) von BürgerInnen mit Migrationsgeschichte weniger genutzt werden als dies ihrem Bevölkerungsanteil wie auch den vielfach prekären Lebenslagen entsprechen würde. Einschlägige Studien haben darüber hinaus den Blick auf die Frage einer diskriminierungsfreien Kommunikation – insbesondere zwischen AdressatInnen[1] mit Migrationsgeschichte und MitarbeiterInnen der öffentlichen Verwaltung – gerichtet (vgl. Gaitanides 2001, Riehle 2001, Filsinger 2004). Einige Forschungsarbeiten dienten als Basis zur Umsetzung von Öffnungsprozessen in den betreffenden Institutionen. Als Zugangsbarrieren werden in der Regel neben sprachlichen Verständigungsproblemen Aspekte wie fehlendes Vertrauen in die Institution, geringe Transparenz bzw. mangelnde Information über wohlfahrtsstaatliche Ansprüche, die „Monokulturalität" der Einrichtungen, sprachliche und so definierte kulturelle Barrieren, Vorurteile der MitarbeiterInnen u. a. genannt (vgl. Gaitanides 2001: 181ff.). Trotz der Erkenntnis, dass interkulturelle Öffnung ohne eine umfassende Veränderung des jeweiligen Selbstverständnisses sowie der institutionellen Strukturen nicht erfolgreich sein kann, beschränken sich viele Einrichtungen auf eine Teilnahme ihrer MitarbeiterInnen an Weiterbildungen zur „interkulturellen" Kompetenzentwicklung (vgl. kritisch zu Diskursen und Angeboten rund um interkulturelle Kompetenz Auernheimer 2008). Damit erfolgt letztlich eine Individualisierung und Personalisierung von Herausforderungen/Problemlagen, abgesehen von dem Umstand, dass nicht wenige der einschlägigen Weiterbildungsangebote einem instrumentellen und oft kulturalisierenden Verständnis von interkultureller Handlungskompetenz verhaftet sind (vgl. Foitzik/Pohl 2009).

Während interkulturelle Öffnung zunächst in Bezug auf Institutionen des Sozialwesens und der Verwaltung gefordert wurde, erreichte die Debatte in Folge auch weitere Handlungsfelder der Migrationsgesellschaft, wie den Gesundheits- oder Bildungsbereich, die Exekutive u. a. In der jüngeren Vergangenheit erfreuen sich zudem Programmatiken des „Diversity Management" steigender Beliebtheit. Die aus der Privatwirtschaft stammende Idee eines ressourcenorientierten Umganges mit Diversität wird in sehr unterschiedlichen Konzeptionen realisiert, welche in einem heterogenen Spektrum zwischen Antidiskriminierungszielen und möglichst umfassender ökonomischer Nutzung von Vielfalt angesiedelt sind (vgl. Leenen et al. 2006).

---

1   Üblicherweise werden NutzerInnen von Angeboten der Verwaltung heute als „KlientInnen" (vorwiegend in sozialen Diensten) oder „KundInnen" bezeichnet. Weder der ein defizitäres, asymmetrisches Verständnis nahelegende Begriff „KlientIn", noch der eine voranschreitende Ökonomisierung widerspiegelnde Terminus „KundIn" erscheint uns angemessen. Wir sprechen daher von *AdressatInnen* oder *NutzerInnen* der betreffenden Dienstleistungen bzw. von AkteurInnen oder BürgerInnen.

„Community Interpreting und Kommunikationsqualität im Sozial- und Gesundheitswesen" – ein Beispiel praxisnaher Forschung

Hintergrund, Ziele und Umsetzung

Die Idee für das hier zur Diskussion stehende Projekt wurde im Rahmen einer Kooperation von MigrationsforscherInnen und NGO-MitarbeiterInnen entwickelt. Die Gruppe hatte sich im Jahr 2006 zusammengefunden, um Forschungs- bzw. Praxisprojekte im Integrationsbereich durchzuführen. Das Ziel der Initiative bestand darin, mittels transdisziplinärer Forschung differenzierte Wissensbestände nutzbar zu machen, um Lösungsansätze für gesellschaftlich aktuelle Herausforderungen zu erarbeiten. Neben mehreren Wissenschaftsdisziplinen wirkten AkteurInnen aus der gesellschaftlichen Praxis an der Erkenntnisproduktion mit.

Das konkrete Vorhaben mit dem Titel „Community Interpreting und Kommunikationsqualität im Sozial- und Gesundheitswesen" (Laufzeit 2007–2009) war durch Erfahrungen von NGOs angeregt worden, welche mit mannigfaltigen Problemlagen im Kontakt zwischen BürgerInnen mit Migrationsgeschichte und Behörden konfrontiert waren bzw. erlebten, dass viele potenzielle NutzerInnen sozialstaatlicher Angebote ihre Anliegen in der Verwaltung nicht angemessen durchsetzen können. Das Ziel der qualitativen Forschung bestand in einer differenzierten Analyse kommunikativer Situationen und, darauf aufbauend, der Entwicklung von Maßnahmen zur Verbesserung der Kommunikationsqualität im Sinne einer nicht-diskriminierenden Beratung sowie der Unterstützung der VerwaltungsmitarbeiterInnen im Arbeitsalltag. Im Projektbudget waren daher eigene Mittel für Umsetzungsstrategien vorgesehen. Das Forschungsteam bestand aus VertreterInnen von NGOs im Integrationsbereich sowie aus den Wissenschaftsdisziplinen Soziologie, Pädagogik, Rechts- und Translationswissenschaft.

Der Analysefokus richtete sich zunächst auf die Qualität der Übersetzungen in gedolmetschten Gesprächen. Ferner wurden die institutionellen Rahmenbedingungen, rechtliche Hintergründe, die Erfahrungen bzw. Deutungsmuster bezüglich der Kommunikation von Verwaltungs- und AdressatInnenseite sowie etwaige Problemattributionen der Befragten erhoben. Zur konkreten Vorgangsweise: Wir unterzogen einerseits gedolmetschte, auf Tonband aufgenommene und dann transkribierte Beratungsgespräche einer Diskursanalyse. Die SprachmittlerInnen waren hierbei von der Verwaltung zur Verfügung gestellte, semi-professionelle DolmetscherInnen oder auch Begleitpersonen aus dem Bekanntenkreis der AdressatInnen. Weiters führten wir qualitative Interviews mit AmtsmitarbeiterInnen und VertreterInnen von MigrantInnen-Selbstorganisationen (MSOs) durch, worin wir uns nicht auf die Frage des Übersetzens beschränkten, sondern die Interaktionen im Verwaltungsalltag im weitesten Sinn in den Blick nahmen. Die geplanten Einzelinterviews mit BürgerInnen mit Migrationsgeschichte konnten wir trotz vieler Bemühungen nicht realisieren, weil sich im Projektzeitraum keine VertreterInnen der genannten Zielgruppe zu einem derartigen Gespräch bereiterklärten. Dies lag einerseits an der Schwierigkeit, InterviewpartnerInnen mit relativ aktuellen Kontakten zu eben jenen Ämtern zu finden, in denen wir die Untersuchung durchführten. Andererseits mag eine wesentliche Barriere aber wohl auch in Ängsten begründet sein, dass Auskünfte über Erfahrungen mit der Verwaltung negative Konsequenzen haben könnten.

Eine erste große Herausforderung bestand zunächst darin, Einrichtungen aus dem Sozial- oder Gesundheitswesen zu finden, die sich auf einen gemeinsamen Forschungs- und Entwicklungsprozess einlassen würden. Wir führten das Projekt schließlich in zwei österreichischen Städten unterschiedlicher Größe durch, wobei die Kooperation einmal mit dem Wohnungsamt und im zweiten Fall mit einer kommunalen Bürgerservicestelle erfolgte. Der Datenerhebung ging eine ausgedehnte erste Phase voraus, in der das Vorhaben mit den Ämtern entwickelt und beiderseitige Vereinbarungen erarbeitet wurden.

Ausgewählte Forschungsergebnisse

In den befragten Ämtern kommen SprachmittlerInnen in unterschiedlichem Ausmaß zum Einsatz. In der Regel werden von den AdressatInnen Bekannte bzw. Familienangehörige mitgebracht oder LaiendolmetscherInnen durch die Ämter herangezogen. Professionelle DolmetscherInnen werden so gut wie nie angefordert. Die translationswissenschaftlich orientierte Diskursanalyse (Wadensjö 1998) ergab, dass die dolmetschenden Personen häufig ihre eigentlichen Zuständigkeiten überschreiten und eine aktive Rolle als HelferInnen der AdressatInnen einnehmen. Es kommt zuweilen zu starken Verkürzungen der gedolmetschten Inhalte, gleichzeitig werden von dem/der SprachmittlerIn eigenständig zusätzliche Aspekte eingebracht. Es fiel auf, dass manche DolmetscherInnen selbst nicht über ausreichende Sprachkompetenzen zur Vermittlung komplexer Inhalte verfügen. Hier spielt u. a. die Verwendung von Fachtermini im Verwaltungs-Kontext eine Rolle. Die Ergebnisse der Analyse stellen zumindest teilweise in Frage, ob die AdressatInnen mittels der Dolmetschungen das Gespräch vollinhaltlich verstanden haben und imstande wären, auf dieser Basis eigenständige Entscheidungen zu treffen. Von einer demokratischen, fairen oder effizienten Translationskultur kann nicht die Rede sein (vgl. Pöllabauer 2010: 373), was insbesondere beim Einsatz von LaiendolmetscherInnen aus dem kommunalen Dolmetscherpool bedenklich stimmt, da diese Kräfte eigentlich einschlägige Schulungen erhalten und sich ihrer Rolle bewusst sein sollten. Dass Vertrauenspersonen aus dem Bekannten-

oder Familienkreis hier nicht unbedingt eine „neutrale" Position einnehmen, ist nachvollziehbar – muss aber nicht in jedem Fall bedeuten, dass sie damit die AdressatInnen im Durchsetzen ihrer Anliegen optimal unterstützen. Mit Blick auf die Institutionen ist daher u. a. deren Verantwortung angesprochen, durch die Bestellung geeigneter SprachmittlerInnen für eine angemessene Übersetzungsqualität zu sorgen und auch selbst im Gespräch aufmerksam für die genannten Defizite zu sein, um beispielsweise eine vollständige Übersetzung einzufordern – und nicht etwa die DolmetscherInnen als „eigentliche" GesprächspartnerInnen zu adressieren, während die „Betroffenen" außen vor bleiben.

Die sozialwissenschaftliche Teilstudie (vgl. Kukovetz/Sprung 2009) nahm eine erweiterte Kontextualisierung der Kommunikation vor, sie umfasste sprachbezogene Faktoren, institutionelle Rahmenbedingungen, Erfahrungen der AdressatInnen bis hin zu Aspekten der Arbeitszufriedenheit der MitarbeiterInnen. Hinsichtlich des Dolmetschens wurde deutlich, dass die MitarbeiterInnen des Bürgerbüros keinesfalls immer auf den dort vorhandenen Dolmetscherpool[2] zurückgreifen, weil dies arbeitsorganisatorisch aufwändiger wäre als eine ohnehin anwesende Begleitperson heranzuziehen. Es wird allerdings in der befragten Bürgerservicestelle weitgehend, wenn auch nicht durchgängig, darauf geachtet, zumindest Kinder nicht in diese für sie oft überfordernde Situation zu involvieren. Wenn keine Begleitperson mitgebracht wird, gibt es aber zumindest in der genannten Einrichtung die Möglichkeit, LaiendolmetscherInnen einzusetzen – derartige Modelle sind im Übrigen bislang nur vereinzelt in österreichischen Städten und Verwaltungsbereichen verankert. Im Wohnungsamt der größeren der beiden Städte, wo grundsätzlich auch ein externer, bei einer NGO angesiedelter Dolmetscherpool verfügbar wäre, wird diese Art der Sprachmittlung von Seiten des Amtes kaum angewendet. Hingegen ist es durchaus üblich, dass ReferentInnen einfach die Tür zum Wartebereich öffnen und in die Runde der Wartenden fragen, ob jemand mit den entsprechenden Erstsprach-Kenntnissen anwesend ist. Die Übersetzungsqualität sowie die Wahrung der Persönlichkeitsrechte spielen hier offenbar eine untergeordnete Rolle bzw. sind die oben angesprochenen Problemstellungen im Dolmetschprozess den MitarbeiterInnen nur zum Teil bewusst. Es mangelt ihnen ferner an Handlungsstrategien, wenn der (schwer verifizierbare) Eindruck entsteht, das Gespräch verlaufe nicht im Sinne einer korrekten Über-

---

2   In der Kleinstadt, in der die betreffende Bürgerservicestelle angesiedelt war, hatte es in den
    vorangegangenen Jahren schon mehrere EU-geförderte Integrationsprojekte im Umfeld der
    Verwaltung gegeben, so dass ein Dolmetscherpool aus Personen mit unterschiedlichen Erst-
    sprachen aufgebaut worden war. Diese hatten zu Beginn ihrer Tätigkeit Weiterbildungskurse
    zu den besonderen Herausforderungen des „Kommunaldolmetschens" besucht und werden für
    ihre Einsätze mit einer (allerdings geringen) „Aufwandsentschädigung" entlohnt.

setzung. VertreterInnen von MSOs berichteten vorwiegend über negative Erfahrungen mit der Verwaltung, beispielsweise, dass sie den Eindruck hätten, als AusländerInnen längere Wartefristen einhalten zu müssen. Gleichzeitig vertraten sie die Ansicht, dass eine korrekte Informationsweitergabe von guten Deutschkenntnissen abhänge, weshalb das Vorhandensein eines Dolmetscherpools in einer der untersuchten Kommunen als hilfreich eingeschätzt wurde.

Konkret wurde in beiden Ämtern deutlich, dass Interaktionen – abseits der Fremdsprachen-Komponente – in spezifischen Sachbereichen als besonders konflikthaft erlebt werden, etwa wenn es um die Vergabe von Sozialhilfegeldern oder anderen Leistungen für sozial benachteiligte Personengruppen (z. B. kommunaler Wohnraum) geht. Es handelt sich dabei um Förderungen, deren Inanspruchnahme BürgerInnen mit Migrationsgeschichte im öffentlichen Diskurs häufig nicht zugestanden wird. Dass das Anrecht auf Sozialleistungen für diese Bevölkerungsgruppe nicht allgemein akzeptiert ist, verweist auf spezifische Vorstellungen von „Zugehörigkeit" und spiegelte sich nicht zuletzt auch in den Einstellungen mancher AmtsmitarbeiterInnen wider. Zudem treffen hier zuweilen realitätsferne Erwartungshaltungen von AntragstellerInnen auf eingeschränkte Möglichkeiten des Amtes, was zu emotionalen Reaktionen und für die VerwaltungsmitarbeiterInnen zu durchaus unangenehmen Gesprächssituationen führen kann. Unsere Analyse zeigte speziell in Zusammenhang mit der Thematik des legitimen Anspruches auf soziale Leistungen pauschalisierende, ethnisierende und rassistische Zuschreibungen seitens der AmtsmitarbeiterInnen auf, wie etwa, dass AsylwerberInnen aus einem bestimmten Land generell überzogene Ansprüche oder die „Ausnutzung" sozialer Leistungen unterstellt wurden. Gerade dieser Punkt sorgte – wenig überraschend und daher unsererseits möglichst „sensibel" zur Sprache gebracht[3] – im Prozess der Rückkoppelung der Ergebnisse an die KooperationspartnerInnen für heftige Abwehrreaktionen und wird noch Gegenstand der Reflexion in Bezug auf Spannungsfelder des Forschungstransfers sein.

Es konnten mit Hilfe der qualitativen Interviews des Weiteren belastende Arbeitsbedingungen identifiziert werden, die sich auf die Arbeitszufriedenheit der Befragten auswirken und auch nicht ohne Einfluss auf die Kommunikation bzw. die Entstehung von Konflikten sein dürften (z. B. räumliche Bedingungen, Zeitressourcen, mangelnde Anerkennung durch KollegInnen etc.).

---

3   So wurde beispielsweise Wert darauf gelegt, den Eindruck individueller Schuldzuschreibungen
    o. ä. zu vermeiden. Zugleich sollten Rassismen auch nicht beschönigt werden.

Praxisorientierte Forschung unter den Aspekten der Transdisziplinarität und Partizipation

Die Analyse der Kommunikationsqualität aus verschiedenen Blickwinkeln konnte nur durch einen transdisziplinären Forschungsansatz erreicht werden. Transdisziplinarität markiert in unserem Projektzusammenhang insbesondere die Überschreitung der Außengrenzen von Wissenschaften mit einer deutlichen Orientierung auf gesellschaftlich relevante, aktuelle Problemlösungen. Transdisziplinarität wird als Form der Wissenschaftsorganisation, als Forschungsprinzip sowie als methodische Herangehensweise verstanden (vgl. Mittelstraß 2003: 9ff.). Der transdisziplinäre Ansatz brachte für das Projekt mehrere Vorteile: gegenseitige Reflexionsanstöße für die sozial- bzw. translationswissenschaftliche Studie, die Erfassung des Kontextwissens durch die PraxisvertreterInnen und die gemeinsame Erörterung methodischer Aspekte (vgl. näher zur Transdisziplinarität der Studie: Sprung 2010). Neben den Vorteilen der Transdisziplinarität können drei Spannungsfelder ausgemacht werden:

Ressourcenmangel

Das Ausbalancieren der unterschiedlichen Interessenslagen und die Koordination des Informationsflusses im Projekt gestalteten sich aufwändiger als zu Beginn erwartet. Für das Projektmanagement eines solchen Vorhabens – vom Kooperationsaufbau über die Wissensproduktion bis hin zum Wissenstransfer – hätten mehr Ressourcen verfügbar sein müssen.

Divergierende Wertvorstellungen

Wie oben dargestellt, wurden kritische Forschungsergebnisse von MitarbeiterInnen einer Partnerinstitution zurückgewiesen, nachdem die Leitung der Organisationseinheit ihre MitarbeiterInnen wegen der „allzu offen" geäußerten Rassismen kritisiert hatte. Die Ergebnisdarstellung musste daher zwischen dem Projektteam und den MitarbeiterInnen ausverhandelt werden, was letztendlich zu einem für die ForscherInnen wenig befriedigenden Ergebnis führte. Es stellt sich die Frage, wie Vereinbarungen mit PartnerInnen und damit einhergehende Verbindlichkeiten eine Offenheit gegenüber „weniger angenehmen" Forschungsergebnissen zulassen können und wie es zu verhindern wäre, dass Forschungsergebnisse politisch (in diesem Falle verwaltungsintern) instrumentalisiert werden. Der Umgang mit solchen divergierenden Wertvorstellungen, wie sie Nowotny und Taschwer (1995: 263f.) für die Wissensproduktion an der Schnittstelle zwischen Wissenschaft und Öffentlichkeit beschreiben, stellen gerade im gesellschaftlich polarisierten Feld der Migrationsforschung ein Problem dar. So gibt es beispielsweise in einem Land wie Österreich, das sich einer Selbstdefinition als Migrationsgesellschaft weitgehend verweigert (so wurde beispielsweise erst 2010 seitens der Regierung ein erster Entwurf eines nationalen Integrationsplanes vorgelegt), kein klares Selbstverständnis über die Gestaltung des Umganges mit der Thematik. Darüber hinaus zählt die Weigerung, Rassismen als existent wahrzunehmen und offensiv darüber zu diskutieren, zu einer verbreiteten Reaktionsform (vgl. Messerschmidt 2010).

Partizipation der PraktikerInnen zwischen Anspruch und Umsetzung

Der transdisziplinäre Ansatz, wie wir ihn verstehen, will durch die Überschreitung der Außengrenzen von Wissenschaft einen Mehrwert erzeugen und stellt dementsprechend die Frage, wie andere, nicht-wissenschaftliche Wissensformen möglichst gleichwertig eingebunden werden können. In dieser Hinsicht ist Transdisziplinarität nicht zu trennen von einem partizipativen Forschungsansatz, welcher den aktiven Einbezug der AkteurInnen des Forschungsfeldes fordert. Drei Gruppen von PraktikerInnen bzw. AkteurInnen übernahmen unterschiedliche Rollen im Projekt, welche zu reflektieren sind.

- Die Kooperation mit den NGO-MitarbeiterInnen erfolgte von Beginn der Projektkonzeption an, wobei viel Wert auf eine hierarchiefreie Gestaltung der Zusammenarbeit gelegt wurde. Während der Projektdurchführung lag der Arbeitsschwerpunkt der NGO auf der Kooperationsanbahnung mit den Ämtern sowie danach in der Maßnahmenumsetzung. Hinsichtlich dieses Forschungsteils stellt sich die Frage, ob der Beitrag der NGO-MitarbeiterInnen über hilfreiche Inputs und Diskussion der Ergebnisse bzw. Transfermöglichkeiten noch hinausgehen hätte können.

- Ferner wurden die untersuchten Ämter aktiv eingebunden, um einer möglichen „Pädagogisierung" entgegen zu wirken. So wurde mit den Leitungen der Ämter in Form eines „Vertrages" die Zusammenarbeit konkretisiert[4]. Die MitarbeiterInnen waren in den Prozess der Datensammlung einbezogen, im Zuge einer reflexiven Diskussionsrunde auch in die Dateninterpretation, und die Ämter entschieden, welche Veränderungen schließlich umgesetzt werden sollten.

- Die Einbindung der AdressatInnen mit Migrationsgeschichte wies einige Schwachpunkte auf, u. a. erfolgte sie „nur" über die Befragung von Vertretungspersonen, sprich VertreterInnen von MSOs, die BürgerInnen mit Mi-

---

4   Dass nur die Leitungen in den Kooperationsaufbau involviert wurden, ist im Hinblick auf den Partizipationsaspekt und die Nachhaltigkeit kritisch zu hinterfragen.

grationsgeschichte im Kontakt mit den Ämtern behilflich sind. Diese waren jedoch nicht auf der gleichen Ebene wie die MitarbeiterInnen der Ämter strukturell in das Forschungsprojekt eingebunden. Es gab beispielsweise keine Kooperationsvereinbarungen mit MSOs, weil durch den Fokus auf eine „interkulturelle Öffnung" der Verwaltung diese zur Hauptadressatin wurde. Auch aufgrund der Ressourcen mussten hier Einschnitte vorgenommen werden; wir führten verhältnismäßig weniger Interviews mit VertreterInnen von MSOs. An einem der Durchführungsorte konnten wir nach längeren vergeblichen Bemühungen letztlich überhaupt keine AnsprechpartnerInnen finden, da in diesem Feld kaum MSOs tätig waren bzw. sozial und finanzierungstechnisch zu stark mit dem Gemeindeamt verbunden waren und daher aus Anonymitätsgründen als informatives „Korrektiv" nicht in Frage kamen.

Die verschiedenen Dimensionen eines partizipativen Forschungsprozesses (vgl. Bergold/Thomas 2010 u. a.) konnten somit bei weitem nicht vollständig, jedoch ansatzweise und besonders im Hinblick auf die BeamtInnen berücksichtigt werden. Um eine bessere Einbindung der AkteurInnen, sowohl des Amtes als auch der AdressatInnen, in den Forschungsprozess zu erreichen, müssten erweiterte partizipative Forschungsansätze angedacht werden. Hierbei kann die Idee aufgegriffen werden, dass sowohl ExpertInnen des Praxisfeldes (vgl. Fichten/Dreier 2003) als auch „betroffene" AkteurInnen (in diesem Fall Menschen mit Migrationsgeschichte) stärker an der Forschung mitwirken, beispielsweise mittels „Forschungswerkstätten". Erfahrungen mit einer Forschungswerkstätte zum Thema „Migration und Arbeitswelt" zeigten das hohe Erkenntnispotential eines solchen kommunikativen Handlungsrahmens (vgl. Heimgartner/Pilch-Ortega Hernández 2005: 193). Ebenso ist denkbar, ein derartiges Vorhaben auch im Rahmen eines Prozesses der interkulturellen Öffnung zu verorten und dementsprechend eine langfristige Verankerung der Zusammenarbeit zwischen ForscherInnen, PraktikerInnen und AdressatInnen zu etablieren. Diesbezügliche Praxiserfahrungen zeigt das europäische Projekt ESME (European Strategy for Multicultural Education 2008–2010). Hier wurden interkulturelle Settings für „Libraries for All" erprobt. BibliothekarInnen und BürgerInnen mit Migrationsgeschichte aus der lokalen Umgebung arbeiteten in sogenannten „Advisory Boards" gemeinsam an einer Bedarfsanalyse für die öffentliche Bibliothek sowie an der spezifischen Angebotsentwicklung und -etablierung (vgl. http://www.librariesforall.eu).

Diese Erfahrungen zeigen, dass transdisziplinär generierte Forschungsergebnisse Veränderungsprozesse anstoßen und sogar etablieren können. Das ist jedoch nur dann möglich, wenn der partizipative Ansatz über eine punktuelle Einbindung von AkteurInnen hinausgeht. Auf dafür notwendige, geeignete Rahmenbedingungen, die im Vorfeld geklärt und notfalls geschaffen werden müssen, kommen wir nach einer Diskussion der Nützlichkeit von kritischem Wissen für die Praxis zurück.

Die Nützlichkeit der Forschung für die Praxis

Der Nützlichkeitsgedanke[5] wurde in unserem Projekt dahingehend verstanden, dass die Ergebnisse nützlich für und „anschlussfähig an die Praxis" sein sollten, wie es Bergold und Thomas (2010: 342) für partizipative Forschung als Zielvorgabe formulieren. Der Nutzen bestünde somit in der direkten Veränderung der Praxis, also des Forschungskontextes, auf organisatorischer und individueller Ebene. Konkret sollten die Ergebnisse die Basis für Veränderungen in den Arbeitsabläufen der Ämter bilden. Dadurch sollten sowohl die AdressatInnen mit Migrationsgeschichte als auch die BeamtInnen von einer Verbesserung der Kommunikationsqualität profitieren, da beide Seiten mit dem Status Quo unzufrieden waren. Nützlichkeitsüberlegungen stellen sich allerdings nicht nur hinsichtlich des Verwertungszusammenhangs, sondern sind ebenso für die Entdeckung von Forschungsfragen sowie den Begründungszusammenhang von Relevanz (vgl. Schrader/Goeze 2011), was in unserem Projekt durch die transdisziplinäre und partizipative Konzeption realisiert werden sollte.

Wenngleich die Definition von „Nutzen" und somit die Art der Veränderung seitens der Forscherinnen nicht vorgegeben war, kann aber sicher nicht von einer völligen „Offenheit" gesprochen werden. Ein Nutzen könnte ja beispielsweise auch dahingehend gesehen werden, die Kosten innerhalb der Institution zu senken. Die Forschenden bringen zweifelsohne situiertes Wissen sowie normative Vorstellungen mit, die es allerdings zu reflektieren gilt. Im Prozess der gemeinsamen Maßnahmenentwicklung sollte jedenfalls darauf geachtet werden, die Interessen aller Beteiligten bestmöglich zur Geltung zu bringen, nachdem die Interviews mit den unterschiedlichen AkteurInnen auf eine mehrperspektivische Problemanalyse abgezielt hatten. Die Forscherinnen orientieren sich dabei am oben dargestellten Ansatz einer interkulturellen Öffnung, die eine bestehende Machtasymmetrie zwischen AdressatInnen und Institutionen besonders berücksichtigt und zu verringern beabsichtigt.

Wir konnten in unserem Projekt erreichen, dass einige Ergebnisse zu konkreten Umsetzungen in der Praxis führten. Leider musste jedoch festgestellt werden,

---

5   Angesichts des Wandels zu einer Wissensgesellschaft richten sich Erwartungen von „Nützlichkeit" verstärkt an die Erarbeitung wissenschaftlicher Erkenntnisse, wobei dieser Anspruch zunehmend auch an die Grundlagenforschung gestellt wird (vgl. Schrader/Goeze 2011: 68).

dass die im Projektzeitraum oder kurz danach ergriffenen Maßnahmen (Weiterbildungen für DolmetscherInnen, Übersetzungen von Informationsblättern, kla-
rere Verfahren des Einsatzes von SprachmittlerInnen) nur punktuelle Verbesse-
rungen darstellen und nicht, wie im Sinne der oben diskutierten interkulturellen
Öffnung, zur Initiierung einer strukturellen Veränderung in der Verwaltung bei-
trugen. Strukturelle Rahmenbedingungen wurden von den AmtsmitarbeiterInnen
tendenziell als „unveränderbar" beschrieben. Diesbezüglich haben die Führungskräfte unseres Wissens keine weiteren Initiativen gesetzt, wobei hier teilweise auf
den fehlenden politischen Willen in den Kommunen verwiesen wurde.

Ein interessanter Aspekt bestand darin, dass die auf Basis der Forschungsergebnisse durchaus erwartbare Aktivität „Weiterbildung" nur für eine spezifische Zielgruppe gewünscht und letztlich an AkteurInnen mit Migrationsgeschichte delegiert wurde. So veranstaltete die Bürgerservicestelle im Anschluss an die
Forschungsergebnisse Schulungen für jene Personen, die als Laien-Dolmetsche-
rInnen für die Kommune tätig waren. (Zwar erhielten auch die BeamtInnen Informationen über den Einsatz von SprachmittlerInnen, insbesondere die Kriterien
der Auswahl geeigneter Kräfte betreffend, dies stellte aber einen vergleichswei-
se geringen Teil der „Maßnahmen" dar.) Die Forschungsergebnisse hatten jedoch
ebenso gezeigt, dass (aus Sicht der ForscherInnen) gerade für BeamtInnen Weiterbildungen, etwa in punkto Konfliktbewältigung, Kommunikationsstrategien
oder Rassismuskritik und Antidiskriminierung angeboten werden sollten. Darüber hinaus war auf institutionelle Bedingungen, welche einschlägige Probleme
erzeugen oder zumindest fördern, deutlich hingewiesen worden. Vorschläge, die
Angehörige der Mehrheitsgesellschaft in ihrer Verantwortung für eine nicht-dis-
kriminierende und faire Kommunikation adressierten, wurden im Wesentlichen
aber nicht aufgegriffen.

Die Reaktion der BeamtInnen und Führungskräfte kann mit Hilfe des epis-
temologischen Entwicklungsmodells von Arne Raeithel gedeutet werden. Raeithel beschreibt drei Stufen bzw. Reflexionsmodi der (Erkenntnis-)Entwicklung.
Breuer fasst diese folgendermaßen zusammen:

> Die *(ur-)zentrierte* Sicht liegt (...) der Situation des dringlichen Handlungszwanges und des
> Agierens nach gewohnten bzw. überkommenen Mustern nahe, *Dezentrierung* bedeutet dem-
> gegenüber einen Schritt der reflexiven Betrachtung des eigenen Handelns und Handlungs-
> zusammenhangs aus einer Beobachtungsdistanz. (Breuer 2011: o. S., Hervorhebungen durch
> die AutorInnen)

Mit *Rezentrierung* ist ein reflektiertes Handeln benannt, welches zu einer (Um-)
Gestaltung bestimmter Teile des betreffenden sozialen Systems führt. Aus dieser Perspektive zielte das Projekt darauf ab, einen Anstoß zur Rezentrierung des

Handelns der Verwaltungsbediensteten zu geben. Die Reaktionen auf die Forschungsergebnisse, die gegen Ende der Projektlaufzeit beobachtet werden konnten, zeigen, dass zumindest nach außen hin bei den meisten BeamtInnen weiterhin eine zentrierte Sicht vorherrschte. Inwieweit eine Dezentrierung eingeleitet werden konnte, kann von den Autorinnen auf Grund der kurzen Laufzeit und der Projektausrichtung nicht beurteilt werden. Es kann jedoch „ein durch die Beschreibung aus einer fremden Optik ausgelöstes Verfremdungserleben" für eine Person „grundsätzlich eine Dezentrierungsgelegenheit darstellen" (Breuer 2011). Das setzt jedoch bestimmte persönliche und kontextuelle Bedingungen voraus.

Voraussetzungen für die Nutzbarmachung kritischer Forschung für die Praxis

Zu den Bedingungen, die einen Dezentrierungs- und in weiterer Folge einen Rezentrierungsprozess ermöglichen, zählen die Bereitschaft, eigene Reaktions- und Handlungsbedingtheiten zu reflektieren, sowie die Offenheit der betroffenen Personen für neue Sichtweisen (vgl. Breuer 2011). Es wäre allerdings zu kurz gegriffen, derartige Erwartungen auf die individuelle Ebene der MitarbeiterInnen zu beschränken, ohne zu fragen, welche institutionellen Voraussetzungen, aber auch gesellschaftlichen Diskurse einen reflexiven und kritischen Umgang mit den genannten Herausforderungen fördern bzw. behindern. So beklagten beispielsweise einige BeamtInnen in den Interviews, dass sie oftmals von BürgerInnen, welche der Mehrheitsgesellschaft angehören, aber ebenso von KollegInnen im Amt ob ihrer vermeintlich zu entgegenkommenden Haltung gegenüber MigrantInnen heftig kritisiert würden. Wesentlich erscheint darüber hinaus, den Blick auf institutionell verankerte Rassismen zu lenken und zu fragen, wie der Abbau von Diskriminierung im Bereich der Institution möglich ist (vgl. Kalpaka 2009).[6] Hier sind im Übrigen wesentlich die Führungskräfte in ihrer Verantwortung angespro-

---

6   Wir orientieren uns an einem Verständnis von Diskriminierung, dem eine Unterscheidung
     zugeschriebener/konstruierter Gruppenmerkmale und deren Bewertung zugrunde liegt, die
     in weiterer Folge zur Ungleichbehandlung von Menschen bzw. Gruppen von Menschen führt.
     Diese kann auf einer interaktionellen, institutionellen oder strukturellen Ebene angesiedelt
     sein und von Einzelpersonen ebenso wie von Gruppen ausgehen. Im Zusammenhang mit
     Migrationsgesellschaft sind hier insbesondere, wenn auch nicht ausschließlich, ethnisierende
     bzw. rassistische Diskurse und Praxen von Relevanz. Diskriminierende Praxen lassen sich u. a.
     in institutionalisierter Form in Organisationen und Strukturen auffinden, z. B. im Bildungswesen (vgl. Gomolla/Radtke 2009: 16ff.) oder im Rechtssystem. Institutionelle Diskriminierung
     resultiert häufig aus dem „Normalvollzug" etablierter politischer und ökonomischer Strukturen,
     der das Vorliegen unterschiedlicher Voraussetzungen und Teilhabechancen ignoriert (vgl.
     Hormel 2007: 63ff.).

chen, denen unter anderem die Aufgabe zukommt, die Akzeptanz für Reformen bei ihren MitarbeiterInnen zu erhöhen. Faktoren wie knappe Zeit- und Personal-ressourcen, ein wachsendes Aufgabenspektrum, unklare Zuständigkeiten oder Anerkennungsdefizite, wie sie in den von uns analysierten Institutionen thematisiert wurden, zählen sicher nicht zu den förderlichen Rahmenbedingungen einer „interkulturellen Öffnung". Nicht zuletzt beeinflusst die jeweilige Organisationskultur sowohl den Umgang mit NutzerInnen wie auch die Frage, ob und in welcher Weise Reflexion, Kritik und Veränderungsbereitschaft zugelassen und nicht als Bedrohung erlebt werden können.

Diese Voraussetzungen sind also auch für einen gelingenden Forschungs-transfer von Relevanz. Optimalerweise sollten die Beteiligten nicht unmittelbar unter Handlungsdruck stehen, eine entspannte Interaktionssituation geschaffen werden und alle relevanten AkteurInnen des Feldes einbezogen sein (vgl. Breuer 2011). Dieser Anspruch wurde in unserem Projekt nur zum Teil realisiert, weil etwa bei der Diskussion der Forschungsergebnisse nicht alle AmtsvertreterInnen anwesend sein konnten und Zeitdruck herrschte. Eventuell hätten zusätzlich VertreterInnen der Angebots-NutzerInnen eingeladen werden können – ein solches Setting vermag einerseits die direkte Kommunikation zwischen BeamtInnen und MigrantInnen zu fördern, andererseits aber die Reflexion auch zu behindern (z. B. aufgrund von Schuldzuweisungs- und Verteidigungsdynamiken). Auf jeden Fall hätte dies noch weitere Voraussetzungen benötigt, wie beispielsweise die Vor-bereitung beider „Seiten" auf eine gemeinsame Diskussionsrunde auf möglichst gleicher Augenhöhe zur Abminderung des bestehenden Hierarchiegefälles zwischen Verwaltungsprofessionellen und Verwaltungs-Laien, zwischen bezahlter Arbeitszeit und Ehrenamtlichkeit (vgl. Brüning 2006: 66), sowie zwischen Angehörigen der Mehrheits- und der Minderheitsbevölkerung.

Abgesehen von der Schwierigkeit, auf Seiten der „Praxis" gute Rahmenbe-dingungen für den Transfer herzustellen, haben sich auch die ForscherInnen intensiv mit ihrem eigenen Anteil an der Gestaltung einer gelingenden Vermittlung, die oftmals viele unbekannte Größen (z. B. Rezeptionsweisen der PraktikerInnen, Informationsverlust bei der Übertragung, wechselseitige Bezugnahme der unter-schiedlichen Wissensformen aufeinander, etc.) beinhaltet, auseinanderzusetzen (vgl. Schrader/Goeze 2011: 73f.).

Resümee

Insgesamt stellten wir fest, dass ein transdisziplinärer, partizipativ orientierter Ansatz für die gezielte Verankerung von kritischem Forschungswissen in der Pra-

xis grundsätzlich förderlich ist. Eine Situationsanalyse im Feld der angewandten
Migrationsforschung kann besonders dann Wirkung auf und Nutzen für die Pra-
xis zeigen, wenn sie in ein Gesamtkonzept der interkulturellen Öffnung in der
Verwaltung eingebettet ist.[7] Das hier vorgestellte Projekt veranschaulicht, dass
für eine gelungene Umsetzung des Forschungstransfers unter anderem folgende
Faktoren ausschlaggebend sind:

- ein hoher Grad an Beteiligungsbereitschaft der Partnerorganisation(en) aus
  der Praxis, was beispielsweise die Bereitstellung der erforderlichen Ressourcen einschließt;

- eine Annäherung der Vorstellungen von Nützlichkeit zwischen Forschungs-
  disziplinen einerseits und zwischen Forschung und beforschter Praxis andererseits;

- eine von allen Beteiligten getragene Bereitschaft, möglichst hierarchiearme
  Forschungs- und Interaktions-Settings zu schaffen;

- eine institutionelle Struktur und Organisationskultur der Partnereinrich-
  tungen, welche eine Reflexion der institutionellen Praxis und den Abbau
  von etwaigen Diskriminierungen ermöglicht (was u. a. eine entsprechende
  Verantwortungsübernahme durch Führungskräfte voraussetzt);

- ein etablierter gesellschaftlicher Diskurs, der Kritik an institutionell verankerten Rassismen sowie diskriminierenden Denk- und Handlungsweisen zulässt;

- eine ausreichende Ressourcenausstattung;

Abschließend ist festzuhalten, dass die Gestaltung eines solchen Forschungsvor-
habens sowie die Förderung der eben dargestellten (beeinflussbaren) Faktoren
vielfältige Anforderungen an das Forschungsteam stellen. Um diesen gerecht
werden zu können, bedarf es oftmals nicht nur einer angemessenen Auswahl der
beteiligten Disziplinen. Es ist ebenso wichtig, dass manche Personen in mehreren oft sehr unterschiedlichen Feldern (Projektmanagement, Forschung, Wissenstransfer, Organisationsentwicklung, Kommunikation, Umgang mit Konflikten,
etc.) kompetent sind. Dies verweist nicht zuletzt auf eine Herausforderung für die
Aus- und Weiterbildung im Forschungsbereich.

---

7   Eine gute Orientierung geben dafür die Ansätze, welche von Veronika Fischer und Birgit
     Wehrhöfer (2006: 44–54) formuliert wurden. Diese umfassen die drei Ebenen der Organi-
     sationsentwicklung, der interkulturellen Personalentwicklung sowie der Verbesserung des
     Angebots für KundInnen mit Migrationsgeschichte.

Literatur

Auernheimer, Georg (Hg.) (2008). Interkulturelle Kompetenz und pädagogische Professionalität, 2., aktualisierte und erweiterte Aufl., Wiesbaden.

Barwig, Klaus/*Hinz-Rommel*, Wolfgang (Hg.) (1995). Interkulturelle Öffnung sozialer Dienste, Freiburg i. Br.

Bergold, Jarg/*Thomas*, Stefan (2010). Partizipative Forschung, in: *Mey*, Günter/*Mruck*, Katja (Hg.): Handbuch Qualitative Forschung in der Psychologie, Wiesbaden, 333–44.

Breuer, Franz (2011). The other talks back. Auslösung von Feldreaktanzen durch sozialwissenschaftliche Re-/Präsentationen, in: Forum Qualitative Sozialforschung, Vol. 12(2), Art. 23. Internet: http://nbn-resolving.de/urn:nbn:de:0114-fqs1102233 (Recherchedatum 28.6.2011)

Brüning, Gerhild (2006). Die Fortbildung des EICP Projekts – Überblick und Hintergründe, in: *Grünhage-Monetti*, Matilde (Hg.): Interkulturelle Kompetenz in der Zuwanderungsgesellschaft. Fortbildungskonzepte für kommunale Verwaltungen und Migrantenorganisationen, Bielefeld, 62–68.

Fichten, Wolfgang/*Dreier*, Birgit (2003). Triangulation der Subjektivität – Ein Werkstattbericht, in: Forum Qualitative Sozialforschung, Vol. 4(2), Art. 29. Internet: http://www.qualitative-research.net/index.php/fqs/article/view/702 (Recherchedatum 28.6.2011)

Filsinger, Dieter (2004). Politiken interkultureller Öffnung, in: *Sprung*, Annette/*Posch*, Klaus (Hg.): Perspektivenwechsel? Empowerment und Sozialarbeit in der Einwanderungsgesellschaft, Graz, 49–61.

Fischer, Veronika/*Wehrhöfer*, Birgit (2006). Ansätze interkultureller Öffnung in der öffentlichen Verwaltung, in: *Grünhage-Monetti*, Matilde (Hg.): Interkulturelle Kompetenz in der Zuwanderungsgesellschaft. Fortbildungskonzepte für kommunale Verwaltungen und Migrantenorganisationen, Bielefeld, 44–54.

Foitzik, Andreas/*Pohl*, Axel (2009). Das Lob der Haare in der Suppe. Selbstreflexivität Interkultureller Öffnung, in: *Scharathow*, Wiebke/*Leiprecht* Rudolf (Hg.): Rassismuskritische Bildungsarbeit, Schwalbach/Ts., 61–76.

Gaitanides, Stefan (2001). Zugangsbarrieren von Migrant(inn)en zu den sozialen und psychosozialen Diensten und Strategien interkultureller Öffnung, in: *Auernheimer*, Georg (Hg.): Migration als Herausforderung für pädagogische Institutionen, Opladen, 181–194.

Gomolla, Mechtild/*Radtke*, Frank-Olaf (2009). Institutionelle Diskriminierung. Die Herstellung ethnischer Differenz in der Schule, 3. Aufl. Wiesbaden.

Grünhage-Monetti, Matilde (Hg.) (2006). Interkulturelle Kompetenz in der Zuwanderungsgesellschaft. Fortbildungskonzepte für kommunale Verwaltungen und Migrantenorganisationen, Bielefeld.

Heimgartner, Arno/*Pilch-Ortega Hernández*, Angela (2005). Die Methode der Forschungswerkstätte am Beispiel eines partizipativen und interkulturellen Handlungssettings, in: *Stigler*, Hubert/ *Reicher*, Hannelore (Hg.): Praxisbuch Empirische Sozialforschung in den Erziehungs- und Bildungswissenschaften, Innsbruck/Wien/Bozen, 184–195.

Hormel, Ulrike (2007). Diskriminierung in der Einwanderungsgesellschaft. Begründungsprobleme pädagogischer Strategien und Konzepte, Wiesbaden.

Kalpaka, Annita (2009). Institutionelle Diskriminierung im Blick – Von der Notwendigkeit Ausblendungen und Verstrickungen in rassismuskritischer Bildungsarbeit zu thematisieren, in: *Scharathow*, Wiebke/*Leiprecht* Rudolf (Hg.): Rassismuskritische Bildungsarbeit, Schwalbach/Ts., 25–40.

Kukovetz, Brigitte/*Sprung*, Annette (2009). Bedarfserhebung und Analyse bezüglich der Kommunikationssituation zwischen MitarbeiterInnen städtischer Verwaltungen und KundInnen mit Migrationshintergrund. Unveröffentlichter Forschungsbericht, Graz.

Leenen, Wolf Rainer/*Scheitza*, Alexander/*Wiedemeyer*, Michael (Hg.) (2006). Diversität nutzen, 1. Aufl. Münster/New York/München/Berlin.

Messerschmidt, Astrid (2010). Distanzierungsmuster. Vier Praktiken im Umgang mit Rassismus, in: *Broden*, Anne/*Mecheril*, Paul (Hg.): Rassismus bildet, Bielefeld, 41–58.

Mittelstraß, Jürgen (2003). Transdisziplinarität – wissenschaftliche Zukunft und institutionelle Wirklichkeit, Konstanz.

Nowotny, Helga/*Taschwer*, Klaus (1995). Wissenschaftsforschung. Eine Einführung, Frankfurt/ New York.

Pöllabauer, Sonja (2010). Community Interpreting bei Ämtern der Sozialverwaltung: Auf der Suche nach Verständigung, in: *Grbic*, Nadja/*Hebenstreit*, Gernot/*Vorderobermeier*, Gisella/*Wolf*, Michaela (Hg.): Translationskultur revisited, Tübingen, 35–375.

Riehle, Eckart (Hg.) (2001). Interkulturelle Kompetenz in der Verwaltung? Kommunikationsprobleme zwischen Migranten und Behörden, Wiesbaden.

Schrader, Josef/*Goeze*, Annika (2011). Wie Forschung nützlich werden kann, in: Report – Zeitschrift für Weiterbildungsforschung, 34. Jg. 2, 67–76.

Sprung, Annette (2010). Inter- und Transdisziplinarität in der Migrationsforschung, in: *Lenz*, Werner (Hg.): Interdisziplinarität. Wissenschaft im Wandel. Wien, 195–208.

Wadensjö, Cecilia (1998). Interpreting as Interaction, London/New York.

Zur Bedeutung der Alltagsinteraktion für die Migrationsforschung. Eine durch Goffman und Laclau/Mouffe informierte Kritik am Migrationsdiskurs

Manuel Peters

In Deutschland bezeichnet das Schlagwort „Migrationsdiskurs" ein Feld sozialer Auseinandersetzungen, in welchem bestimmte Menschen, die offiziell als Migranten/innen oder Menschen mit Migrationshintergrund bezeichnet werden, zum Thema – und oft auch zum Problem – (gemacht) werden. Häufig wird aus einer Vogelperspektive heraus über die Art und den richtigen Weg bzw. die richtige Form der Intervention zwecks ihrer Integration in den deutschen Handlungs- und Lebenskontext gestritten. Vergegenwärtigt man sich die Anzahl und Zusammensetzung der Migranten/innen bzw. Menschen mit Migrationshintergrund, so handelte es sich nach Angaben des Statistischen Bundesamtes im Jahr 2010 um 15,7 Millionen Menschen, statistisch 19,3 % der Wohnbevölkerung in Deutschland. 8,7 % der Wohnbevölkerung in Deutschland sind Ausländer/innen, 10,5 % eingebürgerte Deutsche. 4,4 % sind in Deutschland geboren, haben aber entweder keinen deutschen Pass oder mindestens einen ausländischen Elternteil, weshalb sie im Mikrozensus als „Menschen mit Migrationshintergrund" erfasst werden (vgl. Statistisches Bundesamt 2011: 5ff.). Darüber hinaus sind die Herkunftskontexte dieser Menschen sehr divers. Zugleich wird von der Homogenität einer immens inhomogenen Gruppe ausgegangen, deren vorerst einzige Gemeinsamkeit jene ist, durch andere als Menschen mit Migrationshintergrund verstanden zu werden (vgl. Wippermann/Flaig 2009: 4). Sie sind dadurch in ihrem Lebens- und Handlungskontext als „Andere" definiert, weshalb Mecheril auch die Bezeichnung „Andere Deutsche" (Mecheril 2003: 10) oder „natio-ethno-kulturell Andere" (ebd. 13) einführt. Diese Bezeichnung korrespondiert mit einem Diskurs, in dem Menschen mit Migrationshintergrund Fremdheit, Andersheit und Nichtanpassung(swille) als zentrales Merkmal eines wie auch immer gearteten Integrationsproblems unterstellt wird.

Diese Situation ist der Ausgangspunkt dieses Artikels, in dem ich zunächst mit Erving Goffman allgemein nachvollziehe, wie sich Fremdheit, Andersheit

und Nichtpassung in der Interaktion äußern, um die Ergebnisse sodann mit Laclau und Mouffe in den Kontext eines Diskurses zu stellen, in dem bestimmte
Menschen als anders, fremd, nichtpassend und nichtpassen-wollend angerufen
werden. Dabei zeigt sich eine Interaktionswelt[1], die in gewissem Sinne „Schatten
und Substanz" (Goffman 1981: 29) der Sozialstruktur ist und die konkreter er-
hellen kann, was es interaktiv bedeutet, auf der Ebene der Politik und der gesellschaftlichen Institutionen eines Sozialraums in einer bestimmten Art und Weise angerufen zu werden.

Die Herstellung von vertrauterer Fremdheit: Imagebildung als handlungsermöglichende Reduktion von Komplexität

Setzt man Waldenfels' Definition von Fremdheit zur hier kurz angerissenen Sicht
auf Migranten/innen in Deutschland in Bezug, so geht diese von einer „bloßen
Fremdheit für uns", die „einem vorläufigen Stand der Aneignung entspricht" (Waldenfels 2006: 116) aus. Fremdheit ist für Waldenfels in Anlehnung an Helmuth
Plessner allerdings „gleichursprünglich mit mir selbst, und in gewisser Hinsicht
kommt er [sie, es] mir selbst zuvor" (ebd. 85). Eigenes und Fremdes bzw. Anderes gehören daher immer zusammen und beginnen erst mit der Differenz (ebd.
117). Fremdheit wird damit aber eine „Frage der jeweiligen Konstellation" (Reuter 2002: 27, zitiert nach Albrecht 1997: 85). Es geht also um die Art einer Beziehung zu (einer) anderen Person(en), und nicht um „tatsächliche Differenzen"
(Reuter 2002: 27). Daher macht es auch Sinn, die Unterstellung des Andersseins,
der Fremdheit, des Nichtpassens zunächst generell in der Interaktionswelt zu verorten, um nicht in einem Kurzschluss den Handelnden eine „Natur" zu unterstellen, wo vorher noch zu untersuchen wäre, ob eine solche überhaupt gegeben ist
bzw. wie sie sich in der Interaktion dar- und herstellt.

> Wird das Phänomen, dass einer sozialen Handlung eine „Natur" der Handelnden, der Dar-
> stellung ein „Charakter" des Darstellers zuinnerst gelegt wird, nicht auf seine Herstellungs-
> bedingungen zurückgeführt wird [sic!], nämlich Effekt von bestimmten Rahmungen zu sein,
> hat das die Reproduktion dieser Rahmungen zur Folge. (Jungwirth 2007: 351)

---

[1]   Ich verwende hier die Begriffe „Interaktion" und „soziale Situation", obwohl der Begriff der
      sozialen Situation mehr umfasst als nur die Interaktion. Er bezieht immer auch die in einer
      Situation gegebene materielle Umgebung, vor deren Hintergrund die Interaktion stattfindet,
      mit ein. Werden hier die Begriffe „Interaktion" oder „Interagierende" benutzt, so beziehen sie
      sich immer auf ein Interagieren in sozialen Situationen und umfassen daher alle Elemente, die
      für soziale Situationen maßgeblich sind.

In diesem Sinne verdeutlicht Goffman, dass die Akteur/innen sozialer Situationen ihre Gegenüber „kategorial" hinsichtlich „persönlicher und sozialer Identität" (Goffman 1994: 59) interpretieren und einschätzen. Dabei ordnen sich die Interaktionsteilnehmer/innen gegenseitig sozialen Identitäten und persönliche Ausprägungen dieser jeweils besonderen Mischung sozialer Identitäten zu, als deren wichtigste Goffman bereits 1977 „Alter, Geschlecht, Klasse, ethnische Zugehörigkeit" (ebd. 93) nannte. Sie konstruieren dabei „Images" (ebd. 56) der Anderen. Hierzu dienen alle möglichen Formen des Ausdrucks[2], die sich aus der gleichzeitigen körperlichen Präsenz der Interagierenden und der jeweiligen räumlichen und zeitlichen Umgebungen der sozialen Situationen ergeben. Sie sind den anderen Teilnehmern/innen einer Situation durch deren jeweilige sinnliche Wahrnehmungen und Kenntnisse der Bedeutung von z. B. körperlichen Ausdrucksweisen, bestimmten Betonungen, Schweißausbrüchen etc. zugänglich. Diese Kenntnisse sind zu großen Teilen internalisiert und wurden im Laufe von „moralischen Karrieren" (vgl. Goffman 1961: 152) – den Sozialisationsprozessen der Interaktionsordnung (vgl. Goffman 1994: 93) – gewonnen. Als habitualisierte Kenntnisse kommen sie demnach zu großen Teilen vorbewusst zur Anwendung und erfordern ein ausgeprägtes praktisches Handlungswissen ganz im Sinne Pierre Bourdieus (vgl. Bourdieu 1987: 281), um vorbewusst beurteilen zu können, wann einem Ausdruck bzw. einer Erscheinung welche Bedeutung zukommt und welches Handeln dadurch erforderlich wird. Somit reduzieren die Interagierenden die Komplexität der sozialen Situation und werden handlungsfähiger. Zugleich machen sie dabei ihnen Fremde zu vertrauteren Fremden, welche sie selbst wiederum zu vertrauteren Fremden machen. Dieses Goffmansche Muster der an die Handlungen des jeweiligen Gegenüber gerichteten gegenseitigen Einschätzung ist eindeutig nah am symbolischen Interaktionismus Meadscher Prägung (vgl. Mead 1973: 216ff.). Es geht allerdings deutlich über Mead hinaus, indem „institutionell definierte ‚Eigenschaft'[en] von Personenkategorien" (Jungwirth 2007: 351) in die Komplexität reduzierenden Einschätzungen der Situationsteilnehmer/ innen aufgenommen werden, worauf ich später noch eingehe. „Das" Selbst einer Person muss jedoch nicht mit der Vorstellung, die sich andere vom Selbst dieser Person in einer sozialen Situation machen, korrelieren (vgl. Goffman 2007: 230f.).

Die angesprochene Reduktion von Komplexität ist der Unübersehbarkeit sozialer Situationen geschuldet, die die Agierenden ohne Hilfsmittel nur schwer meistern können. Sie ist notwendig, weil den Interagierenden die Zeit fehlt, um

---

2   Goffman unterscheidet hier in „expressions given and expressions given off" (1959: 4), womit absichtliche und unabsichtliche individuelle Äußerungen in sozialen Situationen bezeichnet sind.

jede aufgestellte Vermutung über die anderen Anwesenden in sozialen Situationen auf ihre Richtigkeit hin zu prüfen und dann erst für (un)angemessen zu befinden. Darin begründet sich für Goffman, dass in Interaktionen durch die interaktive Zuschreibungspraxis möglichst eine funktionierende Arbeitsebene hergestellt wird – eine „Interaction Order" (1983: 1). Da keine Situation wie die andere ist, ist dies als eine große Leistung zu werten, die vorbewusstes Handeln erforderlich macht. So stehen jedenfalls alle Teilnehmer/innen sozialer Situationen vor der komplizierten Frage, was in einer Situation eigentlich vor sich geht. Die „Antwort ergibt sich daraus, wie die Menschen weiter in der Sache vorgehen" (Goffman 1980: 16).

Normalisierung in der Interaktion: Zuschreibungen und Disziplinierungen

Die handlungsermöglichende Komplexitätsreduktion, die in der Herstellung von Interaktionsordnungen mündet, erschwert es den Interagierenden, sich in der jeweiligen Situation *nicht* in irgendeiner Art und Weise den Erwartungen an ihr (persönliches und) soziales Sein entsprechend zu verhalten, da alle Teilnehmer/innen bestrebt sind, Handlungsfähigkeit zu erreichen und aufrecht zu erhalten. Dabei sind die sozialen Kategorisierungen keineswegs nur ermöglichend, sondern auch begrenzend. Die Menschen werden interaktiv – abhängig von den jeweiligen Gruppenzusammensetzungen und anderen vorhandenen Hilfsmitteln – entsprechend dem assoziierten Status ihrer „Images" geachtet (vgl. Jungwirth 2007: 329). Die Handlungsgrenzen sind dabei allerdings höchst variabel, in jeder Situation anders und auch situativ nicht fest gefügt. Sie bestimmen sich vor allem darüber, wie die Objekte von höchstem Wert in sozialen Situationen, die „Images" der Interaktionsteilnehmer/innen, respektiert werden wollen, welche Mittel sie zur Verfügung haben und wie bzw. ob sie den ihnen vermeintlich zustehenden Respekt auch einfordern. Es gibt demzufolge auch eine große Vielfalt an Ausdrucksweisen von Respekts- und Achtungsbekundungen an die „Images" der anderen (vgl. Goffman 1982: 454).

Das jeweils situative Gefühl für die richtige Form der „Ehrerbietung" und des „Respekts" (ebd. 97) kann es jedenfalls auch erforderlich erscheinen lassen, die/den Andere/n zu disziplinieren und an jenen interaktiven sozialen Ort mit den entsprechenden Handlungsansprüchen zu verweisen, dem die/der Andere/n eigentlich zugeschrieben wurden. Dementsprechend sind die Einschätzungen der Anderen moralisch aufgeladen:

Die Eindrücke, die die anderen erwecken, werden als Behauptungen und Versprechen gewertet, die sie implizit abgegeben haben, und Behauptungen und Versprechen nehmen meist einen moralischen Charakter an. (Goffman 2007: 228)

Disziplinierungen erfolgen dabei in der Regel über das Verunmöglichen von erfolgreicher Handlung, z. B. durch die Herstellung ungebührlicher Nähe bzw. Distanz oder durch Missachtung der Anderen in der Interaktion (vgl. Goffman 1975: 26; Goffman 1981: 27; Smith 2006: 50). Goffman bezeichnet diese Art des Handelns auch als Eltern-Kind-Komplex:

Es zeigt sich also, daß in unserer Gesellschaft, wann immer ein Mann es mit einer Frau oder einem Untergebenen zu tun hat, durch Anspielung auf den Eltern-Kind-Komplex eine gewisse Abschwächung der Distanz, Nötigung oder Feindseligkeit erreicht werden kann. (Goffman 1981: 27)

Übertretungen der Handlungsräume können aber auch toleriert und damit nicht geahndet werden, solange die Personen „ihr Glück nicht erzwingen" (Goffman 1975: 150). Disziplinierungen sind von daher keineswegs die Regel, denn im Idealfall haben alle Interaktionsteilnehmer/innen so viel Takt, die Norm nicht zu übertreten oder trotz interaktiver Normübertretung keine weit über das situativ Angemessene hinausgehenden Akzeptierungsansprüche zu stellen (vgl. Goffman 1975: 160) – sei es auch nur, weil sie im Laufe ihrer moralischen Karrieren erfahren haben, wie unangenehm situative Grenzüberschreitungen sein können. Soziale Situationen sind in diesem Sinne also Szenen der „gegenseitigen Kontrolle" (Goffman 1981: 28), und die Menschen potentiell die eigenen „Gefängniswärter" (Goffman 1996: 15) ihrer zugeschriebenen „Images". Dies ist nach Goffman ein „fundamentaler sozialer Zwang, auch wenn jeder Mensch seine Zelle gerne mag" (ebd.). Die Handelnden „sträuben sich sogar regelrecht dagegen, ihr angestammtes und vertrautes kosmologisches Ordnungssystem zu verlassen" (Raab 2008: 90).

Es wird hier erneut deutlich, dass soziale Kategorien in der Interaktion nicht direkt einer Natur der/s Handelnden entspringen müssen, sondern vor allem interaktiv zugeschriebene Eigenschaften darstellen. Diese leiten sich für Goffman allerdings aus institutionell definierten „Glaubensvorstellungen" (Knoblauch 1994: 43) über die Eigenschaften der Teilnehmer/innen sozialer Situationen her. Diese Informationen sind situativ bestens verfügbar, aber Goffmans Verständnis zufolge dennoch sozial konstruiert (vgl. Goffman 1994: 74; Goffman 1981: 36ff.; Peters 2009: 43ff.).

Hegemonie, Diskurs und Alltagsinteraktion

Goffman zufolge gehen bestimmte „Rahmen des Handelns" (Goffman 1980: 274), „Organisationsprämissen, und diese werden irgendwie erkannt, nicht erzeugt" (ebd.), in die Organisation des Alltagshandelns ein und „gewöhnlich finden sie [die Menschen] sie durch den Gang der Dinge bestätigt" (ebd.). Das bedeutet, dass die Möglichkeit, Andere hinsichtlich bestimmter Eigenschaften und Zugehörigkeiten zu interpretieren, außerhalb der jeweiligen Situation(en) begründet liegt. Sie liegt aber gleichzeitig in ihnen, da Eigenschaften und Zugehörigkeiten sonst nicht erkannt werden könnten. „Rahmungswissen erlaubt es, die soziale (Um-)Welt (bzw. ihre Bewohner) zu ‚lesen' und dementsprechend zu (be-) handeln" (Willems: 1997: 51). Goffman spricht deshalb auch von der Interaktionsordnung als „Schatten und Substanz" (Goffman 1981: 29) der Sozialstruktur.

Die grundsätzliche Möglichkeit der zuschreibenden Interpretation von Handlungen ist über die Sozialisations- und Bildungskarrieren der beteiligten Menschen erklärbar, also über ihre Erfahrungsgeschichten oder – in Goffmans Worten – moralischen Karrieren. Da allerdings auch immer auf den jeweiligen sozialen Status der anderen Interaktionsteilnehmer/innen geschlossen wird und dadurch unterschiedliche Handlungsmöglichkeiten generiert werden, lässt die Feststellung, dass „[s]oziales Leben [...] eine klare, ordentliche Angelegenheit ist, weil man sich freiwillig von Orten, Themen und Zeitpunkten fernhält, wo man nicht gewünscht ist und verachtet werden könnte" (Goffman 1996: 51), nach direkten Verbindungen zwischen sozialen Ordnungsweisen und interaktionellen Statuszuschreibungen suchen.

Setzt man diese soziale Praxis der machtvollen situationellen Zuschreibungen in Bezug zur Diskurstheorie von Laclau und Mouffe, erschließt sich dieser Aspekt noch deutlicher. Laclau unterscheidet zwischen „dem Sozialen als dem Reich sedimentierter Praktiken und dem Politischen als der Bewegung ihrer Institution/Reaktivierung" (Marchart 2010: 215). Aus diesem Grund ist für Oliver Marchart Laclaus Diskurstheorie sogar als politische Ontologie zu begreifen, weil sie auf eine „Theorie der Konstitution des Seins in seiner Gesamtheit" (ebd. 214) aus ist. Für Laclau und Mouffe mag es zwar eine Welt außerhalb von Diskursen geben, diese ist aber für die Menschen nicht greifbar und wird nur dann relevant, wenn sie diskursiv von Menschen mit Bedeutung versehen wird (vgl. Glasze/Mattissek 2009: 158).

Zunächst unterscheiden Mouffe und Laclau zwischen diskursiven Momenten und diskursiven Elementen. Momente sind als partiell fixierte Bedeutungen in einem hegemonialen Diskurs zu begreifen, der aus einer bestimmten Art der Artikulation von Elementen besteht. Artikulation bezeichnet dabei die Art der Verbindung von Elementen und ist eine „Verknüpfungsform" (Marchart 2008: 183). „Im Englischen spricht man von einem Lastwagen, bei dem Führerhaus und Anhänger aneinander gekoppelt sind, aber nicht sein müssen" (ebd. 182). Ein Diskurs ist daher eine Kopplung von Elementen, die genau so, aber auch ganz anders artikuliert werden können. In einem bestimmten fixierten Diskurs macht allerdings eine bestimmte hegemoniale Kopplung am meisten Sinn, wie im Beispiel des Lastwagens, den man/frau auch genauso und nicht anders koppeln würde. Es werden also in einem Diskurs bestimmte präferierte Wirklichkeiten und Wesenszüge fixiert, alternative Wirklichkeiten hingegen „unterdrückt und ausgeschlossen" (Glasze/Mattissek 2009: 162). Das bedeutet aber auch, dass es immer mehr Elemente und mehr Möglichkeiten der Kopplung gibt, als in einem bestimmten Diskurs vorherrschend der Fall ist. Daher sind Diskurse in ihrem Verständnis auch nie vollständig fixiert, sondern widersprüchlich und kontingent. Ein Diskurs beschreibt also die „beständigen Versuche, in dieser Situation der Überdeterminierung und Instabilität von Bedeutungen Ordnung zu schaffen" (ebd. 158) und in „Momente eines Diskurses zu verwandeln" (ebd. 159).

Wie Laclau argumentiert, haben Diskurse sehr viel mit der Welt der sozialen Situationen zu tun, denn in Diskursen werden Subjekte gebildet bzw. Menschen auf spezifische Arten und Weisen multipel angerufen (vgl. Broden/Mecheril 2010: 9). Dabei gruppieren sich „Äquivalenzketten" (Laclau 2010: 68) um mehr oder weniger „leere Signifikanten" (ebd. 67).[3] Jeder Moment eines Diskurses produziert dabei sein(e) Außen in einer antagonistischen Teilung (ebd. 39). Dies korrespondiert dem Goffmanschen Verständnis vorherrschender Identitätsnormen, aus denen sich die interaktiven Handlungsräume und -ansprüche generieren.

> Zum Beispiel gibt es in einem gewichtigen Sinn nur ein vollständig ungeniertes und akzeptables männliches Wesen in Amerika: ein junger, verheirateter, weißer, städtischer, nordstaatlicher, heterosexueller, protestantischer Vater mit Collegebildung, voll beschäftigt, von gutem Aussehen, normal in Gewicht und Größe und mit Erfolgen im Sport. Jeder amerikanische Mann tendiert dahin, aus dieser Perspektive auf die Welt zu sehen; dies stellt einen Sinn dar, in dem man von einem allgemeinen Wertesystem in Amerika sprechen kann. (Goffman 1975: 158)

In diesem Beispiel hat der vorherrschende Signifikant „akzeptables männliches Wesen in Amerika" eine lange artikulierte Äquivalenzkette, die das Ergebnis bestimmter hegemonialer Diskurse im entsprechenden Raum ist. Goffman verdeutlicht in seiner Betrachtung der Interaktionsordnung, dass sich aus den vorherrschenden Identitätsnormen, die aus Diskursen generiert werden, Handlungsspielräume und mehr oder weniger interaktionelle Möglichkeiten der Diskreditierung für die

---

3   Je länger die Äquivalenzkette ist, desto weniger konkret wird das „gleichermaßen präsente Etwas" (Laclau 2010: 72), d. h. der leere Signifikant sein.

Menschen ergeben (vgl. Goffman 1975: 26). Er klarifiziert weiter, dass „selbst da, wo es um weithin erreichte Normen geht, ihre Vielheit den Effekt [hat], viele Personen zu disqualifizieren" (Goffman 1975: 158). Das bedeutet nun zweierlei. Einerseits zeigt es die Vielzahl von Diskursen auf, die sich innerhalb eines Metadiskurses (mit Metasignifikanten) überlagern, und gleichzeitig ihre Kontingenz und Brüchigkeit. Dies gilt andererseits nicht nur bezüglich eines (bzw. mehrerer) antagonistischen(r) Außen wie z. b. „Amerikanische Frau" oder „Nicht-Amerikanischer Mann", sondern auch innerhalb dieses hegemonialen Diskurses selbst (alter, unverheirateter, schwarzer, ländlicher, südstaatlicher, homosexueller, katholischer Kinderloser ohne Collegebildung, etc.). Laclau und Mouffe verdeutlichen daher, dass die soziale Welt genauso politisch ist, wie auch die offensichtliche politische Welt, schreiben dem Politischen aber dennoch ein „Primat (...) gegenüber dem Sozialen" (Marchart 2010: 215) zu.

> Es gibt nicht eine politische und eine apolitische oder soziale Welt, sondern vielmehr [...] hat man sich zwei unterschiedliche *Modalitäten* des Politischen vorzustellen, wobei der soziale Modus des Politischen keineswegs nicht-politisch oder a-politisch ist, sondern nur durch das Vergessen des instituierenden Moments des Politischen gekennzeichnet ist. (Marchart 2010: 215)

Aus der vorangehenden Betrachtung folgt, dass die hier beschriebenen einschränkenden und ermöglichenden Handlungsspielräume in Interaktionen nicht originär der Situation entspringen, sondern als Ergebnis historischer und politischer Auseinandersetzungen zu verstehen sind. Diese münden in spezifischen fixierten Momentaufnahmen, die sich auch aufgrund ihrer Kontingenz, Differenzen und Heterogenität nie schließen lassen. Sie geben aber nichtsdestotrotz die Richtung vor, in der die soziale Welt mit Sinn aufgeladen wird und naturalisieren mehrdeutige Wirklichkeiten handlungsrelevant in bestimmter Art und Weise. Ob der Grund für diese Praxis in der letztendlich nicht zu lösenden Komplexität der Welt und der Interaktionspraxis liegt, ist wohl nicht abschließend zu klären. Hegemoniale Teilungen der Welt finden aber statt und die von Laclau und Mouffe angeführte Kontingenz von Diskursen sowie die Möglichkeit, Elemente auf verschiedene Art und Weise zu artikulieren, finden sich so auch in der Welt der Alltagsinteraktion wieder. Die ebenso komplexe wie mehrdeutige Alltagsinteraktion beinhaltet, wenn man Laclaus und Mouffes Definition von Diskurs folgt, immer auch das Potential, anders zu agieren. Dieses Potential tragen die spezifischen auf Antagonismen basierenden Diskurse und Praktiken eben aufgrund dieser Antagonismen immer auch schon in sich.

Migrationsforschung, Migrationsdiskurs und Alltagsinteraktion

Welche Schlussfolgerungen lassen sich daraus nun hinsichtlich der Bedeutung der Alltagsinteraktion für die Migrationsforschung ziehen? Ich habe in der vorangehenden Betrachtung einen Bogen gespannt, der die Frage von Fremdheit, des Andersseins und des Nichtpassens mit Goffman zunächst in der Interaktion verortete. Begründet wurde dies darin, dass genau diese Eigenschaften häufig Migranten/innen und Menschen mit Migrationshintergrund unterstellt werden und es von daher erforderlich wurde, nach generellen Schemata der Äußerung von Fremdheit und des Andersseins zu suchen, anstatt von vornherein festzulegen, wer oder was als fremd bzw. nicht fremd gilt.

Es zeigte sich mit Goffman, dass Fremdheitszuschreibungen über Imagebildungen konstitutiver Bestandteil der sozialen Praxis in sozialen Situationen sind und sie dabei zur gleichen Zeit handlungsermöglichend wie handlungseinschränkend wirken. Zuschreibungen reduzieren Komplexität, aber definieren gleichzeitig situative Handlungsspielräume, sodass man von „subjects as active agents within social spaces imbued with power" (Hoerder et al. 2005: 17) sprechen muss. Mit Laclau und Mouffe lässt sich Interaktionspraxis in der Folge als eine Seite des Politischen verstehen, deren „instituierendes Moment" vergessen wurde. „Das Politische, d. h. die Akte der Entscheidung für eine bestimmte Form der Symbolisierung sozialer Wirklichkeit, ist [...] maßgeblich für die Strukturierung der Gesellschaft" (Glasze/Mattissek 2009: 156). Es wird dabei in Interaktionen wie in „objektiveren" Wirklichkeiten ständig versucht, Ordnung in Unordnung zu bringen. Bedeutung kann dabei nie vollständig fixiert werden und wird daher immer wieder neu hervorgebracht. Situative Zuschreibungen, darauf weist Goffman hin, orientieren sich über die Menschen und ihre Eigenschaften an sozialen Normen. Laclau kann wiederum erklären, wie diese zustande kommen, nämlich durch hegemoniale Diskurse, aus denen sich vorherrschende Signifikanten ergeben, um die herum Äquivalenzketten platziert werden. Diese Signifikanten sind umso leerer, d. h. differenzloser, je größer die Gruppe der Zugehörigen ist.

Die Betrachtung von Alltagsinteraktionen mit Goffman ermöglicht es also auch im deutschen Kontext, den Blick weg von einer vorgängigen Natur der Handelnden zu nehmen und die Analyse stattdessen auf die Hintergründe und Folgen der Problematisierung von Migranten/innen und Menschen mit Migrationshintergrund zu lenken. Sind Menschen nichtpassend, fremd und anders in der sozialen Situation, obwohl sie ihren Lebens- und Handlungsraum im entsprechenden Kontext haben, so müssen diese Ausdrücke folglich einerseits auf die soziale Organisation des Kontextes (und einer Welt) zurückgeführt werden, die von Migrationsbewegungen geprägt, aber nationalstaatlich organisiert ist, andererseits

auf einen Diskurs, in dem Menschen mit Migrationshintergrund Fremdheit und/
oder Nichtanpassung als zentrales Merkmal eines wie auch immer gearteten Integrationsproblems unterstellt wird. Daraus ergibt sich situativ eine Art selbst-
erfüllende Prophezeiung.

Auf Zusammenhänge zwischen der diskursiven Konstruktion von Gesellschaften und der Herausbildung „antagonistischer Äquivalenzrelationen" (Glasze/
Mattissek 2009: 167) ist oft hingewiesen worden, beispielsweise auf die Kopplung
nationalstaatlicher Organisation und der Konstruktion ethnisch-kulturell einheit-
lich vorgestellter Gemeinschaften und den daraus erwachsenden spezifischen Mi-
grations- und Minoritätenproblemen, teils auch mit besonderer Betonung der deutschen Problematik (vgl. Mecheril et al. 2010: 18; Moosmüller 2009: 16; Arendt
1973: 559ff.; Benhabib 2004: 49ff.). Das Dilemma, dass Migranten/innen in einer
von Nationalstaaten definierten Welt auch antagonistische Sinngrenzen überque-
ren, scheint hier zunächst unaufhebbar. Die Kontingenz und Widersprüchlichkeit der hegemonialen Diskursformationen macht jedoch eine Veränderung der
Signifikanten und Äquivalenzketten nicht nur notwendig, sondern sie geht auch
laufend vonstatten. Deshalb sollte eine Migrationsforschung, die sich an einem
Ideal der „Gleichheit" ausrichtet, auch beständig versuchen, die Mehrdeutigkeit
und Widersprüchlichkeit der Signifikanten aufzudecken – mit dem Ziel sie zu
verschieben und angemessenere Formen der sozialen Kohäsion zu finden. Dies
ist auch wichtig, damit sich Migrationsforschung nicht nur innerhalb der je vor-
gefundenen Wirklichkeiten bewegt und ihre Forschungsfragen und -ansätze nur
an vordergründigen Problematiken ausrichtet, wie etwa der mangelnder Anpassung, Integrationswilligkeit oder kultureller Nichtpassung. Dadurch wird Migrationsforschung allerdings zu einer politischen Perspektive, die auch die Frage
der politischen Organisation und Meinungsbildung nicht außer Acht lassen sollte.

Dass hegemoniale Wirklichkeiten sich auch für die Migrationsforschung
beständig verändern, zeigt das Beispiel der erziehungswissenschaftlichen Migrationsforschung der letzten Jahrzehnte. Diese hat sich ebenso wie der deutsche
Handlungs- und Lebenskontext entwickelt. Bezeichnete sie sich noch vor drei Jahrzehnten als Ausländerpädagogik, so sind mittlerweile Migrations- und Interkulturelle Pädagogik diejenigen Begrifflichkeiten, die dem je vorherrschenden Bild
bzw. der hegemonial definierten gesellschaftlichen Migrationsrealität am ehesten
ent- bzw. widersprechen (vgl. Mecheril 2003: 13ff.; Mecheril et al. 2010: 42ff.).
Diese Entwicklung ist auch als Ergebnis politischer Auseinandersetzungen um
Deutungshoheit zu werten, bei der die alten Vorstellungen des leeren Signifikanten „Deutschsein" ins Wanken geraten (sind).

Wenn ein großer Teil der Menschen, von denen heutzutage in Deutschland als Migranten/innen oder Menschen mit Migrationshintergrund geredet wird, als handle es sich um eine spezielle Form der Behinderung, sich selbst als Berliner/innen, Hamburger/innen, Stuttgarter/innen, Bielefelder/innen etc. zu begreifen suchen, dann machen sie tagtäglich nichts anderes, als – mehr oder weniger erfolgreich – die Äquivalenzketten des hegemonialen Diskurses in Deutschland zu verschieben. Sie tun dies, indem sie den leeren Signifikanten „deutsch" aus seiner hervorgehobenen Stellung lösen. Wie, wo und mit welchen Mitteln Migrationsforschung dazu etwas beitragen kann, diese Frage wird sich aufgrund der Charakteristika hegemonialer Diskurse, in der immer neue Arten und Weisen des Ausschlusses hergestellt werden, stets stellen.

Da hegemoniale Diskurse subjektbildend sind, also Subjekte in einer bestimmten Art und Weise durch andere Agierende mit bestimmten „Images" anrufen, ist die Alltagsinteraktion ein wichtiger Spiegel der gesellschaftlichen Realität. Oder, wie es Bojadžijev verdeutlicht, „to be a migrant is to exist exclusively under circumstances that define one as a migrant" (Bojadžijev 2006: o. S.). Dies gilt für die Migrationsforschung insbesondere dann, wenn über die Art des hegemonialen Signifikanten „Deutschsein" Migranten/innen und Menschen mit Migrationshintergrund situativ tendenziell diskreditierbarer werden als andere Menschen des gleichen Handlungs- und Lebensraums. Das Aufdecken von handlungseinschränkenden Mechanismen, die sich über Anrufungen und Diskreditierungen wie Alltagsrassismen, Diskriminierungen, institutionelle Praktiken etc. fixieren, kann dann auch ein wesentliches Mittel der Neuartikulationen von Elementen sein. Dies gilt vor allem auch, indem sie die – nicht unbedingt intendierte, weil teils vorbewusste – Gewaltförmigkeit dieser Diskurse und Praktiken aufzeigt und auf ihre Herstellungsbedingungen als Konsequenz aktueller hegemonialer Kopplungen zurückführt.

Literatur

Albrecht, Corinna (1997). Der Begriff der, die, das Fremde. Zum wissenschaftlichen Umgang mit dem Thema Fremde. Ein Beitrag zur Klärung einer Kategorie, in: *Bizeul*, Yves/*Bliesener*, Ulrich/*Prawda*, Marek (Hg.): Vom Umgang mit dem Fremden. Hintergrund – Definitionen – Vorschläge, Weinheim/Basel, 80–94.

Arendt, Hannah (1951/1973). Chapter 9: The Decline of the Nation-State and the End of the Rights of Man, in: The Origins of Totalitarianism, Fort Washington, 559–626.

Benhabib, Seyla (2004). The Rights of Others: Aliens, Residents and Citizens, Cambridge.

Bojadžijev, Manuela (2006). Does Contemporary Capitalism need Racism? Internet: http://translate. eipcp.net/strands/02/bojadzijev-strands01en#redir (Recherchedatum 30.09.2011)

Bourdieu, Pierre (1979/1987). Die feinen Unterschiede: Kritik der gesellschaftlichen Urteilskraft, Frankfurt am Main.

Broden, Anne/*Mecheril,* Paul (Hg.) (2010). Rassismus bildet. Bildungswissenschaftliche Beiträge zu Normalisierung und Subjektivierung in der Migrationsgesellschaft, Bielefeld.

Glasze, Georg/*Mattissek,* Annika (2009). Die Hegemonie und Diskurstheorie von Laclau und Mouffe, in: *Glasze,* Georg/*Mattissek,* Annika (Hg.):. Handbuch Diskurs und Raum: Theorien und Methoden für die Humangeographie sowie die sozial- und kulturwissenschaftliche Raumforschung, Bielefeld, 153–180.

Goffman, Erving (1959). The Presentation of Self in Everyday Life, New York.

Goffman, Erving (1961). Asylums. Essays on the Social Situation of Mental Patients and Other Inmates, New York.

Goffman, Erving (1963/1975). Stigma: über Techniken der Bewältigung beschädigter Identität, Frankfurt am Main.

Goffman, Erving (1974/1980). Rahmen-Analyse: ein Versuch über die Organisation von Alltagserfahrungen, Frankfurt am Main.

Goffman, Erving (1979/1981). Geschlecht und Werbung, Frankfurt am Main.

Goffman, Erving (1971/1982). Das Individuum im öffentlichen Austausch: Mikrostudien zur öffentlichen Ordnung, Frankfurt am Main.

Goffman, Erving (1983). The Interaction Order, in: American Sociological Review Vol.48, 1–17.

Goffman, Erving (1977/1994). Das Arrangement der Geschlechter, Frankfurt am Main.

Goffman, Erving (1967/1996). Interaktionsrituale. Über Verhalten in direkter Kommunikation, Frankfurt am Main.

Goffman, Erving (1959/2007). Wir alle spielen Theater: die Selbstdarstellung im Alltag, München.

Hoerder, Dirk/*Hébert,* Yvonne/*Schmitt,* Irina (Hg.) (2005). Negotiating Transcultural Lives. Belongings and Social Capital among Youth in Comparitive Perspective, Göttingen.

Jungwirth, Ingrid (2007). Zum Identitätsdiskurs in den Sozialwissenschaften: eine postkolonial und queer informierte Kritik an George H. Mead, Erik H. Erikson und Erving Goffman, Bielefeld.

Knoblauch, Hubert A. (1994/2001). Erving Goffmans Reich der Interaktion – Einführung von Hubert A. Knoblauch, in: *Goffman,* Erving/*Knoblauch,* Hubert A. (Hg.) Interaktion und Geschlecht, Frankfurt/New York, 7–49.

Laclau, Ernesto (1996/2010). Emanzipation und Differenz, Wien.

Mead, George Herbert (1934/1973). Geist, Identität und Gesellschaft. Aus der Sicht des Sozialbehaviourismus, Frankfurt am Main.

Marchart, Oliver (2008). Cultural Studies, Konstanz.

Marchart, Oliver (2010). Die politische Differenz: zum Denken des Politischen bei Nancy, Lefort, Badiou, Laclau und Agamben, Frankfurt am Main.

Mecheril, Paul. (2003). Prekäre Verhältnisse: über natio-ethno-kulturelle (Mehrfach-)Zugehörigkeit, Münster.

Mecheril, Paul/*Castro Varela,* María do Mar/*Kalpaka,* Annita/*Dirim,* İnci/*Melter,* Claus (2010). Migrationspädagogik, Weinheim/Basel.

Moosmüller, Alois (2009). Kulturelle Differenz: Diskurse und Kontexte, in: *Moosmüller,* Alois (Hg.): Konzepte Kultureller Differenz, Münster/New York, 13–45.

Peters, Manuel (2009). Zur sozialen Praxis der (Nicht-)Zugehörigkeiten: die Bedeutung zentraler Theorien von Bourdieu und Goffman für einen Blick auf Migration, Zugehörigkeit und Interkulturelle Pädagogik, Oldenburg.

Raab, Jürgen (2008). Erving Goffman, Konstanz.

Reuter, Julia. (2002). Ordnungen des Anderen: zum Problem des Eigenen in der Soziologie des Fremden, Bielefeld.

Smith, Greg (2006). Erving Goffman, New York.

Statistisches Bundesamt (2011). Bevölkerung mit Migrationshintergrund – Ergebnisse des Mikrozensus 2010, Fachserie 1, Reihe 2.2., Wiesbaden.

Waldenfels, Bernhard (2006). Grundmotive einer Phänomenologie des Fremden, Frankfurt am Main.

Willems, Herbert (1997). Rahmen und Habitus: zum theoretischen und methodischen Ansatz Erving Goffmans. Vergleiche, Anschlüsse und Anwendungen, Frankfurt am Main.

Wippermann, Carsten/*Flaig,* Bodo Berthold (2009). Lebenswelten von Migrantinnen und Migranten, in: Aus Politik und Zeitgeschichte 5(2009), 3–11.

„Klar kann man was machen!"
Forschung zwischen Intervention und Erkenntnisinteresse

Wiebke Scharathow

Gegenstand der folgenden Ausführungen sind die Möglichkeiten und Herausforderungen, die mit dem Anliegen verbunden sind, innerhalb eines konkreten Forschungsprojektes zu Diskriminierungserfahrungen und den diesbezüglichen Handlungstaktiken von Jugendlichen, die Forschung und insbesondere den Prozess der Datenerhebung so zu gestalten, dass rassismuskritische Prozesse und Effekte ermöglicht und initiiert werden. Dabei gilt meine Aufmerksamkeit nicht nur der mit Forschung verbundenen Wissens- und Erkenntnisproduktion und ihrem Wirken auf diskursiver Ebene, sondern auch den an der Forschung direkt beteiligten Jugendlichen: Wie ist es möglich, im Forschungsprozess ihre Positionen, Fragen und Belange so ernst zu nehmen, dass dieser den Jugendlichen im Sinne eines Bildungsprozesses zugute kommt und einen Beitrag auf dem Weg zu einer emanzipierten, eigenverantwortlichen und mündigen Lebenspraxis leistet (vgl. Scherr 2006: 53)? Im Folgenden geht es um den Versuch, pädagogische und wissenschaftliche Bestrebung in einem Forschungssetting zu integrieren und dieses vor dem Horizont des Anliegens, eine rassismuskritische Forschung mit interventionistischem Potenzial vorzulegen, hinsichtlich diesbezüglicher Möglichkeiten und Herausforderungen zu reflektieren: Wie kann ein pädagogisches Setting, das zugleich Forschungssetting ist, „Spielraum der Kritik" sein? Welche Implikationen hält ein solches Arrangement in Bezug auf das Bestreben, rassismuskritisch zu forschen, bereit?

Forschungstheoretische Rahmungen und Perspektiven der Kritik

Ein Ziel im Zusammenhang mit der Studie[1], die hier reflektiert wird, war gewissermaßen das Kreieren eines pädagogischen Forschungsprojektes, das den betei-

---

1   Das Forschungsprojekt entstand aus meinen praktischen Tätigkeiten in der außerschulischen Jugendarbeit. Dort habe ich die Erfahrung gemacht, dass Jugendliche, mit denen ich zusammen gearbeitet habe, zwar vielfältige Diskriminierungserfahrungen im Alltag machen und mit diesen

ligten Jugendlichen einen Raum anbietet, der nicht nur für mich, sondern auch für sie ein Ort des Forschen und der „Selbsterkundung" sein sollte und zugleich einen „Spielraum der Kritik" eröffnet, der für alle an der Forschung Beteiligten nutzbar sein sollte. Dieses Anliegen bringt, wie noch zu sehen sein wird, eine Vielzahl an Möglichkeiten und positiven Effekten mit sich, ist jedoch zugleich von ebenso vielen Herausforderungen und Ambivalenzen gekennzeichnet.

Einige dieser Ambivalenzen und Herausforderungen sind auf einer interpersonellen Ebene zu verorten, in dem Verhältnis zwischen mir als Wissenschaftlerin und Pädagogin und den teilnehmenden Jugendlichen. Das betrifft zum einen die mit verschiedenen Interessen verbundenen unterschiedlichen Rollen, die sowohl ich als auch die Jugendlichen in diesem Projekt einnahmen. Zum anderen zeigt sich eine nicht nur im Bereich der Migrations- und Rassismusforschung häufig anzutreffende Konstellation, in der ich als Forscherin ohne Migrations- und/oder Rassismuserfahrungen mit Menschen mit Migrations- und/oder Rassismuserfahrungen forsche.[2] Ein zentraler Aspekt sind hier vor allem die komplexen, ungleichen Machtverhältnisse, mit denen diese Konstellation einhergeht. Damit sind etwa Prozesse des Otherings und folglich die Reproduktion von Differenz, Zu- und Festschreibungen verbunden. Bereits die Tatsache, dass es in diesem Forschungsprojekt um Jugendliche geht, die Rassismuserfahrungen machen und im Alltag, in gesellschaftlichen Diskursen und in Interaktion folgenreich als „Andere" konstruiert und positioniert werden, beinhaltet Sprechen und Forschen über Differenz. Mit der Thematisierung von Differenz geht unvermeidbar auch das weitere Hervorbringen von Differenz – wenngleich in spezifischer Weise – einher. Dieses Dilemma lässt sich nicht gänzlich umgehen, jedoch sind Zu- und Festschreibungen, die die Jugendlichen wiederum homogenisieren, sie zu Vertreterinnen und Vertretern spezifischer sozialer Gruppen machen, die als Verweisungspraxen wirken oder ihre Individualität und Subjektivität verkennen, unbedingt zu vermeiden.

(sehr unterschiedlich) umgehen, in Schule und Jugendarbeit aber relativ wenig Gelegenheit haben, sich mit ihren Erfahrungen angemessen auseinanderzusetzen. Als Pädagogin hatte ich das Bestreben, den Jugendlichen einen Raum zur Verfügung zu stellen, in dem ein Austausch von Erfahrungen und Handlungsstrategien sowie gegenseitige Unterstützung potenziell möglich sind. Als Forscherin interessierte mich, wie die Erfahrungen der Jugendlichen, ihr Erleben von Diskriminierung sowie ihr Handeln und ihr Umgang mit Situationen, in denen sie mit kulturalisierenden, ethnisierenden oder auch religionisierenden Zuschreibungen, mit Verweisungen auf Positionen der Nicht-Zugehörigkeit konfrontiert sind, mit den gesellschaftlichen Bedingungen, welche ihre Lebenswelten in spezifischer Weise rahmen, zusammenhängen.

2   Mit dieser Konstellation sind spezifische Herausforderungen verbunden, auf die ich an anderer Stelle ausführlich eingegangen bin (vgl. Scharathow 2010; vgl. auch Mecheril 1999; Mecheril et al. 2003).

Des Weiteren kann zwischen mir, als relativ machtvoll sozial positionierter Forscherin, und den teilnehmenden Jugendlichen, als in Bezug auf Rassismus und Migration Marginalisierte, aber auch in Bezug auf die Rollenverteilung innerhalb der Forschung relativ machtarm Positionierte, ein Missverhältnis in den Repräsentationsmöglichkeiten konstatiert werden, das sich in den Möglichkeiten äußert, Gehör zu finden sowie sich und die eigenen Meinungen und Perspektiven hörbar zu präsentieren. Dieses Machtungleichgewicht spiegelt gesellschaftliche Verhältnisse wider und wird im Aufbau des Forschungsprojektes reproduziert.

Diese Verhältnisse, sozialen Positionierungen und die Bedeutungen, die die Teilnehmenden als Menschen und in ihren Rollen füreinander haben, sind grundlegender Teil des Forschungsprozesses und seiner Dynamik, keinesfalls haben sie jedoch determinierenden Einfluss auf Handlungspraxen. Vor dem Hintergrund gesellschaftlicher Ungleichheitsverhältnisse verlangt insbesondere eine in dieser Konstellation angelegte Forschung sowohl eine kritisch-reflexive Rekonstruktion der Bedeutungen, die diese Verhältnisse im Forschungsprozess jeweils spielen, als auch die Auseinandersetzung mit der Frage nach den möglichen Konsequenzen einer solchen Forschung und ihrer Ergebnisse. Dies gilt besonders in einem Feld, in dem jegliche Forschung immer auch politisch ist, wie Paul Mecheril bemerkt (vgl. Mecheril 1999: 242).

Im Mittelpunkt der folgenden Ausführungen wird die reflexive Betrachtung des gewählten Forschungssettings stehen. Diese Unternehmung der Reflexion eines Settings, in dem pädagogische und wissenschaftliche Auseinandersetzungen mit Rassismus stattfinden sollen und das zugleich wiederum in einen gesellschaftlichen Kontext eingelassen ist, der von Rassismen und rassistischen Strukturen durchzogen ist, geht mit dem Anliegen einher, eine möglichst rassismuskritische Forschung zu betreiben. Rassismuskritik stellt daher die „analytische" bzw. „kritische" Perspektive dar, mit der ich vor allem die positiven wie negativen Effekte des Forschungsprozesses sowie Möglichkeiten, Ambivalenzen und Herausforderungen des gewählten Settings reflektieren möchte.

Bedeutsame Aspekte einer rassismuskritischen Forschung sind für mich die bereits erwähnte Notwendigkeit der Reflexion von sozialen Positionierungen in Hinblick auf Interaktionsdynamiken und Produktivitäten im Forschungsprozess sowie die Überzeugung, dass die Perspektiven und Stimmen derjenigen, die von Rassismus in negativer Weise betroffen sind, Gehör finden müssen. Da ich hier aus einer relativ privilegierten Position „anstelle von" bzw. „für" jene spreche, die in diesem Kontext über wenig Repräsentationsmacht verfügen, wird an dieser Stelle sowohl die Verstricktheit des vorliegenden Projektes in rassistische Verhältnisse als auch die Notwendigkeit der diesbezüglichen Reflexivität in Bezug auf Macht- und Ungleichheitsverhältnisse offenbar. Unter einem Sprechen „für" verstehe ich jedoch nicht nur das Übernehmen einer Stellvertreterinnenposition, sondern auch ein Sprechen, das insofern parteilich ist, als es den Anspruch erhebt, rassistische Handlungsweisen, Strukturen und Verhältnisse als restriktivierende Ungleichheitsverhältnisse zu kritisieren, zu ihrem Abbau beizutragen und so ein „Mehr" an sozialer Gerechtigkeit anzustreben.

Der Anspruch, Kritik mittels Forschung zu betreiben, geht wiederum mit der Notwendigkeit einher, entsprechende forschungstheoretische und -methodologische Annäherungen an empirische Realität zu formulieren, die sowohl kritisches als auch interventionistisches Potenzial erkennen lassen. Diesbezüglich ist die Produktivität von Forschung ein zentraler Aspekt: Forschende und „Beforschte" bringen soziale Wirklichkeit, Bedeutungen und „Wissen" in Interaktion hervor, wobei die Forschungssubjekte und der gemeinsame Konstruktionsprozess in soziale Kontexte und gesellschaftliche Verhältnisse eingebettet sind (vgl. Blumer 2004/1996; Grossberg 1999). Ein Forschungsprojekt zu Diskriminierung und Rassismus, und ebenso die pädagogische Praxis in diesem Bereich, findet immer auch in von Diskriminierung und Rassismus geprägten ungleichen Machtverhältnissen statt, die den Forschungsprozess mitstrukturieren. Forschung in diesem Gegenstandsbereich ist damit eine Unternehmung, die in einem umkämpften Feld von Bedeutungen stattfindet und nicht umhin kommt, darin Position zu beziehen. Zugleich läuft sie beständig Gefahr, Aspekte dieser Ungleichheitsverhältnisse zu reproduzieren.

Aus einem Verständnis von Forschung als produktiv und Effekte generierend ergibt sich nicht nur, dass Forschen mit einer Sensibilität für diesbezügliche Herausforderungen einhergehen muss, sondern auch, dass potenziell anti-rassistische Möglichkeiten der Intervention in rassistische Verhältnisse vorhanden sind: Mittels Forschung lassen sich etablierte Bedeutungskonstruktionen hinterfragen, gegebenenfalls vervielfältigen und verschieben. Forschung kann zur Flexibilisierung und Durchlässigkeit starrer Kategorisierungen oder zur Etablierung „neuer" Inhalte beitragen, etwa durch das Hinzuziehen verschiedener Perspektiven. Forschungsprozesse, wie auch der von mir angestrebte gemeinsame Raum des Forschens, sind effektvolle, produktive Orte der Interaktion, des Aushandelns, des Präsentierens und des Definierens, und damit auch Räume des potenziellen Differenzierens, Kategorisierens, Festschreibens, Reproduzierens und Homogenisierens – aber eben auch des potenziellen Irritierens, Umdeutens, Neu-Ordnens und Verschiebens.

Das Anliegen des Projektes ist es, diese beiden miteinander verzahnten Aspekte zu verfolgen: sowohl das Erkenntnisinteresse bezüglich des Zusammenhangs von Manifestationen und Bedeutungen gesellschaftlicher Ungleichheits-verhältnisse in den Lebenswelten von Individuen und ihrem Handeln in diesen Verhältnissen, als auch das Suchen nach Möglichkeiten der Intervention in diese Verhältnisse. Die Verbindung der beiden Aspekte lässt sich verdeutlichen, indem die Wechselbeziehung zwischen sozialen Bedeutungen, verstanden als dynamisch und veränderbar sowie u. U. in engem Zusammenhang mit gesellschaftlichen Machtverhältnissen und -interessen stehend, und dem Handeln von Subjekten in den Fokus gerückt wird: Zum einen begründen Akteurinnen und Akteure ihr Handeln, indem sie auf Deutungen von Welt und damit auf soziale Bedeutungen bzw. auf ein soziales „Wissen" zurückgreifen, zum anderen beeinflussen sie mit ihrem Handeln aber auch soziale Bedeutungen, bringen soziales „Wissen" hervor und verändern oder verwerfen es.

Ausgehend von den Erfahrungen, Deutungen und Handlungsbegründungen der Jugendlichen in Bezug auf Rassismus geht es mir nicht nur darum, wie dies auch Vertreterinnen und Vertreter der British Cultural Studies betonen, ein „verstehendes" Erkenntnisinteresse zu verfolgen oder um die Produktion von Wissen, das in der Lage ist zu „erklären" oder zu einem „Verstehen" zu verhelfen, sondern um das Bereitstellen von Wissen, „das dazu beiträgt zu verstehen, dass und wie die Welt sich verändern lässt" (Grossberg 1999: 72); ein Wissen, das in der Lage ist, Menschen Möglichkeiten des Kritischen Denkens und Taktiken des Widerstandes zu vermitteln (vgl. Winter 2005: 205) und zu einem besseren Verständnis von konkreten Machtbeziehungen beizutragen. Damit ist zugleich die Überzeugung verbunden, dass Akteurinnen und Akteure als handlungsfähige Subjekte so besser in der Lage sind, „den konkreten Kontext und damit die Machtbeziehungen, in denen sie sich befinden, zu verändern" (Grossberg 1999: 55). Wissen als potenziell widerständige Ressource nutzbar zu machen, ist in den Cultural Studies zudem mit dem Ziel verschränkt, in den Kampf um Macht und Bedeutungen einzugreifen (vgl. Hall 1994), etwa indem etablierte Kategorien und Bedeutungskonstruktionen hinsichtlich ihrer Machtförmigkeit sowie nach den sie ermöglichenden Bedingungen hinterfragt werden (vgl. Hall 2000).

Mit diesen Überlegungen geht ein Subjektverständnis einher, das die Jugendlichen nicht als determiniert, sondern als handlungsfähig und an der Produktion von Bedeutungen und sozialer Wirklichkeit Beteiligte begreift. Subjekte sind demzufolge in doppelter Weise in soziale und gesellschaftliche Verhältnisse eingebunden: nämlich als unterworfene und unterwerfende Subjekte (vgl. Holzkamp 1990). Das bedeutet, dass ich die an der Forschung beteiligten Jugendlichen als im Rahmen ihrer Möglichkeiten handlungsfähig und mit Rassismus je begründet umgehend begreife. Sie sind in der Lage, sich zu ihm zu verhalten und sind

an der Aufrechterhaltung sozialer Bedeutungen und gesellschaftlicher Strukturen ebenso beteiligt, wie sie potenziell in der Lage sind, in spezifischem Maße
auf die ihr Handeln begrenzenden Bedingungen verändernd einzuwirken. Damit sind sie also nicht nur an Bedeutungsproduktion beteiligt, sondern zudem –
wenngleich nicht „beliebig" – in der Lage, die Bedingungen, die soziale Situationen rahmen, mitzugestalten und zu verändern (vgl. Holzkamp 1997: 391). Im
Gegensatz zu Tendenzen, wie sie in Untersuchungen im Kontext von Rassismus
und Migration auszumachen sind, in denen Menschen als „Andere" kategorisiert
und objektiviert werden, halte ich es für wesentlich, die Subjektivität der Jugendlichen, ihre je individuellen Einschätzungen, Meinungen und Handlungsstrategi-
en und vor allem ihre auf soziale Bedeutungen und Bedingungen verweisenden
subjektiven Begründungen für diese nicht nur wahr- und ernstzunehmen, sondern vor allem auch zur Geltung zu bringen.

Ein in dieser Weise auf den Untersuchungsgegenstand und die „zu Befor-
schenden" gerichteter Blick ermöglicht zum einen, die Gefahr der essentialisierenden und homogenisierenden Hervorbringung der „Anderen" als „Andere" – als
eine Voraussetzung für und Teil von Rassismus – ein Stück weit zu vermeiden.
Vielmehr wird versucht, der Reproduktion kategorisierender Zuschreibungen
ein kritisches Hinterfragen etablierter Konstruktionsinhalte entgegenzustellen,
indem ein oftmals individualisierender oder zu Individualisierungen neigender
Blick zu Gunsten eines analysierenden Blickes ersetzt wird, der Machtverhältnisse und gesellschaftliche Strukturen sowie das spezifische, wechselseitige Verhältnis zwischen handlungsfähigem Subjekt und objektiven Bedingungen kritisch
fokussiert. Damit unterstützt eine solche Forschungsperspektive einen zentralen,
bereits genannten Aspekt kritischer Rassismusforschung: Nämlich die Frage nach
den Bedingungen, die die Handlungsmöglichkeiten von Menschen – in diesem
Fall jene der an dem Forschungsprojekt beteiligten Jugendlichen – behindern, und
den Möglichkeiten der Einflussnahme darauf. Außerdem beinhaltet Forschung,
die einem in dieser Weise definierten Subjektbegriff folgt, insofern ein interventionistisches Potenzial, als Forschung es den Beteiligten auch ermöglicht, die Reflexion der je eigenen Subjektposition und der doppelten Handlungsmöglichkeit
anzustoßen bzw. zu unterstützen. Das Fragen nach und die Reflexion von sub-
jektivem Sinn von Handlungen, von Begründungen und den mit diesen in Zusammenhang stehenden sozialen und gesellschaftlichen Bedingungen, halte ich
für eine Möglichkeit, in einem Forschungskontext gemeinsam über das je eigene Handeln, die eigenen Möglichkeiten begrenzenden, restriktiven sowie ermöglichenden Bedingungen nachzudenken, das Erkennen dieser zu verstärken und
nach Möglichkeiten der Einflussnahme auf sie zu fragen, um so die Handlungs-

fähigkeiten und -spielräume der an Forschung Beteiligten zu erweitern. Ansätzen der Kritischen Psychologie folgend geht es also um die Analyse des (eigenen) Handelns unter restriktiven Bedingungen und der Erweiterung der Möglichkeiten, auf diese Bedingungen – gemeinsam mit anderen – verändernd einzuwirken (vgl. Holzkamp 1983).

Kritische Rassismusforschung ist ein ambivalentes, komplexes und herausforderndes Unterfangen. Die im Hinblick auf den rassismuskritischen Forschungsanspruch „positiven", also „gewünschten" Effekte (diskursive Einflussnahme auf Rassismus und Ungleichheit ermöglichende und legitimierende Bedeutungskonstruktionen, Ausweiten von Handlungsmöglichkeiten in restriktiven Verhältnissen) und solche Effekte, die aus dieser Perspektive zu kritisieren sind, die als „unintendierte" oder kontraproduktive Konsequenzen auftreten (Reproduktion von Ungleichheitsverhältnissen sowie restriktiv wirkenden Bedeutungen und Strukturen), stehen dabei in einem ambivalenten Verhältnis zueinander und sind in der Forschungspraxis wohl kaum gänzlich voneinander zu trennen.

Umsetzungsversuch Forschungswerkstatt

Vor dem Hintergrund des geschilderten forschungspraktischen Hintergrundes, der ausgeführten theoretischen Rahmungen und der methodologischen Implikationen habe ich ein Forschungsdesign konzipiert, mit dem ich das Anliegen verfolge, eine rassismuskritische und intervenierende Studie durchzuführen. Im Folgenden möchte ich mich auf einen Teil der Datenerhebungssituation als Element dieses Forschungsdesigns konzentrieren: die Forschungswerkstatt. In der Beschreibung einiger Aspekte und Einblicke in Inhalte und Ergebnisse, vor allem aber einiger Ambivalenzen und Widersprüchlichkeiten, werden konkrete Herausforderungen sichtbar.

Gemeinsam mit einem Kollegen und einer Kollegin aus der Jugendarbeit habe ich die Jugendlichen, die ich aus der außerschulischen Jugend- und Bildungsarbeit bereits gut kannte, zu einer mehrtägigen Forschungswerkstatt eingeladen. An einem langen Wochenende mit Seminarcharakter sollte nach Erfahrungen mit Diskriminierung, nach Begründungen für Ausgrenzung und nach Handlungstaktiken und Handlungsbegründungen geforscht werden. In diesem Rahmen und unter Zuhilfenahme pädagogischer Methoden, die Reflexionen und Diskussionen anregen sowie strukturieren sollten, wurden in Gruppendiskussionen und Plenumsgesprächen sowie teilnehmender und offener, nicht-teilnehmender Beobachtung Daten erhoben. Bezugnehmend auf Themen und Erzählungen aus der Forschungswerkstatt habe ich im Anschluss mit allen Teilnehmenden Einzelinterviews geführt.

Die Ankündigung und der Einstieg in die gemeinsame Seminar- und Forschungsarbeit waren so gestaltet, dass alle Formen von Diskriminierungs- und
Ausgrenzungserfahrungen als relevante Themen möglicher Gegenstand von Übungen, Reflexionen und Diskussionen sein konnten. Es wurde jedoch schnell deutlich, dass Erfahrungen mit Rassismus und verweigerter Zugehörigkeit aufgrund
des Identifiziertwerdens als „Ausländer" oder „Ausländerin", als vermeintlich
kulturell, ethnisch, religiös oder national „Andere" und „Anderer" die Themen
der Jugendlichen dominierten. Und zwar vornehmlich auf einer interaktiven Ebene, wenngleich auch strukturelle Rassismen, wie etwa aufenthaltsrechtliche Bestimmungen oder die Anerkennung von Berufsausbildungen der Eltern, durchaus eine Rolle spielten.[3] Es wurde zudem deutlich, dass in ihren Lebenswelten
und alltäglichen Erfahrungen Rassismen und Otheringprozesse häufig auf sehr
subtile, schwer zu beschreibende Weise und in widersprüchlichen, ambivalenten
Verhältnissen zur Entfaltung kommen. So wurden entsprechende Erlebnisse z. B.
häufig nicht als Rassismus oder Diskriminierung bezeichnet oder waren in Konstellationen gefühlter Zugehörigkeit und gleichzeitiger Ausgrenzungserfahrung
auszumachen. Mehrere Jugendliche erklärten, dass sie sich in ihrer Schulklasse
zugehörig und wohl fühlten. An anderer Stelle berichteten sie jedoch auch von
stigmatisierenden Zuschreibungen und Abwertungen sowie von Situationen, in
denen sie rassistische Ausgrenzung von eben jenen Mitschülerinnen und Mitschü-
lern erfahren haben. Deutlich wurde auch, dass einige Jugendliche Erfahrungen
dieser Art als „normal" und unproblematisch akzeptieren, während sie von anderen als alltägliche Ausgrenzung erlebt werden. So gab es zum Beispiel unterschiedliche Perspektiven und Meinungen zu der Tatsache, dass der eigene Name
außerhalb der Familie zu einem anderen wird: Weil sich dieser – angeblich – nicht
aussprechen ließe und „eingedeutscht" wird, weil entweder die vermeintliche Un-
fähigkeit des korrekten Aussprechens oder aber die mit einem „fremden" Namen
einhergehende Diskriminierung und Benachteiligung – etwa auf dem Arbeitsmarkt – bereits antizipiert und sich von vornherein mit einem deutschen Äquiva-
lent des eigenen Namens vorgestellt wird, oder weil der eigene Name zu einem
anderen Namen wird, weil dieser bei der Ankunft in Deutschland auf dem Amt
nicht richtig geschrieben wurde.

In vielen Fällen sind die Perspektiven der Jugendlichen auf „Besonderun-
gen" auch von Widersprüchlichkeiten begleitet. So gaben Jugendliche an, dass

---

3   Dass vor allem Rassismus zur Sprache kam, führe ich auch auf die Zusammensetzung der Gruppe
     zurück, in der Jugendliche aufeinandertrafen, denen diesbezügliche Erfahrungen gemeinsam
     waren, während sie sich in anderer Hinsicht – etwa in Bezug auf Geschlecht – heterogener
     zusammensetzte. In geschlechtergetrennten Kleingruppenphasen kamen, vor allem in der
     Mädchengruppe, auch geschlechtsspezifische Diskriminierungserfahrungen zum Ausdruck.

sie das ständige Gefragt-Werden nach ihrer Herkunft, Religion, Kultur etc. nicht nur „nerven" würde, sondern dass sie dies auch als ausgrenzende Besonderung empfinden, die in vielen Fällen zudem mit Negativzuschreibungen verbunden ist. Die sich wiederholende – implizite und explizite – Aufforderung, Auskunft zu vermeintlichen kulturellen, religiösen oder auch genderspezifisch religiösen Differenzen zu geben, ist Teil von in ihrem Alltag stattfindenden Otheringprozessen. Das Sprechen (müssen) darüber wird von Einzelnen als Unterstützung eines solchen Prozesses der Abgrenzung und der Ausgrenzung empfunden. Eine Teilnehmerin sprach in diesem Zusammenhang gar von „Selbstausgrenzung". In bestimmten Situationen wird dieses Sprechen jedoch zugleich auch als Möglichkeit von Widerständigkeit wahrgenommen, als Option gegen stereotype Zuschreibungen zu argumentieren und, wie von verschiedenen Jugendlichen betont wurde, zu „zeigen wie es wirklich ist". In diesen Fällen wird der Versuch unternommen, ein weithin akzeptiertes, „normalisiertes" Wissen bzw. soziale Bedeutungen, die mit (unterstellten) Zugehörigkeiten der Jugendlichen einhergehen, zu de-legitimieren.

Im Mittelpunkt der Kritik an und ihrer Erklärungen für Rassismus standen für die Jugendlichen Zuschreibungen und Bilder, ein weit verbreitetes „falsches Wissen" aufgrund dessen Menschen dann diskriminierend und rassistisch handeln würden. Konkret angeklagt wurden vor allem die Medien, die diese verbreiten würden, häufig aber auch Personen (z. B. Lehrerinnen und Lehrer oder Türsteher in Diskotheken). Deutlich schwerer fiel es ihnen, Strukturen als Ursachen für ungleiche Möglichkeiten zu identifizieren, z. B. Bildungsbenachteiligung nicht als individuelles Scheitern oder als ausschließliche Folge von ungerecht oder rassistisch handelnden Lehrerinnen und Lehrern zu interpretieren.

Nach Auskunft der Jugendlichen war die Werkstatt eine für sie wichtige, zum Teil auch die erste Möglichkeit, über ihre Erfahrungen ernsthaft zu sprechen, sich intensiv auszutauschen und sich gegenseitig „beraten" und unterstützen zu können, von den Erfahrungen und Perspektiven anderer zu hören und zu erkennen, dass es sich bei den eigenen Erfahrungen trotz aller Unterschiedlichkeit des Erlebens und Handelns keineswegs um zu individualisierende Probleme handelt, und um Einschätzungen durchaus auch kontrovers zu diskutieren. Während der Werkstatt, in der Auswertung des Wochenendes sowie in den anschließenden Interviews wurde dies immer wieder deutlich.

Das gemeinsame Wochenende stellte einen Raum zur Verfügung, den die Jugendlichen als Möglichkeit des Austausches nutzten und mit dem viele positive, empowernde und solidarisierende Effekte einhergingen. Zentral war meines Erachtens die Erfahrung, dass andere nicht nur Ähnliches erlebt haben, sondern dass rassistische und diskriminierende Erfahrungen sowie damit einhergehende

Verletzungen ernst genommen und keineswegs als individuelle Schwäche gedeutet wurden, für die Einzelne selbst die Verantwortung zu tragen haben. Im Gegenteil, maßgeblich war die Erkenntnis, dass alle Jugendlichen in der Gruppe von stereotypisierenden und homogenisierenden Zuschreibungen, von selbstverständlich erscheinenden Bedingungen und vermeintlichen „Normalitäten" in ähnlicher Weise negativ betroffen sind oder es schon einmal waren. Die Deutlichkeit, mit der die Jugendlichen eben diese verurteilten, und nicht die Einzelnen (ihre vermeintlich zu große Sensibilität, ihr „Falschverstehen", Deuten oder ihren Umgang mit Erfahrungen oder Situationen) zu kritisieren, trug zu einer gewissen Solidarisierung und Politisierung bei. Mit den Auseinandersetzungen waren Prozesse der Reflexion, der (Selbst-)Erkenntnis und auch ein gesteigertes Selbst-Bewusstsein verbunden. Dies zeigte sich zum einen in der Einnahme eines von anderen anerkannten, eigenen Standpunktes und in der akzeptierten Vieldeutigkeit genutzter Selbst-Beschreibungen, im Gegensatz zur alltäglich erfahrenen Aufforderung, sich eindeutig zu positionieren bzw. eindeutig positioniert zu werden (sich also akzeptiert als deutsch *und* kosovo-albanisch beschreiben zu können statt in solchen „Bindestrich-Identitäten" hinterfragt und zu Entweder-oder-Entscheidungen aufgefordert zu werden). Zum anderen zeigte sich der Effekt der Werkstatt im Benennen derselben, so äußerte eine Teilnehmerin in der Auswertung auf die Frage, was sie aus dem Wochenende mitnehmen würde: dass sie „keine Ausländerin" sei; was ich durchaus als eine Form der Entfaltung von kritischem Potenzial innerhalb der Forschungswerkstatt beschreiben würde.

Ein weiteres Produkt unserer Auseinandersetzungen waren der Wunsch sowie Ideen der Jugendlichen, gegen Rassismus und Diskriminierung aktiv zu werden und also das Entwickeln weiterer widerständiger Praxen. Ein konkretes Resultat der Forschungswerkstatt war in diesem Zusammenhang das Drehen eines Dokumentarfilms, in dem einige der Jugendlichen sich in ihrem Alltag und mit ihren Meinungen und Erfahrungen zum Thema Diskriminierung präsentieren. Der Film ist sowohl Teil als auch Produkt der Auseinandersetzungen und vor allem auch als ein Instrument der Kritik und der Handlungsfähigkeit der Jugendlichen zu betrachten, mit dem sie offensiv an die Öffentlichkeit gehen, sich und ihre Perspektiven präsentieren und auf diese Weise einen Beitrag zu Diskursen leisten, in denen in der Regel über sie gesprochen wird, sie selbst aber kaum zu Wort kommen, ihre Perspektiven nur selten Gehör finden (vgl. ausführlich Scharathow/Leiprecht 2011).

Ein Setting, das in dieser Weise versucht (pädagogische) Räume der Reflexion, Selbsterkundung und Selbstpräsentation mit Forschung, mit der Erhebung von Daten und den mit dieser einhergehenden Interessen zu verbinden und als

„Spielräume der Kritik " nutzbar zu machen, ist selbstredend nicht frei von Herausforderungen und Ambivalenzen, die ich nicht ohne Unbehagen wahrnehme. Bei dem beschriebenen Projekt handelt es sich zwar um einen in meinen Augen recht gelungenen Versuch ein Forschungssetting zu arrangieren, das nicht nur die Erhebung von Daten und das mit der Forschung verbundene Erkenntnisinteresse in den Mittelpunkt der Aufmerksamkeit stellt, sondern auch die Prozesse, Interessen und Bedürfnisse der an dem Projekt beteiligten Jugendlichen als relevanten Teil von Forschung ernst nimmt. Sowohl auf einer erkenntnispolitischen als auch auf einer teilnehmendenzentrierten Ebene verfolgt es das Anliegen, zu den oben beschriebenen positiven und kritisch-interventionistischen Effekten beizutragen. Jedoch gilt sowohl vor dem Hintergrund eines Verständnisses von Erkenntnisproduktion als Prozess bedingungsgerahmter, interaktiver Konstruktion als auch vor dem Hintergrund der Überzeugung, dass weder Pädagogik noch Wissenschaft im Gegenstandsbereich Rassismus nicht politisch sein können, die Prozesse und Interaktionen des Forschungsprojektes zu reflektieren.

Reflexionen

Die folgenden Reflexionen beziehen sich beispielhaft auf Einflüsse und Wechselwirkungen, die mit der doppelten Funktion des Raumes als pädagogisches, an den Jugendlichen orientiertes Setting und als an meinen Erkenntnisinteressen orientiertes Forschungs- und Datenerhebungssetting einhergehen. Auch die persönliche Beziehung zwischen den teilnehmenden Jugendlichen und mir rahmt die Forschungswerkstatt und die Datenerhebung und verdient reflexive Aufmerksamkeit.

So war die aufgrund der Zusammenarbeit in anderen pädagogischen Projekten bereits vorhandene Vertrauensbeziehung meiner Meinung nach eine unbedingt notwendige Voraussetzung für eine in dieser Weise konstruierte Forschungswerkstatt, insbesondere vor dem Hintergrund der sehr persönlichen Thematik und der Tatsache, dass ich, im Gegensatz zu den Jugendlichen, in Deutschland keine Rassismuserfahrungen machen muss. Zugleich nimmt diese Konstellation aber auch spezifischen Einfluss auf die Interaktion.

Einflüsse, die mit diesen Aspekten in Zusammenhang stehen, lassen sich u. a. in der Motivation erkennen, mit der die Jugendlichen an der Forschungswerkstatt teilnahmen und sich im Prozess einbrachten. So wurde in der Auswertung der Forschungswerkstatt von mehreren Jugendlichen geäußert, dass sie ursprünglich auch deshalb an der Werkstatt teilnehmen wollten, weil sie mir helfen und mich bei meiner Forschungsarbeit unterstützen wollten. Diese Idee des Unterstützen-Wollens, möglicherweise auch in Kombination mit einer Verunsicherung durch

das Arrangement der Forschungswerkstatt als ein Raum der doppelten Funktion, ging zum Teil einher mit dem Bedürfnis, etwaige Erwartungen – von denen
sie vermuteten, dass ich sie hätte – erfüllen zu wollen und „alles richtig zu machen". So wurde ich z. B. von zwei Teilnehmenden gefragt, ob das, was sie machten, denn alles so richtig sei, ob sie mir wirklich weiterhelfen würden. Eine andere Teilnehmerin fragte in der Abschlussrunde, ob sie die Erwartungen erfüllt
hätten. Die Tatsache, dass die Teilnehmenden selbstverständlich darum wissen,
dass Gesagtes und Beobachtetes eben nicht nur Äußerungen und Diskussions-
punkte zur „Selbsterkundung" sind, sondern zugleich zentrale Daten einer Forschungsarbeit darstellen, muss als einflussnehmender Faktor festgehalten werden.
Sehr deutlich hat eine Teilnehmerin die Hoffnung und Erwartung geäußert, dass
– quasi im Sinne des Themas dieses Bandes – „Migrationsforschung als Kritik"
wirksam werden und entsprechende Effekte generieren könnte. Auf die Äußerung
eines Teilnehmers, dass man nichts dagegen unternehmen könne, wenn „kriminelle Ausländer" zum Thema von Wahlkämpfen gemacht werden, entgegnet sie:

> Klar kann man was machen! So zum Beispiel wie Wiebke jetzt. Die schreibt eine Doktorar-
> beit und auch ein Buch. Und das lesen dann … das liest dann vielleicht nicht ganz Deutsch-
> land, aber ein Teil und vielleicht merken die Leute das dann mal. [...] Man kann ja ruhig auch
> zeigen, dass wir nicht alle so sind.

Vor dem Hintergrund dieser Szene kann die Motivation einiger Jugendlicher, mich
zu unterstützen, nun auf unterschiedliche Weise gelesen werden. Etwas polemisch
ließe sich formulieren, dass der von einigen geäußerte „Unterstützungswunsch"
sowohl altruistische als auch egoistische Begründungsfacetten haben kann: nämlich ein Unterstützen „mir zuliebe", für mein individuelles Vorhaben, eine Dissertation zu verfertigen, und ein Unterstützen im eigenen Interesse, wonach ihnen
eine Dissertation als Vorhaben wichtig erscheint, das als Sprachrohr und Medium besser und mächtiger als sie selbst in der Lage ist, zu „zeigen, dass wir nicht
alle so sind". Filiz macht in dieser Situation deutlich, welche Erwartungen sie an
mich und meine Forschung stellt und welche Hoffnungen sie damit verbindet. Ein
Aspekt ihrer Motivation zur Teilnahme an der Forschung(swerkstatt), so lässt sich
vermuten, ist auch die Absicht, diese als „Sprachrohr" und Interventionsmöglich-
keit zu nutzen. Mit ihrer Aussage übergibt sie mir in gewisser Weise einen „Auf-
trag", nämlich „etwas gegen Rassismus zu machen". Sie unterstellt mir die dafür notwendige Kompetenz und überträgt mir die Verantwortung, quasi in ihrem
Sinne zu sprechen; in der Hoffnung, dass auf diese Weise intervenierend, soziale
Wissenskonstruktionen verändernd in Diskurse eingegriffen werden kann. Über
wenig Repräsentationsmacht im migrationsgesellschaftlichen Diskurs verfügend
„beauftragt" Filiz mich als eine Sprecherin, von der sie denkt, dass diese als Teil

des von ihr als machtvoll wahrgenommenen Sprechapparats „Wissenschaft" ungleich mehr Gehör findet, indem sie mich bei meiner wissenschaftlichen Arbeit
zu Diskriminierungserfahrungen und Perspektiven Jugendlicher unterstützt. Unter dem Aspekt der Handlungsfähigkeit und der Taktiken des Umgangs mit Rassismus kann hier also auch darüber nachgedacht werden, inwiefern Jugendliche
die Forschungswerkstatt taktisch klug nutzten, um gegen Rassismus zu handeln.

Mit diesen Beispielen sind sowohl Fragen nach den unterschiedlichen, zum
Teil auch Herausforderungen generierenden Interessen, die mit der Forschungswerkstatt verbunden sind, gestellt, als auch solche nach den in einer solchen Forschung steckenden ungleichen Macht- und Repräsentationsverhältnissen: In wessen Interessen und zu wessen Nutzen findet Forschung statt? Wer „hilft" hier
wem? Wer funktionalisiert wen wofür in welcher Weise? Wer spricht wie für wen
in wessen und welcher Absicht?

Mit Forschung sind vielfältige Perspektiven und Interessen verbunden, die
jedoch nicht „gleichwertig" nebeneinanderstehen, sondern mit unterschiedlich
viel (Durchsetzungs-)Macht einhergehen. Qua meiner Rollen als Pädagogin und
Forscherin sowie als Leiterin und Organisatorin der Forschungswerkstatt, zudem als erwachsene Frau, die keine Rassismuserfahrungen machen muss, bin
ich es, die in der Regel relativ machtvoll Entscheidungen treffen kann. Zwar sind
auch die Jugendlichen handlungsfähig und bestimmen Abläufe und Dynamiken
in entscheidendem Maße mit, nehmen auch sie in diesem gemeinsamen Prozess
unterschiedliche Rollen ein, mit denen sowohl unterschiedliche Interessen, als
auch unterschiedliche soziale Positionen verbunden sind – etwa als Teilnehmende an einem Forschungsprojekt, als Teilnehmende an einer „Wochenendfahrt",
als junge Männer und junge Frauen. Jedoch bleibt ein Missverhältnis etwa bezüglich der Repräsentationsmacht zwischen mir und den Jugendlichen bestehen.
Auch diese Rollen und sozialen Positionierungen sowie die mit ihnen verbundenen Privilegien und Begrenzungen bzw. die Verhältnisse zwischen den an der
Forschung Beteiligten nehmen Einfluss auf Interaktionen, die es zu reflektieren
und zu rekonstruieren gilt.

Des Weiteren kann vor dem Hintergrund des Gegenstandes und der beschriebenen Konstellationen auch der durchaus mit Bedacht gewählte Forschungsrahmen
nicht verhindern, dass gesellschaftliche Machtverhältnisse reproduziert werden. So
wiederholt sich etwa das von Jugendlichen beschriebene Dilemma des Sprechens
über Differenz: Auf der einen Seite ist dieses Sprechen als Teil von Otheringprozessen zu beschreiben und wird von einer Jugendlichen sogar als „Selbstausgrenzung" erlebt. Zum anderen wird das Sprechen über Differenz und Ungleichheit
aber auch als mögliche widerständige Praxis mit dem Ziel des Differenzierens,

Verschiebens, Hinterfragens und Neubestimmens wahrgenommen und genutzt. Diese Ambivalenz ist Teil der Forschung zu Differenz und Ungleichheit. Sie ist und war Bestandteil der Forschungswerkstatt, des Dokumentarfilms und auch des vorliegenden Beitrags. Im Sprechen, Forschen und Schreiben zu Differenz wiederholt sich die Differenzierung. Auch wenn der Fokus jenen Verhältnissen und Bedingungen gilt, die spezifische Erfahrungen, Deutungen und Handlungsweisen erst ermöglichen und also gewissermaßen (mit-)produzieren, so sind subjektive Erfahrungen, Deutungen und Handlungsbegründungen als Ausgangspunkte der Rekonstruktion der subjektiven Bedeutsamkeit und damit des Wirksamwerdens von gesellschaftlichen Verhältnissen doch nicht zu vernachlässigen. Einher geht dies – auch hier – wiederum mit der Hervorbringung von Menschen – in diesem Fall von Jugendlichen mit Migrations- und/oder Rassismuserfahrungen – als „Andere". Allerdings, und das ist meines Erachtens ein relevanter Unterschied und kann als Ziel einer kritischen Migrations- und Rassismusforschung beschrieben werden, keineswegs als Anders-*Seiende*, sondern als Anders-*Erfahrende*, die die vorherrschende von einer vermeintlichen, spezifisch deutschen Homogenität gekennzeichnete „Normalität" in spezifischer Weise, nämlich als vielfältig restriktiv, beschränkend und diskriminierend erleben – im Gegensatz zu jenen, für die eben diese Normalität vor allem mit weitgehend unsichtbar bleibenden Privilegien einhergeht, mit einer selbstverständlich erscheinenden Normalität der Verhältnisse, die für sie nicht in gleicher Weise problematisch wird, wie für die als „anders" positionierten und als abweichend konstruierten. Keineswegs, und auch das zählt zu den Herausforderungen einer Forschung in diesem Gegenstandsbereich, darf jedoch der Eindruck entstehen, als handle es sich hier um zwei mehr oder weniger homogene und deutlich von einander abzugrenzende Gruppen: Jene der Dominanten und jene der Dominierten, der Mächtigen und der Machtlosen, der Täter und der Opfer. Die eingenommenen sozialen Positionierungen, etwa im Hinblick auf weitere Differenzkategorien, sind ebenso vielschichtig wie etwa Erfahrungen, Persönlichkeiten und entwickelte Taktiken einzelner Menschen. Und in Abhängigkeit von je konkreten Kontexten führt das Zusammenspiel verschiedener einflussnehmender Faktoren zu je spezifischen Deutungen, Handlungsweisen und auch Ambivalenzen.

Fazit

Gerade eine Forschung, die versucht kritisch gegenüber bestehenden Ungleichheitsverhältnissen zu sein, kommt nicht ohne Ambivalenzen und Dilemmata aus, die es – kritisch – zu reflektieren gilt. Und dennoch, trotz aller Widersprüchlich-

keiten und Herausforderungen, möchte ich behaupten, dass sich in Forschung auch
jenseits erkenntnispolitischer kritischer Effekte – Spielräume der Kritik und Interventionsmöglichkeiten eröffnen lassen; etwa indem bereits in der konkreten
Arbeit mit den an Forschung Beteiligten eine Praxis der gemeinsamen Reflexion
von Bedingungen und Handlungsspielräumen realisiert wird, wodurch sich durchaus auch widerständige Effekte von Forschung ergeben können.

Dazu ist es notwendig, dass die an Forschung direkt Beteiligten als handlungsfähige Subjekte ernst genommen werden und ausgehend von ihrem Standpunkt vor allem auf das ambivalente Verhältnis von gesellschaftlichen bzw. sozialen Bedingungen und individuellem Handeln und Deuten Bezug genommen wird.
Eine solche Forschung muss sich bemühen, durch ein entsprechendes Vorgehen
und Arrangement Räume der Selbsterkundung und Selbstrepräsentation für die
Beteiligten zu öffnen, in denen widerständige Praxen und Handlungsmöglichkeiten entwickelt werden können, *ohne* die Verantwortung für gesellschaftliche Ungleichheitsverhältnisse und ihre Veränderung den Teilnehmenden zuzuschreiben.

Für die Konzeption des Forschungsdesigns bis zur Interpretation der Daten
und der Darstellung der Ergebnisse trägt letztlich die oder der Forschende die Verantwortung. Und zwar auch dann, wenn die an der Forschung beteiligten Subjekte im Prozess der Datenerhebung als ebenfalls Forschende betrachtet werden. Ein
kritisches Potenzial des beschriebenen Forschungssettings ist meiner Meinung
nach durchaus auch im Initiieren oder Verstärken von Prozessen von Empowerment und Selbstermächtigung sowie von Solidarität und Unterstützung zu sehen,
wie sie als Effekte auf der Ebene der teilnehmenden Gruppe zu beobachten waren.

Unerlässlich ist zum einen die Reflexion der eigenen Verstricktheiten der
oder des Forschenden hinsichtlich der sozialen Positionierungen, gesellschaftlicher Machtverhältnisse, verschiedener (pädagogischer, wissenschaftlicher oder
politischer) Interessen sowie im Verhältnis zu den an der Forschung Beteiligten.
Zum anderen ist vor allem die sorgfältige Rekonstruktion der damit (unter Um-
ständen) einhergehenden Einflussnahmen auf Co-Konstruktionen wie etwa Er-
hebungssituationen und Ergebnisproduktionen unabdingbar.

Literatur

Blumer, Herbert (1969/2004). Der methodologische Standort des symbolischen Interaktionismus, in: *Strübing*, Jörg/*Schnettler*, Bernt (Hg.): Methodologie interpretativer Sozialforschung. Klassische Grundlagentexte, Konstanz, 321–385.

Grossberg, Lawrence (1999). Was sind Cultural Studies? in: *Hörning*, Karl H./*Winter*, Rainer (Hg.): Widerspenstige Kulturen. Cultural Studies als Herausforderung, Frankfurt am Main, 43–83.

Hall, Stuart (1994). Rassismus und kulturelle Identität, Argument-Sonderband, 226. Hamburg.

Hall, Stuart (2000). Postmoderne und Artikulation. Ein Interview mit Stuart Hall. Zusammengestellt von Lawrence Grossberg, in: *Hall*, Stuart (Hg.): Cultural Studies. Ein politisches Theorieprojekt. Hamburg, 52–77.

Holzkamp, Klaus (1983). Grundlegung der Psychologie, Frankfurt.

Holzkamp, Klaus (1990). Worauf bezieht sich das Begriffspaar „restriktive/verallgemeinerte Handlungsfähigkeit"? Zu Maretzkys vorstehenden „Anmerkungen", in: *Holzkamp*, Klaus (Hg.): Selbstbestimmung und Methode, Kontroverse um Handlungsfähigkeit, Forschung – Praxis – Politik. Hamburg, 35–45.

Markard, Morus (2000). Kritische Psychologie: Methodik vom Standpunkt des Subjekts. in: Forum Qualitative Sozialforschung/Forum: Qualitative Social Research, 1(2), Art. 19, Internet: http://nbn-resolving.de/urn:nbn:de:0114-fqs0002196. (Recherchedatum 25.07.2011)

Mecheril, Paul (1999). Wer spricht für wen? Gedanken zu einer Methodologie des (re-)konstruktiven Umgangs mit dem Anderen der Anderen, in: *Bukow*, Wolf-Dietrich/*Ottersbach, Markus* (Hg.): Der Fundamentalismusverdacht. Plädoyer für eine Neuorientierung der Forschung im Umgang mit allochthonen Jugendlichen, Opladen, 231–266.

Mecheril, Paul (2004). Einführung in die Migrationspädagogik. Weinheim, Basel.

Mecheril, Paul/*Scherschel*, Karin/*Schrödter*, Mark (2003). „Ich möchte halt von dir wissen, wie es ist, du zu sein". Die Wiederholung der alinierenden Zuschreibung durch qualitative Forschung, in: *Badawia*, Tarek/*Hamburger, Franz*/*Hummrich*, Merle (Hg.): Wider die Ethnisierung einer Generation. Beiträge zur qualitativen Migrationsforschung, Frankfurt am Main, 93–110.

Melter, Claus (2006). Rassismuserfahrungen in der Jugendhilfe. Eine empirische Studie zu Kommunikationspraxen in der Sozialen Arbeit, Münster.

Scharathow, Wiebke (2010). Vom Objekt zum Subjekt. Über erforderliche Reflexionen in der Migrations- und Rassismusforschung, in: *Mecheril*, Paul/*Broden*, Anne (Hg.): Rassismus bildet. Bildungswissenschaftliche Beiträge zu Normalisierung und Subjektivierung in der Migrationsgesellschaft, Bielefeld, 87–111.

Scharathow, Wiebke/*Leiprecht*, Rudolf (2011). „Wenn die mir gar nicht zuhören wollen..." Ein eigener Dokumentarfilm als Medium von Forschung und Bildungsarbeit zu Rassismus und Diskriminierungserfahrungen von Jugendlichen, in: *Leiprecht*, Rudolf (Hg.): Diversitätsbewusste Sozialpädagogik, Schwalbach/Ts., 109–133.

Scherr, Albert (2006). Bildung, in: *Dollinger*, Bernd/*Raithel*, Jürgen (Hg.): Aktivierende Sozialpädagogik. Ein kritisches Glossar, Wiesbaden, 51–64.

Postmigrantische Verortungspraktiken: Ethnische Mythen irritieren

Erol Yıldız

Im Mittelpunkt des Beitrags stehen vor allem MigrantInnen der zweiten und dritten Generation, die den Migrationsprozess nicht selbst erfahren haben, sich in ihrem Alltag und in ihren Lebensentwürfen aber damit auseinandersetzen. Es sind „postmigrantische" Rekonstruktionen und Strategien, in denen Zwischenräume, Überschneidungen und simultane Zugehörigkeiten den Blick auf eine neue „Dynamik der Enträumlichung" richten und ein anderes Verständnis von Migration herausfordern. Konkrete biographische Beispiele von Jugendlichen zeigen, dass ihre Verortungspraktiken weit über das Lokale hinausreichen und die nationalen Denkmuster in Frage stellen.

Einleitung

Die Gleichzeitigkeit von Globalisierung und lokaler Diversifizierung lässt den nationalstaatlichen Rahmen fraglich werden. Wir sehen uns im Alltag zunehmend mit einer mobilen Vielfalt, bewegten Mehrfachzugehörigkeiten und unendlichen Widersprüchen konfrontiert, die uns neue Möglichkeiten für eine flexible Verortung unserer Lebensentwürfe eröffnen.

So wird das Alltagsleben in einer globalisierten Welt zu einem Experimentier- und damit zu einem *Lernfeld.* Ohne geographische und mentale Bewegung von Menschen wären solche Entwicklungen kaum denkbar. Gerade Mobilität in Form von Migration hat wesentlich dazu beigetragen. Auch das Postmigrantische, um das es hier geht, ist eine Art von Bewegung und zeigt, wie die zweite und dritte MigrantInnengeneration, die selbst nicht über Migrationserfahrungen verfügt, auf unterschiedliche Art und Weise neue Verortungspraktiken vor Ort entwickelt. In der Auseinandersetzung mit der Migrationsgeschichte ihrer Eltern und den gesellschaftlichen Bedingungen, unter denen sie leben, schaffen diese Jugendlichen ihre eigenen Zwischen-Räume, die verschiedene Bedeutungen integrieren, neue Zugehörigkeiten und Lebensentwürfe hervorbringen und auf natio-

nale Mythen provokativ wirken. So werden die von außen als desintegrativ wahrgenommenen Verortungen als konstitutiv für die kritische Migrationsforschung
und als kreative Potenziale im Zeichen globaler Öffnungsprozesse interpretiert.

Öffnung der Orte zur Welt als gesellschaftliche Herausforderung

Durch Migration und deren Folgen entstehen neue Bindungen und Vernetzungen,
die automatisch verschiedene Orte miteinander verbinden, neue Räume schaffen
und somit auch transformieren.

Das Phänomen Migration, das den Mythos der Sesshaftigkeit in Frage stellt,
ist ein Beleg dafür, wie neue Raumvorstellungen und Lebenskonstruktionen erzeugt werden. Transnationale oder globale Räume (vgl. z. B. Pries 2007), von denen insbesondere im weltweiten Migrationskontext gesprochen wird, bringen dieses neue Alltagsverständnis deutlich zum Ausdruck, nämlich die Gestaltung von
Lokalität auf weltgesellschaftlicher Basis. Kulturelle Nischen, in denen gerade
migrierte Gruppen und deren Nachkommen simultan „hier wie dort" leben, sind
Beispiele für die neue Dynamik der Enträumlichung. Sie sind weniger räumlich
als zeitlich gebunden, deswegen geographisch schwer definierbar. So werden die
„Heimatländer" oder „Herkunftskulturen" in Teilen praktisch neu erfunden, sie
existieren nicht selten in der Vorstellungswelt der enträumlichten Gruppen (Appadurai 1998: 13). Die „Spannung zwischen Globalem und Lokalem", von der Appadurai spricht, ist relevant bei Verortungspraktiken und Lebensentwürfen (ebd.
36). Dies führt zur Entstehung anderer Räume, zu „Heterotopien" (Foucault 1991)
– eine alltägliche Praxis in den Städten. Dass (migrantische) Gruppen vermehrt
mit multiplen Loyalitäten und Mehrfachzugehörigkeiten an unterschiedlichen Orten leben, bedeutet, dass der Raum neu definiert werden muss.

Dadurch gewinnt das Phänomen der Öffentlichkeit in der globalisierten Welt
immer mehr an Bedeutung, und zwar in dem Maße, wie nationale Grenzen flüch-
tiger werden und durch neue globale Kommunikationsformen, die Diversität der
Sprachgruppen, durch Heterogenität der öffentlichen Räume an Relevanz verlieren. Daher darf das Phänomen der Globalisierung nicht als Erweiterung nationaler Perspektiven missverstanden werden. Vielmehr handelt es sich dabei um
neue Perspektiven auf die Welt, die durch weltweite Öffnungsprozesse möglich
geworden sind. In diesem Zusammenhang spricht Regina Römhild (2009: 234)
von einem „neuen Kosmopolitismus von unten" und meint damit eine Art transversale Bewegung: Diese bringt Regionen, Kulturen und Denkarten auf lokaler
Ebene zusammen, die oft geographisch wie zeitlich weit voneinander entfernt
sind und neue Verbindungen virtueller wie realer Art sowie wechselseitige Im-

pulse ermöglicht, die zuvor undenkbar waren. Dabei entstehen, wie Martin Albrow (1998) sagt, unterschiedliche „Soziosphären", die unterschiedlich gelagerte, weltweit gespannte gesellschaftliche wie lebensweltliche Kombinationen präsentieren. Damit meint er die Kosmopolitisierung von Lebensentwürfen, Kulturen und persönlichen Milieus sowie die weltweite Ausdehnung der Beziehungsnetze des Einzelnen im lokalen Kontext, also die Gestaltung der alltäglichen Lebensführung auf weltgesellschaftlicher Basis. Solche Beziehungsnetze sind für Albrow „Teil eines intensiven Sozialgefüges, das zusammenhängende Aktivitäten hervorbringt, die den gesamten Globus einbeziehen" (1998: 245).

Die Öffnung der Orte zur Welt, zu der Migrationsbewegungen wesentlich beitragen, bedeutet, dass unterschiedliche und widersprüchliche Perspektiven im Alltag des Individuums aufeinander treffen, individuell wie kollektiv bearbeitet werden und sich zu lokalen Strukturen verdichten. Insofern ist das globalisierte Alltagsverständnis kein harmonisches, sondern impliziert radikale Differenzen und Widersprüche. Die Öffnungsprozesse konfrontieren uns mit anderen, bisher marginalisierten Perspektiven, die den ontologischen Status des „Westens" in Frage stellen und uns zu anderen Weltdeutungen nötigen. Diese neue Dynamik erfordert das Überdenken unserer Vorstellung von Raum und Zeit (vgl. Rifkin 2006: 285).

Neben diesen Öffnungsprozessen beobachten wir jedoch auch gegenläufige Entwicklungen: Schließungsprozesse, die mit neuen Nationalismen, Rassismus und Fundamentalismus einhergehen. Die Öffnung der Orte zur Welt wird also durch Re-Ethnisierungs- und Re-Nationalisierungstendenzen konterkariert: „Wenn nicht der Nationalstaat, so gewinnt jedenfalls der Nationalismus an Boden" (Leggewie 2003: 55). Wolfgang Kaschuba sieht in dieser gegenwärtigen Inszenierung nationaler und ethnischer Selbstbilder in Europa „eine qualitativ neue Thematisierung ‚des Nationalen' als kulturelles Integrationskonzept" (Kaschuba 2001: 20). Gerade weil die Grenzen zunehmend flüchtig werden, wird die Wahrnehmungsmauer im Kopf neu zementiert (vgl. Beck 2002: 66).

Zum einen beobachten wir eine extreme Vielfalt von Mikroprozessen, die zu entnationalisieren beginnen, was früher als national gedacht war. Im von Sven Bergmann und Regina Römhild herausgegebenen Band mit dem Titel „Global Heimat. Ethnographische Recherchen im transnationalen Frankfurt" (2003) und im von Sabine Hess und Maria Schwertl herausgegebenen Buch mit dem Titel „München migrantisch – migrantische München. Ethnographische Erkundungen in globalisierten Lebenswelten" (2010) werden zahlreiche Beispiele für solche entnationalisierenden Mikroprozesse in urbanen Räumen untersucht: Dazu zählen beispielsweise Musikkultur, migrantische Ökonomie, migrantische Lebensentwürfe, mediale Inszenierungen usw. Vor allem global verbreitete kulturelle

Elemente jedweder Art und Lebensstile werden zunächst in einen spezifischen lokalen Kontext eingefügt und auf diese Weise neu interpretiert. Dabei entstehen neue Mischformen, symbiotische Kombinationen aus verschiedenen globalen und lokalen Praktiken. Die Salsa- oder Hip-Hop-Kultur bzw. die Musik- und Tanzkultur insgesamt werden im Rahmen ihrer weltweiten Verbreitung de-territorialisiert und entnationalisiert, also aus ihren ursprünglichen räumlichen Bezügen gelöst, aber gleichzeitig auch an anderen Orten wie in Frankfurt, München oder Wien re-lokalisiert, wo sie von Menschen „vor Ort" praktiziert, adaptiert und mit jeweils lokalen Bedeutungen versehen werden. So werden durch lokale Gruppen in den unterschiedlichen geographischen Regionen bzw. in unterschiedlichen Städten je eigene Lesarten und Formationen entwickelt, die für unterschiedliche Aneignungen, Umdeutungen und Syntheseleistungen offen sind (vgl. z. B. Papadopoulos 2003).

Zum anderen befördern entnationalisierende Prozesse die Dynamik der Nationalisierung, wie die zunehmende Renationalisierung der Migrationspolitik in einigen europäischen Gesellschaften zeigt. Denn im selben Maß, wie nationale Grenzen im europäischen Rahmen an Bedeutung verlieren, werden sie für bestimmte Gruppen (MigrantInnen, Flüchtlinge, Illegale etc.), die als unerwünscht und „überflüssig" betrachtet werden, zu immer größeren Barrieren. In nationalen Integrationsmodellen Deutschlands oder Österreichs werden beispielsweise kaum Räume für entnationalisierte Verortungen vorgesehen. Diese werden entweder ignoriert oder als desintegrative Momente wahrgenommen.

Geographische Mobilität gilt also nicht für alle im gleichen Maße. Eine solche globale Hierarchie der Mobilität ist Bestandteil einer Neuverteilung von Privilegien und Verlusten auf weltweiter wie auf lokaler Ebene; dabei findet eine „Umschichtung der Menschheit" statt (Bauman 1998: 70). Die Zunahme des religiösen Fundamentalismus in den USA, im Mittlerem Osten und Indien, die Reaktivierung ethnischer Nationalismen in Zentral- und Osteuropa, die einwandererfeindliche Festung Europa können trotz aller Differenzen im Detail als vergleichbare reaktive Antworten verstanden werden, die sich grundsätzlich gegen Öffnungsprozesse und gegen ein kosmopolitisches Weltverständnis wenden.

Wenn wir uns von der pauschalen Klage über eine zunehmende Homogenisierung der Welt verabschieden und stattdessen einen Wechsel der Perspektive vornehmen, dann erscheinen viele Phänomene in einem neuen Licht. Globale Öffnungsprozesse in lokal unterschiedlichen Alltagspraktiken rücken als Teil von Globalisierung ins Zentrum der Betrachtung. Diese Neujustierung des Fokus erlaubt auch andere, zeitgemäße Lesarten der Welt, aus denen ersichtlich wird, dass globale Öffnungsprozesse weltweit heterogene Resonanzen erzeugen; hybride Strukturen und Kulturen, verschiedene zivilgesellschaftliche Formierungen, Fluchtlinien und Gegenbewegungen treten gleichermaßen hervor. „Hybrid" meint hier, dass unterschiedliche (kulturelle) Elemente aus allen Regionen der Welt in einem „dritten Raum" auf lokaler Ebene miteinander in Kontakt treten und daraus etwas Neues entsteht. Homi Bhabha, der die Begriffe „Hybridität" und „dritter Raum" wesentlich geprägt hat, verweist darauf, dass sich alle Formen von Kultur in einem andauernden Prozess der Hybridität, der Kreuzung und Vermischung befinden. Für ihn liegt die Bedeutung des Hybriden jedoch nicht darin, dass etwas auf zwei Ursprungselemente zurückgeführt werden könnte, aus denen das Dritte hervorgeht, vielmehr sei die Hybridität der *dritte Raum*, aus dem heraus andere Positionen und kulturelle Kombinationen entstehen (können) (vgl. Bhabha 1997: 123–124). Damit eröffnen sich neue Kontexte und Horizonte, werden neue Risiken und Chancen erkennbar und es entstehen neue Interventionsmöglichkeiten. Was im nationalen Kontext als Krise definiert wird, kann aus dem kosmopolitischen Blickwinkel heraus als etwas Anderes und Neues interpretiert werden, das mit einem „methodologischen Nationalismus" (Beck 2004: 51–52) nicht erfasst werden kann. So können weltweite Öffnungsprozesse als potenzielle Ressourcen für neue kulturelle Hybridisierungsprozesse wahrgenommen und genutzt werden: Es handelt sich um Prozesse, die nationale Orientierungen überwinden und alternative Perspektiven für neue politische Handlungsmöglichkeiten und Bewegungen bieten (können), die mit einem „methodologischen Kosmopolitismus" (Beck 2004: 125–127) erkannt und analysiert werden können.

Ein neuer Blick: das „Postmigrantische"

Dass in einer globalisierten Welt Zugehörigkeiten und Biographien in Bewegung geraten sind, dass Menschen gleichzeitig in unterschiedlichen Welten leben und sich in diesem Bewegt-Sein positionieren können, kommt in der beschriebenen öffentlichen Deutung kaum vor. Nach dieser auf Eindeutigkeit festgelegten Auffassung sind simultane bzw. „bewegte Zugehörigkeiten" (Strasser 2009) nicht vorstellbar. Dabei sind es gerade diese alltägliche Lebenspraxis und Lebensräume, die für die Konzipierung einer Migrationsgesellschaft von Relevanz sind. Aus diesem Blickwinkel findet man bislang kaum angemessene Studien, daher wird hier die Perspektive gewechselt und ein neuer Blick auf die bisherige Migrationspraxis geworfen, der insbesondere die Niederungen des Alltags sichtbar macht und theoretisch interpretiert. Wie im vorangehenden Abschnitt gezeigt wurde, nötigt uns gerade die Kosmopolitisierung des Alltags zu einem radikalen Perspektivenwechsel im Umgang mit Migration und Diversität.

Wenn man sich von der vorangehend beschriebenen ethnisierenden und kulturalisierenden Logik grundsätzlich verabschiedet und die üblichen Vorstellungen bzw. Mythen eines „interkulturellen Diskurses" entlang ethnisch-nationaler Herkunft in Frage stellt, stattdessen die durch Diversität geprägte Migrationsgesellschaft in den Mittelpunkt rückt, dann erscheint vieles in einem neuen Licht. Es geht um unspektakuläre Alltagswirklichkeiten und marginalisierte Perspektiven, die einerseits für ein neues Konzept der Migrationsgesellschaft und andererseits für die Verortungsprozesse dieser Bevölkerungsgruppen relevant sind. Aus der Umkehrung des Blicks wird sichtbar, wie unter Dominanzverhältnissen kreative Lebensentwürfe und Strategien zur gesellschaftlichen Verortung entwickelt werden (vgl. Yıldız 2009b).

Junge MigrantInnen der zweiten und dritten Generation, die selbst nicht eingewandert sind, beginnen ihre eigenen Geschichten zu erzählen. In diesen Geschichten werden unterschiedliche Elemente zu hybriden Lebensentwürfen zusammengefügt. Es gilt daher auch, über die Einwanderungsgeschichte der ersten Generation neu nachzudenken und marginalisierte Wissensarten sichtbar zu machen – eine projektive Vergangenheit. Dieses neue Verständnis möchte ich „postmigrantisch" nennen. Dabei geht es um kulturelle Überschneidungen, Grenz- und Zwischenräume, um Kreuzungen und simultane Zugehörigkeiten. Darüber hinaus zeigt die Lebenswirklichkeit postmigrantischer Gruppen, dass sie mit den von außen zugeschriebenen ethnischen Sortierungen kreativ und subversiv umzugehen wissen. Auf diese Weise entwerfen sie eine über ethnische und nationale Grenzen hinausgehende kosmopolitische Alltagspraxis, die gleichermaßen von Lokalität und Globalität geprägt ist. Ihre Lebenspraxis ist – so zeigen die Lebensentwürfe – in unterschiedlicher Weise in Prozesse und Ereignisse involviert, die nicht mehr auf lokale Gegebenheiten reduziert werden können, auch wenn sie sich lokal manifestieren und für die Betroffenen lokalspezifische Bedeutungen aufweisen. Auch die so genannte Herkunftskultur wird von diesen postmigrantischen Gruppen regelrecht neu erfunden, indem sie eigene imaginäre Bezugsräume entwerfen. Um dieses Phänomen zu beschreiben, spricht Arjun Appadurai von „Dynamiken der Enträumlichung" (1998: 13).

In dieser Hinsicht stellen Migrationsbiographien eine Art transkultureller Praxis dar, die die Öffnung der Orte zur Welt demonstrieren (vgl. Yıldız 2004). Gerade Jugendliche der zweiten und dritten Generation setzen sich sowohl mit der Migrationsgeschichte ihrer Eltern als auch mit der Gesellschaft, in der sie aufgewachsen sind, auseinander und entwickeln daraus hybride Welten. In dieser Rekonstruktionsarbeit betreiben sie eine Art „Erinnerungsarchäologie" und versuchen andere Geschichten, die bisher nicht erzählt wurden, in das öffentli-

che Gedächtnis zu bringen. Dabei geht es nicht mehr um Eindeutigkeit und binä-
re Zuordnungen, sondern um Überschneidungen, Grenz- und Zwischenräume,
um Kreuzungen und simultane Zugehörigkeiten, die eine völlig andere Sicht auf
die Migrationsgesellschaft eröffnen, wie dies der deutsch-türkische Schriftstel-
ler Feridun Zaimoğlu zum Ausdruck bringt:

> Immer noch die irrige Idee von zwei Kulturblöcken, die aufeinanderprallen. Entweder da drin
> oder dort drin oder dazwischen zerrieben [...]. Ich habe mich nie als ein Pendler zwischen zwei
> Kulturen gefühlt. Ich hatte auch nie eine Identitätskrise. Ich wusste vielmehr, dass es nicht
> eine deutsche, sondern viele Realitäten gibt. (Zaimoğlu 2000: 46).

Der Filmemacher Fatih Akin, der in Hamburg geboren und aufgewachsen ist,
also auch zur „postmigrantischen Generation" gehört, präsentiert in seinen Filmen neue Perspektiven, neue Visionen und bietet die Möglichkeit, auf andere Art
und Weise über die Frage der Migration und Diversität im Zeichen globaler Öffnungsprozesse nachzudenken. In seinem Film „Auf der anderen Seite" (2007)
geht es um verwobene Geschichten, Vermischungen, Überschneidungen, gelungene oder misslungene Bindungen und Verbindungen, die aber völlig neue Interpretationen der Migrationsgesellschaft zulassen. Er entwirft eine reiche Galerie
mit Porträts zweier Generationen von Türken und Deutschen, misslungene Begegnungen, Nichtübereinstimmungen zwischen ihren Leben, die doch miteinander verschlungen sind. Fatih Akin verlässt die fest gefügten Lebensentwürfe und
nationalen Räume und wendet sich den grenzüberschreitenden menschlichen Beziehungen zu, den zirkulären Bewegungen, dem unaufhörlichen Kommen und
Gehen zwischen beiden Ländern. Er rekonstruiert ein kulturelles Gedächtnis und
rekonstruiert sich selbst. In seinen drei Filmen („Gegen die Wand", „Crossing the
Bridge – The Sound of Istanbul" und „Auf der anderen Seite"), in denen er diese
Erinnerungsarchäologie betreibt, versucht er alles, was die Akkulturation über-
lebt und übersteht, ins Sinnliche und Visuelle zurückzubringen. Seine Filme haben kein eindeutiges Ende, kein Ziel, an dem man ankommt oder zu dem man
zurückkehrt. Er will nicht die Entscheidung für eine Zugehörigkeit ohne Rückkehr, plädiert dagegen für bewegte Zugehörigkeiten und bewegt sich selbst im
Zwischenraum, wo unterschiedliche Zugehörigkeiten und Differenzen zusammentreffen, aus denen hybride Lebensentwürfe hervorgehen.

Im Folgenden werde ich an konkreten postmigrantischen Lebensentwürfen
zeigen, dass die Betroffenen in ihren Lebenszusammenhängen durchaus in der
Lage sind, neue Visionen, Strategien, räumliche Bezüge und Widerstandspotenzi-
ale zu entwickeln, um sich mit ihren gesellschaftlichen Lebensbedingungen auseinanderzusetzen. In den Zwischen-Räumen im Sinne von Bhabha (1997) entwickeln Jugendliche hybride Lebenskonstruktionen, in denen sie Vergangenheit

nicht passiv übernehmen, sondern sich aktiv mit ihr auseinandersetzen. In dieser Überarbeitung der Vergangenheit unter konkreten Lebensbedingungen offenbart sich eine Hybridität, die kulturelle Lernprozesse in Gang bringt, die in diesem Ausmaß und dieser Intensität erst mit der Öffnung der Orte zur Welt möglich geworden sind. In den Zwischen-Räumen und Brüchen der postmigrantischen Jugendlichen werden andere Geschichten, Sprachen und Lebensvorstellungen sichtbar, erfahrbar und erlebbar. „Das Leben zwischen Welten", das bisher als Problem wahrgenommen wurde, wird zur passenden Metapher für kosmopolitisch kreative, ja sogar subversive Lebensentwürfe. In diesem Sinne stellen postmigrantische Lebensentwürfe Grenzbiographien dar, wobei Grenzen nicht als Barrieren, sondern als Schwellen, Orte des Übergangs, der Bewegung verstanden werden. Dazu gehört zum Beispiel der Versuch, sich mit ausgegrenzten und stigmatisierten Stadtvierteln zu identifizieren und sich auf diese Weise zu verorten. Auch solche territorial stigmatisierten Orte werden für die betroffenen Jugendlichen zu Zwischen-Räumen, in denen unterschiedliche kulturelle Elemente reflexiv zu neuen Lebensformen und subversiven (Überlebens-) Strategien zusammengefügt werden.

Ein Beispiel dafür ist Köln-Chorweiler, eine Hochhaussiedlung, die nach dem Zweiten Weltkrieg im Kölner Norden entstanden ist. Heute leben hier mehrheitlich MigrantInnen und deren Nachkommen. Es handelt sich um einen Stadtteil, der einen schlechten Ruf hat und im öffentlichen Diskurs als „Ghetto" wahrgenommen wird. Die Gespräche, die wir in Chorweiler geführt haben, zeigen, wie sich die Jugendlichen mit der territorialen Stigmatisierung ihres Viertels befassen, sich mit dem Stadtteil als Lebensraum identifizieren und sich dabei politisch positionieren. Die folgenden biographischen Beispiele stehen exemplarisch für die Untersuchung.

Die Interviewpassage von Faysal (22 Jahre), der in Chorweiler geboren und aufgewachsen ist, bringt einerseits die Identifikation mit dem Stadtteil als Lebensraum zum Ausdruck: „Chorweiler ist nicht nur Heimat für mich, sondern Religion, ein Lebensgefühl. Ich liebe Chorweiler über alles. Das kann man nicht beschreiben." Andererseits setzt sich Faysal mit dem negativen Image des Viertels und dessen Folgen für die BewohnerInnen auseinander:

„Wenn man sich hier im Umkreis um einen Ausbildungsplatz bewirbt und wenn man sagt, dass man aus Chorweiler kommt, dann runzelt man die Stirn. Der Ruf verfolgt uns, glauben Sie mir." Darüber hinaus wird im Gespräch eine gewisse ambivalente Haltung sichtbar, die sich vor allem gegen die Entpersonalisierung richtet:

Auf der einen Seite ist man stolz darauf, dass man in Chorweiler wohnt. Die Leute haben Respekt vor uns. Auf der anderen Seite aber ist das scheiße. Die Leute beurteilen dich nicht als

Mensch, sondern als Einwohner von Chorweiler. Ich will ja als Faysal beurteilt werden. Ich bin der Faysal, okay ich wohne in Chorweiler. Ich bin aber immer noch Faysal, ein eigener Mensch.

Mayir (24), der in Chorweiler geboren und aufgewachsen ist, definiert sich als Deutsch-Türke, als Künstler und Musiker. Er ist ein Rapper, der sich in seiner Musik mit den Lebensbedingungen, unter denen er aufgewachsen ist, und mit den negativen Bildern über türkische MigrantInnen kritisch auseinandersetzt.

Im Gespräch beschreibt er die Migrationsgeschichte seiner Eltern nach Deutschland, die Bedingungen, unter denen sie leben (mussten), und die Diskriminierungserfahrungen, mit denen sie in unterschiedlichen Bereichen der Gesellschaft konfrontiert waren: „Sie wurden überall als Türken oder Kanaken geschimpft. Manche Väter sind 60, sie haben Bürojobs gehabt. Sie sehen sehr frisch aus. Mein Vater aber hat hart gearbeitet. Er sieht nicht so frisch aus. Seine Hände sehen robust aus." Sein Aufwachsen in Chorweiler schildert er so:

> Es war nicht wie in den anderen Vierteln. Mein Vater hat immer gearbeitet. Er ging nicht mit uns spazieren. Wir waren immer draußen und konnten machen, was wir wollten. Man wuchs mit Menschen aus anderen Ländern auf. Das war schön auf jeden Fall. Man teilt das gleiche Schicksal. Man ist halt Migrant. Die Eltern sind von woanders hingekommen. Man ist nicht weiß, man ist gelb, man ist schwarz, braun. Das bindet einen auf jeden Fall.

Eine Erfahrung, die Mahir im Gespräch thematisiert und die er mit den anderen postmigrantischen Jugendlichen teilt, ist die gesellschaftliche Ausgrenzung und die damit verbundene gesellschaftliche Nichtanerkennung. Chorweiler ist für ihn ein Produkt von Diskriminierung und Ausgrenzung, die mit der Selbstabschottung der Betroffenen einhergehe:

> Man isoliert sich dann auch. Man denkt, dieses Land erkennt dich nicht an. Dann entsteht so was wie in Chorweiler. Der Gedanke ist auf jeden Fall Ghetto. Man stellt ein Einkaufszentrum hin, ein paar Ärzte, hier ist Ford, hier ist Bayer, hier können sie leben. Dann sagen sie, „das wollten wir nicht", „da haben wir einen Fehler gemacht", „das dürfte eigentlich nicht passieren". Wenn mein Vater irgendwo hingegangen wäre, hätte er in deutschen Siedlungen nie eine Wohnung bekommen.

Mahirs Vision ist, dass er als Teil der Gesellschaft und als Musiker in seiner widersprüchlichen Normalität anerkannt wird. Er bewegt sich als postmigrantischer Jugendlicher zwischen globaler Neuorientierung und gesellschaftlicher Nichtanerkennung und versucht, sich in diesem Zwischenraum zu positionieren und Lebensstrategien zu entwickeln.

Für Rapper Hakan (19), Mitglied der Hip-Hop-Gruppe „Ifade" im Kölner Stadtteil Mülheim, ist beispielsweise unverständlich, warum seine Fähigkeit, zwischen unterschiedlichen Welten leben zu können, nicht anerkannt, sondern stattdessen eine kulturelle Eindeutigkeit verlangt wird. Er meint: „Viele suchen nach einem Punkt, von dem aus sie sich orientieren können. Ich glaube, so einen Punkt braucht man gar nicht". Hakan rappt von den Problemen der zweiten und dritten Generation, vom Leben der jungen Deutsch-Türken in Köln. So thematisiert das Stück „Iki Dünya" („Zwei Welten") das Leben mit verschiedenen Identitäten, in dem er sich mit seiner Lebenssituation auseinandersetzt. Im Gespräch verweist er immer wieder auf den schlechten Ruf der Keupstraße in Köln-Mülheim, in der er aufgewachsen ist und mit der er sich identifiziert. Dabei handelt es sich um eine Straße, die mehrheitlich von türkischen MigrantInnen bewohnt wird und die in der lokalen Öffentlichkeit als „türkische Parallelgesellschaft" bekannt ist (vgl. dazu Yıldız 2009a). Hakan schildert die mediale, öffentliche Wahrnehmung der Straße:

> Überall in den Zeitungen schreiben sie, „die Keupstraße ein Türkenghetto, Klein-Istanbul. Sie passen nicht an, verdrängen die Deutschen". Eigentlich ist unsere Straße eine gute Straße. Hier leben viele unterschiedliche Leute, die sich gegenseitig helfen. Hier gibt es viele türkische Restaurants. Man kann gut und billig essen. Viele kommen aus anderen Stadtteilen, um hier die Straße zu sehen und hier zu essen. Ich verstehe nicht, warum diese Straße diesen schlechten Ruf hat.

Insbesondere die Hip-Hop-Szene wird für die Jugendlichen zu einem Sprachrohr in der globalisierten Welt. Diesen Jugendlichen mangelt es nicht an Phantasie und Kreativität. In den Liedern wird thematisiert, warum ihre Lebenswirklichkeit als gelebte Normalität nicht anerkannt wird. Gerade die musikalische Praxis der Gruppe „Ifade" zeigt, wie unterschiedliche, weltweite Elemente genutzt, mit lokalen Bausteinen kombiniert werden und sich zu lokalen Lebenswirklichkeiten verdichten. Auf diese Weise entsteht eine lokalspezifische Alltagspraxis, die die Öffnung der Orte und Lebensentwürfe demonstriert.

Eine weitere postmigrantische Verortungsstrategie ist die Selbstethnisierung, die zum Teil „als ein strategisch-politisches Moment" (Gutiérrez Rodríguez 1999: 171) gegen Prozesse der Fremddefinition eingesetzt wird. In dieser Hinsicht erscheint die Selbstethnisierung als eine gezielte Reaktion auf die strukturellen Machtverhältnisse. Man kann das an der kontrovers diskutierten Kopftuchthematik demonstrieren. Viele junge Frauen, die in Deutschland oder Österreich geboren und aufgewachsen sind, tragen nicht unbedingt aus religiöser Überzeugung Kopftücher, wie immer wieder im öffentlichen Diskurs unterstellt wird, sondern sie übernehmen die von außen zugeschriebenen Eigenschaften und drehen sie in ihrer Funktion um. Auf diese Weise versuchen sie, sich gesellschaftlich sichtbar zu machen und in dieser Sichtbarkeit anerkannt zu werden. Die Strategie des Sichtbarmachens markiert „neue Formen des Selbstverständnisses und der Verortung" (ebd. 253) der betroffenen jungen Frauen. Zwischen Selbst- und Fremdethnisierung existiert ein kompliziertes Wechselverhältnis. Frauen, die nicht anerkannt und diskriminiert werden, stilisieren sich selbst als Fremde und stellen sich polemisch der Gesellschaft entgegen, deren Bestandteil sie sind. Diese Strategie kann man als „reflexive Fremdheit" bezeichnen.

Ein weiterer wichtiger Aspekt in diesem Zusammenhang scheint die Reduktion von postmigrantischen Jugendlichen auf die so genannte Herkunftskultur zu sein, was in der Fachliteratur als „Herkunftsdialog" (Battaglia 2000) bezeichnet wird. Dieser reduktionistische Umgang zeigt sich im Interview mit Mustafa (23), einem Jugendlichen, der in der Nähe von Köln geboren und aufgewachsen ist, und dessen Eltern als ArbeitsmigrantInnen Anfang der 1970er-Jahre nach Köln gekommen waren. Zum Zeitpunkt des Interviews studiert Mustafa an der Universität Köln Sozialwissenschaft und Geschichte. In der folgenden Gesprächssequenz thematisiert er die Festlegung auf die Herkunftskultur:

> Obwohl ich hier geboren und aufgewachsen bin, werde ich immer wieder gefragt, wo ich herkomme. Wenn ich sage, „ich komme aus Köln" oder „ich bin Deutscher". Dann wird man gefragt, „aber woher kommen deine Eltern?" Um diese Dialoge zu vermeiden, sage ich dann, „ich bin Türke", „ich komme aus der Türkei".

Eine weitere Variante des Herkunftsdialogs, die im Gespräch mit Mustafa sichtbar wird, ist die Wahrnehmung als Experte seiner Herkunftskultur. Im Interview erzählt er von seinen Erfahrungen in den einzelnen Seminaren an der Universität, in denen er in Bezug auf bestimmte Themen als Experte angesprochen wird:

> Obwohl ich die Türkei nur aus Urlaubsreisen kenne, werde ich von Dozenten oft gefragt, „ja, Sie kommen wahrscheinlich aus dem orientalischen Raum", „wir würden Ihre Meinung zum Islam hören". Oft fühle ich mich in solchen Situationen hilflos. Ich weiß nicht, was ich dazu sagen soll. Wahrscheinlich werde ich deswegen angesprochen, weil ich anders aussehe, schwarze Haare habe. Wenn ich blonde Haare hätte, hätten sie mich bestimmt nicht gefragt.

Hier wird deutlich, dass nicht mit konkreten Personen gesprochen wird. Sie werden vielmehr von vornherein als RepräsentantInnen einer Herkunftskultur verstanden, wie die Erzählungen von Mustafa demonstrieren. In solchen Situationen findet eine „Entantwortung" statt, wie Mark Terkessidis (2010: 83) diesen Moment beschreibt: „Was eine Person sagt oder tut, gilt nicht mehr als individueller Ausdruck, sondern als Artikulationen (...) des ‚Südländischen'."

So werden die hegemonialen Zuschreibungen kreativ, womöglich gar subversiv genutzt. Das Bündnis „Kanak Attack", das eine lose Verbindung zwischen postmigrantischen Jugendlichen und Heranwachsenden in Deutschland darstellt, eine Art politischer Bewegung, ist eine solche subversive Umwendung, welche ge-

150   Erol Yıldız

rade aus der hegemonialen Zuschreibung „Kanake" mittels einer ironischen Umdeutung eine positive Selbstdefinition macht: Auf diese Weise werden Räume des
Widerstands gegen eine hegemoniale Normalisierungspraxis geschaffen, um gegen die „Kanakisierung" bestimmter Gruppen vorzugehen. Ähnlich wie bei den
oben beschriebenen jungen Frauen besteht das widerständige Handeln gerade in
einer kreativen Auseinandersetzung mit dem hegemonialen Wissen der Dominanzgesellschaft, mit dem Ziel, dieses zu dekonstruieren.

Die Jugendlichen der zweiten und dritten Generation, die in Deutschland
oder Österreich aufwachsen, verstehen nicht, warum ihre Geschichten und Lebensentwürfe nicht als „transkulturelle Praxis" (Pütz 2004) verstanden und warum sie stattdessen nur als „Dauergast" wahrgenommen werden.

Postmigrantische Strategien als Herausforderung für kritische Migrationsforschung

Aus diesem neuen Blickwinkel wird deutlich, dass gerade die im Migrationsdiskurs problematisierten Grenzbiographien und Mehrfach-Zugehörigkeiten, die
weder zum einen noch zum anderen „Kulturkreis" gehören, sondern sich in Bewegung befinden, in Zukunft die globalisierte Welt prägen werden. Die Gespräche mit den postmigrantischen Jugendlichen haben deutlich gezeigt: In und zwischen unterschiedlichen Welten zu leben, die ständige Auseinandersetzung mit
den gesellschaftlichen Bedingungen, unter denen sie aufwachsen und Anerkennung ihrer Lebenskonstruktionen fordern, scheint kennzeichnend für ihre All-
tagswirklichkeit zu sein. Sie bewegen sich zwischen globaler Neuorientierung
und diskriminierenden Lebensbedingungen vor Ort und entwickeln daraus hybride und kreative Lebensentwürfe. Unterschiedliche Strategien, die in Zwischen-
Räumen entwickelt werden, sind als Syntheseleistungen und kreative Akte zu betrachten, in denen unterschiedliche und zum Teil weltweit gespannte kulturelle
Elemente und Verbindungen als Ressource genutzt und je nach Kontext zu hybriden Lebenskonstruktionen zusammengefügt werden. So werden lokale Orte zu
Bühnen, Ausgangspunkten und Schnittstellen für viele postmigrantische Lebensentwürfe und für ihre Selbsteinbindung in multilokale, imaginäre und globalisierte Räume, die weit über nationale Grenzen hinausweisen. Damit wandeln sich
lokale Orte zu Multi-Zentren für unterschiedliche Traditionen, Kulturen, Erinne-
rungen, Ereignisse und Erfahrungen. Das ist ein Beleg für die Instabilität und gesellschaftliche Bedingtheit von Authentizität in der globalisierten Welt und stellt
für die betroffenen Jugendlichen einen urbanen Lernprozess dar. So können soziale Praxen wie die hier beschriebenen, die aus der hegemonialen Perspektive

desintegrative Momente darstellen, ein innovatives Potenzial entfalten, das für die betroffenen Lebensentwürfe konstitutiv sein kann.

Die kreative und ironische Umdeutung von zugeschriebenen Merkmalen zu einer subversiven politischen Strategie wie bei Kanak Attack, die Selbstethnisierung als Reaktion auf die diskriminierende Umwelt von Mustafa, die Auseinandersetzung mit der Migrationsgeschichte der Eltern und deren Überarbeitung bei Mahir und Hakan, die gezielte Identifikation mit den territorial stigmatisierten Stadtteilen, in denen die Jugendliche leben (Faysal, Mahir und Hakan) – all dies sind Beispiele für neue Strategien der Selbstverortung in der Auseinandersetzung mit hegemonialen Verhältnissen. Sie entwerfen andere Lebenskonstruktionen und entwickeln auf diese Weise eine Art Mehrperspektivität, die mit Lernprozessen für die Betroffenen einhergeht. Das eigene Leben wird zu einem Experimentierfeld. Die Beispiele zeigen weiter, dass diese postmigrantischen Generationen auf unterschiedliche Art und Weise und unter restriktiven Lebensbedingungen Strategien zur gesellschaftlichen Verortung erarbeiten, die für die Gestaltung ihrer Lebensentwürfe und für ihre Selbstdefinitionen von Bedeutung sind. Es wird auch deutlich, dass die Betroffenen in ihren konkreten Lebenszusammenhängen durchaus in der Lage sind, Überlebens-, aber auch subversive Anpassungsstrategien und simultane Zugehörigkeiten zu entwickeln. So werden eigene Räume geschaffen, die sich dem starren Raster ethnisch-nationaler Zuordnungen entziehen (Römhild 2005: 92).

Konventionelle politische und soziologische Konzepte wie „Integration" oder „Assimilation" verhindern dagegen, dass solche Entwicklungen, neue Geschichten, subversive Praktiken und biographische Ressourcen überhaupt erkannt und verstanden werden. Diese mythischen Konzepte sagen wenig darüber aus, wie Jugendliche im globalisierten Alltag zurechtkommen und wie sie sich mit den Bedingungen, die sie vorfinden, auseinandersetzen und ihnen einen Sinn geben. Solche starren Konzepte können nichts über die Lebenskonstruktionen, Verortungsprozesse, Ängste, Hoffnungen, Leidenschaften und deren Ausdrucksformen in der Alltagswelt von Jugendlichen aussagen. Statt einer Reduktion von Migration auf ethnisch-nationale Eigenschaften geht es um eine Multiplikation von Perspektiven, die mit der Sichtbarmachung und Anerkennung der Existenz gleichzeitiger Lebenswirklichkeiten einhergeht. Das hieße, eine soziale Grammatik zu (er-)finden, die andere Räume ermöglicht, in denen Differenzen neu gedacht, aktiviert und auf unterschiedliche Weise miteinander kombiniert werden (können). Diese Formen der Reorganisation geschehen nicht in einer abstrakten Öffentlichkeit, sondern vor allem in den Niederungen des Alltags.

Die globalen Transformationsprozesse werden uns auch in Zukunft mit Migration und Diversität konfrontieren, die sich konventionellen Erklärungsmustern entziehen. Daher brauchen wir einen neuen Blick auf die Migrationsgesellschaft, einen Blick, der die postmigrantischen Strategien sichtbar macht und die simultane Existenz unterschiedlicher Lebensentwürfe als Ressource anerkennt. Solche informelle Lernprozesse sollten in die formellen Bildungsprozesse einfließen. In diesem Sinn darf sich interkulturelle Bildung nicht nur oder primär auf MigrantInnen konzentrieren, sondern soll sich wissenschaftlich wie bildungspolitisch auf globalisierte und durch Diversität geprägte Gesellschaften beziehen: Wir brauchen eine *diversitätsbewusste Migrationsforschung* und eine *diversitätsbewusste Bildung*, die offen und sensibel für Veränderungen sind.

Literatur

Albrow, Martin (1998). Auf Reisen jenseits der Heimat. Soziale Landschaften in einer globalen Stadt, in: *Beck*, Ulrich (Hg.): Kinder der Freiheit, Frankfurt am Main, 288–314.

Appadurai, Arjun (1998). Globale ethnische Räume, in: *Beck*, Ulrich (Hg.): Perspektiven der Weltgesellschaft, Frankfurt am Main, 11–40.

Battaglia, Santina (2000). Verhandeln über Identität. Kommunikativer Alltag von Menschen binationaler Abstammung, in: *Frieben-Blum*, Ellen/*Jacobs*, Klaudia/*Wiessmeier*, Brigitte (Hg.): Wer ist fremd? Ethnische Herkunft, Familie und Gesellschaft, Opladen, 183–202.

Bauman, Zygmunt (1998). Globalization: The Human Consequence, New York.

Beck, Ulrich (2002). Macht und Gegenmacht im globalen Zeitalter. Neue Weltpolitische Ökonomie, Frankfurt am Main.

Beck, Ulrich (2004). Der kosmopolitische Blick oder: Krieg ist Frieden, Frankfurt am Main.

Bergmann, Sven/*Römhild*, Regina (Hg.) (2003) Global Heimat. Ethnographische Recherchen im transnationalen Frankfurt, Frankfurt am Main.

Bhabha, Homi K. (1997). Verortungen der Kultur, in: *Bronfen*, Elisabeth (Hg.): Hybride Kulturen. Beiträge zur anglo-amerikanischen Multikulturalismusdebatte, Tübingen, 123–148.

Foucault, Michel (1991). „Andere Räume", in: *Wentz*, Martin (Hg.): Stadt-Räume, Frankfurt am Main/New York, 65–72.

Gutiérrez Rodríguez, Encarnación (1999). Intellektuelle Migrantinnen – Subjektivitäten im Zeitalter von Globalisierung. Eine postkoloniale dekonstruktive Analyse von Biographien im Spannungsverhältnis von Ethnisierung und Vergeschlechtlichung, Opladen.

Hess, Sabine/*Schwertl*, Maria (Hg.) (2010). München migrantisch – migrantisches München. Ethnographische Erkundungen in globalisierten Lebenswelten, München.

Kaschuba, Wolfgang (2001). Geschichtspolitik und Identitätspolitik. Nationale und ethnische Diskurse im Vergleich, in: *Binder*, Beate/*Kaschuba*, Wolfgang/*Niedermüller*, Peter (Hg.): Inszenierungen des Nationalen. Geschichte, Kultur und die Politik der Identitäten am Ende des 20. Jahrhunderts, Köln u. a., 19–42.

Leggewie, Claus (2003). Die Globalisierung und ihre Gegner, München.

Papadopoulos, Maria (2003). Salsa no Tiene Frontana. Eine Szene ohne Grenzen? in: *Bergmann*, Sven/*Römhild*, Regina (Hg.): Global Heimat. Ethnographische Recherchen im transnationalen Frankfurt, Frankfurt am Main, 75–104.

Pries, Ludger (2007). Die Transnationalisierung der sozialen Welt: Soziale Räume jenseits von Nationalgesellschaften, Frankfurt am Main.

Pütz, Robert (2004). Transkulturalität als Praxis. Unternehmer türkischer Herkunft in Berlin, Bielefeld.

Rifkin, Jeremy (2006). Der europäische Traum. Die Vision einer leisen Supermacht, Frankfurt am Main.

Römhild, Regina (2003). Welt Raum Frankfurt, in: *Bergmann*, Sven/*Römhild*, Regina (Hg.): Global Heimat. Ethnographische Recherchen im transnationalen Frankfurt, Frankfurt am Main, 7–20.

Römhild, Regina (2005). Nach der Gastarbeit: Transitgesellschaft Europa, in: Kölnischer Kunstverein/DOMIT/Institut für Kulturanthropologie und Europäische Ethnologie der Universität Frankfurt am Main/Institut für Theorie der Gestaltung und Kunst Zürich (Hg.): Projekt Migration, Köln, 92–97.

Römhild, Regina (2009). Aus der Perspektive der Migration. Die Kosmopolitisierung Europas, in: *Hess*, Sabine (Hg.): No Integration?! Kulturwissenschaftliche Beiträge zur Integrationsdebatte in Europa, Bielefeld, 225–239.

Strasser, Sabine (2009). Bewegte Zugehörigkeiten. Nationale Spannungen, transnationale Praktiken und transversale Politik, Wien.

Terkessidis, Mark (2010). Interkultur, Frankfurt am Main.

Yıldız, Erol (2004). Leben in der kosmopolitanen Gesellschaft: Die Öffnung der Orte zur Welt, Köln (unveröffentlichte Habilitationsschrift).

Yıldız, Erol (2009a). „Als Deutscher ist man hier ja schon integriert." Alltagspraxis in einem Kölner Quartier, in: *Yıldız*, Erol/ *Mattausch*, Birgit (Hg.): Urban Recycling. Migration als Großstadt-Ressource, Basel u. a., 100–118.

Yıldız, Erol (2009b). Was heißt hier Parallelgesellschaft? Von der hegemonialen Normalität zu den Niederungen des Alltags, in: *Hess*, Sabine (Hg.): No Integration?! Kulturwissenschaftliche Beiträge zur Integrationsdebatte in Europa, Bielefeld, 153–170.

Zaimoğlu, Feridun (2000). Kanak-Attack ist vielleicht deutscher, als manche es wahrhaben wollen. Interview-Ausschnitte, in: Haus der Kulturen der Welt (Hg.): Heimat Kunst, Berlin, 46–47.

2.
Kritik konkret:
Schlaglichter empirischer Migrationsforschung

Einleitend

Paul Mecheril

Das zentrale Interesse einer Migrationsforschung, die von der empirisch zu konkretisierenden Annahme ausgeht, dass migrationsgesellschaftliche Lebens- und Bildungswirklichkeiten von Machtmomenten konstitutiv strukturiert sind, ist die Untersuchung der Wirkung von migrationsgesellschaftlicher Macht in unterschiedlichen Feldern. Wo es nicht in erster Linie um den statistischen Nachweis der Gegebenheit von machtvollen Unterscheidungen geht, sondern vielmehr um das Wie der Unterscheidung und das Was ihrer Konsequenz, finden sich Studien, die auf qualitativ-interpretativen Methodologien der Analyse von Selbstäußerungen, Narrationen, Beobachtungen oder Diskursen beruhen. So disparat Interesse, Anlage und Durchführung auch sind, kann das allgemeine Anliegen dieser Studien wie folgt formuliert werden: Sie zielen auf die Rekonstruktion institutioneller, symbolisch-diskursiver, interaktiver und biographischer Strukturen, in denen sich in migrationsgesellschaftlichen Kontexten Macht und Herrschaft entfalten. Dass sich Macht und Herrschaft entfalten, kann an den Spuren abgelesen werden, die diese Verhältnisse an Subjekten, Interaktionsformen und Institutionen, diese konstituierend hinterlassen. Kritische Migrationsforschung ist somit eine Spurenforschung, die in ganz unterschiedlichen Feldern die subjekt-, interaktions- und institutionskonstitutive Wirkung der Macht migrationsgesellschaftlicher Unterscheidungen untersucht.

Bestimmte Formen von Kritik – zumindest jene, die in dem Projekt „*Migrationsforschung als Kritik?*" bevorzugt werden – fragen immer auch danach, ob und wie weniger machtvolle Alternativen empirisch bereits Gestalt angenommen haben. Solche Studien kritischer Migrationsforschung sind daran interessiert, Handlungs- und Transformationspotentiale zu markieren, zu erkunden und eine theoretisierende Sprache für Schwächungen dominanter Figuren migrationsgesellschaftlicher Unterscheidung zu finden. Eine weitere Aufgabe einer von der Idee der Kritik motivierten empirischen Migrationsforschung ist es, den Umstand zu untersuchen, dass das Andere hegemonialer Figuren sich nicht außerhalb hegemonialer Verhältnisse befindet, weil auch dieses Außen und dieses Nicht-Außen sich einander bedingen.

In ihrem Beitrag „*Rot-Weiß-Rot exklusiv? Dialektische Diskriminierungen im Namen der Nation(alsprache)*" untersucht **Sabine Gatt** die österreichische Migrations- und Integrationspolitik, konkret die Fremdenrechtsnovelle aus dem Jahr 2011. Diese Novelle ist als Bestandteil eines Integrationsimperativs zu verstehen, der weiblich-muslimische Subjekte hervorbringt, die essentialisierend als handlungsunfähige Wesen bezeichnet und damit symbolisch stigmatisiert werden. Diese symbolische Praxis ist folgenreich. Nicht nur, weil sie das Andere der weiblich-muslimischen Subjekte als Norm aufruft und sichert, sondern weil sie als Beitrag zur Legitimierung gesellschaftlicher Hierarchisierung und Exklusion gelesen werden kann.

Rohit Jain untersucht in seinem ethnographischen Beitrag „*Migrationsforschung als transnationale, genealogische Ethnographie – Subjektivierungsprozesse von ‚InderInnen der zweiten Generation' aus der Schweiz*" transnationale Subjektivierungsprozesse. Er zeigt, dass hegemoniale Normen von kultureller Zugehörigkeit die Erfahrungen der Befragten strukturieren, diese den hegemonialen Normen aber nie vollständig entsprechen. Ob und wie Zugehörigkeiten in diesen prekären Verhältnissen ausgehandelt, entworfen und mit Sinn versehen werden, ist Gegenstand des Beitrags.

Mit dem Konzept der Transnationalisierung, so **Kathrin Klein-Zimmer** in ihrem Beitrag „*Neither Strange nor Familiar. Vermittlung, Aneignung und Transformation in transnationalisierten Lebensentwürfen junger Erwachsener*", wird es möglich, jene Erfahrungen multipler Zugehörigkeit begrifflich zu erfassen, die für migrationsgesellschaftliche Wirklichkeit mehr und mehr an Bedeutung gewinnen. Verdeutlicht wird dies entlang einer Analyse von Selbstäußerungen, die Kennzeichen einer hybriden Zugehörigkeitskonstruktion artikulieren. Klein-Zimmer plädiert für eine Sprache der Grenzüberschreitungen und hat hierbei auch das Fehlen einer solchen Sprache in (sozial)pädagogischen Kontexten im Blick.

Darja Klingenberg rekonstruiert in ihrem Beitrag „*Zähne zeigen. Humor in der kritischen Migrationsforschung*" die Bedeutung humoristischer Narrative, die Menschen mit Migrationsgeschichte sich gegenseitig erzählen, und fragt nach der Funktion dieser Erzählungen. In den Narrativen werden Selbst- und „Fremd"-Positionierungen sowie Diskriminierungserfahrungen in einer Weise zum Thema, die sie nicht nur darstellt und widergibt, sondern auch transformiert.

Im Mittelpunkt des Beitrags von **Moritz Merten,** *„Die Positionierungen deutsch-türkischer Jugendlicher zwischen ethnisierenden Zuschreibungen und Alltagser-fahrungen. Eine Kritik am dominanten Diskurs über Zugehörigkeit",* steht der Zusammenhang von dominanten Diskursen über natio-ethno-kulturelle Zuge-hörigkeit, wie sie sich medial und politisch in Äußerungen über die Integration türkischer MigrantInnen entfalten, und die von diesen Diskursen vermittelten, diese aber schwächenden Alltagserfahrungen. Neben den vorherrschenden Dis-kursen über die kulturelle Identität türkischer MigrantInnen, die sie zu „Ande-ren" machen, existieren alternative, alltagsweltliche Diskurse, die eine Art von Gegenmacht darstellen, wiewohl ihr Einfluss auf die öffentliche Wahrnehmung beschränkt ist.

Annemarie Profanter und Claudia Lintner untersuchen in ihrem Beitrag *„In-tegration – eine Gratwanderung zwischen Nähe und Distanz"* in der Analyse ei-nes Einzelbeispiels begegnungspädagogisch ausgerichtete, kommunale Integra-tionspolitik in Südtirol.

Sie zeigen, dass Begegnung und kulturelle Verständigung voraussetzen-de Initiativen Gefahr laufen, die Gruppen als kulturell homogen darzustellen, wodurch Prozesse symbolischer Aus- und Abgrenzung nicht überwunden, son-dern verstärkt werden. Zugleich weisen sie darauf hin, dass durch die auf kultu-relle Differenz setzende kommunalpolitische Initiative ein Ort geschaffen wird, an dem Zugangsmöglichkeiten und Schließungsmechanismen auch zum Thema werden können und einer Aushandlung im öffentliche Raum zugeführt werden.

Rot-Weiß-Rot exklusiv? Dialektische Diskriminierungen im Namen der Nation(alsprache)

Sabine Gatt

Einleitung

In meinem Dissertationsprojekt „Symbolic Politics matter. Sprachenpolitik als Instrument der intersektionalen Klassifizierung" untersuche ich die symbolische Vermittlung von sprachenpolitischen Maßnahmen und einhergehenden Feindbildkonstruktionen im Rahmen der österreichischen Migrations- und Integrationspolitik im Zeitraum von 1997–2011 mit Hilfe der „critical policy frame analysis". Im folgenden Beitrag beziehe ich mich auf die letzte Fremdenrechtsnovelle aus dem Jahr 2011 und stelle deren öffentliches Framing dar.

> A frame is an interpretation scheme that structures the meaning of reality. [...] a policy frame is an organising principle that transforms fragmentary or incidental information into a structured and meaningful policy problem, in which a solution is implicitly or explicitly enclosed. [...] Framing then can be seen as the process of constructing, adapting and negotiating frames (Verloo 2005: 19f.)

Im Vordergrund steht somit die Frage nach der öffentlichen Vermittlung der „policy". Wie werden sprachenpolitische Maßnahmen im Rahmen der Migrations- und Integrationspolitik dargestellt und welche Gruppenkonstruktionen und Zuschreibungen sind damit verbunden? Ist der Diskurs von Machtverhältnissen durchzogen? Werden die symbolischen Ressourcen der Betroffenen gestärkt? Fördert die politische Linie die Inklusion „der/des Anderen" oder dekonstruiert sie gar den Fremdheitseffekt? Nach einem kurzen einführenden Überblick über die Entstehung von Sprachenpolitik als Migrations- und Integrationspolitik in Österreich stellt sich im Anschluss daran die Frage, in welchem Zusammenhang Sprachenpolitik und das Konstrukt der Nation stehen. Ferner ist interessant, welche Rolle der Leistungsdiskurs im Rahmen der Migrations- und Integrationspolitik spielt, und nicht zuletzt: wie sehr sich das Geschlechterverhältnis in die Vermittlung der policy einschreibt.

Sprachenpolitik als Migrations- und Integrationspolitik in Österreich

01.07.2011 trat in Österreich eine äußerst umfangreiche Fremdenrechtsnovelle in Kraft. Im Rahmen der Novelle wurde unter anderem das externe Integrationsmessungsmodell „Deutsch vor Zuzug" implementiert, das Sprachstandserhebungen im Herkunftsland vor Erstantrag eines Aufenthaltstitels durch Drittstaatsangehörige fordert. Österreich knüpft mit dieser sprachenpolitischen Migrationspolitik einerseits an einen Trend an, der sich in Mitgliedsländern der Europäischen Union wie z. B. den Niederlanden und Deutschland abzeichnet, andererseits führt es eine im eigenen Land etablierte Tradition fort.

Sergio Carrera und Anja Wiesbrock verweisen auf das duale normative Framing von Integration auf EU-Ebene. Einerseits wird mit Hilfe von Richtlinien versucht, im Sinne der Europäisierung Drittstaatsangehörigen harmonisiert Rechte zukommen zu lassen und sie besserzustellen, andererseits wurden dieselben Richtlinien dazu genutzt, den Mitgliedsländern eine Hintertür offen zu halten, um ihre national(istisch)e Politik umzusetzen und symbolisch die eigene Souveränität durch die Regulation der Migration zu stärken. Hauptverantwortlich für die Durchsetzung dieser Möglichkeit im Rahmen der Richtlinien waren Deutschland, die Niederlande und Österreich (vgl. Carrera/Wiesbrock 2009: 1ff.). So sichert sowohl die Richtlinie für langfristig aufenthaltsberechtigte Drittstaatsangehörige (2003/109/EG) in Art. 5 Abs. 2 als auch die Richtlinie betreffend dem Recht auf Familienzusammenführung (2003/86/EG) in Art. 7 Abs. 2, dass die Mitgliedsländer als Voraussetzung für die Zuerkennung des Aufenthaltsstatus gemäß ihrem nationalen Recht Integrationsmaßnahmen fordern dürfen.

Sprachenpolitik als Migrations- und Integrationspolitik wurde in Mitgliedsländern wie Österreich schrittweise als Integrationsmessungsinstrument etabliert. Die ersten sprachenpolitischen Maßnahmen wurden 1998 als Voraussetzung für die Verleihung der Staatsbürgerschaft gesetzt. 2003 wurde in Österreich die Integrationsvereinbarung (IV) eingeführt. Seither sind erfolgreich abgeschlossene Sprach-Integrationskurse die Voraussetzung für die Verfestigung des Aufenthalts. Schrittweise wurde das zu erreichende Niveau der Zielsprache angehoben und zugleich die Frist zur Erfüllung verkürzt. Mit der Fremdenrechtsnovelle 2011 wurde das Sprachniveau auf B1 (laut GERS[1]) angehoben und die IV dreistufig strukturiert. Das Sprachniveau A1 muss nun bereits vor Zuzug erfüllt sein. Das erste Modul der IV wird in Österreich absolviert, führt zum Sprachniveau A2 und muss binnen zwei Jahren erreicht werden (§ 14a NAG). Finanzielle Unterstützung in der Höhe von 50 % der Kurskosten kann nur im Rahmen der Familienzusam-

---

1   Gemeinsamer Europäische Referenzrahmen für Sprachen

menführung bezogen werden, das Sprachniveau muss in diesem Fall allerdings binnen 18 Monaten nachgewiesen werden (§ 15 NAG). Die Nichterfüllung dieses Moduls kann mit Verwaltungsstrafen bzw. Ausweisung sanktioniert werden. Das positiv absolvierte Modul 2 (Sprachniveau B1) ist die Voraussetzung für einen Antrag auf einen dauerhaften Aufenthaltsstatus (Daueraufenthalt-EG bzw. Daueraufenthalt-Familienangehöriger) oder die Verleihung der Staatsbürgerschaft (§ 14b NAG). Der dauerhafte Aufenthaltsstatus, und somit eine rechtliche Besserstellung und ein erweiterter Anspruch auf Sozialleistungen, kann jedoch erst frühestens nach fünf Jahren beantragt werden.

In jüngster Zeit ist somit ein Trend zur Exterritorialisierung zu beobachten. „Integration is being subjected to a process of externalisation by which the state's requirement for the individual to be integrated moves beyond its territorial borders towards the country of origin." (Carrera/Wiesbrock 2009: 4). Nun werden Sprachstandserhebungen bereits vor Einreise und im Herkunftsland gesetzt und dadurch die Migration in das Mitgliedsland der EU gesteuert. Innerhalb der EU wurde dies erstmalig von den Niederlanden umgesetzt. Während die Niederlande und Deutschland die Exterritorialisierung rein für die Familienmigration Drittstaatsangehöriger anwenden, setzt Österreich „Deutsch vor Zuzug" vordergründig für alle Drittstaatsangehörige ein, bedient sich jedoch des Instruments der Ausnahmeregelungen. Faktisch müssen in erster Linie FamilienmigrantInnen und „reguläre" ArbeitsmigrantInnen (nicht temporäre und nicht hochqualifizierte Arbeitskräfte) die IV erfüllen. Julia Mourão Permoser hält in ihrer Dissertation fest, dass das österreichische Fremdenrecht nahezu keine „reguläre" Arbeitsmigration ermöglicht. Betroffen ist somit vorwiegend die Familienmigration von Drittstaatsangehörigen zu Drittstaatsangehörigen und österreichischen StaatsbürgerInnen (vgl. Mourão Permoser 2010: 202).

Die Einführung des externen Integrationsmessungsinstruments „Deutsch vor Zuzug" ging zeitgleich mit der Etablierung des Aufenthaltstitels „Rot-Weiß-Rot-Karte" einher. Dieser neue Aufenthaltstitel dient der Regulierung des „qualifizierten" Zuzugs Drittstaatsangehöriger. Der „qualifizierte" Zuzug wurde auf diese Weise aus dem österreichischen Quotensystem ausgenommen und dem eigens errichteten „kriteriengeleiteten Zuwanderungssystem" unterworfen. Als qualifiziert gelten „besonders Hochqualifizierte", „Fachkräfte in Mangelberufen" und „sonstige Schlüsselkräfte". Mit Hilfe eines Punktesystems, das Bildung, Berufserfahrung, Sprachkenntnisse, Alter, Arbeitsplatzangebot und Mindestentlohnung bewertet, wird der Aufenthaltstitel verliehen. Mit der Verleihung des Aufenthaltstitels gilt die Integrationsvereinbarung automatisch als erfüllt (§ 8 Abs. 4 NAG). Während der Familiennachzug in Österreich einer jährlich festgelegten

Quote unterworfen ist, sind InhaberInnen des Aufenthaltstitels „Rot-Weiß-Rot-Karte" von diesem Quotensystem ausgenommen. Ihre Familienangehörigen erhalten den Aufenthaltstitel „Rot-Weiß-Rot-Karte plus" mit freiem Zugang zum Arbeitsmarkt und sind vom externen Integrationsmessungsinstrument „Deutsch vor Zuzug" ausgenommen (§ 41 Abs. 1 NAG).

Exklusion im Namen der Nation(alsprache)

Migrations- und Integrationspolitik sind auch in Österreich durch eine diskursive Verschränkung gekennzeichnet. Dies wird auch in der Etablierung von Sprachstandserhebungen deutlich. Während die Verleihung der Staatsbürgerschaft bzw. die Verfestigung des Aufenthaltstitels als Integrationspolitik betrachtet werden können, muss im Zuge der Exterritorialisierung von Migrationspolitik gesprochen werden, da nun Sprachtests die Wanderungsbewegung an sich steuern. Öffentlich vermittelt wird die Exterritorialisierung auf nationaler Ebene allerdings vorwiegend als Integrationsmaßnahme. So hieß es in einer Presseaussendung des österreichischen Innenministeriums:

> Die Sprache des Landes, in dem man leben will, zu können, ist als Schlüssel zu erfolgreicher Integration unumstritten. „Mit der heute beschlossenen Maßnahme verhindern wir mögliche Integrationsprobleme von morgen", ist die Ministerin überzeugt. (APA-OTS 2011a)

Sprachkompetenz wird als kleinster gemeinsamer Nenner der Messbarkeit von Integration dargestellt und soll die Probleme von morgen lösen. Der Zusammenhang zwischen Sprachkompetenz und der Konstruktion einer gelungenen Integration wird als unhinterfragbar präsentiert, gleichzeitig wird Integration defizitorientiert konnotiert.

Der Linguist Hans-Jürgen Krumm stellt fest:

> Hier wird eine Sprachbarriere errichtet, keine Hilfe zur Integration. [...] Die Praxis etwa in Deutschland zeigt, dass es trotz großer Unterstützung (Beratungs- und Förderungsangebote) vielfach zu extremen Härten kommt, sich Familien verschulden müssen, um den Aufenthalt an Kursorten und die Kurse zu bezahlen. In vielen Fällen werden Ehen und Familien zerstört. (Krumm 2011: 1ff.)

Auch das Argument, Sprache als Schlüssel zu erfolgreicher Integration zu betrachten, ist nicht „unumstritten". Die Sprachwissenschaftlerin Verena Plutzar (2010) dreht die Perspektive um und sieht den Erwerb der Landessprache nicht als eine Voraussetzung, sondern als ein Ergebnis erfolgreicher Inklusion von MigrantInnen im Bildungsbereich und am Arbeitsmarkt. Nach Van Avermaert (2009) sind schlechte Deutschkenntnisse nicht der Grund, sondern der Effekt der Marginalisierung von MigrantInnen. Sprachlernen wird als soziale Praxis begriffen, in der sich gesellschaftliche Machtverhältnisse widerspiegeln, die Einfluss auf den Spracherwerb nehmen (vgl. Norton 2000). Der Sprachlernprozess ist komplex. Studien belegen, dass die Sprachkompetenz allein kein Garant der Integration ist bzw. keine sozialen Spannungen löst (vgl. Van Avermaert 2009). Sprachkompetenz allein kann nicht mit Integration gleichgesetzt werden. Betrachtet man den Integrationsbegriff in seiner Minimaldefinition als Herstellung eines Ganzen, stellt sich die Frage, wie dieses Ganze bereits vor Einreise hergestellt werden soll. Eine Sprachstandserhebung im Herkunftsland kann nicht als Integrationsmessungsinstrument dienen. Die Exterritorialisierung ist keine Integrationspolitik, vielmehr handelt es sich um eine restriktive Steuerung der Migration an sich. Der Diskurs bringt das Oxymoron „externe Integration" hervor. Es ist jedoch nicht möglich, sich in etwas zu integrieren, in dem man sich noch nicht befindet. Der Diskurs verschleiert somit im Namen der Integration eine Maßnahme, die der Reduktion der Migration dient.

Kien Nghi Ha befasst sich mit den sprachenpolitischen Integrationsprogrammen in Deutschland und sieht sie als „nationalpädagogisches Machtinstrument", mit Hilfe dessen Personen von außerhalb der Europäischen Union kulturell (re-) sozialisiert und politisch umerzogen werden sollen. Die „Integrationsindustrie" bedient sich Kontrollinstrumenten wie Sprachkursen und Testverfahren, die der Überwachung der „integrationsbedürftigen" MigrantInnen dienen. Oder, wie Verena Plutzer (2010: 124) schreibt: „Das Gesetz unterstellt in dieser Form, dass man MigrantInnen zum Erwerb des Deutschen zwingen müsse." Integration tritt in einer imperativen Form auf, wird in der politischen Diskussion vorwiegend als Assimilation verstanden und ist direkt mit der nationalen „Leitkultur" verbunden. Sie wird zum Mittel der Nationalisierung und kulturellen Homogenisierung. Die Integrationsmaschinerie verstärkt die Hierarchisierung innerhalb der (eingewanderten) Bevölkerung und legitimiert sich anhand stigmatisierender Fremdzuschreibungen (vgl. Ha 2009: 137ff.). „Diese Gesetze sollen die ‚guten‘, d.h. die gehorsamen und lernwilligen von den ‚schlechten‘, d.h. den vermeintlich ‚integrationsunwilligen‘ bzw. ‚integrationsunfähigen‘ Migrantinnen und Migranten trennen." (ebd.)

Die Idee der nationalen Leitkultur verweist auf den kulturellen Kompromiss der Nationalstaaten. Dieser beruht auf der Strukturkategorie Nation und dem einhergehenden Herrschaftsverhältnis Nationalismus. „Indem der Nationalstaat das rechtliche, politische sowie soziale Subsystem begrenzt, erscheint er als *das* strukturierende Prinzip der Moderne *par excellence*." (Wimmer 2005: 128) Die konstruierte nationale *„imagined community"* (Anderson 1996: 15) dient der diskursiven Verknüpfung des politischen und kulturellen Systems und legitimiert die Vorstellung einer homogenen „Volkskultur". Die „nationale Großfamilie" teilt die gemeinsame Kultur als „Gleiche" unabhängig von der ihr inhärenten unterschiedlichen Ressourcen- und Machtverteilung (vgl. Wimmer 2005: 34ff.). Die Idee der politischen Nation mit eigener Sprache und eigenem staatlichen Territorium entstand im 19. Jahrhundert als Nachwirkung der Französischen Revolution (vgl. Haarmann 1999: 92f.). Nationalsprache wurde zu einem Hauptmerkmal der Konstruktion nationaler Identität (vgl. Burger 1990: 15). Sprachenpolitik – besonders im Rahmen der Migrations- und Integrationspolitik – adressiert somit immer auch die nationale *imagined community* selbst.

Im Diskurs über Migration hat in den letzten Jahrzehnten eine Toposverschiebung von den „Gastarbeiternationalitäten" hin zu den „EinwanderInnengruppen muslimischer Herkunft" stattgefunden (vgl. Gemende et al. 2007: 7). Mit anderen Worten ist eine Kulturalisierung der Debatte zu beobachten. Während „Gastarbeiter" vorwiegend anhand ökonomischer Kriterien klassifiziert wurden, steht mittlerweile die Kategorie Religion im Vordergrund. Gabriele Dietze verweist darauf, dass der zu beobachtende Rassismus früher als Klassismus in Erscheinung trat. Mit der Verschiebung vom Klassen- zum Kulturrassismus trat die Differenzkategorie Religion in den Vordergrund (Dietze 2009: 28f.), Schiffauer (2007: 11) spricht von der „Muslimisierung des Einwanderers".

Andreas Wimmer fasst Kultur als ein „Resultat eines Prozesses des Aushandelns von Bedeutung zwischen kulturell geprägten, aber zur reflexiven Hinterfragung und Innovation fähigen Individuen." (Wimmer 2005: 13). Um kulturelle Regeln durchzusetzen, benötigt es eine „Interessenskonkordanz" und gleichzeitig gesellschaftliche Machtverhältnisse, die diese zulassen. Das Resultat – der kulturelle Kompromiss – ist wandlungsfähig, begründet sich in der Zustimmung der AkteurInnen innerhalb einer gemeinsamen Öffentlichkeit und kennzeichnet sich durch seinen symbolischen Charakter. Er beruht auf „semantischer Überdichte" und „mehrseitiger Anschlussfähigkeit" und ist somit in der Lage, für unterschiedliche Interessen mehrdeutig interpretierbar zu sein. Seinem Wesen nach beruht er somit nicht auf Homogenität, sondern auf Heterogenität (vgl. Wimmer 2005: 34ff.). Trotzdem bedient sich das nationalstaatliche Modell einer homogenisierenden Kulturkonstruktion. Mit dem Wohlfahrtsstaatsmodell wurden Risiken wie Armut, Krankheit oder Alter auf die solidarische Nation übertragen (vgl. ebd.). Das nationale Strukturierungsprinzip führt dazu, Konflikte zu entschärfen bzw. Konfliktlinien zu verlagern. Es ist sowohl eine Nationalisierung bzw. Kulturalisierung der Konfliktlinie Kapital–Arbeit als auch des Geschlechterverhältnisses zu beobachten. Im Namen der Nation werden die global wirkenden Strukturkategorien Klasse und Geschlecht partikularisiert und Solidarisierungstendenzen jenseits der Strukturkategorie Herkunft erschwert (vgl. Gatt 2008: 71). Nationalkulturelle Homogenisierung steht im Widerspruch zu den Anforderungen einer Migrationsgesellschaft. Die Kulturalisierung führt zur Externalisierung „desR kulturell Anderen", den/die es im Falle von Immigration in die nationale *imagined community* zu integrieren bzw. assimilieren gilt. Der national(istisch)e kulturelle Kompromiss bringt somit selbst das „Problem" Migration hervor und verleitet zu einer defizitorientierten Perspektive auf den zugewanderten Teil der Bevölkerung. Er ermöglicht jedoch auch kulturellen Wandel. Die Voraussetzung hierfür sieht Andreas Wimmer in einem veränderten Zugang zu ökonomischen, politischen und symbolischen Ressourcen für bestimmte Gruppen. Dies kann neue habituelle Dispositionen hervorbringen (vgl. Wimmer 2005: 46).

Zwei-Klassen-Migration

Unsere Gesellschaften sind durch eine „strukturierte soziale Ungleichheit" gekennzeichnet. Unterschiedliche Möglichkeiten des Zugangs „[...] zu allgemein verfügbaren und erstrebenswerten sozialen Gütern und/oder zu sozialen Positionen, die mit ungleichen Macht- und/oder Interaktionsmöglichkeiten ausgestattet sind [...]" (Kreckel 2004: 17), schränken die Lebenschancen von Individuen und Gruppen ein. Nach Pierre Bourdieu geht diese strukturierte soziale Ungleichheit mit einer ungleichen Verteilung ökonomischen, kulturellen, sozialen und symbolischen Kapitals einher (vgl. Bourdieu 1983; 1992).

Strukturkategorien und die damit verbundenen Verhältnisse wie Klassismen, Heteronormativismen bzw. Sexismen und Nationalismen, Ethnozentrismen, Eurozentrismen, Okzidentalismen bzw. Rassismen[2] dienen im kapitalistischen System

> [...] zur möglichst kostengünstigen Verwertung der Ware Arbeitskraft [...], steuern den Zugang zum Erwerbsarbeitsmarkt, differenzieren die Verteilung gesamtgesellschaftlicher Ressourcen über den Lohn und weisen die Reproduktionsarbeit ungleich zu. (Degele/Winker 2009: 51f.)

Der mit Strukturkategorien einhergehende „Fremdheitseffekt" dient der „Externalisierung" der Betroffenen, geht mit Ausgrenzung einher und legitimiert die ungleiche Verteilung des Kapitals (vgl. Klinger 2003: 26).

Bis dato strukturiert die Kategorie Klasse den Migrations- und Integrationsdiskurs. Michael Bommes spricht in seiner auf Deutschland bezogenen Analyse

---

2 Nationalismen, Ethnozentrismen, Eurozentrismen, Okzidentalismen und Rassismen sind aufs Engste miteinander verwoben, werden innerhalb der Analyse unter der Kategorie Herkunft gefasst, als ineinander verflochten betrachtet und nicht ausdifferenziert.

von der neoliberalen Leistungsorientierung des Diskurses. Mit dem Verweis auf
soziale Integration wird gefordert, dass alle Personen, die in einem Staatsgebiet
leben, unabhängig von ihrer Staatsangehörigkeit eine Gegenleistung für die Zukunft erbringen müssen. Sie sollen „[…] ihr Handeln eigenverantwortlich, markt-
orientiert und an einer möglichst selbstständigen, von sozialen Subventionen un-
abhängigen Lebensführung ausrichten." (Bommes 2006: 64). Soziale Integration
und Integrationswille gelten als Beweise der Leistungsfähigkeit (ebd. 59ff.). Dies
zeigt sich im „neuen" Leitmotiv „Integration durch Leistung", das gegenwärtig
durch das österreichische Innenministerium aufgebaut wird:

> Ziel muss es sein, Menschen in Österreich nicht nach ihrer Herkunft, sondern nach ihrer Leis-
> tung zu beurteilen. Allen Menschen, die in Österreich etwas erreichen wollen, möchten wir
> die Chance und Möglichkeit geben, ihren Weg bei uns zu gehen. (Integrationsbericht 2011: 1)

Die Leistungsorientierung kategorisiert anhand der Strukturkategorie Klasse,
setzt Integration mit Leistung gleich und fokussiert auf die Volkswirtschaft und
nicht auf Kultur:

> Eine geregelte Zuwanderung hat sich an den Interessen Österreichs und der Situation am Ar-
> beitsmarkt zu orientieren. Mit der Rot-Weiß-Rot-Karte forcieren wir Wachstum, Aufschwung
> und Arbeitsplätze und schaffen zugleich ein neues, innovatives, kriteriengeleitetes System für
> jene Menschen, die Österreich benötigt (APA-OTS 2011b).

Kien Nghi Ha verweist darauf, dass die neoliberale Orientierung des Diskurses
besonders hinsichtlich der weniger qualifizierten WandererInnen eng mit kultu-
ralisitischen Forderungen verbunden ist. Während Hochqualifizierte als generell
„integrationsfähig" betrachtet werden, gelten weniger Qualifizierte, deren ge-
ringere Leistungsfähigkeit auf kulturelle Aspekte zurückgeführt wird, als Risiko. Hiermit tritt eine Verengung der Perspektive ein, innerhalb derer bestimmte Gruppen als Prototypen der „schlechten" MigrantInnen imaginiert werden.

Sexistischer Integrationsimperativ

Bedenkt man die Zielgruppe der Maßnahme „Deutsch vor Zuzug", so wird deutlich, dass die Zuzugshürde nicht für alle Drittstaatsangehörige errichtet wurde. In
erster Linie ist Familienmigration – allerdings nicht von Hochqualfizierten – betroffen. Die Maßnahme sei besonders für Mädchen und junge Frauen „aus gewissen migrantischen Hintergründen" von Nöten und darum ein „Herzensanliegen",
so die ehemaligen Innenministerin Maria Fekter. Mädchen und jungen Frauen
sei die Weiterbildung und die berufliche Karriere verwehrt, da sie im Familien-

verband „gut verwahrt" wären (TT 2011). Dies „[…] entspricht nicht unserem gesellschaftlichen Konsens. [...] Ich halte die Sprachverpflichtung etwa für Frauen für einen der größten emanzipatorischen Schritte, die wir tun können." (ebd.).

> Zudem eröffnet diese Maßnahme vielen Frauen, die aus patriarchalischen und sehr traditionellen Strukturen kommen, erstmals einen Bildungszugang, den sie sonst nicht hätten und ermöglichen ihnen damit eine aktive Teilhabe an der Gesellschaft (APA-OTS 2011a).

Das Sprechen über „die Anderen" wurde in den letzten Jahren feminisiert, wie beispielsweise die sogenannte Kopftuchdebatte verdeutlicht. War der prototypische Gastarbeiter männlich, so ging mit der verstärkten Migration von Frauen u. a. im Rahmen von Familienmigration (vgl. Appelt 2003: 149f.) eine diskursive Fokusverschiebung auf die „andere Frau" einher.

> Die Diskursverschränkung von Migration, Geschlechterverhältnis und Islam führt zu seiner Instrumentalisierung in der politischen Auseinandersetzung um die Gestaltung der Einwanderungsgesellschaft selbst und der Verdeckung ihrer eigenen Widersprüche und Konfliktlinien. (Gemende et al. 2007: 7)

Die muslimische Frau wird meist traditionalistisch gezeichnet: sie ist nicht emanzipiert und kaum mit Rechten gegenüber ihrem Mann ausgestattet. Komplementär dazu herrscht ein stereotypes Bild des muslimischen Mannes in der Öffentlichkeit vor. Er respektiert Frauen nicht als gleichwertig, unterdrückt dieselben in der Familie und ist potentiell gewalttätig (vgl. Gemende et al. 2007: 9).

Robert Miles sieht den Prozess der Rassenkonstruktion als einen „dialektischen Prozess", in dem Bedeutungen konstruiert werden. Wenn einer „anderen" Gruppe eine Eigenschaft zugeschrieben wird, wird gleichzeitig dasselbe Kriterium zur Definition des Selbst der „eigenen" (Gruppen-)Identität herangezogen (vgl. Miles 1999: 101).

> Indem die andere, fremde Frau als Stereotyp der Unterdrückten, Nicht-Emanzipierten gezeichnet wird, wird die Situation der einheimischen Frauen idealisiert. […] Indem die mangelnde Emanzipation auf die (muslimischen) Migrantinnen „abgewälzt" wird, erscheint die Frau in der eigenen Gesellschaft emanzipiert. (Gemende et al. 2007: 21)

Birgit Rommelspacher spricht von der „ethnischen Hierarchie zwischen Frauen", die durch Bildungsprivilegien, rechtliche Maßnahmen und Rollenklischees abgesichert wird. Der Emanzipationsbegriff dient der Legitimation dieser Hierarchie. Eurozentrismus führt zu einer Dichotomisierung, innerhalb derer die westlichen Gesellschaften als rational, entwickelt und technisch fortschrittlich konstruiert werden und „die Anderen" als irrational, traditionell und unterdrückt stigmatisiert. Die Autorin verdeutlicht die ethnische Hierarchie zwischen Frauen am Ko-

lonialismus und verweist darauf, dass unterprivilegierte deutsche Frauen mit ihrer Auswanderung an symbolischem Kapital gewannen und zur „Weißen Herrin"
wurden, dass sich jedoch gleichzeitig keine Machtverschiebung in Bezug auf deren „Weißen Herren" abzeichnete, sondern deren eigene traditionelle Frauenrol-
le festschrieb und zu einer Re-Traditionalisierung führte (vgl. Rommelspacher
2007: 50ff.). Die ethnische Hierarchie zwischen Frauen führt zu einer doppelten
Stabilisierung des Geschlechterverhältnisses anhand der Kategorie Herkunft.
Mit Hilfe der Kategorie Religion wird der „okzidentalen Frau" die „Orientalin"
gegenübergestellt. Die Werte- bzw. Leitkulturdebatte imaginiert auf diese Weise eine scheinbar bereits erfüllte Geschlechterdemokratie. Dietze (2009: 34ff.)
spricht vom „okzidentalistischen Geschlechterpakt", der die „okzidentale Frau"
performativ als emanzipiert inszeniert.

Der westliche Emanzipationsbegriff hat sich in einem spezifischen Kontext
entwickelt und ist eng mit Individualisierungsprozessen verschränkt. Seine universalistische Setzung führt in Migrationsgesellschaften zur Legitimation bestehender Dominanzverhältnisse, die zur Verfestigung der gesellschaftlichen Seg-
mentierung führen. Die Kompensation der Geschlechterhierarchie durch
ethnische Hierarchie externalisiert den Konfliktstoff und ermöglicht die Dichotomie zwischen der „emanzipierten" und „unterdrückten" Frau. Für die „eman-
zipierte" Frau scheint es keinen Handlungsbedarf bezüglich ihrer Position im
Geschlechterverhältnis mehr zu geben. Emanzipation wird mit ethnischer Pri-
vilegierung verwechselt und dient der Selbstidealisierung und zeitgleichen Abwertung der „anderen" Frau. Anstatt einer Solidarisierung unter Frauen tritt eine
defizitorientierte Stigmatisierung als Opfer (vgl. Rommmelspacher 2007: 50ff.).
„Emanzipation erscheint nicht mehr als Prozess oder gar umkämpftes Terrain, sondern als Ergebnis und geradezu eine Charakteristik des Westens." (Castro Varela
2007: 64). Dabei verschleiert der Diskurs, dass „frauenbestimmte Bedeutungsräu-
me und Handlungsstrategien" wie auch Gewalt gegen Frauen und männliche Herrschaft quer durch die dichotome Setzung auffindbar sind (vgl. Appelt 2003: 152).

Das österreichische Innenministerium spricht vom „gesellschaftlichen Konsens", den es zu schützen gilt. Dieser kann als kultureller Kompromiss übersetzt
werden. Sprachkompetenz ist unerlässlich, um am kulturellen Kompromiss zu
partizipieren. Jedoch verweist Wimmer (2005) darauf, dass es hierfür eine ad-
äquate Ressourcenverteilung benötigt. Indem das Innenministerium muslimische
Frauen defizitorientiert und schubladisierend als unemanzipiert darstellt, untergräbt es die symbolischen Ressourcen der Personen, über die gesprochen wird.
Die Vermittlung der Maßnahme wirkt somit nicht als Ermächtigungsstrategie
für die Betroffenen, im Gegenteil stützt die Argumentation gängige stereotype

Vorstellungen und kontrastiert diese an einer scheinbar erfüllten österreichischen Geschlechterdemokratie. Der Emanzipationsbegriff wird auf diese Weise instrumentalisiert und die ethnische Hierarchie zwischen Frauen gestärkt. Durch die Verschränkung der Strukturkategorien Geschlecht und Herkunft werden beide verstärkt. Die Kulturalisierung verdeckt und (re-)produziert die gesellschaftliche Hierarchisierung und stabilisiert über die Konstruktion von Fremdheit Machtinteressen (vgl. Gemende et al. 2007: 17). Durch die Exotisierung entsteht eine diskursive Gewalt, die über homogenisierende Fremdzuschreibungen dazu führt, das Entwicklungspotential der Betroffenen einzuschränken. Gleichzeitig dient sie dazu, den ethnisch segmentierten Arbeitsmarkt zu legitimieren und die Exklusion verstehbar zu machen (vgl. Castro Varela 2007: 62ff.). „Es sind die schlechten Deutschkenntnisse, das Tragen eines Kopftuches, die andere ‚Mentalität', die Familienorientierung, die schwache Berufsorientierung etc., die eine ethnische Stratifizierung hervorrufen." (ebd.)

Resümee

Die Einführung der Maßnahme „Deutsch vor Zuzug" wird essentialisierend und stigmatisierend legitimiert. In der Vermittlung der policy wirken die Strukturkategorien Geschlecht und Herkunft. Im Gegensatz dazu geht das Framing der Etablierung des Aufenthaltstitels „Rot-Weiß-Rot-Karte" mit einer ökonomischen Argumentation einher, die sich öffentlich der Essentialisierung verwehrt.

Über den Leistungsdiskurs werden die gewünschten und die ungewünschten MigrantInnen hervorgebracht. Die nationale Volkswirtschaft benötigt Produktionskraft, die der Aufenthaltstitel „Rot-Weiß-Rot-Karte" verspricht. Klassismus wirkt als grundlegend strukturierend auf den Diskurs ein, Herkunft wird im Diskurs nur sichtbar, wenn die Leistungsfähigkeit abgesprochen wird. Die Klasse tritt dann in den Hintergrund und öffnet die Bühne für das Geschlechterverhältnis sowie Rassismen. Mit dem Kulturgut Sprache wird direkt auf den kulturellen Kompromiss verwiesen. Nun wird essentialisiert und die unemanzipierte, integrationsunwillige, muslimische Migrantin sichtbar, die in einem traditionellen Familienmodell lebt und der Qualifikation bzw. Leistungsfähigkeit abgesprochen werden. Es kann von einer, durch das Ministerium (re-)produzierten, Zwei-Klassen-Migration gesprochen werden, die durch ein hierarchisierendes Spannungsverhältnis gekennzeichnet ist. Es wird mit zweierlei Maß gemessen. Qualifikation ist für die Volkswirtschaft erwünscht und bewahrt vor einseitigen Zuschreibungen seitens des Ministeriums.

Der sexistische Integrationsimperativ gilt den diskursiv als unqualifiziert Gerahmten. Diese sind weiblich und muslimisch. Im Namen der kulturellen nationalen *imagined community* werden muslimische Frauen essentialisierend homogenisiert und als handlungsunfähige Opfer stigmatisiert. Dies führt dazu, das symbolische Kapital sowie das Handlungs-, Widerstands- und Solidarisierungspotential der „Orientalin" sowie der „okzidentalen Frau" zu untergraben. Die Konstruktion dient der Legitimation der restriktiven Migrationspolitik, der gesellschaftlichen Hierarchisierung, der Exklusion der Betroffenen von ökonomisch attraktiven Arbeitsbereichen sowie der Verschleierung patriarchaler und rassistischer Strukturen. Das duale Framing der „guten" und „schlechten" MigrantInnen fördert die symbolischen Ressourcen der Erwünschten und untergräbt das symbolische Kapital der als unerwünscht Kategorisierten. Einer habituellen Veränderung und einem einhergehenden kulturellen Wandel, der patriarchale und rassistische Verhältnisse abbauen könnte und Trans- bzw. Multikulturalität bejaht, wird damit von staatlicher Seite vorgebeugt.

Literatur

Anderson, Benedict (1996). Die Erfindung der Nation. Zur Karriere eines folgenreichen Konzepts, erweiterte Neuausgabe, Frankfurt am Main/New York.

APA-OTS (2011a). Fekter: Deutsch vor Zuwanderung ist wesentliche Maßnahme zur Integration. Internet: http://www.ots.at/presseaussendung/OTS_20110222_OTS0176/fekter-deutsch-vor-zuwanderung-ist-wesentliche-massnahme-zur-integration (26.07.2010)

APA-OTS (2011b). Fekter: Rot-Weiß-Rot Karte schafft klare Regeln für eine geregelte Zuwanderung. 3-Säulen Modell regelt Zuwanderung in den Arbeitsmarkt neu. Internet: http://www.ots.at/presseaussendung/OTS_20110222_OTS0180/fekter-rot-weiss-rot-karte-schafft-klare-regeln-fuer-eine-geregelte-zuwanderung (26.07.2010)

Appelt, Erna (2003). Frauen in der Migration – Lebensform und soziale Situation, in: *Fassmann*, Heinz/*Stacher*, Irene (Hg.): Österreichischer Migrations- und Integrationsbericht. Demographische Entwicklungen – sozioökonomische Strukturen – rechtliche Rahmenbedingungen, Klagenfurt/Celovec, 144–170.

Bommes, Michael (2006). Integration durch Sprache als politisches Konzept, in: *Davy*, Ulrike/*Weber*, Albrecht (Hg.): Paradigmenwechsel in Einwanderungsfragen? Überlegungen zum neuen Zuwanderungsgesetz, Bielefeld, 59–86.

Bourdieu, Pierre (1983). Ökonomisches Kapital, kulturelles Kapital, soziales Kapital, in: *Kreckel*, Reinhard (Hg.): Soziale Ungleichheiten, Göttingen, 183–198.

Bourdieu, Pierre (1992). Rede und Antwort, Frankfurt am Main

Bundesministerium für Inneres (Hg.) (2011). Integrationsbericht. Vorschläge des Expertenrats für Integration, Wien.

Burger, Hannelore (1990). Über das Problem der Staatssprache, in: *Menz,* Florian/*Wodak,* Ruth (Hg.): Sprache in der Politik. Politik in der Sprache. Analysen zum öffentlichen Sprachgebrauch, Klagenfurt/Celovec 13–19.

Carrera, Sergio/*Wiesbrock,* Anja (2009). Civic Integration of Third-Country Nationals. Nationalism versus Europeanisation in the Common EU Immigration Policy, Internet: http://aei.pitt. edu/15100/1/ENACT_report_on_integrating_TCNs_e-version_final.pdf (26.07.2010)

Castro Varela, María do Mar (2007). Wer bin ich? Und wer sagt das? Migrantinnen und die Zumutungen alltäglicher Zuschreibungen, in: *Gemende,* Marion/*Munsch,* Chantal/*Weber-Unger Rotino,* Steffi (Hg.): Eva ist emanzipiert, Mehmet ist ein Macho. Zuschreibung, Ausgrenzung, Lebensbewältigung und Handlungsansätze im Kontext von Migration und Geschlecht, München/Weinheim, 62–73.

Degele, Nina/*Winker,* Gabriele (2009). Intersektionalität. Zur Analyse sozialer Ungleichheiten, Bielefeld.

Diehm, Isabell (1999). Pädagogische Ent-Fremdung. Die Verdichtung von Differenz in der Figur ‚fremder‘ Frauen und Mädchen, in: *Rendtorff,* Barbara/*Moser,* Vera (Hg.): Geschlecht und Geschlechterverhältnisse in den Erziehungswissenschaften, Opladen, 118–199.

Dietze, Gabriele (2009). Okzidentalismuskritik. Möglichkeiten und Grenzen einer Forschungsperspektivierung, in: *Brunner,* Claudia/*Dietze,* Gabriele/*Wenzel,* Edith (Hg.): Kritik des Okzidentalismus. Transdisziplinäre Beiträge zu (Neo-)Orientalismus und Geschlecht, Bielefeld, 23–54.

Gatt, Sabine (2008). Auf der Spur des Nationalen. Die österreichische Integrationskampagne und Dimitré Dinevs „Wechselbäder“. Ein transdisziplinärer Ansatz, Diplomarbeit, Innsbruck.

Gemende, Marion/*Munsch,* Chantal/*Weber-Unger Rotino,* Steffi (2007). Migration und Geschlecht – zwischen Zuschreibung, Ausgrenzung und Lebensbewältigung. Eine Einführung, in: *Gemende,* Marion/*Munsch,* Chantal/*Weber-Unger Rotino,* Steffi (Hg.): Eva ist emanzipiert, Mehmet ist ein Macho. Zuschreibung, Ausgrenzung, Lebensbewältigung und Handlungsansätze im Kontext von Migration und Geschlecht, München/Weinheim, 7–48.

Ha, Kien Nghi (2009). Deutsche Integrationspolitik als koloniale Praxis, in: *Brunner,* Claudia/*Dietze,* Gabriele/*Wenzel,* Edith (Hg.): Kritik des Okzidentalismus. Transdisziplinäre Beiträge zu (Neo-) Orientalismus und Geschlecht, Bielefeld, 137–150.

Haarmann, Harald (1999). Die Entwicklung des Sprachbewußtseins am Beginn der europäischen Neuzeit, in: *Scharnhorst,* Jürgen (Hg.): Sprachkultur und Sprachgeschichte. Herausbildung und Förderung von Sprachbewußtsein und wissenschaftliche Sprachpflege in Europa, Frankfurt am Main, 89–109.

Klinger, Cornelia (2003). Ungleichheit in den Verhältnissen von Klasse, Rasse und Geschlecht, in: *Knapp,* Gudrun-Axeli/*Wetterer,* Angelika (Hg.): Achsen der Differenz. Gesellschaftstheorie und feministische Kritik, Münster, 14–48.

Kreckel, Reinhard (2004). Politische Soziologie der sozialen Ungleichheit, Frankfurt am Main/ New York.

Krumm, Hans-Jürgen (2011). Stellungnahme im Rahmen des Begutachtungsverfahrens, Internet: http://homepage.univie.ac.at/hansjuergen.krumm/Stellungnahme%20KR%20zur%20NAG-Nov%202011.pdf (26.07.2010)

Marx, Daniela (2009). Feministische Gegenstimmen? Aushandlungen westlich-abendländischer Identität in Auseinandersetzung mit ‚dem Islam‘, in: *Brunner,* Claudia/*Dietze,* Gabriele/*Wen-*

zel, Edith (Hg.): Kritik des Okzidentalismus. Transdisziplinäre Beiträge zu (Neo-) Orientalismus und Geschlecht, Bielefeld, 101–115.

Miles, Robert (1999). Rassismus. Einführung in die Geschichte und Theorie eines Begriffs, Berlin.

Mourão Permoser, Julia (2010). Redefining Membership: European Union Policy on the Rights of Third-Country Nationals, Dissertation, Wien.

Norton, Bonny (2000). Identity and language learning. Gender, Ethnicity and Educational Change, Harlow.

TT (2011). Fekter: Sprachverpflichtung „emanzipatorischer Schritt", Tiroler Tageszeitung vom 16.10.2010, Internet http://www.tt.com/csp/cms/sites/tt/Überblick/Politik/PolitikContainer/830030-8/fekter-sprachverpflichtung-emanzipatorischer-schritt.csp (26.07.2010)

Plutzar, Verena (2010). Sprache als „Schlüssel" zur Integration? Eine kritische Annäherung an die österreichische Sprachenpolitik im Kontext von Migration, in: *Langthaler*, Herbert (Hg.): Integration in Österreich. Sozialwissenschaftliche Befunde, Bozen/Innsbruck/Wien, 123–142.

Rommelspacher, Birgit (2007). Geschlecht und Migration in einer globalisierten Welt. Zum Bedeutungswandel des Emanzipationsbegriffs, in: *Gemende*, Marion/*Munsch*, Chantal/*Weber-Unger Rotino*, Steffi (Hg.): Eva ist emanzipiert, Mehmet ist ein Macho. Zuschreibung, Ausgrenzung, Lebensbewältigung und Handlungsansätze im Kontext von Migration und Geschlecht, München/Weinheim, 49–61.

Schiffauer, Werner (2007). Der Unheimliche Muslim – Staatsbürgerschaft und zivilgesellschaftliche Ängste, in: *Wohlrab-Sahr*, Monika/*Tezcan*, Levent (Hg.): Konfliktfeld Islam in Europa, Baden-Baden, 111–132.

Van Avermaert, Piet (2009). Fortress Europe? Language Policy Regimes for Immigration and Citizenship, in: *Hogan-Brun*, Gabrielle/*Mar-Molinero*, Clare/*Stevenson*, Patrick (Hg.): Discourses on Language and Integration, Amsterdam, 15–44.

Verloo, Meike (2005). Mainstreaming Gender Equality in Europe. A Critical Frame Analysis Approach, in: The Greek Review of Social Research 117, 11–34.

Wimmer, Andreas (2005). Kultur als Prozess. Zur Dynamik des Aushandelns von Bedeutungen, Wiesbaden.

Rechtsgrundlagen

Niederlassungs- und Aufenthaltsgesetz (NAG). Österreichisches konsolidiertes Bundesrecht. Fassung vom 01.07.2011, Wien.

Richtlinie 2003/86/EG des Rates betreffend das Recht auf Familienzusammenführung (2003). Rat der Europäischen Union, Brüssel.

Richtlinie 2003/109/EG des Rates betreffend die Rechtstellung der langfristig aufenthaltsberechtigten Drittstaatsangehörigen (2003). Rat der Europäischen Union, Brüssel.

Migrationsforschung als transnationale, genealogische Ethnographie –Subjektivierungsprozesse von „InderInnen der zweiten Generation" aus der Schweiz

Rohit Jain

> My object has been to create a history of the different modes
> by which, in our culture, human beings are made subjects.
>
> (Foucault 1986: 208)

„Ich bin nur Halbinder", „I try to take the best of both worlds", „Wo sind eigentlich deine Wurzeln?" – solchen Sätzen bin ich während meiner Feldforschung über transnationale Subjektivierungsprozesse von „InderInnen der zweiten Generation" aus der Schweiz oft begegnet. Für die meisten meiner GesprächspartnerInnen waren es beiläufige Floskeln im Alltag, die kaum der Rede wert waren. Beim ethnographischen Zuhören und Zusehen erschienen sie jedoch auch als alltägliche Indizien hegemonialer Normen von kultureller Zugehörigkeit, denen meine InformantInnen in Indien, in der Schweiz und an anderen diasporischen Orten begegnen. Menschen indischer Herkunft, die in der Schweiz aufgewachsen sind, entsprechen diesen hegemonialen kulturellen Normen nie vollständig und handeln daher Zugehörigkeiten in prekären Verhältnissen aus (Mecheril 2003). Eingebettet in vielfältige – oft ambivalente – Subjektivierungslogiken müssen sie sich diese fragwürdige und erklärungsbedürftige Zwischenposition sinnhaft aneignen. Ausgehend von einem genealogisch-ethnographischen Ansatz erkundet dieser Beitrag diese transnationalen Subjektivierungsprozesse von „InderInnen der zweiten Generation", die in der Schweiz sozialisiert wurden.

Genealogie, Macht und Subjektivierung in der Migrationsforschung

In Anlehnung an Michel Foucault verstehe ich unter Genealogie eine Methodologie, mit der die Konstituierung von Subjektivitäten innerhalb historischer Konfigurationen von Macht und Wissen analysiert werden kann. Demnach ist

> Subjektivität gerahmt und ermöglicht von strukturierenden diskursiven Bedingungen, über
> die sie nicht verfügt. [...] Damit tauchen auf der historischen Bühne verschiedene Subjektfi-
> guren auf, legitime und mögliche Weisen, als Subjekt im Diskurs bzw. Objekt des Diskurses
> zu sprechen bzw. thematisiert werden zu können. (Saar 2007: 180)

Gegenstand dieser Untersuchung sind also nicht die Subjekte selbst, sondern die machtvollen Subjektivierungslogiken, die spezifische Erfahrungen und Praktiken von Zugehörigkeit ermöglichen, hervorbringen oder verhindern. Foucault identifizierte in der Verflechtung staatlicher Institutionen und wissenschaftlicher Erkenntnisweisen eine neue moderne Form der Macht und der Subjektivierung. Die Migrationsforschung und das darin konstitutive Assimilationsparadigma stellen dafür einen exemplarischen Fall dar. Seit ihrer Entstehung im Kontext der Chicago School am Anfang des 20. Jahrhunderts war die Migrationsforschung eng verflochten mit dem Projekt des Nationalstaates.

> The major preoccupation of [postwar] migration studies, was to measure and scrutinize the cultural differences between immigrants and nationals and to describe pathways of assimilation into the national group, in short to deliver the description of the mechanics of successful nation building. (Wimmer/Glick Schiller 2002: 310)

Dieses Assimilationsmodell basiert auf einem Konzept von Gesellschaft, das die Kongruenz von Nation, Territorium und Kultur (re-)produziert. Migration stellte angesichts dieser kulturessentialistischen Kongruenz eine Anomalie, ein politisches Problem dar, das das nationale „Eigene" sowohl konstituiert als auch in Frage stellt. Die Metapher der „Generation" im Assimilationsmodell markiert – analog zur Wurzelmetapher[1] – den „anderen" kulturell-territorialen Ursprung, der das migrantische Subjekt unwiderruflich und unabhängig von anderen sozialen Kategorien wie Geschlecht, Klasse oder Religion als Objekt wissenschaftlicher Erforschung und staatlicher Regulierung produziert. Kritische Migrationsforschung muss ihre Verankerung in dieser nationalen Ontologie des „Eigenen" und des „Anderen" theoretisch thematisieren, methodisch reflektieren und empirisch erforschen. Die hier vorgeschlagene genealogische Perspektive fragt deshalb nach dem Netz staatlicher Regierungstechniken, ökonomischer Verwertungslogiken, wissenschaftlicher Klassifikationssysteme und populärkultureller Narrative, das Subjekte in einem Migrationsregime hervorbringt – aber auch nach den immanenten Widersprüchen, durch die Handlungsspielräume aufbrechen und alternative Subjektivierungen stattfinden können. Im Folgenden soll diese kritische Forschungsperspektive anhand des Fallbeispiels transnationaler Subjektivierungsprozesse von „InderInnen der zweiten Generation" veranschaulicht werden. Die Untersuchungsgruppe der „InderInnen der zweiten Generation" ist dabei keineswegs selbstevident, sondern entsteht erst durch die hegemonialen nationalstaatlich-wissenschaftlichen Subjektivierungsweisen und die dadurch produzier-

---

1   Gemäß Malkki (1992) verkörpert die organische Wurzelmetapher eine metaphysische Verbindung von Kultur mit einem Territorium, wie sie dem Konzept des modernen Nationalstaats zugrunde liegt.

ten geteilten Erfahrungen. Die Zugehörigkeit zu dieser „Gruppe" sowie deren Grenzen sind Thema der Subjektivierungsprozesse und Teil einer umkämpften Repräsentationspolitik (vgl. Mecheril 2003). Die hier verwendete methodische Kombination biographischen, ethnographischen und diskursiven Materials eröffnet einen explorativen Raum von Biographien und Diskursen, Narrativen und Praxis, der erlaubt, diese prekären und ambivalenten Prozesse der Zugehörigkeit zu verfolgen.[2] Darin unterscheidet sich die vorliegende genealogische Ethnographie von anderen Arbeiten über die „zweite Generation" in der Schweiz, in denen die „zweite Generation" als Nachkommen von MigrantInnen klassifiziert werden, die mindestens seit der Kindheit in der Schweiz leben (vgl. Juhasz/Mey 2003; Bolzman et al.). Dadurch blenden sie die machtvollen Prozesse der Objektivierung aus, die diese „Gruppe" im modernen Nationalstaat als politisch-epistemologisches Problem definiert und entsprechende subjektive Erfahrungen und Praktiken konstituiert. Aus einer genealogischen Perspektive sollen hier Konzepte der Migrationsforschung wie z. B. „zweite Generation", „Diaspora" und „Kosmopolitismus" nicht als neutrale wissenschaftliche Kategorien verwendet werden. Sie werden als objektivierende Wissensbestände in einem Netz staatlicher Regierungstechniken, ökonomischer Verwertungslogiken und populärkultureller Narrative untersucht, das die Subjektivierung von „InderInnen der zweiten Generation" reguliert.

Diese Subjektivierungsprozesse sind angesichts des hegemonialen Herkunftsnarrativs und angesichts vielfältiger grenzüberschreitender Kommunikations- und Mobilitätspraktiken unausweichlich in transnationale Räume der Imagination und Praxis eingebunden (vgl. Levitt/Waters 2002). Eine genealogisch-ethnographische Spurensuche muss demnach sowohl innerhalb lokaler Regime in der Schweiz und in Indien stattfinden wie auch die genuin transnationale Logik der Subjektivierungsprozesse in den Blick nehmen.

> Under conditions of transnationality, political rationality and cultural mechanisms continue to deploy, discipline, regulate, or civilize subjects in place or on the move. Although increasingly able to escape localization by state authorities, [transnational] subjects are never free of regulations set by state power, market options, or kinship norms. (Ong 1999: 19f.)

Der vorliegende Beitrag versucht, anhand einer transnationalen, genealogischen Ethnographie eine kritische Migrationsforschung mit einer Anthropologie der Globalisierung zu verknüpfen und die Prozesse der Konstruktion, Rekonstruktion und Dekonstruktion von Ethnizität im Kontext zunehmender Globalisierung zu beleuchten.

---

2   Zum methodischen Instrumentarium der Biographieforschung siehe Rosenthal (1995), der Diskursanalyse siehe Jäger (2004), der „multi-sited ethnography" siehe Marcus (1995).

Die Geschichte der indischen Migration in die Schweiz

Die indische Migration in die Schweiz war ein Nebenarm des „brain drains", der nach der Unabhängigkeit Indiens 1947 Millionen von InderInnen aus der Mittelschicht in die USA, nach Großbritannien, Europa, Australien und Kanada führte.[3] Die größtenteils jungen Männer wurden von multinationalen Konzernen wie Ciba-Geigy, BBC oder Ascom als Ingenieure rekrutiert, sie studierten an den Eidgenössischen Polytechnischen Hochschulen in Lausanne oder Zürich, arbeiteten für die UNO in Genf oder betreuten indische Firmen in der Schweiz. Die meisten heirateten nach einigen Jahren in Indien und ließen sich mit ihren Frauen wieder in der Schweiz nieder, wogegen eine nicht unbeträchtliche Zahl von ihnen Schweizerinnen heiratete. Von Anfang an war die indische Gemeinschaft in der Schweiz regional, religiös und sprachlich heterogen und geographisch verteilt. Seit den 1950er Jahren gründeten die MigrantInnen pan-nationale indische Kulturvereine, um religiöse und kulturelle Feste zu feiern, sich zu treffen und sich gegenseitig im Alltag zu unterstützen. Parallel existierten oft regionale informelle Netzwerke. 1980 lebten gemäß des Bundesamtes für Statistik 2.229 InderInnen in der Schweiz, 1990 waren es 5.770.[4] Von diesen indischen MigrantInnen stammen die hier thematisierten „InderInnen der zweiten Generation" ab.[5] Viele von ihnen waren als Kinder über ihre Eltern in indische Netzwerke eingebunden oder besuchten indische Vereine. Da die Gemeinschaft sehr klein, zerstreut und ethnisch heterogen war, waren die Beziehungen locker und Treffen fanden unregelmäßig an Wochenenden statt. Ab der Adoleszenz wurden Bekanntschaften aus der Schule oder der Nachbarschaft wichtiger, Netzwerke unter „InderInnen der zweiten Generation" wurden nur selten gepflegt. Angesichts dieser sozialstrukturellen Voraussetzungen war für „InderInnen der zweiten Generation" die Aushandlung kultureller Zugehörigkeit und „Indianness" größtenteils ein individuelles, biographisches Projekt.

---

3   Für eine Übersicht über die Geschichte und Zusammensetzung der indischen Diaspora(s) siehe Brown (2006).

4   Nach einer neuen indischen Migration seit den 1990ern, die vor allem Fachkräfte aus IT und Finanzen, StudentInnen sowie auch unqualifizierte Personen umfasst, leben den Angaben des Bundesamtes für Migration zufolge zur Zeit ca. 15.000 Personen indischer Herkunft in der Schweiz.

5   Da ich mich für den Einfluss von Biographien und diskursivem Wandel auf die Subjektivierung interessiere, beschränke ich mich in meinem Sample auf (junge) erwachsene „InderInnen der zweiten Generation". Das Sample berücksichtigt Personen, die ein oder zwei indische Elternteile haben und umfasst ca. 600–800 Personen.

Die Geburt der „zweiten Generation" im Blickfeld des Assimilationismus

Der Begriff der „zweiten Generation" ist historisch in die Assimilationslogik der klassischen Migrationsforschung eingebettet. Der „zweiten Generation" kam im Stufenmodell der intergenerationellen Assimilation eine wichtige funktionale und dramaturgische Rolle zu. Wie der Statistiker Richmond Mayo-Smith 1894 schrieb: „[They] stand half-way between the native and the foreign element [...]. They represent the process of assimilation in the act" (zitiert nach Karakayali 2005: 326). Die „zweite Generation" erlaubte nicht nur die Assimilation in der Praxis zu vollziehen, sondern auch eine wissenschaftliche Beobachtung und Messung dieses Prozesses. In den Arbeiten zum „marginal man" der Chicago School verkörperte die „zweite Generation" zunehmend den kulturellen Wandel, der als Zwiespalt, Konflikt und Anomie imaginiert wurde und pointiert in der omnipräsenten Metapher der „zwei Welten" zum Ausdruck kam (Karakayali 2005). So konnte der Historiker Marcus Lee Hansen in seiner klassischen Studie „The Problem of the Third Generation" (1938) lapidar schreiben, „how to inhabit two worlds at the same time [...] is the problem of the second generation" (zitiert nach Karakayali 2005: 331).

Analog wurde Migration in der Schweiz ab den 1960er Jahren als politischer und wissenschaftlicher Gegenstand im Spannungsfeld von „Überfremdungsgefahr" und wirtschaftlicher Notwendigkeit problematisiert. Eine rigorose Assimilationspolitik versprach eine Lösung dieses Problems, da die ausländischen Arbeitskräfte sowohl in der Schweiz beschäftigt blieben als auch die „geistige Überfremdung" kontrolliert werden konnte (vgl. Niederberger 2004). Angesichts des technokratischen Handlungszwangs wurden „Nachkommen der Fremdarbeiter" vom Staat als wichtiges strategisches Steuerungsfeld definiert, da „deren Fähigkeit zur Eingliederung und Assimilation weit grösser ist als jene der Ausländer, die erst als Erwachsenen zu uns gekommen sind" (ebd.: 96). Als wichtigste Institution der assimilatorischen Subjektivierung der „zweiten Generation" fungierte die Schule: „In gemeinsamer Erziehung und Bildung liegt die beste Gewähr für eine echte Assimilation" (ebd.: 61). Im konstitutiven Kontrast zur Schule wurde die Familie als ethnische – und nicht-moderne – Sphäre definiert, die die assimilatorische Passage potentiell behinderte. Wie Pooja, eine 36-jährige Biologin, sich erinnert, wurde in ihrer Schule einmal allen Eltern von Kindern mit Migrationshintergrund mitgeteilt, dass sie zu Hause Deutsch sprechen sollten, da die Kinder in der Schule sonst schlechtere Leistungen erbringen würden. Wie stark die Migrationsfamilie – insbesondere die „orientalische" – in der Öffentlichkeit mit paternalistischer Arroganz und eurozentrischer Furcht imaginiert wurde, legt der durchschlagende Erfolg des Romans „Nicht ohne meine Tochter"

(1988) von Betty Mahmoudi in der Schweiz nahe. Gerade wegen des manifesten Willens, die „zweite Generation" zu assimilieren, wurde die Migrationsfamilie zur „black box", die vom Staat und von der Öffentlichkeit mit paranoider Faszination imaginiert wurde.

Maya, eine 36-jährige Yoga-Lehrerin, wurde in der Schweiz geboren und wuchs in einer mittelständischen Umgebung auf. Eine prägende Erinnerung aus ihrer Kindheit verweist auf die subtile Macht des Assimilationsregimes und des darin eingebetteten Narrativs der ethnischen – patriarchalen – Migrationsfamilie:

> Ich habe in der ersten oder zweiten Klasse einmal eine Party gemacht bei mir zu Hause. Da war wirklich eine große Diskrepanz. Es sind so ein paar Mädchen zu mir gekommen und die sind dann alle so in Miniröcken aufgetaucht, ganz cool angezogen und haben sich ganz anders bewegt und ich bin so in meinem Prinzessinnenkleidli gewesen – so völlig in einem Traum.

Im geschlechterperformativen Kontrast ihres (indischen) „Prinzessinenkleids" und der „coolen Miniröcke" der Schweizer Mädchen reflektiert Maya die existenzielle Erfahrung von Andersartigkeit und Einsamkeit, die in ihrer biographischen Erzählung durch die Dichotomie ihrer „weltfremden indischen Familie" und ihren „Schweizer Peers" strukturiert ist. Im Gymnasium versucht sie sich aus der erlebten Abschottung der „indischen Familie" zu befreien. Sie möchte trotz elterlicher Verbote über Mittag in der Schule bleiben, auf Partys gehen und sich mit FreundInnen treffen. „Wir haben Dauerkrach gehabt, und ich habe mich dort einfach rebellisch verhalten müssen, um einigermaßen Anschluss zu finden an *diese Kultur da*." Der Konflikt intensiviert sich, nach dem Gymnasium zieht Maya aus und grenzt sich zusehends von den Eltern ab.

Welche sind nun die institutionellen und diskursiven Bedingungen, die die biographische Erzählung in dieser Form überhaupt möglich machen? Ich argumentiere, dass die Dichotomie zwischen der schweizerischen Öffentlichkeit und der indischen Familie und das daraus folgende Narrativ des „Kulturkonflikts", das Maya verwendet, eingebettet ist in den hegemonialen Kontext des schweizerischen Assimilationsregimes dieser Zeit. Indem die symbolischen Grenzen von Familie/Öffentlichkeit, indisch/schweizerisch und traditionell/modern verknüpft werden, entsteht ein kulturessentialistisches Dispositiv, das Mayas Erfahrung und Erzählung – analog zur Metapher der „zwei Welten" – rahmt. Das Narrativ des „Kulturkonflikts" kann demnach als Technologie des nationalstaatlichen Assimilationsprojektes verstanden werden, das im Zusammenspiel von Staat, Wissenschaft und Populärkultur spezifische Subjektpositionen für die „zweite Generation" definiert. Wenn sich auch bei anderen „InderInnen der zweiten Generation" die Aushandlungen mit dem ethnisierenden Narrativ des „Kulturkonflikts", resp. der „zwei Welten" anders gestalten, so dominierte es doch ihre Subjektivierungsprozesse im Assimilationsregime und sie waren gezwungen, einen Umgang damit zu finden.

Multikulturelle Kommerzialisierung: Die Spaltung der „zweiten Generation"

Während der 80er Jahre formiert sich in einer bunten Allianz von Kirchen, MenschenrechtsaktivistInnen und 68ern ein multikulturalistischer Gegendiskurs zum Assimilationsregime (Niederberger 2004: 106ff.). Wurden die südeuropäischen – vor allem italienischen – GastarbeiterInnen im Assimilationsregime seit der Nachkriegszeit politisch und sozial ausgegrenzt, galten sie nun im Kontrast zu den neuen Migrationsgruppen aus Sri Lanka, Ex-Jugoslawien und Afrika als Lieblingsminderheit, die den öffentlichen Raum durch Temperament, Lifestyle und Essen, kurz Italianità, aufpeppte.

Die politische Bewegung des Multikulturalismus wurde ab Mitte der 90er Jahre angesichts des wachsenden Rechtspopulismus marginalisiert, während sich der multikulturelle Differenzkonsum im öffentlichen Raum etablieren konnte. Die Kommerzialisierung von Ethnizität in multikultureller Kulinarik, world music, ethnic wear usw. erlaubte einer urbanen Mittelschicht, sich die zunehmende Globalisierung sinnhaft anzueignen. In diesem Kontext fand eine Spaltung der öffentlichen Subjektivierungslogik der „zweiten Generation" statt. Dies lässt sich im Abstimmungskampf um die Initiative zur erleichterten Einbürgerung der „zweiten und dritten Generation" aus dem Jahr 2006 sehen. Auf der einen Seite nahm die rechtspopulistische Schweizerische Volkspartei (SVP) eine laufende mediale Hetzkampagne gegen Autoraser aus dem Kosovo auf und konnte „die zweite Generation" als unassimilierbare, kriminelle, ethnische Andere darstellen. Auf der anderen Seite kämpfte die Bewegung „Second@s" mit dem Slogan „Ohne Migranten keine Pizza" für die Anerkennung und Aufwertung der „zweiten Generation" (vgl. Wessendorf 2007).[6] Dieser Versuch der multikulturellen Re-Artikulation der Schweiz offenbarte eine Spaltung der Repräsentation der „zweiten Generation": Auf der einen Seite wurden Jugendliche aus Ex-Jugoslawien und MuslimInnen, die vor allem der „bildungsfernen Unterschicht" angehören, als unassimilierbare AusländerInnen Gegenstand des öffentlichen Zorns und des staatlichen Disziplinarregimes. Auf der anderen Seite galten „Second@s" aus der Mittelschicht und aus den südeuropäischen Modellminderheiten, die erfolgreiche Bildungs-

---

6 Der Begriff „Second@" wurde 2002 öffentlich bekannt, als im Hinblick auf die eidgenössische Abstimmungsvorlage für die erleichterte Einbürgerung der 2. und 3. Generation das Netzwerk „Second@s" gegründet wurde.

biographien vorweisen konnten, als kosmopolitische ExotInnen, die eine offene und globale Schweiz repräsentierten.[7] „InderInnen der zweiten Generation", die in der Schweiz aufgewachsen sind, gehören größtenteils der Mittelschicht an und wurden seit der Jahrtausendwende dementsprechend zunehmend als kosmopolitische ExotInnen wahrgenommen. Ein Indienboom um Bollywood, indisches Essen, Yoga, Asian Underground und indisches Design in der Schweizer Öffentlichkeit erschlossen ihnen zudem neue öffentliche Räume der Selbstrepräsentation und Anerkennung sowie neue professionelle und biographische Gelegenheiten.

Nachdem sich Maya von den Eltern distanziert hat, versucht sie einen selbstbestimmten und emanzipatorischen Lebensentwurf zu verfolgen. Auf einer Indienreise nach dem Gymnasium kommt Maya in Kontakt mit Yoga. Dies stellt einen wichtigen biographischen Wendepunkt dar. Yoga als Lebensphilosophie und Körperpraxis erlaubt ihr sowohl den radikal-individualistischen Lebensentwurf sinnhaft zu deuten als auch „Indianness" zu re-interpretieren. Sie reist nach dem Studium 15 Monate als Yogini und Touristin durch Indien und Asien und gewinnt eine eigene Perspektive auf Indien – jenseits der „indischen Familie". Eingebettet in die transnationale Weltanschauung und Gemeinschaft des Yoga vermag sie zunehmend zwischen Indien und dem Westen zu balancieren, statt in das Narrativ des „Kulturkonflikts" zu verfallen.[8] 2006 kehrt Maya in die Schweiz zurück, als gerade eine regelrechte Yogamanie auszubrechen im Begriff ist. Von FreundInnen auf diese Chance aufmerksam gemacht, macht sich Maya als Yoga-Lehrerin selbständig. Während das Assimilationsregime ethnische Selbstrepräsentationen sanktionierte und in die Familie projizierte, wurde im Kontext multikultureller Kommerzialisierung ihre indische Herkunft öffentlich als Exotik und Authentizität re-imaginiert und aufgewertet. Dies eröffnet ihr einen anerkannten Ort der ethnischen Selbstrepräsentation, was im Assimilationsregime streng sanktioniert war. Diese neue Subjektivierungslogik verwickelt Maya jedoch in neue Widersprüche. Denn gleichzeitig läuft sie Gefahr durch die exotische Stereotypisierung und den Differenzkonsum erneut – wie im Assimilationsregime – vereinnahmt und fremdrepräsentiert zu werden: Ihre SchülerInnen schätzen ihre Lektionen angesichts ihrer indischen Herkunft als besonders authentisch. Und unbewusst bedient Maya die exotisierende Sehnsucht nach dem Konsum des „Anderen", wenn sie auf ihrer Homepage auf ihre Herkunft hinweist. Dies erlaubt ihr

---

7   Der Versuch der Inversion des negativen Images verblieb im hegemonialen Modell: Die Kampagne argumentierte kulturalistisch und akzeptierte die Konditionalität der Zugehörigkeit zur Schweizer Nation. Zur Kritik dieser Inversionsstrategie siehe Hall (1997).

8   Sarah Strauss (2005) zufolge ist Yoga in der transnationalen Aushandlung westlicher und indischer Konzepte von Wissen und Spiritualität entstanden und manifestiert sich heute in einer globalen Yoga-Industrie.

allenfalls einen Wettbewerbsvorteil im hart umkämpften Yogamarkt. Aber die Ethnisierung ihrer Yogafähigkeiten – z. B. durch das Narrativ „Sie hat Yoga im Blut/in den Genen" – bedeutet gleichzeitig eine Disqualifizierung ihrer hart erarbeiteten Fähigkeiten als Yogalehrerin und Yogini. Sie oszilliert zwischen ethnischer Selbstrepräsentation und Verdrängung, Anerkennung und Stereotypisierung, Exotik und Assimilation.

Wie der Fall von Maya zeigt, bringt der Kontext der multikulturellen Kommerzialisierung eine neue Subjektivierungslogik von „InderInnen der zweiten Generation" hervor. Während einige InderInnen der zweiten Generation wie Maya neue *ethnic businesses* gründen, pflegen andere zunehmend einen expressiven indischen Lifestyle, in dem sie indische Kleider tragen, zu Hause indischen Kitsch aufstellen oder Bollywoodfilme konsumieren. Wiederum andere lehnen solche Praktiken „symbolischer Ethnizität" (vgl. Gans 1979) ab, weil sie entweder die assimilatorische Logik der Nicht-Repräsentation internalisiert haben oder die exotisierende Stereotypisierung ablehnen.

Wie ich im folgenden Kapitel zeigen möchte, ist diese Präsenz symbolischer Ethnizität bei „InderInnen der zweiten Generation" in vielfacher Weise verknüpft mit der globalen Re-Positionierung Indiens seit den neoliberalen Reformen der 1990er Jahre.

Die „Diaspora" als Imagination eines „globalen Indiens"

Ausgelöst durch eine Währungskrise begann Indien in den 1990er Jahren seine Märkte zu liberalisieren. Eine soziologische Konsequenz des damit verbundenen Wachstums war die Entstehung einer „neuen" Mittelschicht, die sich über den Zugang zum globalen Medien- und Konsummarkt definierte (vgl. Fernandes 2006; Brosius 2010). In den neuen Bistros, Clubs und *malls* des metropolitischen Indiens entstanden durch die Aneignung westlicher Konsumgüter, Lebensstile und Identitäten kosmopolitische Repräsentationsmuster. Dieser soziale Wandel schlug sich auch in der Wahrnehmung Indiens bei „InderInnen der zweiten Generation" in der Schweiz nieder. Indien-Ferien in der Kindheit und Adoleszenz der 1970 und 1980er Jahre waren der Familie gewidmet und von der ambivalenten Erfahrung des nicht-modernen, exotischen Anderen gekennzeichnet. Das neue urbane Indien war hingegen plötzlich kompatibel mit ihren ästhetischen und materiellen Konsumgewohnheiten in der Schweiz und versprach den Zugang zu einer alternativen Moderne und einer ökonomisch und kulturell boomenden Region. Auch der 33-jährige Manager Akash fühlte sich vom aufstrebenden Indien angezogen. 2006 nahm er nach seinem Studium der Betriebswirtschaft und des Rechts das Jobangebot eines Schweizer Industrieunternehmens in Indien an. Seine Re-Migration war eingebettet in das Bestreben von Schweizer Wirtschaft und Staat, in den wachsenden Markt Indiens einzusteigen. Wie sein Vorgesetzter mir erläuterte, war Akash sehr gut qualifiziert, jedoch vervollständigten seine indische Herkunft, seine Kenntnisse der lokalen indischen Bedingungen als auch der Schweizer Unternehmenskultur sein Profil. In der Imagination des expandierenden Schweizer Kapitalismus im „Wilden Osten" stellte Akash als „Inder der zweiten Generation" den perfekten Vermittler dar.[9]

Zweifellos ist Akashs Entscheidung in Indien zu arbeiten ein Karriereschritt im globalen Kapitalismus. Im Lichte einer neuen indischen Diasporapolitik erscheint sie jedoch auch als „Rückkehr": Die antikoloniale Imagination der indischen Nation basierte auf der Anerkennung – ja Bewunderung – der technologischen, ökonomischen und militärischen Stärke des Westens, während Indien dieses Manko durch seine kulturelle Überlegenheit als spirituelle Wiege der Menschheit kompensierte (Chatterjee 1993). Die Auslands-InderInnen (*non-resident Indians, NRI's*) im Westen repräsentierten zwar den luxuriösen Glanz des sozialen Aufstiegs, aber auch die Gefahr des Kulturverlusts sowie den Verrat des nationalen Entwicklungsprojekts. Mit der Liberalisierung der Märkte und der Aspiration an der globalen Moderne teilzunehmen, entdeckte der indische Staat seine „Diaspora" neu. Als Brückenkopf sollte diese das „neue Indien" im Westen repräsentieren und es als kommende Supermacht und Investitionschance anpreisen. Genauso erlaubte eine strahlende Diaspora gegenüber der eigenen Bevölkerung das Projekt eines aufstrebenden globalen Indiens zu zelebrieren. In den späten 1990er Jahren wurde deshalb – unter der Ägide der hindunationalistischen Regierung – eine aktive Diasporapolitik eingeschlagen, die die „Diaspora" als Teil des nationalen Wachstumsprojektes zurückgewinnen sollte (vgl. Mani/Varadarajan 2005). Das neu gegründete *Ministry of Overseas Indian Affairs* reinterpretierte die indische Nation als „global Indian family" und versuchte dadurch die nostalgische Bindung der „Diaspora" an das Herkunftsland zu stärken. Durch den *Overseas Citiziship of India Scheme*, eine Quasi-Doppelbürgerschaft, gewährt der Staat sowohl symbolische Anerkennung, als auch umfassende wirtschaftliche Rechte, die insbesondere Investitionen in Immobilien und Finanzprodukte vereinfachten. Die verspätete Anerkennung der „Diaspora" durch den Staat fand eine Parallele im Bollywood-Kino, dem Leitmedium der „global Indian family" (vgl. Brosius/Yazgi 2007): Wurden NRI's im Film bis in die 1980er Jahre durch die Gegenüberstellung von materialistischem Westen und spirituellem

---

9   Ong beschreibt eine gleiche Logik der Repräsentation diasporischer chinesischer UnternehmerInnen als „Brückenbauer" (Ong 1999).

Indien als korrumpierte Fahnenflüchtige oder übermenschliche Verkörperungen von „Indianness" dargestellt, änderte sich die Logik der Industrie ab den 1990er Jahren. Als Reaktion auf die zunehmenden Einnahmen auf dem Diasporamarkt entstanden neue nostalgische Narrative im Bollywood-Kino, die zeigten, wie in der Diaspora westliche Materialität und „Indianness" verknüpft werden konnten. Angesichts dieser Omnipräsenz erscheint der Diasporatopos im „neuen Indien" geradezu als strategische Plattform für die Re-Positionierung Indiens gegenüber dem Westen – für die Imagination einer globalen indischen Moderne:

> As urban India experiences the optimism of an economic upswing, and the diaspora increa-singly engage in it, an ideology of „global Indianness" has crystallised – a set of beliefs and practices that are at once tied to a global [Western] lifestyle and to a deep sense of belonging to the Indian nation. (Radhakrishnan 2008: 9)

In der „Rückkehr" Akashs verbindet sich das Versprechen des „globalen Indiens", von materiellem Wohlstand und nostalgischer „Indianness". Als Schweizer Ex-pat – mit Schweizer Lohn – bewegt er sich in einem illustren Zirkel von Expats und Angehörigen der indischen Oberschicht und genießt das exklusive Leben in den urbanen Enklaven Indiens. Gleichzeitig wohnt er im Haus seiner Großeltern und pflegt einen engen Kontakt mit seinen Eltern, die nun vermehrt nach Indien reisen. Neben dem Alltag nutzt er die Gelegenheit, Indien zu bereisen und das kulturelle Erbe kennen zu lernen. Im Leben zwischen transnationaler kapitalis-tischer Klasse und „globaler indischer Familie" entwickelt Akash zunehmend einen kosmopolitischen Habitus, für den lokale Partikularitäten zu ästhetischen Fragmenten und Ressourcen in einer aufregenden, globalen Lebenswelt werden.

Für viele InderInnen der zweiten Generation bietet das heutige metropoliti-sche Indien den idealen Ort, um Nostalgie, sozialen Aufstieg und Abenteuer zu verbinden. Wie Robin, ein 34-jähriger Betriebswirt sinniert, sei das Leben in In-dien mit Schweizer Lohn der „Swiss-Indian-Dream". Nicht zufällig existiert im Bollywood-Kino schon ein eigenes Genre der „zweiten Generation" mit Narrati-ven von Rückkehr und dem Leben „zwischen zwei Welten". Innerhalb der „globa-len indischen Familie" ist die Imagination der „Rückkehr der zweite Generation" omnipräsent, aber die Entscheidung zur „Rückkehr" basiert auf biographischen Konstellationen, familiären und beruflichen Entscheidungen. Aber immer mehr „InderInnen der zweiten Generation" versuchen wie Akash berufliche Wege im globalen Indien einzuschlagen, indem sie für Schweizer Firmen arbeiten, kultu-relle oder wissenschaftliche Projekte durchführen. Andere verstärken die trans-nationalen familiären Bande, reisen als TouristInnen durch das „neue Indien", feiern ihre Traumhochzeit dort oder etablieren einen Zweitwohnsitz. Diese nost-algischen, transnationalen Praktiken sind dabei keineswegs individuell, sondern eingebettet in die staatliche und populärkulturelle Re-Imagination der „Diaspora" als Teil eines „globalen Indiens" und in die kommerzielle Exotisierung Indiens in der Schweiz.

„Kosmopolitismus" als exklusive Signatur globaler Moderne?

Wie die Fallbeispiele von Maya und Akash aufzeigen, sind „InderInnen der zweiten Generation" im Laufe ihres Lebens in die unterschiedlichen Subjektivierungslogiken Assimilation, Exotik und „globale indische Moderne" eingebunden. Durch die Pluralisierung der Subjektivierungslogiken und einen „Transnationalismus von unten" konnten sie sich essentialistischen Zuschreibungen in der Schweiz und Indien einigermaßen entziehen und verfügen über mehr Handlungsspielräume, neue öffentliche Arenen der Selbstrepräsentation und kosmopolitische Subjektivierungsangebote. Gleichzeitig sind Maya und Akash gerade wegen ihrer transnationalen Praktiken in neue machtvolle Subjektivierungsregime involviert. Maya ist eingebunden in die Vergemeinschaftungslogik der internationalen Yoga-Community und unterwirft sich einem moralischen und körperlichen Regime der Askese. Akash wiederum ist eingebettet in die Logik seines transnationalen Unternehmens. Trotz mannigfaltiger Unterschiede verbindet beide Institutionen ein kosmopolitisches Ethos, das die Überschreitung nationaler und ethnischer Grenzen imaginiert und innerhalb dessen Maya und Akash ihre nicht-essentialistischen Subjektivierungsprozesse vollziehen können.[10] Der Blick auf die Kosmopolitismen in der globalen Yoga-Community und im transnationalen Unternehmen offenbaren dabei eine enge Verknüpfung von Ethnizität und Kapital. Mayas Herkunft wird durch die multikulturelle Kommerzialisierung des Yogas und der Logik der Authentizität zu einer Marketingoption. Bei Akash wird seine indische Herkunft zur Schlüsselqualifikation für seine Firma bei der Expansion in Indien. Aus dieser Perspektive erscheint das im Kosmopolitismus repräsentierte utopische Versprechen „of reaching out across cultural difference with dialogue, aesthetic enjoyment and, respect" (Werbner 2008: 2) als kulturelle Signatur einer neoliberalen Globalisierung. Die kosmopolitischen Semantiken und Strategien in Staat, Kapitalismus und Populärkultur ermöglichen sowohl Verknüpfungen verschiedener Lokalitäten sinnhaft zu leisten als auch durch die Kommodifizierung

---

10 Der „neue Kosmopolitismus" seit den 1990er Jahren versucht – im Gegensatz zu einem philiosophisch-normativen Projekt einer demokratischen Weltregierung – die vielfältigen Aushandlungsprozesse von „actually existing cosmopolitanisms" empirisch zu verorten (Robbins 1998). Kosmopolitismen werden angesehen als „trans-ethnic, collectively emergent ‚worlds‘, shared discourses that trancend cultural boundaries and parochial lifestyles" (Werbner 2008: 50).

von Ethnizität neue Akkumulationsmöglichkeiten zu etablieren (vgl. Ha 2005; Comaroff/Comaroff 2009). Maya und Akash eröffnete diese kosmopolitische Signatur der Globalisierung zweifellos Räume der Anerkennung, neue berufliche Wege und kosmopolitische Mehrfachzugehörigkeiten.

Ein Blick auf Möglichkeitsbedingungen dieser Subjektivitäten offenbart jedoch Kosmopolitismus im Kontext neoliberaler Globalisierung als Markierung von sozialer Ungleichheit und verweigerter Repräsentation (vgl. Cheah 2006). Während indische „Second@s" in der Schweiz als kosmopolitisch und cool gelten, werden MigrantInnen aus der Unterschicht mit ex-jugoslawischem Hintergrund – wie in der erwähnten medialen Hetze gegen kosovarische „Autoraser" – als unassimilierbar und ethnisch ausgegrenzt. Genauso versucht der indische Staat mit seinem *Overseas Citizenship of India Scheme* nur die „neueren" Diasporas im Westen zu gewinnen, die zum großen Teil aus der Mittelschicht stammen und Investitionen versprechen. Den Angehörigen der „älteren" Diasporas, in Afrika, der Karibik oder auf dem Indischen Ozean mit meist ländlichem Hintergrund sind diese rechtlichen Privilegien nicht zugänglich. Und der kosmopolitische Lebensstil in den urbanen Enklaven der indischen Mittelschicht wird ermöglicht durch die Arbeit von DienerInnen, Chauffeuren, Kindermädchen und KellnerInnen, die oft in den Slums leben, welche den Clubs, Restaurants und Events des „globalen Indiens" weichen müssen (vgl. Waldrop 2004). Die kosmopolitische Signatur, die sich in Mayas und Akashs Lebenswelt manifestiert, markiert also die mannigfaltigen Kämpfe um Teilhabe an Wohlstand, Freiheiten und Rechten in einer globalen Moderne.

Methodologisches Fazit

Anhand einer transnationalen, genealogischen Ethnographie habe ich versucht, eine kritische und differentielle Perspektive auf die Subjektivierungsprozesse von „InderInnen der zweiten Generation" in der Schweiz zu werfen.

Die Kategorie der „zweiten Generation" mit seiner kulturessentialistischen Logik kann demnach nicht einfach als analytisches Instrument eingesetzt werden, sondern muss aus der empirischen Analyse heraus selbstkritisch reflektiert werden.[11] Erst eine genealogische Herleitung der Subjektivierungslogik der „zweiten Generation" als staatlich-wissenschaftliche Kategorie erlaubt zu verstehen, wie die „zweite Generation" als spezifisches Problem entsteht, das vom Staat und

---

11 Insbesondere die quantitative, soziologische Migrationsforschung bleibt im assimilatorischen Rahmen, weil sie Migration und die „zweite Generation" als Problem der Desintegration untersucht (Portes 2009, Bolzman et al. 2003).

der Migrationsforschung bearbeitet werden muss, und wie sich der Topos „Kulturkonflikt" als assimilatorisches Narrativ in den Biographien und Lebenswelten der Subjekte niederschlägt.[12] Auch kritische Konzepte wie „Diaspora" (vgl. Tölölyan 1991; Hall 1994) oder „Kosmopolitismus" (vgl. Robbins 1998), können aus einer genealogischen Perspektive nicht einfach als analytisch neutral oder als per se kritisch eingesetzt werden. Der Diasporabegriff, der die Legitimität hybrider Identitäten im postkolonialen Großbritannien stärken sollte, wird vom indischen Nationalstaat re-artikuliert, um „seine Diaspora" für das nationalistische Wachstumsprojekt eines „globalen Indiens" zu mobilisieren. Und die kosmopolitische Semantik, die die neoliberale Globalisierung durchzieht, markiert trotz der utopischen Allüren die Grenze zwischen Teilhabe an und Ausschluss von einer globalen Moderne der Mittelschichten. Die Genealogie als kritische Methodologie verhindert einen sicheren theoretischen Grund, und erfordert deshalb eine stetige Verankerung der wissenschaftlichen Beobachterposition in der kritischen, empirischen Analyse von Macht, Wissen und Subjektivierung.

Die transnationale, genealogische Ethnographie hat sich als produktive Methodologie zur Analyse der sozialen Funktionsweise von Macht erwiesen. Auf der einen Seite beschreibt sie, wie „InderInnen der zweiten Generation" hegemoniale Subjektivierungsangebote internalisieren. Auf der anderen Seite wird aufgezeigt, wie „InderInnen der zweiten Generation" Freiräume, Lücken und Chancen innerhalb der Verwerfungen der Hegemonie nutzen, um alternative Subjektivierungen zu entwickeln. Aber wie die Analyse der Subjektivierungsprozesse von „InderInnen der zweiten Generation" in der Schweiz zeigt, sind Machtprozesse nicht endlich, sie lösen sich nicht auf. Während die multikulturelle Kommerzialisierung gegenüber der Assimilation eine Anerkennung von „Indianness" und ethnischer Selbstrepräsentation ermöglicht, entstehen zugleich neue Logiken der Fremdrepräsentation und Stereotypisierung. Genauso ermöglichen transnationale Lebensentwürfe zwar den lokalen kulturessentialistischen Normen zu entweichen, jedoch werden innerhalb transnationaler Felder oder Institutionen wie im transnationalen Unternehmen oder in der Yoga-Gemeinschaft neue Normen und Subjektivierungen wirkungsvoll. Dies erfordert einen geradezu dekonstruktiven Blick auf die iterativen Prozesse der Macht, der die Hoffnung auf die Auflösung von Machtverhältnissen als utopisch entlarvt. Stets muss gefragt werden, welche Formen der Subjektivierung und Macht in den jeweils neuen Feldern wirken, in das Subjekte gedrängt werden, flüchten oder aufsteigen. Diese Perspektive wirft

---

12   Siehe Hämmig (2000) als Beispiel einer Schweizer Untersuchung über die „zweite Generation", die anhand der kulturessentialistischen Methodologie die Kulturkonfliktthese präsupponiert.

ein Licht auf Macht als differentielles Phänomen, in dem keine eindeutigen, essentiellen historischen AkteurInnen oder moralische Hierarchien von gut/böse oder TäterInnen/Opfer existieren, sondern lediglich situative und kontextuelle Positionen. So können „InderInnen der zweiten Generation" in der Schweiz genauso wenig als hybride Subjekte zelebriert werden – wie manchmal in der angelsächsischen Diasporaforschung –, wie sie als Sündenböcke verunglimpft werden können – wie in den rechtspopulistischen Demagogien. Postkoloniale Verwerfungen und neoliberale Globalisierung bringen neue überlappende Logiken der Distinktion und Ungleichheit hervor. Zweifellos verfügten „InderInnen der zweiten Generation" angesichts des Assimilationregimes nur über beschränkte Möglichkeiten der Selbstrepräsentation. Aber Mittelschichtszugehörigkeit und ein positives Image von „Indianness" im Westen erlauben ihnen zunehmend eine vorteilhafte, kosmopolitische Position innerhalb einer globalen Moderne einzunehmen. Dies ist jedoch nur möglich, weil Angehörige der „zweiten Generation" aus der Unterschicht – oft ex-jugoslawischer Herkunft oder mit muslimischer Religionszugehörigkeit – im Gegenzug als „unassimilierbar und kriminell" diskriminiert werden. Und in Indien wiederum wird der kosmopolitische Lebensstil von „InderInnen der zweiten Generation" in den urbanen Enklaven durch DienerInnen, Hausmädchen, KellnerInnen und Chauffeure ermöglicht, deren Unterkünfte durch den Bau exklusiven Malls, Clubs und Restaurants allenfalls abgerissen werden. Ein differentielles, iteratives Verständnis von Macht erlaubt die wechselnden, überlappenden und manchmal synchronen Prozesse von Ausschluss, Distinktion und Ungleichheit zu analysieren, innerhalb derer Subjektivierung im Kontext von Migration und Globalisierung stattfindet.

Literatur

Bolzman, Claudio/*Fibbi*, Rosita/*Vial*, Marie (2003). Secondas-Secondos. Le processus d'intégration des jeunes adultes issus de la migration espagnole et italienne en Suisse, Zürich.
Brosius, Christiane (2010). India's Middle Class: New Forms of Urban Leisure, Consumption and Prosperity, London.
Brosius, Christiane/*Yazgi*, Nicolas (2007). "Is There No Place Like Home?": Contesting Cinematographic Constructions of Indian Diasporic Experiences, in: Contributions to Indian Sociology, Vol. 41, 355–386.
Brown, Judith (2006). Global South Asians. Introducing the Modern Diaspora, Cambridge.

190   Rohit Jain

Chatterjee, Partha (1993). The Nation and Its Fragments: Colonial and Postcolonial Histories, Princeton.
Cheah, Pheng (2006). Cosmopolitanism, in: Theory, Culture and Society, Vol. 23, 486–496.
Comaroff, John L./ *Comaroff*, Jean (2009). Ethnicity, Inc, Chicago/London.
Fernandes, Leela (2006). India's New Middle Class: Democratic Politics in an Era of Economic Reform, Minneapolis/London.
Foucault, Michel (1982/1986). Afterword: The Subject and Power, in: *Dreyfus*, Hubert L./*Rabinow*, Paul (Hg.): Michel Foucault: Beyond Structuralism and Hermeneutics, Brighton, 208–226.
Gans, Herbert J. (1979). Symbolic Ethnicity: The Future of Ethnic Groups and Cultures in America, in: Ethnic & Racial Studies 2, 1–20.
Ha, Kien Nghi (2005). Hype um Hybridität: Kultureller Differenzkonsum und postmoderne Verwertungstechniken im Spätkapitalismus, Bielefeld.
Hall, Stuart (1994). Kulturelle Identität und Diaspora, in: *Hall*, Stuart (Hg.): Rassismus und kulturelle Identität., Hamburg, 26–43.
Hall, Stuart (1997). The Spectacle of the "Other", in: *Hall*, Stuart (Hg.): Representation: Cultural Representation and Signifying Practices, London/Oakland/New Delhi, 223–290.
Hämmig, Oliver (2000). Zwischen zwei Kulturen. Spannungen, Konflikte und ihre Bewältigung bei der Zweiten Ausländergeneration, Opladen.
Jäger, Siegfried (2004). Kritische Diskursanalyse: eine Einführung, Münster.
Juhasz Anne/*Mey*, Eva (2003). Die zweite Generation. Etablierte oder Außenseiter? Wiesbaden.
Karakayali, Nedim (2005). Duality and Diversity in the Lives of Immigrant Children: Rethinking the "Problem of the Second Generation" in Light of Immigrant Autobiographies, in: Canadian Review of Sociology, Vol. 42, 325–343.
Levitt, Peggy/*Waters*, Mary C. (Hg.) (2002). The Changing Face of Home: The Transnational Lives of the Second Generation, New York.
Malkki, Liisa (1992). National Geographic: The Rooting of Peoples and the Territorialization of National Identity among Scholars and Refugees, in: Cultural Anthropology, Vol. 7, 24–44.
Mani, Bakirathi/*Varadarajan,* Latha (2005). "The Largest Gathering of the Global Indian Family": Neoliberalism, Nationalism, and Diaspora at Pravasi Bharatiya Divas, in: Diaspora, Vol. 14, 45–74.
Marcus, George E. (1995). Ethnography in/of the World System: The Emergence of Multi-Sited Ethnography, in: Annual Review of Anthropology, Vol. 24, 95–117.
Mecheril, Paul (2003). Prekäre Verhältnisse. Über natio-ethno-kulturelle (Mehrfach-)Zugehörigkeit, Münster.
Niederberger, Josef Martin (2004). Ausgrenzen, Assimilieren, Integrieren: Die Entwicklung einer schweizerischen Integrationspolitik, Zürich.
Ong, Aihwa (1999). Flexible Citizenship: The Cultural Logics of Transnationality, Durham/London.
Portes, Alejandro (2009). The Adaptation of the Immigrant Second Generation in America: A Theoretical Overview and Recent Evidence, in: Journal of Ethnic and Migration Studies, Vol. 35(7), 1077–1104.
Radhakrishnan, Smitha (2008). Examining the „Global" Indian Middle Class: Gender and Culture in the Silicon Valley/Bangalore Circuit, in: Journal of Intercultural Studies, Vol. 29, 7–20.
Robbins, Bruce (1998). Actually Existing Cosmopolitanism, in: *Cheah, Pheng/Robbins*, Bruce (Hg.): Cosmopolitics: thinking and feeling beyond the nation, Minneapolis, 1–19.
Rosenthal, Gabriele (1995). Erlebte und erzählte Lebensgeschichte. Gestalt und Struktur biographischer Selbstbeschreibungen, Frankfurt am Main/New York.
Saar, Martin (2007). Genealogie als Kritik: Geschichte und Theorie des Subjekts nach Nietzsche und Foucault, Frankfurt am Main

Strauss, Sarah (2005). Positioning Yoga: Balancing Acts Across Cultures, Oxford/New York.

Tölölyan, Khachig (1991). The Nation-State and Its Others: In Lieu of a Preface, in: Diaspora, Vol. 1, 3 7.

Waldrop, Anne (2004). Gating and Class Relations: The Case of a New Delhi "Colony", in: City & Society, Vol. 16, 93–116.

Werbner, Pnina (2008). Anthropology and the New Cosmopolitanism. Rooted, Feminist and Vernacular Perspectives, Oxford/New York.

Wessendorf, Susanne (2007). Sushi-eating Secondos and Casual Latins: Political Movements and the Emergence of a Latino Counter-culture Among Second-Generation Italians in Switzerland, in: Journal of Intercultural Studies, Vol. 28, 345–360.

Wimmer, Andreas/*Glick Schiller*, Nina (2002). Methodological nationalism and beyond. Nation state formation, migration and the social sciences, in: Global Networks, Vol. 2, 301–334.

Neither Strange nor Familiar.
Vermittlung, Aneignung und Transformation in transnationalisierten Lebensentwürfen junger Erwachsener

Kathrin Klein-Zimmer

Einleitung

> Ja also ich fühl mich schon als auch Inder viel auch Deutscher oder Deutscher mit Migratindisch also dass n Teil Indiens dass ich Inder bin is wichtig also egal wie du's ausdrücken willst, ob jetzt Inder mit germanischer Inder Deutscher mit indischem Migrationshintergrund oder Rheinländer mit indischem Migrationshintergrund oder Inder der nach Deutschland is mir egal wie man's in welcher Reihenfolge weil ich versetz da auch also ich bin auf jeden Fall Deutscher genauso wie ich Inder bin aber das auf jeden Fall Indien in mir steckt. (Simraj)[1]

Die Frage nach Identität, Zugehörigkeit und Verortung ist in Bezug auf und an junge Erwachsene mit „Migrationshintergrund"[2] schnell gestellt, und zwar in erster Linie die Frage nach eindeutiger nationaler Zugehörigkeit. Warum führt aber die Äußerung von Simraj, der sich als Inder fühlt und gleichzeitig „viel auch Deutscher"[3] ist, der das Rheinland liebt und als seine Wahlheimat bezeichnet, und der nebenbei auch Kinderarzt, Hindu und Grünen-Wähler ist, zu einer Irritation? Wie ist diese Irritation eines immer noch vorherrschenden mononationalen und monokulturellen Blicks möglich, wenn gleichzeitig von einer zunehmenden Pluralisierung der Lebenswelten nicht nur die Rede ist, sondern diese gleichfalls eingefordert wird?

Das Herstellen verschiedenster Zugehörigkeitsbeschreibungen und das selbstverständliche Positionieren zu je unterschiedlichen nationalen und regionalen Kontexten, wie es anhand der Formulierung von Simraj deutlich wird, ist Kenn-

---

1   Alle hier verwendeten Namen sowie Zeit- und Ortsangaben zu den Interviewpartner_innen wurden anonymisiert. Die aufgeführten Interviewausschnitte werden für eine bessere Lesbarkeit ohne Transkriptionszeichen und Doppelungen dargestellt.

2   Für eine kritische Auseinandersetzung mit dem Begriff des Migrationshintergrundes vgl. Hamburger/Stauf 2009.

3   Da es sich bei der vorliegenden Analyse um die Rekonstruktion biographischer Muster handelt, greife ich die verwendeten Termini der interviewten Personen auf und markiere sie mit Anführungszeichen.

zeichen seiner hybriden Zugehörigkeitskonstruktion. Somit geht es hier nicht um die Markierung eindeutiger Zugehörigkeiten, vielmehr führt die Äußerung Simrajs exemplarisch vor Augen, wie Grenzziehungen kontingent werden und auf einem Kontinuum zwischen „neither strange nor familiar" ausgehandelt werden. Die Zugehörigkeitsindikatoren können sich dabei auf eine Vielzahl anderer Bereiche beziehen, als auf nur nationale Grenzen.

An dieser Stelle scheint es notwendig eine Perspektive einzunehmen, in der Zugehörigkeiten und Verortungen im Hinblick auf ihre Grenzüberschreitung gedacht, und eindeutige, insbesondere nationale Kategorienbildungen hinterfragt werden. Mit dem Konzept der „Transnationalisierung" soll im Folgenden eine solche erweiterte Perspektive aufgezeigt werden. Die empirische Untersuchung, auf die sich dieser Beitrag stützt, basiert auf biographisch-narrativen Interviews[4] mit jungen Erwachsenen, die in Deutschland aufgewachsen und deren Eltern aus Indien nach Deutschland migriert sind. Eine Gleichzeitigkeit von Zugehörigkeiten und damit einhergehende Praxen sowie das zum Teil selbstverständliche Switchen zwischen pluri-kontextuellen Zugehörigkeitsformen ist, so zeigt die bisherige Analyse, Teil der lebensweltlichen Alltagspraxis der hier untersuchten jungen Erwachsenen. Dabei werden von den Akteur_innen auf der einen Seite nationalstaatliche Grenzen über Zugehörigkeitspraxen transzendiert und gleichzeitig unsichtbare Grenzen re-imaginiert. Der Fokus des Beitrages liegt auf dem Veränderungscharakter von Zugehörigkeiten im biographischen Verlauf, sowie auf der Bedeutung spezifischer Gelegenheitsstrukturen, die die Identifikationsfolien der jungen Erwachsenen beeinflussen. Eine Grenzüberschreitung findet jedoch nicht nur in Bezug auf die konkreten territorialen Grenzen statt, wie beispielsweise durch kontinuierliche Besuche der Verwandten in Indien, auch „symbolische Grenzen der Zugehörigkeit" (Mecheril/Hoffarth 2006: 244) und Nicht-Zugehörigkeit werden verhandelt und von den jungen Erwachsenen immer wieder neu hergestellt. Dabei scheint zentral, dass sich sogenannte Trans-Prozesse nicht nur auf der Ebene des Migrationskontextes abspielen, sondern auch in Bezug auf die Phase der Adoleszenz herausgearbeitet werden können (King/Koller 2006). Die Überlagerung dieser unterschiedlichen Erfahrungsräume, die für junge Erwachsene und die Herstellung und Aushandlung von Zugehörigkeiten determi-

---

4   Das empirische Datenmaterial stammt aus meinem Dissertationsprojekt und setzt sich aus 20
     biographisch-narrativen Interviews mit jungen Erwachsenen sowie Beobachtungsprotokollen
     zusammen, die u. a. bei Besuchen in den Familien, bei der Teilnahme an kulturellen Veranstaltungen mit den Interviewten und der Begleitung einer Interviewpartnerin nach Südindien
     erstellt wurden. Die Auswertung der Materialien erfolgte vergleichend mit der dokumentarischen
     Methode.

nierend sind, gilt es mit Bezug auf das Transnationalitätskonzept zunächst theoretisch vorzustellen.

Darüber hinaus möchte ich die These diskutieren, dass die auf Hybridität verweisenden Orientierungsmuster der jungen Erwachsenen eng verzahnt sind mit der Migrationsgeschichte ihrer Eltern und in der Auseinandersetzung mit dieser hergestellt werden. Es stellt sich die Frage, welche Rolle die Aushandlung der migrantischen Geschichte der Eltern für die jungen Erwachsenen spielt und welche Konsequenzen sich daraus für die Lebenspraxen der jungen Erwachsenen ergeben. In der empirischen Analyse möchte ich drei miteinander verwobene und lebensbiographisch relevante Praxen des „Trans" vorstellen: Vermittlung, Aneignung und Transformation.[5] Mit *Vermittlung* beziehe ich mich auf den intergenerationalen Prozess der Tradierung von Erfahrungen, Orientierungen und Einstellungen zwischen Eltern und Kindern. Die Auseinandersetzung mit der Migrationsgeschichte der Eltern wird dabei als zentrales Moment des Vermittlungsprozesses betrachtet und stellt den Bezugsrahmen für das hier zu untersuchende transnationale Setting dar. Der biographische Prozess der *Aneignung* wiederum geht mit dem Moment der Vermittlung einher und markiert die je subjektive, von den jungen Erwachsenen vorgenommene Aushandlung der Migrationsgeschichte der Eltern. Der Umgang mit dem mittelbar erfahrenen Migrationskontext ist dabei zentral für die Entwicklung eigener Lebensentwürfe. An dieser Stelle spielt wiederum der Prozess der *Transformation* eine Rolle, sodass die Aneignung von Erfahrungen, Wissen und Orientierungen immer auch einen transformativen Charakter aufweist. Einhergehend mit dem adoleszenten Prozess der Ablösung von den Eltern orientieren und verorten sich die jungen Erwachsenen neu, entwerfen veränderte Lebenskonzepte und transformieren auf reflexive Art und Weise das von den Eltern Vermittelte. Gemein ist diesen drei Prozessen, dass sie zentrale Aushandlungspraxen der intergenerationalen Beziehung zwischen Eltern und Kind darstellen. In der abschließenden Zusammenfassung der Analyseergebnisse in Form einer Zwischenreflexion plädiere ich für die notwendige, an einer grenzüberschreitend orientierten Erweiterung der Perspektiven innerhalb der Migrations- und Jugendforschung.

---

5   Ich verwende die Begriffe Vermittlung, Aneignung und Transformation hier in ihrem alltagsweltlichen Kontext und beziehe mich nicht auf eine an die Bildungstheorien angelehnte Rezeption, wo diese Begrifflichkeiten vor allem im Umgang mit der Kategorie „Wissen" diskutiert werden.

Transnationalität und Adoleszenz

Ein Leben „auf mehreren Stühlen"[6], als Gegenentwurf zur Metapher des „zwi-
schen-den-Stühlen-Sitzens", ist eine Lebensrealität, die für junge Erwachsene
mit „Migrationshintergrund" eine zentrale Rolle spielen kann. Jedoch wird erst
durch die Kritik an den assimilationstheoretischen Ansätzen und dem Nachden-
ken und Diskutieren über die Konstruktion kultureller Differenzen eine Auseinandersetzung mit Mehrfachzugehörigkeiten ermöglicht (Mecheril 2003). Und
es scheint sogar eine Imagination von (Lebens-)Welten jenseits der sozialen Be-
schränkung auf nationale Grenzen, Kulturen und Identitäten möglich zu sein
(Vickermann 2002).

Dieser Transformationsprozess, der bisherige klassische Forschungsansätze
der Migrationssoziologie in Frage stellte, zeichnet sich vermehrt in den 1990er
Jahren ab. Er wird begünstigt bzw. durch eine veränderte migrationssoziologische Sichtweise erst ermöglicht, die sich auch unter dem Begriff des Transnationalismus innerhalb der Migrationsforschung einen Namen gemacht hat. In dieser
Zeit häufen sich Untersuchungen, die sowohl die Ankunftsgesellschaft als auch
die Herkunftsgesellschaft als zentrale Bestandteile des Migrationsprozesses beleuchten (u. a. Basch et al. 1994; Guarnizo/Smith 1998; Portes 2001; Kasinitz et
al. 2002; Pries 2008). Linda Basch, Cristina Blanc-Szanton und Nina Glick Schiller verstanden Transnationalismus dabei als:

> [...] the process by which immigrants forge and sustain multi-stranded social relations that
> link together their societies of origin and settlement. We call these processes transnational-
> ism to emphasize that many immigrants today build social fields that cross geographic, cul-
> tural, and political borders. (Basch et al. 1994: 7)

Die Zugehörigkeit zu mehreren nationalen Kontexten geht dabei mit identifika-
tiven Veränderungen einher. So heißt es bei Glick Schiller et al. (1992: 11) weiter:
„within their complex web of social relations, transmigrants draw upon and cre-
ate fluid and multiple identities grounded both in their society of origin and in the
host societies". Die Forscherinnengruppe löst sich somit von der klassischen auf
Immigration abzielenden Migrationsforschung und orientiert sich an einem Mo-

---

6   Die klassischen stereotypen Bilder von einer sogenannten zweiten Generation, die „zwischen
     den Stühlen" sitzt (vgl. u. a. Schrader 1976), die heimatlos, ohne Identität und Zugehörigkeits-
     gefühl einem ständigen Kulturkonflikt ausgesetzt ist, sind immer noch oder wiederkehrend
     Teil der migrationswissenschaftlichen Diskurse und prägen die öffentliche Wahrnehmung
     (vgl. kritisch zum Begriff „zweite Generation" Hamburger 2011). Sicherlich kann das Gefühl
     des Zerrissen-Seins für junge Erwachsene mit Migrationshintergrund in bestimmten Phasen
     zutreffend sein, Fragen der Positionierung stellen jedoch insgesamt ein zentrales Charakter-
     istikum der Adoleszenz dar.

ment der Gleichzeitigkeit[7], der zwei oder mehr nationale Container miteinander verbindet. Unter dieser Forschungsperspektive steht nicht mehr die Annahme im Zentrum, dass ein nationaler Behälterraum in einen anderen nationalen Behälterraum überführt wird und darin aufgeht, sondern die Gleichzeitigkeit von Bezügen zur Herkunftsregion als auch zur Ankunftsregion. Kontinuierliche physische Bewegungen im Sinne von Pendelmigration, als auch imaginiert und symbolisch stattfindende Wechsel zwischen den Nationalstaaten (multiple identities) werden mit der Einnahme dieser Blickrichtung zu einer selbstverständlichen Existenzform.[8] Die Perspektive der Transnationalität übt dabei Kritik an den bis zu diesem Zeitpunkt vorherrschenden Migrationskonzepten, wonach Migrant_innen einem unilinearen Prozess der Akkulturation und Assimilation im Ankunftsland folgen und dabei die Verbindungen zum Herkunftsland verlieren. Gleichzeitig bedeutet dies nicht, dass der Nationalstaat als Identifikations- und Integrationsfolie gänzlich seine Bedeutung verliert. Während Bommes, ausgehend von einer systemtheoretischen Betrachtung, in seiner kritischen Bezugnahme auf den Transnationalitätsansatz zwar von einer Veränderung der Assimilationsverhältnisse spricht, so betrachtet er den Prozess der Assimilation auch im Zuge transnationaler Entwicklungen weiterhin als Notwendigkeit gesellschaftlicher Partizipation (Bommes 2003). Den Ansatz der Transnationaliät verstehe ich jedoch nicht als grundsätzliche Negierung einer gesellschaftlichen Angleichung, sondern als eine Perspektive, die eine Gleichzeitigkeit von Identifikations- und Handlungsräumen in unterschiedlichen nationalen Kontexten in Betracht zieht. Die Gleichzeitigkeit von Identifikationsmöglichkeiten bedeutet jedoch nicht – und hier schließe ich mich der Kritik von Kien Nghi Ha an der deutschsprachigen Rezeption des Hybriditätskonzeptes an –, dass das Lob der Vermischung ganzer Kulturen in den Mittelpunkt gestellt wird (Ha 2005: 94). Vielmehr bedarf es zum einen einer hohen Reflexionsfähigkeit, um hybride Zugehörigkeiten herstellen und formulieren zu können, zum anderen gilt es bei der Rekonstruktion des Gesagten nicht außer Acht zu lassen, dass dieses auch als Reaktion auf den hegemonialen Blick der Dominanzgesellschaft verstanden werden muss.

Die Perspektive der Transnationaliät sowie der hier verwendete biographische Ansatz erlauben es nunmehr, das Subjekt in seinem Gewordensein in den Mittelpunkt der Analyse zu stellen. Dabei interessiert zum einen die Frage, was es für

---

7   Zum Konzept der „simultaneity" vgl. ausführlich Levitt/Glick Schiller 2004.
8   Bei der „transnationalen Migration" handelt es sich nicht um ein neues Phänomen, das Konzept der Transmigration weist historische Analogien auf, die sich unter anderem in den Phänomenen wie Kolonialismus, Imperialismus, Missionierung oder der Arbeitsbewegung wiederfinden lassen. Angebrachter wäre es, von einer neuen Perspektive zu sprechen, mit der grenzüberschreitende Prozesse stärker in den Blick genommen werden können (Kaghram/Levitt 2007).

die subjektiven Selbstverortungen und Konstruktionsweisen der jungen Erwachsenen bedeutet, wenn sich ihre lebensweltlichen Bezüge über mehrere nationale
Kontexte hinweg aufspannen?[9] Und zum anderen: welche Rolle kommt der Auseinandersetzung mit der Migrationsgeschichte der Eltern zu?

Dass die Dimensionen von Adoleszenz und Migration in einem engen Zusammenhang stehen, wird auch in der erziehungswissenschaftlich orientierten
Migrationsforschung diskutiert (Sauter 2000, King/Koller 2006, Günther et al.
2010). Unter dem Stichwort „interkulturelle Adoleszenzforschung" wird untersucht, wie junge Erwachsene mit Migrationshintergrund die Frage der Ablösung
von den elterlichen Bezügen und den Übergang ins Erwachsenenalter verhandeln.
Basierend auf der Annahme, dass Transformationsprozesse sozialer Identitäten
sich sowohl im Kontext von Adoleszenz als auch im Kontext von Migration abspielen, gehen King und Koller von einer „verdoppelten Transformationsanforde-
rung" für junge Erwachsene mit Migrationshintergrund aus (King/Koller 2006:
12). King und Koller plädieren jedoch dafür, weder die Entwicklungen Adoles-
zenter mit Migrationshintergrund als „Problemfälle" zu betrachten, noch „die Situation von Migrantenjugendlichen idealisierend zu beschönigen" (ebd. 13). Vielmehr richten sie ihr Augenmerk auf die gesellschaftlichen Rahmenbedingungen
und Ungleichheitsverhältnisse, die den „adoleszenten Möglichkeitsraum" der jungen Erwachsenen mit Migrationshintergrund prägen (ebd. 13). Auch für die hier
im Folgenden darzustellende Analyse zeigt sich die enge Verwobenheit der Kontexte von Adoleszenz und Migration. So würde ich gar von einer Überlappung
adoleszenzspezifischer und migrationsspezifischer Erfahrungsräume sprechen,
in denen jeweils unterschiedlichste Transformationsprozesse stattfinden. Bei der
vorgenommenen Unterscheidung handelt es sich in erster Linie um eine analytische Trennung, die zwar für die Interpretation sinnvoll erscheint, nicht jedoch
für die jungen Erwachsenen selbst als Differenz wahrgenommen wird. Es gehört
vielmehr zu ihrer Normalitätskonstruktion, ein Erwachsenwerden im Kontext
der Migrationsgeschichte ihrer Eltern zu verhandeln. Wenn hier anschließend
nunmehr „Grenzarbeiten" unter einer transnationalen Perspektive rekonstruiert
werden sollen, so geht es um Trans-Prozesse, die sowohl mit der Phase der Adoleszenz verbunden sind, als auch mit der Verhandlung der Migrationsgeschichte
der Eltern einhergehen.

---

9   Studien, die Fragen der Zugehörigkeit und subjektiven Verortung aufgreifen, verweisen auf
     den jenseits des nationalen Containers ausgerichteten Bezugsrahmen (vgl. u. a. Badawia 2002,
     Mecheril 2003, Riegel 2004, Fürstenau/Niedrig 2007, Riegel/Geisen 2010).

Transnationalisierte Lebensentwürfe – eine biographische Rekonstruktion

Im Folgenden greife ich auf Erzählpassagen aus zwei biographisch-narrativen Interviews zurück, die ich im Rahmen meiner empirischen Untersuchung erhoben habe. Darin untersuche ich anhand biographischer und ethnographischer Methoden die Lebenswirklichkeiten junger Erwachsener, die in Deutschland geboren und aufgewachsen sind und deren Eltern aus verschiedensten Regionen Indiens überwiegend in den 1960er und 1970er Jahren nach Deutschland migriert sind. Bereits die rein deskriptive Beschreibung ihrer Lebensgeschichten zeigt, dass die hier vorgestellten jungen Erwachsenen in eine Vielfalt transnationaler Praxen eingebunden sind. Sona und Anoushka, deren transnationalisierte Lebenspraxis im Folgenden im Vordergrund stehen soll, wurden als Geschwisterpaar in einer Kleinstadt in Süddeutschland geboren, haben dort ihre Kindheit und Jugend verbracht und ihren ersten Bildungsweg mit dem Abschluss des Abiturs absolviert. Beide jungen Frauen haben ein Studium absolviert bzw. befinden sich zum Zeitpunkt des Interviews in der Abschlussphase ihres Hochschulstudiums. Sie gelten somit als hochqualifiziert und dem akademischen Bildungsmilieu zugehörig.

Nicht nur, dass die familiale Sprachpraxis mindestens bilingual ist und kontinuierliche Reisen nach Indien, in die Herkunftsregion ihrer Eltern sowie in andere Länder wie selbstverständlich zu ihrem Alltag gehören, auch ihre bildungs- und berufsbiographischen Orientierungen richten sich jenseits der nationalen Grenze Deutschlands aus und finden im transnationalen Raum ihre Verstetigung. So verbringt Sona ihren beruflichen Alltag als professionelle indische Tänzerin und Tourismusmanagerin sowohl in Deutschland als auch in Indien. Anoushka, die bereits mehrmals an internationalen Austauschprogrammen ihrer Schule und ihres Sportvereins teilgenommen hat, spielt mit dem Gedanken ihre berufliche Karriere nach dem Studium der Südostasienwissenschaften in Indien oder in einem anderen asiatischen Land zu beginnen. Was sagen diese faktischen Gegebenheiten jedoch aus über die Verortungen und Positionierungen der jungen Erwachsenen? Und in welcher Weise stehen diese Lebensentwürfe in Verbindung mit den Migrationserfahrungen der Eltern – geht Sona etwa dem indischen Tanz nach, weil ihre Eltern indischer Herkunft sind? Und trifft Anoushka ihre Studienwahl, weil sie schon von klein auf mit dem südasiatischen Kontext in „Berührung" war? Oder sind nicht vielmehr bestimmte Gelegenheitsstrukturen ausschlaggebend dafür, dass Sona und Anoushka ihr Leben jenseits nationalstaatlicher Grenzen verorten? Im Folgenden möchte ich anhand der biographischen Narrationen von Sona und Anoushka zum einen die Bedeutung des familialen Kontextes herausarbeiten, die für die Selbstkonstruktionen der jungen Erwachsenen eine Rolle spielt, und zum anderen aufzeigen, dass die Einbettung in ein- und dasselbe Familienmilieu zu unterschiedlichen Orientierungsmustern führen kann und somit nicht ohne Weiteres von einer „Vererbung des Indischen" gesprochen werden kann.

Vermittlung: „also das Besondere ist ja jetzt"

In der rekonstruktiven Analyse der Interviews zeigt sich, dass die Thematik der Migrationsgeschichte der Eltern einen zentralen Stellenwert einnimmt. Das „Wie" der Thematisierung markiert dabei den Umgang mit der Geschichte der Eltern, die in irgendeiner Weise mit der eigenen Lebensgeschichte verknüpft zu sein scheint. Während einige Interviewpartner_innen chronologisch ihre Lebensgeschichte erzählen und dabei noch vor ihrer Geburt mit der Migration der Eltern beginnen, verweisen andere zwar auf den Migrationszeitpunkt der Eltern, verhandeln die Geschichte der Eltern jedoch erst auf Nachfrage der Interviewerin. Wiederum andere junge Erwachsene sprechen sich für eine bewusste Nicht-Thematisierung aus und suspendieren damit die von der Interviewerin vorgenommene Zuschreibung des „mit Migrationshintergrundes". Sie erzählen ihre Lebensgeschichte vielmehr unabhängig von der Wanderungsgeschichte der Eltern. Jedoch scheint gerade unter Berücksichtigung einer transnationalen Perspektive die Frage interessant, inwieweit die aktuelle (transnationale) Lebenspraxis der jungen Erwachsenen mit der Geschichte ihrer Eltern, und somit mit der eigenen Familiengeschichte, verzahnt ist.

Eine affirmative Auseinandersetzung mit der Migrationsgeschichte der Eltern[10] soll hier am Beispiel Sonas herausgearbeitet werden. Sie beginnt ihre lebensgeschichtliche Erzählung[11] wie folgt: „Ja. Also das, Besondere ist ja jetzt, wir sind ja unsere Eltern sind ja eigentlich ursprünglich aus Indien und, vor über 30 Jahren hierhergekommen." Sona leitet ihre lebensgeschichtliche Erzählung mit dem Hinweis auf das „Besondere" ein. Das Besondere ist für sie die Tatsache, dass ihre Eltern „ursprünglich" aus Indien „hierhergekommen" sind. Sona rahmt ihre Erzählung gleich zu Beginn mit der Erzählpräambel, dass sie das Besondere ihrer Lebensgeschichte wiedergeben möchte, und legt damit zugleich den Rahmen für ihre weitere Erzählung fest. Darin geht es zum einen um die Thematisierung der Migrationsgeschichte der Eltern und zum anderen um die Weitergabe von Wissen über deren genaue Einwanderungssituation. Dabei spricht Sona aus der Perspektive von Deutschland, wohin ihre Eltern „vor über 30 Jahren" gekommen sind. Sie greift damit auf einen lange in der Vergangenheit zurückliegenden Zeitpunkt

---

10   In der gesamten Untersuchung zeigen sich sowohl Orientierungsmuster der Affirmation und Identifikation, wie im Fall von Sona, als auch Muster, die als Differenzsetzung und Suspendierung beschrieben werden können.

11   In der thematisch gerahmten Erzählaufforderung signalisiert die Interviewerin ihr Interesse an den Lebensgeschichten und bittet die Interviewten, diese von Anfang an zu erzählen.

zurück. Interessant ist, dass Sona gleich zu Beginn nicht von sich als einer Einzelperson spricht, sondern die Pluralform verwendet und von „wir" und „unsere Eltern" spricht. Das „Wir" verdeutlicht, dass Sona von einer gemeinsamen Migrationsgeschichte ausgeht und sie die Migrationserfahrungen der Eltern auch für sich und ihre Geschwister verinnerlicht hat. Es ist nicht nur die Geschichte der Eltern, die hier erzählt wird, sondern es ist – Zitat – „unsere" Geschichte. Sona nimmt eine Kollektivierung vor, und zwar sowohl in Bezug auf die Beziehung zu den Eltern, indem sie eine intergenerationale Klammer aufmacht, als auch in Bezug auf die Geschwistergemeinschaft.[12] Die Besonderheit, aus Indien gekommen zu sein, wird hier über mehrere Generationen transformiert und ist ein wesentlicher Bestandteil der Selbstpositionierung von Sona.

Die Migrationsgeschichte der Eltern auch als eigene Geschichte zu konstruieren, bedeutet jedoch keineswegs, dass Sona sich nur innerhalb dieses Rahmens bewegt. Die Auseinandersetzung mit dem kollektiven Familiengedächtnis (vgl. Halbwachs 1985: 203ff.) ist ein Bezugsrahmen neben anderen, und es gibt sehr unterschiedliche Lebensphasen, in denen die jeweiligen Rahmen an Bedeutung zunehmen.

Aneignung: sukzessive Fortsetzung des Vermittelten

> Und bis zum zwölften Lebensjahr würd ich sagen, dass ich noch, relativ europäisch deutsch war und gar nicht also nur diese Veranstaltungen mal erlebt hab und ein paar indische Freunde so zwischendurch gesehen hab, meiner Familie. Das ist das, was ich von Indien wusste bis dahin wusste ich nicht viel […] Und dann fing halt n ganz neuer Abschnitt an mit damit, dass ich angefangen hab Tanz zu lernen, diesen indischen Tanz, der mich sehr fasziniert hat und wo ich nen Auftritt in H-Stadt gesehen hab nen Live-Auftritt. Und das war dann so ne Sache wo's ‚Peng' gemacht hat, das willst du auch machen. (Sona)

Mit der Unterscheidung der Lebensphasen vor und nach dem zwölften Lebensjahr markiert Sona den Zeitpunkt für eine wesentliche Veränderung. Bis zu diesem Zeitpunkt, so die Reflexion Sonas, war sie noch „relativ europäisch deutsch". Sona differenziert hier zwischen den Kategorien „europäisch deutsch" und „indisch", wobei zu jeweils unterschiedlichen Lebensphasen die eine oder die andere Kategorie als Identifikationsfolie diente. Erklärt wird dieser Unterschied mit dem Grad an Wissen, welches ihr über Indien vorlag. Sonas Wissensstand über Indien ändert sich, indem „halt'n ganz neuer Abschnitt" in ihrer Biographie be-

---

12 An dieser Stelle wird nicht eindeutig, ob Sona mit „unsere", sich und ihre Geschwister einbezieht, oder generell auf die Gruppe der zweiten Generation verweist. Es stellt sich die Frage, ob die Formulierung eher auf der individuellen, persönlichen und somit familiären Ebene zu verorten ist, oder ob Sona hier schon auf eine allgemeine Ebene verweist und eine imaginierte Gruppe der zweiten Generation konstruiert.

gann. Sie teilt ihr Leben somit in zwei zeitliche Phasen ein, wobei der neue Abschnitt mit dem Erlernen des indischen Tanzes thematisch gerahmt wird. Ein spezifisches Ereignis stellt hier die Gelegenheitsstruktur dar, durch die Sona konkret in Berührung mit dem indischen Tanz gekommen ist.

Die zuvor rekonstruierte und als affirmativ bezeichnete Transmission der Migrationsgeschichte der Eltern findet an dieser Stelle zwar ihren Fortgang, Sona verhandelt weiterhin Indien als Herkunftskontext ihrer Eltern, indem sie die Differenzierung zwischen europäisch/deutsch und indisch markiert, jedoch setzt sie ihr „Indischsein" in Verbindung mit einem bestimmten Ereignis und dem dadurch entfachten Interesse, den indischen Tanz zu erlernen. Über das Erlernen und die praktische Ausübung des indischen Tanzes eignet sie sich ein Wissen über Indien an, das in keinerlei Verbindung zur Herkunftsgeschichte der Eltern steht. Es handelt sich also nicht um ein durch die Eltern vermitteltes Wissen, sondern um einen steten subjektiven Prozess der Aneignung dessen, was für die Ausübung des indischen Tanzes notwendig ist und um „alles zu verstehen".[13]

Sonas Bezug zu Indien wird über die Akkumulation von Wissen hergestellt. Es ist ein Wissen, das selbst erarbeitet wird und einem bestimmten Zweck dient. Es ist nicht der familiäre Kontext, über den Sona eine Identifikation mit Indien herstellt, ihre Verbindung zu Indien ist der Tanz als Moment der Wissensaneignung.

Nichtsdestoweniger könnte man hier die Vermutung äußern, dass Sonas Vorliebe für den indischen Tanz in Zusammenhang mit der Migrationsgeschichte ihrer Familie steht. Im Vergleich mit ihrer Schwester zeigt sich jedoch eine sehr unterschiedliche Art des Umgangs mit dem durch die Eltern Vermittelten. Während Sona weiterhin einer sukzessiven Auseinandersetzung mit der Geschichte der Eltern folgt, negiert ihre jüngere Schwester Anoushka die Vorstellungen ihrer Eltern, das als „indisch" Markierte fortzuführen.

Widerspenstige Aneignung: „immer gewehrt in Indien Tanz zu lernen"

Auch in Anoushkas biographischer Erzählung spielt die Auseinandersetzung mit der Migrationsgeschichte eine Rolle. Dass ihre Eltern einen Migrationsprozess durchlaufen haben, ist für ihre eigene Geschichte jedoch weniger relevant. In ihrer Eingangserzählung weist sie in einem Nebensatz auf ein Gekommen-Sein

---

13   Mit dem Erlernen des Tanzes verbindet Sona ein Eintauchen in eine hinduistisch orientierte Tanzkultur, was mit weitreichenden Bildungsprozessen einhergeht. Ihre Selbstverortung als Christin verstärkt den Fremdheitsgehalt des indischen Tanzes, markiert die Distanzierung zum Hinduismus und legitimiert den Lernprozess, dem sie sich aussetzen muss, um „alles zu verstehen". Wie jede andere Person auch kann Sona hier nicht auf Ressourcen und Wissensbestände zurückgreifen – auch nicht durch die Migrationsgeschichte der Eltern. Um die Praxis des indischen Tanzes ausüben zu können, muss sie sich neues Wissen aneignen.

der Eltern hin, ohne weitere spezifische Informationen zu geben. Anoushka verhandelt den Migrationskontext der Eltern nicht als das „Besondere" ihrer eigenen Lebensgeschichte, wie es für ihre ältere Schwester zutreffend war, sondern
als einen Nebenschauplatz.

Dieser Umgang ermöglicht Anoushka ein selbstbewusstes Switchen zwischen den Kontexten, wie folgende Erzählsequenz zeigt:

> Und singen tu ich auch und ich hab jahrelang getanzt. Das hab ich mit drei oder vier Jahren
> hab ich angefangen, meine Eltern, meine Mutter vor allem, sie wollte sehr, dass ich indischen
> Tanz dann [...] und irgendwann mit ab 10 oder so oder ab 8 Jahren ungefähr vielleicht schon
> hab ich es dann immer gewehrt in Indien Tanz zu lernen. Die paar Wochen, die man dann
> dort war, jeden Tag, das war schon sehr streng auch. Ich hab dann irgendwie gemerkt, dass es
> nicht meins ist und dann hab ich im Handball angefangen. (Anoushka)

Anoushka verdeutlicht hier ähnlich wie Sona, dass die Verhandlung des „Indischen" zu unterschiedlichen Zeitpunkten in ihrer Biographie eine Rolle spielt. So
hatte auch Anoushka in einer bestimmten Phase den indischen Tanz gelernt, im
Gegensatz zu ihrer älteren Schwester beschreibt sie jedoch eine durch die Eltern
vermittelte Aneignung des Tanzes. Wiederum ist ein bestimmter Zeitpunkt in der
Kindheit ausschlaggebend für das Eintreten eines Veränderungsprozesses. Im Alter
von acht Jahren grenzt sich Anoushka gegenüber ihren Eltern und dem indischen
Tanz ab. Sie suspendiert die elterliche Vorstellung, ihre jüngste Tochter könnte
in die Fußstapfen der älteren Schwester treten. Die Verweigerung des indischen
Tanzes heißt hier auch, eine national definierte und kulturelle Verbindlichkeit zu
überschreiten und sich innerhalb eines selbst initiierten Entscheidungsprozesses
dagegen auszusprechen. Als Gegenpol zum indischen Tanz entdeckt Anoushka Handball, was mehr ihrem freizeitlichen und sportlichen Interesse entspricht.
Damit markiert Anoushka gleichzeitig einen Ablösungsprozess von den Eltern
und eine Zuwendung zu einem nicht mit den Eltern in Verbindung stehenden Interesse. Anoushka tritt dabei als aktive Gestalterin der biographischen Situation
auf und stellt ihre Entscheidungsmacht in den Vordergrund. In diesem Aushand-
lungsprozess findet jedoch in keiner Weise eine Abwertung des indischen Tanzes
statt. Zwar stehen sich Handball und Tanz hier als Antagonismen gegenüber, dennoch erfolgt kein Bruch im Sinne eines Abbruchs, sondern eine Neuausrichtung.
Anoushka befindet sich zu diesem Zeitpunkt in einem dynamischen Prozess der
Veränderung, indem sie sich von den Eltern und den Traditionen des Herkunftslandes der Eltern individualisiert, aber gleichzeitig mit den Eltern auf der familialen und emotionalen Ebene verbunden bleibt. Sie versteht sich weiterhin als Fa-
milienmitglied, auch wenn sie ihre Freizeitinteressen neu verortet und sich einen
neuen sozialen Raum erschließt.

Aushandlungsprozesse sind ständige Begleiter biographischer Verläufe, wie sich am Beispiel von Anoushka zeigt. Die Entscheidung *für* Handball, und diesem Freizeitinteresse über viele Jahre hinweg intensiv, mit einem hohen Zeitaufwand nachzugehen, ist keinesfalls eine Entscheidung *gegen* das als „indisch" markierte innerhalb ihrer Biographie.

Transformation: „seit vier, fünf Jahren bin ich totaler Indienfan"

Obwohl für Anoushka anhand der vorherigen Passage ein Orientierungsrahmen der Suspendierung rekonstruiert werden kann, so geht diese Suspendierung nicht mit einer generellen Abkehr vom „Indischen" einher. Anoushkas lebensgeschichtliche Erzählung zeigt vielmehr, inwieweit diese durch spezifische Phasen gekennzeichnet ist und das von den Eltern Vermittelte durch die Herstellung des Eigenen kontinuierlich transformiert wird.

> Und ja natürlich immer wieder bin ich nach Indien geflogen. Früher eher in Zweijahresabschnitten, jetzt mittlerweile in jedes Jahr. Und ich hab mich früher nicht so sehr für Indien interessiert, das war einfach nicht so mein Land. Und so jetzt seit vier, fünf Jahren bin ich totaler Indienfan und reise immer wieder gerne hin. (Anoushka)

Die in einem bestimmten Rhythmus stattfindenden Reisen nach Indien gehören für Anoushka „natürlich" und somit wie selbstverständlich zu ihrer Lebensgeschichte dazu. Die zeitlich kürzer werdenden Abstände der Reisen begründet Anoushka mit ihrem gesteigerten Interesse („bin totaler Indienfan"). Während es eine Zeit in ihrer Biographie gab, wo Indien nicht ihr Land war, erfährt diese Einstellung einen Wandel, der sich bis zu einem Fan-Sein steigert. Diese Entwicklung wird auf einem zeitlichen Kontinuum dargestellt – von einem nicht vorhandenen Interesse über eine Distanzierung bis hin zum Fanstatus, der sich darüber manifestiert, dass Anoushka „immer wieder gerne" nach Indien reist. Mit der Formulierung „das war einfach nicht so mein Land" verdeutlicht sie, dass Indien zum damaligen Zeitpunkt auch durch ein anderes Reiseziel hätte ersetzt werden können. An den obligatorischen Verwandtschaftsbesuchen fand Anoushka wenig Gefallen, erst nachdem sie für mehrere Wochen alleine nach Indien reiste, die Sprache erlernte und selbständig ihren Aufenthalt gestalten konnte, entwickelt sich ihr Interesse. Die später aufkeimende Leidenschaft für Indien als Reiseland entwickelt Anoushka also individuell und losgelöst vom familiären Kontext. Erst nachdem sie sich von der Vermittlung und Bindung durch die Eltern loslösen und Indien als etwas Eigenes für sich entdecken kann, entwickelt sie sich zu einem „Fan". Der Transformationsprozess kann sich somit erst in einer zunehmenden Individualisierung von ihren Eltern entfalten, und erst dann kann sie ein eigenes Bild dessen konstruieren, was sie mit der Kategorie „indisch" verbindet.

Kein Fazit – eine Zwischenreflexion

Sich mit der Familiengeschichte auseinanderzusetzen heißt für junge Erwachsene, deren Eltern aus einem anderen Land nach Deutschland migriert sind und somit über eine Migrationsgeschichte verfügen, nicht zwangsläufig in ihrer Zugehörig-keitskonstruktion zerrissen zu sein, in einer Identitätskrise zu stecken oder sich „zwischen den Kulturen" verloren zu fühlen. Sowohl Simraj als auch die Schwes-tern Sona und Anoushka weisen vielmehr auf sehr unterschiedliche Varianten der Aushandlung der Migrationsvergangenheit ihrer Eltern hin.

Die transnationalisierten Lebensentwürfe sind für die hier kurz vorgestellten jungen Erwachsenen zu einer Selbstverständlichkeit geworden, unterschiedlichs-te transnationale Praktiken sind in ihren Lebensläufen alltäglich geworden und vielfach können sie ihre grenzüberschreitend gültiges Kapital (wie z. B. Mehr-sprachigkeit[14], Mobilität, kulturelle Kompetenzen, Flexibilität) als Ressource ein-setzen.[15] Das flexible Herstellen von Zugehörigkeiten, sei es bewusst oder unbe-wusst, selbstbestimmt oder erzwungen, scheint ihnen selbstverständlich zu sein. Es stellt sich jedoch die Frage, ob auch die Dominanzgesellschaft die mit der Plu-ralisierung der Lebenswelten einhergehenden mehrfachen Zugehörigkeitskonst-ruktionen akzeptieren und anerkennen kann, sodass sie keine Irritation mehr dar-stellen und die Formulierung „neither strange nor familiar" nicht automatisch mit einer Identitätsproblematik verbunden wird?

Blicken wir zurück auf die hier aufgeführten Beispiele, so zeigt sich, dass eine zunehmende Ausdifferenzierung von lebensweltlichen Bezügen beobachtet werden kann und dementsprechend in der sozialwissenschaftlichen Forschung als auch in der sozialpädagogischen Praxis in noch intensiverem Maße berück-sichtigt werden muss. Aufgabe der (kritischen) Migrationsforschung ist es da-her, für diese Form von Lebensentwürfen zu sensibilisieren und darauf aufmerk-sam zu machen. Nur so können transnationalisierte Lebensformen, wie sie für eine zunehmende Zahl von Personen von Bedeutung sind, und dabei handelt es sich nicht nur um Personen mit einer Migrationsgeschichte, einen Normalitäts-

---

14   Vgl. Fürstenau 2004.

15   An dieser Stelle ist es richtig anzumerken, dass sich die hier erwähnten jungen Erwachsenen durch einen erfolgreichen Bildungsverlauf auszeichnen und als sozial anerkannte Mitglieder der Gesellschaft betrachtet werden können. Nicht für alle jungen Erwachsenen mit Migrationshin-tergrund ist dies zutreffend, es gibt ebenso Personen, die ihre Mehrsprachigkeit beispielsweise als Handicap erleben und nicht über Ressourcen verfügen, die als transnationales Kapital einsetzbar wären.

charakter erhalten. Zudem müssen jungen Erwachsenen, deren Lebensgeschichte sich über mehrere nationale Container aufspannt und die „Grenzarbeiten" auf unterschiedlichen Ebenen vollziehen, die Möglichkeit haben, ihre Lebensmuster jenseits eines zugeschriebenen Exotismus[16] und Othering zu verhandeln und zu entwerfen. Die hier eingenommene transnationale Perspektive stellt eine Möglichkeit dar, das Grenzüberschreitende zu erfassen, Uneindeutigkeiten beobachtbar zu machen und deren Anerkennung zu postulieren; eine Perspektive, die somit auch für die sozialpädagogische Praxis zunehmend von Bedeutung werden sollte (Homfeldt et al. 2008). Nichtsdestoweniger, und hier sei ein kritischer Ausblick angeführt, scheint auch die Einnahme einer transnationalen Perspektive nicht vor der Gefahr zu schützen, weiterhin in Kategorien und in einer Gegenüberstellung des „Wir" und die „Anderen" zu denken. Wenn wir mit „Trans" die Überschreitung und Überwindung von Grenzen verstehen, so betonen wir gleichzeitig auch die Existenz von Grenzen auf unterschiedlichen Ebenen und die damit einhergehenden Differenzierungen (vgl. Klein 2010). Durch eine (selbst)reflexive Auseinandersetzung mit der Konstruktionsweise von Grenzen kann dieser Kritik zumindest in Ansätzen entgegengewirkt werden und sollte daher ein wesentliches Element pädagogischer Orientierung sein.

Literatur

Badawia, Tarek (2002). „Der dritte Stuhl". Eine Grounded-Theory-Studie zum kreativen Umgang bildungserfolgreicher Immigrantenjugendlicher mit kultureller Differenz, Frankfurt am Main/London.

Basch, Linda/*Glick Schiller*, Nina/*Blanc-Szanton*, Cristina (1994). Nations Unbound. Transnational Projects, Postcolonial Predicaments and Deterritorialized Nation-States, London.

Bommes, Michael (2003). Der Mythos des transnationalen Raumes. Oder: Worin besteht die Herausforderung des Transnationalismus für die Migrationsforschung? in: *Thränhardt*, Dietrich/*Hunger*, Uwe (Hg.): Migration im Spannungsfeld von Globalisierung und Nationalstaat, Wiesbaden, 90–116.

---

16   Auch in der Interviewsituation selbst sitze ich als „weiße Forscherin" diesem Bias auf. Obwohl es mir um die Lebensgeschichten der jungen Erwachsenen geht, bringe ich sie in eine Situation, in der sie auch ihren Migrationshintergrund verhandeln müssen. Auch durch meine Person, als mögliche Repräsentantin der Mehrheitsgesellschaft, fühlen sie sich damit konfrontiert, sich eindeutig zu positionieren oder zumindest mir gegenüber deutlich machen zu müssen, dass sie sich eben nicht eindeutig verorten möchten.

Fürstenau, Sara (2004). Mehrsprachigkeit als Kapital im transnationalen Raum. Perspektiven por-tugiesischsprachiger Jugendlicher beim Übergang von der Schule in die Arbeitswelt, Münster.

Fürstenau, Sara/*Niedrig*, Heike (2007). Hybride Identitäten? Selbstverortungen jugendlicher Trans-migrantInnen, in: Diskurs Kindheits- und Jugendforschung 2(3), 247–262.

Glick Schiller, Nina/*Basch*, Linda/*Blanc-Szanton*, Christine (Hg.) (1992). Towards a Transnational Perspective on Migration. Race, Class, Ethnicity, and Nationalism reconsidered, New York.

Guarnizo, Luis E./*Smith*, Michael P. (1998). The Locations of Transnationalism, in: *Smith*, Michael P./*Guarnizo*, Luis E. (Hg.): Transnationalism From Below, New Brunswick.

Günther, Marga/*Wischmann*, Anke/*Zölch*, Janina (2010). Chancen und Risiken im Kontext von Migra-tion und Adoleszenz. Eine Fallstudie, in: Diskurs Kindheits- und Jugendforschung, 5(1), 21–32.

Ha, Kien Nghi (2005). Hype um Hybridität. Kultureller Differenzkonsum und postmoderne Ver-wertungstechniken im Spätkapitalismus, Bielefeld.

Halbwachs, Maurice (1925/1985). Das Gedächtnis und seine sozialen Bedingungen, Berlin/Neuwied.

Hamburger, Franz (2011). Die zweite Generation, in: *Eckert*, Thomas/*von Hippel*, Aiga/*Pietraß*, Manuela/*Schmidt-Hertha*, Bernhard (Hg.): Bildung der Generationen, Wiesbaden, 87–96.

Hamburger, Franz/*Stauf*, Eva (2009). „Migrationshintergrund" zwischen Statistik und Stigma, in: Schüler Wissen für Lehrer, 30–31.

Homfeldt, Hans Günther/*Schröer*, Wolfgang/*Schweppe*, Cornelia (Hg.) (2008). Soziale Arbeit und Transnationalität. Herausforderungen eines spannungsreichen Bezugs, Weinheim/München.

Khagram Sanjeev/*Levitt*, Peggy (2007). The Transnational Studies Reader. Intersections and Inno-vations, New York

Kasinitz, Philip/*Waters*, Mary C./*Mollenkopf*, John H./*Anil*, Merih (2002). Transnationalism and the Children of Immigrants in Contemporary New York, in: *Levitt*, Peggy/*Waters*, Mary C. (Hg.): The Changing Face of Home. The Transnational Lives of the Second Generation, New York, 96–122.

King, Vera/*Koller*, Hans-Christoph (Hg.) (2006). Adoleszenz – Migration – Bildung. Bildungspro-zesse Jugendlicher und junger Erwachsener mit Migrationshintergrund. Wiesbaden.

Klein, Kathrin (2010). Was ist eigentlich das ‚Trans'? Grenzüberschreitende Zugehörigkeitsprakti-ken junger Erwachsener der „zweiten Generation", in: SozialExtra (2), 38–40.

Levitt, Peggy/*Glick Schiller*, Nina (2004). Conceptualizing Simultaneity: A Transnational Social Field Perspective on Society, in: International Migration Review, 38(3), 1002–1039.

Mecheril, Paul (2003). Prekäre Verhältnisse. Über natio-ethno-kulturelle (Mehrfach-)Zugehörig-keit, Münster.

Mecheril, Paul/*Hoffarth*, Britta (2006). Adoleszenz und Migration. Zur Bedeutung von Zugehörig-keitsordnungen, in: *King*, Vera/*Koller*, Hans-Christoph (2006) (Hg.): Adoleszenz – Migrati-on – Bildung. Bildungsprozesse Jugendlicher und junger Erwachsener mit Migrationshinter-grund. Wiesbaden, 239–258.

Portes, Alejandro (2001). Introduction: The Debates and Significance of Immigrant Transnational-ism, in: Global Networks, 1(3), 181–193.

Pries, Ludger (2008). Die Transnationalisierung der sozialen Welt. Frankfurt am Main.

Riegel, Christine (2004). Im Kampf um Zugehörigkeit und Anerkennung. Orientierungen und Handlungsformen von jungen Migrantinnen. Eine sozio-biografische Untersuchung, Frank-furt am Main.

Riegel, Christine/*Geisen*, Thomas (Hg.) (2010). Jugend, Zugehörigkeit und Migration. Subjektpositio-nierung im Kontext von Jugendkultur, Ethnizitäts- und Geschlechterkonstruktionen, Wiesbaden.

Sauter, Sven (2000). „Wir sind Frankfurter Türken". Adoleszente Ablösungsprozesse in der deutschen Einwanderungsgesellschaft, Frankfurt am Main.

Schrader, Achim/*Nikles*, Bruno W./*Griese*, Hartmut M. (1976). Die zweite Generation. Sozialisation und Akkulturation ausländischer Kinder in der Bundesrepublik, Kronberg.

Vickermann, Milton (2002). Second-Generation West Indian Transnationalism, in: *Levitt*, Peggy/ *Waters*, Mary C. (Hg.): The Changing Face of Home. The Transnational Lives of the Second Generation, New York, 341–366.

Zähne zeigen. Humor in der kritischen Migrationsforschung

Darja Klingenberg

> „Gibt es bei uns mehr Humor als anderswo?"
> „Ja, klar! Aber wir haben ihn auch nötig."
>
> (russische Redensart)
>
> „…humor, despite its grinning Cheshire cat-like nature, never-
> theless opened up a window onto the complicated consciousness
> of lives that were burdened by their place within the racial, class,
> gender and sexual hierarchies that inform their social world."
>
> (Goldstein 2003: 3f.)

„Die Deutschen haben uns hierher eingeladen", erklärte die russisch-jüdische Putzfrau des Hotels bereitwillig, „damit wir hier die Schwarzarbeit machen und das allgemeine kulturelle Niveau erhöhen." Diese klassische Anekdote über russisch-jüdische Migration in die Bundesrepublik arbeitet mit der Spannung zwischen Selbst- und Fremdwahrnehmung in Migrationskontexten. Ohne den – gesellschaftlichen Macht- und Herrschaftsverhältnissen streng(er) verbunden – Regeln des ernsthaften Sprechens verpflichtet zu sein, werden hier im Scherz widersprüchliche und umkämpfte Deutungen der Migration russischer Jüdinnen und Juden artikuliert[1] und neue Selbstbilder formuliert: Die Selbstwahrnehmung als hochqualifiziert und gebildet wird der realen, meist prekären Platzierung auf dem deutschen Arbeitsmarkt gegenübergestellt.[2] Ohne sich eindeutig, etwa ideologiekritisch oder subversiv, zu positionieren, rahmt die Anekdote die eigene Migrationsgeschichte neu und beansprucht eine alternative Interpretation russisch-jüdischer Migration.

---

1 Vgl. dazu Becker 2001, Körber 2005, Hegener 2008.

2 Die überwiegend städtischen, sowjetischen Jüdinnen und Juden zeichneten sich trotz struktureller und alltäglicher Diskriminierungen durch hohe Bildungs- und Aufstiegsorientierung aus. Für die Migration der 1990er sprechen verschiedene Autor_innen von einer 40–70%igen „Hochqualifizierten- oder Akademikerquote" (wobei diese Zahlen mit Vorsicht zu genießen sind). Auf dem deutschen Arbeitsmarkt konnte diese Gruppe ihr hohes kulturelles Kapital ebenso wenig umsetzen, wie ihre oft langjährigen Berufserfahrungen, für die 2000er Jahre zeigen sich 40–60 Prozent der als Kontingentflüchtlinge eingereisten Menschen von sozialen Transferleistungen abhängig oder in prekären Arbeitsverhältnissen beschäftigt. Gründe hierfür sind neben sprachlichen Problemen vor allem die Nichtanerkennung der ausländischen Bildungsabschlüsse und Berufserfahrungen (vgl. Cohen/Kogan 2007, Remennick 2007, Gruber 1999). Einige Autor_innen prognostizieren aber besonders für die zweite Generation eine wesentlich verbesserte Position auf dem Arbeitsmarkt (vgl. Liebau 2010).

Unter (Post-)Migrant_innen kursieren unzählige solcher Anekdoten und ironischer Bemerkungen, die Migrationserfahrungen kommentieren und reflektieren. Der komische Diskurs schafft einen Zwischenraum, der Brüche und Widersprüche hegemonialer Diskurse offenlegt, (Um-)Deutungen von erfahrenen Abwertungen und Ohnmachtserfahrungen ermöglicht und Ambivalenzen, Unvereinbarkeiten und (Un-)Möglichkeiten artikulierbar macht. In literarisch oder filmisch erzählten Migrationserfahrungen ist das Komische daher eine besonders in den letzten Jahrzehnten von migrantischen und (post-)kolonialen Autor_innen häufig genutzte Stilfigur[3], die auch in der Forschungsliteratur aufmerksam diskutiert wird (vgl. Hausbacher 2009, Göktürk 2004, Dunphy/Emig 2010). Humoristische Narrative finden sich aber auch in Alltagsgesprächen: Am Telefon, in der Küche, in Kneipen und auf Partys modellieren Migrant_innen Erfahrungen zu komischen Geschichten und nutzen die Uneindeutigkeit komischen Sprechens für Positionsbestimmungen. Diese unernsten Narrations- und Kommunikationsformen werden in ihrer Bedeutung für Transformationserfahrungen, sich ändernde Deutungsmuster und Identitätsarbeit in den Überlegungen von Migrationsforscher_innen kaum wahrgenommen. Auch im Rahmen von verstehend-rekonstruktiv arbeitenden, qualitativen Ansätzen, die an Akteur_innenperspektiven, individuellen und kollektiven Formen der Zugehörigkeitskonstruktion interessiert sind, werden humoristische Praktiken nur vereinzelt beachtet.[4]

Diese Leerstelle erschließend, möchte ich in diesem Beitrag zunächst Probleme und Möglichkeiten der sozialwissenschaftlichen Analyse des Komischen erörtern und entlang zweier Beispiele aus meiner empirischen Forschung zu russisch-jüdischer Migration in die Bundesrepublik die Bedeutung komischer Positionierung skizzieren. Abschließend sollen Perspektiven humoristischer Narrative für eine kritische Migrationsforschung diskutiert werden.

---

3 Im deutschsprachigen Raum sind es paradigmatisch Emine Sevgi Özdamar und Feridun Zaimoğlu, die in den 90er-Jahren auch auflagenstark einen gewitzten, selbstbewussten Ton anschlagen. Für die Literatur von Migrant_innen aus Ländern der ehemaligen Sowjetunion sind der lakonische oder ironische Ton und das Spiel mit absurden Momenten eines Sergej Dovlatov stilbildend. Für heutige Autor_innen wie Wladimir Kaminer, Lena Gorelik, aber auch Gary Shteyngart, Anya Ulinich, Marina Lewycka ist dieser Ton fast schon eine notwendige Publikationsbedingung.

4 Dass die Auseinandersetzung mit Formen des Komischen eine wichtige Perspektive auf Positionen und Deutungsmuster migrantischer oder (post-)kolonialer Akteur_innen eröffnet, zeigen z.B. María do Mar Castro Varela (2007: 177–185) und Donna M. Goldstein (2003).

Komische Welten verstehen oder: Die fröhliche Wissenschaft

Komische Situationen, subtile oder kalauerhafte Witze und Kommentare durchziehen selbstverständlich Alltag und Kultur sozialer Gruppen zu unterschiedlichsten Zeiten und inspirierten eine ansehnliche Menge an Theorien. Dennoch gestaltet es sich immer wieder schwierig, den Charakter des Komischen theoretisch sinnvoll zu bestimmen, erst recht, wenn es um dessen Bedeutung für soziale Ordnungen und Bindungen geht. Genuin gesellschaftswissenschaftliche Perspektiven auf das Komische entstehen erst Mitte des 20. Jahrhunderts. Bis dahin war dieses Feld Philosoph_innen, Theolog_innen und Literaturwissenschaftler_innen überlassen. Später sind die anthropologischen, linguistischen und psychologischen Disziplinen Vorreiter_innen der Debatten.[5] Die Soziologie behandelt Fragen des Komischen lange eher spröde, bis heute beschäftigen sich vor allem kleine Einzelstudien mit Fragen, wie Humor etwa am Arbeitsplatz (vgl. Coser 1960) oder in autoritären Regimen Herrschaft und gegebene Strukturen unterwandert oder verfestigt (Thurston 1991, Lewis 2008). Soziologische und kulturanthropologische Forschung zu Humor steht somit meist unter dem Gestirn der Machtanalyse (vgl. Powells/Patons 1988). Mehrere Versuche, eine systematische Soziologie des Komischen zu begründen, blieben meines Erachtens unbefriedigend oder einseitig (vgl. Zijderveld 1976; Davies 1990). Nicht zuletzt da sich der paradoxe Charakter (Lynch 2002: 424) des komischen Diskurses, seine sowohl identifizierende als auch differenzierende, seine stabilisierende und zersetzende, konservative oder widerständige Funktionen einer einfachen Definition entzieht (vgl. Mulkay 1988; Luthe 1992). Für die folgende Diskussion soll daher eine knappe Bestimmung des Humors genügen, den ich als Überbegriff für individuelle oder kollektive Praktiken verstehe, die einer Haltung oder Gefühlslage entsprungen sind, in der man Witzigkeit und Komik würdigen und/oder herstellen kann (vgl. Kotthoff 1998; Freud 1905/1994; 154ff.).

Das Komische entsteht oftmals entlang von gesellschaftlichen Macht- und Herrschaftsstrukturen. Die dort wahrgenommenen und erfahrenen Ambivalenzen, Brüche und Widersprüche werden scherzhaft markiert und reflektiert. Machtverhältnisse, aber auch ideologische Formationen werden leichtfüßig durchdrungen und immanente Widersprüche und Bruchstellen offen gelegt. Diese Position entlang gesellschaftlicher Bruchstellen nährt beständig den Traum von der komischen Kritik, die mit einem beherzten Lachen Erkenntnisprozesse auslöst (vgl. etwa Critchley 2004), gesellschaftliche Verblendungen zusammenfallen lässt und widerständige Solidaritäten schafft. Zugleich verstellt eine starke Fokussierung

---

5   Für einen Überblick der jeweiligen Debatten: Moreall (2009) und Bremmer et al. (1999). Soziologische Ansätze finden sich bei Berger (1998), Luthe (1992) und Mulkay (1988).

auf den widerständigen Charakter des Komischen ein Verständnis seines idio-
synkratrischen Wirkens, denn das entlang intersektional verschränkter Machtverhältnisse zu hörende Lachen ist nicht unbedingt das widerständige Lachen
der „Unterdrückten". Oftmals ist es das Lachen der „Unterdrücker_innen", das
eingebunden in verschiedene Herrschaftsverhältnisse, diese gegeneinander aus-
spielt. Hinzu kommt, dass dieses Lachen der Hörer_in erst recht und gerade der
Wissenschaftler_in verschlossen bleiben, sie befremden und verständnislos zu-
rücklassen kann. So lässt sich die Bedeutung eines scherzhaften (wie auch jedes
anderen) Aktes nur in seinem Kontext erklären: Ein Witz kann ebenso Ausdruck
von Rassismus wie auch dessen ironischer Subversion oder Aneignung sein. Ebenso kann ein antirassistischer Witz zu einem rassistischen werden. Die Untersuchung von Humor muss also eingebunden sein in die Analyse seines Kontextes,
seiner Produzent_innen (der Humorist_in, ihrer Haltung zum Gegenstand), des
Inhaltes und Zieles des „komischen Akts", der Humorproduktions- und Distri-
butionsmittel (mündlicher oder schriftlicher, formeller oder informeller, populärer oder untergründiger Humor) sowie der Rezeption (das Publikum, das Verhältnis zwischen Hörer_innen und Produzent_in, Ziel des Witzes) betrachtet werden.

Die Suche nach dem kritischen Potential des Komischen wird zugleich durch
die Frage erschwert, was denn überhaupt als widerständiger oder kritischer Akt
zu betrachten sei: Da noch kein politischer Kampf allein durch Witze gewonnen
wurde, argumentiert Michael Mulkay, habe Humor letztlich keine Auswirkungen
auf soziale Ordnungen. Vielmehr komme ihm vor allem analytische Bedeutung
zu. Humor offenbare Widersprüche, Paradoxien und Ambiguitäten und mache sie
intelligibel (1988: 219). Einen ähnlichen Ansatz entwickeln Peter L. Berger (1998)
und Hans Otto Luthe (1992). Letzterer versteht das Komische als einen prozessu-
alen Mechanismus der Artikulation und Verarbeitung gesellschaftlicher Konflikte
(Luthe 1992: 22). Gesellschaftliche Widersprüche werden dabei nicht einfach humoristisch registriert. Vielmehr bedarf es einer aktiven, performativen, konversationellen Gestaltung (vgl. Kotthoff 1998: 197f.), (Re-)Formulierung und Rezeption
eines komischen Diskurses. Das Komische schafft daher auch keine karnevaleske
Gegenwelt zu bestehenden Machtverhältnissen, wie sie Michail Bachtin (1995) in
seiner Analyse für die mittelalterliche, europäische Lachkultur beschreibt.[6] Gegen eine solche Konzeption von Humor als ein Gegenstück zur ernsten, in sich
kongruenten Wirklichkeit spricht, dass Humor oftmals gerade dann von besonde-

---

6   In Bachtins Analyse steht das Prinzip der Umkehr der Herrschaftsverhältnisse im Zentrum.
     Der weltlichen Macht ist der Karnevalskönig, der Macht der Kirche die Verballhornung der
     heiligen Schrift gegenübergestellt (Bachtin 1995: 52f.).

rer Bedeutung wird, wenn die Brüchigkeit und Widersprüchlichkeit des Sozialen deutlich hervortritt und Normen und soziale Ordnungen nicht greifen. Für eine kritische Migrationswissenschaft ist die Untersuchung des Komischen daher in mehrerer Hinsicht herausfordernd: Die Frage, entlang welcher sozialen Verhältnisse und welcher Widersprüche das Komische wie hergestellt wird, und ob eine Geschichte Resonanz findet – also mit Lachen goutiert wird –, eröffnet Zugänge zu subjektiven und kollektiven Deutungsmustern und Perspektiven von Migrant_innen. Hier schlagen sich eigensinnige Positionen und Perspektiven nieder, die in dieser Widersprüchlichkeit oftmals ungehört bleiben und schwer zu erfassen sind. Zugleich stellt die empirische Untersuchung von Humor eigene Herausforderungen.

In meiner Arbeit zur Bedeutung komischer Narrative für eine Gruppe russisch-jüdischer Migrant_innen wurde ich zunächst einmal selbst in eine komische Position versetzt. Nicht nur, weil mein Thema an sich immer Vorlagen für Scherze seitens meiner Informant_innen bot, mir bestimmtes Lachen verschlossen blieb oder nicht zu übersetzen war, sondern vor allem, weil sich angesichts der Relativität und Situativität von Humor immer wieder die Frage aufdrängte, was überhaupt als „komisch" angesehen werden kann. Manche Passagen, bei denen laut gelacht wurde, erscheinen, zumal aus dem Russisch in einen deutschsprachigen akademischen Kontext übersetzt, überhaupt nicht komisch, sondern tragisch, traurig oder belanglos. Diese „Übersetzungsschwierigkeiten" können aber auch einen Ansatzpunkt zu einer kritischen Reflexion der Beziehungen zwischen dem „Feld" und den Erwartungen und Aufmerksamkeitsökonomien eines wissenschaftlichen Publikums bieten. Auf der Ebene der Interpretation schließt sich hier ein weiteres Problem an, denn das genaue Verhältnis zwischen komischen (Um-)Deutungen und den ihnen zu Grunde liegenden Erfahrungen entzieht sich der Beobachter_in: Der komische Diskurs verwehrt sich sowohl einer viktimisierenden als auch einer heroisierenden Perspektive auf Handlungsspielräume von Migrant_innen und zwingt die Forscherin dazu, die Selbstrepräsentation der Akteur_innen ernst zu nehmen.

Mein empirisches Material beruht auf zwei Abenden und einem Nachmittag in der Küche und dem Garten von Katja und Sofja Polonskaja und Arkadi Baschkirov, die während meiner Feldforschung von Lisa Litvinova, Alisa Kukolnikova und Mitja Worobew besucht wurden.[7] Fast alle waren in den letzten zwanzig Jahren als russisch-jüdische Kontingentflüchtlinge nach Deutschland gekommen. Ich nahm ungefähr 16 Stunden Gespräche auf, die ich später transkribierte, aus dem Russischen ins Deutsche übersetzte und mit Hilfe meiner Feldnotizen auswerte-

---

7   Die Namen wurden anonymisiert.

te. Dabei versuchte ich gerade die Passagen und darin verdeutlichten Positionen zu erfassen, die nicht sofort zugänglich und verständlich waren. Die Gespräche der Gruppe waren geprägt von einem spielerischen Umgang mit Sprache, selbstverständlichem Bewegen zwischen sprachlichen Milieus, schnellen Wechseln zwischen hochkulturellem Stil und der Nutzung von Slang oder *Mat*-Begriffen[8], die den urbanen, intellektuellen Hintergrund der Gruppe widerspiegeln. Häufig wiederkehrende Figuren und Genres komischer Rede[9] in ihren Gesprächen sind *konversationelle Parodien und Grotesken,* beiläufig eingestreute *witzige Bemerkungen, übertriebene (Un)Höflichkeit, das Spiel mit ungewöhnlichen Ausdrücken,* sowie das *Erzählen von Bajkas.*[10]

Helden und komische Positionen

Für die verschiedenen (post-)sowjetischen Migrationsprozesse hat der komische Diskurs eine zentrale Bedeutung für Positionierungen. Witze und Anekdoten stellen über tausende Kilometer hinweg am Telefon und in sozialen Netzwerken, aber auch bei freundschaftlichen Zusammenkünften soziale Bindungen her. Die in den 90er Jahren aufkommenden Witze über die Moskauer neureichen „Neuen Russen" oder Anekdoten post-sowjetischer Migrant_innen in Israel oder New York werden in St. Petersburg ebenso erzählt wie in Tel Aviv, Brighton Beach oder Frankfurt am Main. Gemeinsam mit traditionellen, sowjetischen Witzen über Rabinowitsch, Stirlitz oder Chapajew[11] und Film- und Literaturzitaten bilden sie einen komischen Kanon transnationaler russischsprachiger Communities. Sie erhalten aber auch gemeinsame Geschichte, denn neben ernsthafter Geschichtswissenschaft sind es Witze und Anekdoten, die ein Verständnis des Lebens in der Sowjetunion an die nächste Generation vermittelten und ein kollektives Gedächtnis (mit all seinen blinden Flecken) formen. In Deutschland bildeten die über 2 Millionen russischsprachigen Migrant_innen in den letzten 20 Jahren verschiedenste Milieus, Communities, Szenen und Institutionen heraus. Diese sind nicht nur

---

8   *Mat* ist ein im russischen Sprachraum tabuisierter und zugleich weit verbreiteter Soziolekt basierend auf Schimpfwörtern.

9   Konversationelle Scherzaktivitäten umfassen neben Witzen eine Reihe anderer Figuren und Genres, dabei können innerhalb von Gruppen auch neue scherzhafte Genres kreiert werden (für einen Überblick zu Genres und Formen von Scherzaktivitäten vgl. Kotthoff 1998: 347ff.). Für die von mir untersuchte Gruppe konnte ich vielfältige Scherzaktivitäten herausarbeiten, die hier genannten sind für den kommunikativen Stil der Gruppe besonders relevant.

10   *Bajka* ist der russische Begriff für eine persönliche, humoristische Erzählung oder Anekdote.

11   Rabinowitsch ist eine klassische Figur jüdischer, aber auch antisemitischer Witze. Der heldenhafte Rotarmist Chapaev und der Nazis bekämpfende KGB-Agent Stirlitz sind Protagonisten populärer Filme und Serien, die in Witzserien weitergeführt wurden (vgl. Graham 2003).

von den unterschiedlichen Aufenthaltsbestimmungen, Migrationswegen und Lebenssituationen bestimmt, auch die schon in der Herkunftsgesellschaft relevanten sozialen und kulturellen Differenzen werden in der Migration neu formuliert. Die abendlichen Gespräche der Freund_innen waren nicht nur vom Erzählen bedeutsamer Erlebnisse geprägt, sonder dienten oft der komischen Beschreibung und Charakterisierung der eigenen Lebenswelt, darin relevanter Konflikte[12] und sozialer Typen: So wurde die nostalgisch nach Sankt Petersburg, dem russischen Ballett und den russischen Männern blickende Petersburger Dame ebenso karikiert, wie die Verwandte, die „einfach nicht im richtigen Land geboren" sei, denn ihrer Wohnungseinrichtung nach zu urteilen sei sie „noch *bürgerlicher* [*im Original deutsch] als irgendein so ein Deutscher dritter Kategorie". Es wurde die peinlich berührte Bemühtheit der deutschen Kollegin in Fragen von Antisemitismus scherzhaft ebenso markiert, wie die „sowjetische Mentalität" kasachischdeutscher Großmütter.

Die komischen Typisierungen und Erzählungen von ungewöhnlichen Begegnungen dienten nicht nur der Reflexion der Lebenswelt, sonder auch der Verortung darin. Lisa beispielsweise erzählte, wie sie mit deutschen Freunden während eines Besuches des Tages der offenen Tür einer Synagoge in eine Auseinandersetzung mit einer Verkäuferin von russischen Büchern geriet:

Lisa: An der Seite stand so ein kleines Regal, vielleicht waren es auch zwei Regale mit russischen Büchern, ich hatte nur aus etwas Entfernung die Umschläge gesehen. Und Maik und Christoph laufen dort so entlang und plötzlich kommt so eine Dame heraus, eine naja ganz in ihrem Element und beginnt plötzlich Christoph auf Russisch einzuhämmern, dass (.) sie hätte überhaupt solch großartige Bücher […]

Arkadi: Aber spricht er überhaupt Russisch?

Lisa: Das ist es doch, kein Wort spricht er (schneller und übertrieben dramatisch intoniert) „Das ist so ein Liebesroman", sagt sie ihm „sie werden sich vollheulen!"[13] und redet weiter auf ihn ein

(mehrere lachen)

und Christoph schaut mich so bittend an und ich übersetze ihm

Katja: (lacht) das ist ja erstklassig, wie unpassend

Arkadi: (lacht) das ist gut, einem deutschen *Schwulen* russische Liebesromane anzudrehen

(alle lachen)

---

12   Lange Passagen beschäftigten sich beispielsweise mit der Verhandlung verschiedener Konzepte jüdischer Identität, mit der Vermittlung von mehrfachen Gefällen zwischen Deutsch- und Russischkenntnissen.

13   Russ.: абрыдаться/abrydat'sja: Ist ein Neologismus aus dem Wort heulen, weinen und dem Präfix аб, was mit „voll" oder „durch" übersetzt werden kann.

Arkadi und Katja erfreuen sich an der als unpassend und komisch empfundenen Situation, Christoph, einem deutschen schwulen Freund Lisas, russische Trivial-literatur anzubieten. Deutlich wird hier der kollektive Aspekt des Erzählens ko-mischer Situationen: Katja und Arkadi erkennen das komische Potential der Er-zählung und beteiligen sich an deren Konstruktion. Lisa verortet sich deutlich an der Seite ihrer deutschen Freunde und fungiert dabei als Übersetzerin und Ver-mittlerin zwischen unterschiedlichen sozialen und kulturellen Zusammenhängen. Von dieser Position aus äußert sie deutlichen Widerwillen gegen die Vereinnah-mung über eine gemeinsame Sprache oder Herkunft und zeigt in der Erzählung, wie diese für sie engen ethnischen Codes ins Leere laufen:

> Lisa: Naja genau und ich sage ihr: „Sie bemühen sich hier umsonst, die Jungs verstehen auf Russisch gar nichts." Und sie: „Ja aber Sie verstehen doch Russisch" Ich sage: „Ja" und „Lesen tun Sie auch?" Ich sage: „Ja". „Na dann müssen Sie mal schauen!" Und ich schaute und wie gesagt, da waren gar nicht viele Bücher, so ein, zwei Regale.
>
> Katja: Und du hast dich nicht vollgeheult?
>
> Lisa: (lacht) Ne ich bin da kurz entlang gelaufen und hab ihr gesagt: „Ach wissen Sie, aber solch einen Dreck lese ich nicht."
>
> (mehrere lachen)
>
> „Wie können Sie so etwas sagen!!" (mehrere lachen) [...] „Über Geschmack streitet man nicht und (.)" (ruhiger, langsamer) ich sagte nur, „Von mir aus, um Gottes Wil-len, von mir aus, Sie können gerne hier neben ihren kleinen Regalen stehen und ver-kaufen, was Sie wollen"
>
> (alle lachen)

Der komische Diskurs dient hier der Beschreibung und Ordnung der sozialen Welt, die Freund_innen kennen den von Lisa dargestellten „Typus" russisch-jüdischer Migrant_in aus ihrem Alltagsleben und goutieren ihre Charakterisierung mit La-chen. Nebenbei wird in der Erzählung das Bild der eigenen Person und der Grup-pe als gebildet und weltoffen produziert, das diese Passage beendet:

> Lisa: [...] Ach so und diese Regale die standen ungefähr so (zeigt) und dahinter fingen Bü-chertische an und ich eilte dann schnell zu den Tischen von diesem Tantchen weiter weg. Und dort fand ich dann einen Tisch mit Büchern von dieser, dieser Batya Gur, hm, diese Krimiautorin
>
> Katja: mhmm
>
> Lisa: aber nun schon deutsche Bücher, also von solchen israelischen Frauen. Und ich hab dann dieses Buch von ihr gefunden, na dieses „Mein Jerusalem" und wir waren ja zu dem Zeitpunkt gerade erst aus Israel zurück gekommen und ich begann zu blättern

[...] Und jene [die russische Verkäuferin] steht da so und schaut: „Ja ahha aber auf
Deutsch liest sie, ich nehm' an das ist auch so irgendein Dreck" (mehrere lachen)

Lisa führt ihre Abgrenzung von einer engen russisch-jüdischen Gruppenzugehö-
rigkeit weiter aus und wird dabei konversationell von den anderen unterstützt. Sie
zeigt, wie souverän sie sich zwischen russisch-sprechender, jüdischer, deutscher
und israelischer Welt bewegt. Auch in der räumlichen Beschreibung des Bewe-
gens zwischen den kleinen, überschaubaren Bücherregalen der russisch-jüdischen
Verkäuferin und den anderen Büchertischen entwirft Lisa ein Bild von Mobilität. Ihre deutliche Abgrenzung von zu enger, ethnisch bestimmter Zugehörigkeit
erklärt sich auch darüber, dass sie schon mehr als 20 Jahre in Deutschland lebt
und über ein heterogenes Netzwerk Russisch und Deutsch sprechender Freund_
innen verfügt. Sie scheint nicht angewiesen zu sein auf die alleinige Verortung
in einer der russischsprachigen Communities. Im Gegenteil, gerade die Mobilität zwischen verschiedenen Zugehörigkeiten scheint für Lisa zentraler Bestandteile ihres Selbstverständnissees zu sein.

Die komische Verortung in der Migration ist zugleich bestimmt von Auseinandersetzungen mit rassistischen, kränkenden Zuschreibungen. Wenn sonst in
allen Gesprächen peinlich genau auf die Beschreibung des biographischen Hintergrundes einer Person geachtet wird, verschwinden diese Differenzen angesichts
der Konfrontation mit russophoben Zuschreibungen. Diese Bilder werden meist
beiläufig spielerisch verhandelt und ins Groteske überführt. Die Begegnung mit
einem deutschen Polizisten beispielsweise, der Katja anhält, sie kontrolliert und
ihr einen Vortrag über richtiges Fahrradfahren in Deutschland hält, wird kollektiv in eine Parodie verwandelt:

Sofja: und ich sage ich bin aus Russland, und er sagt: „Ja wie denn"

(alle lachen)

      Also wie das?

Arkadi: und auch noch auf dem Fahrrad

(alle lachen)

Sofja: und er

Mitja: das können die dort?

Arkadi: warum nicht auf Skiern und mit nem Bären

(mehrere lachen)

Die Anwesenden überspitzen die Stereotypen über „Russen" und legen sie dem
deutschen Polizisten mit großer Freude in den Mund: Russen sind nicht nur wild

und unzivilisiert, sondern solchermaßen unterentwickelt, dass ihnen die Fähigkeit Fahrrad zu fahren humoristisch aberkannt werden muss.

Auch in ernsthaften Passagen, etwa der Beschreibung von Konflikten am Arbeitsplatz, werden Mittel der konversationellen Groteske genutzt. In dem kleinen
handwerklich-künstlerischen Unternehmen, in dem Lisa, Katja und Arkadi (pre-
kär beschäftigt) arbeiten, sind neben mehreren Russisch sprechenden Migrant_in-
nen [„wir haben da so ein russisches Kollektiv" (Arkadi)] auch einige Deutsche,
die dominant und lautstark in ihrer Anwesenheit russophobe und antisemitische
Bemerkungen von sich geben: Hier wechselt der ernste Modus immer wieder in
konversationelle Grotesken. Katja und Sofja beschreiben eine Kollegin, die einer
anderen in der Pause und ausführlich erzählt, dass doch alle Frauen aus Osteuropa mit ihren „*langen blonden Haaren*" nur als „Prostituierte" nach Deutschland kämen. Dabei trägt nicht nur die Beschreibung der Kollegin komische Züge
[„dann ist sie noch so aktivistisch, so ein Objekt ein menschliches, ein aktives"
(Sofja)], bedeutsam ist vielmehr die exaltierte Darbietung ihrer Aussagen durch
Katja und Sofja:

Katja: (mit verstellter Stimme, lauter, auf deutsch mit russischem Akzent, kölnschen Dialekt
         imitierend) *Nu[14] daas klaar laange blonde Haarre und Oosteurrropa das ist klar*
         [im Original deutsch*/unterstrichene Partien gleichzeitig gesprochen] (lacht)

Sofja: (auch mit verstellte Stimme, auch Kölsch) *Haare und Osteuropa (.) klar*

Katja: *klar warum sie da ist so* und [wieder russisch und ruhiger] das sagt sie so und zwar
         so laut dass es in der ganzen Werkstatt zu hören ist

Ausführlich machen Katja und Sofja ihre Kollegin nach, werden immer lauter
und absurder, wobei sie sich gegenseitig in der Darstellung überbieten. Zugleich
kontrastieren sie die Aussagen der deutschen Kollegin mit zwei Freundinnen, die
beide *blonde Haare* haben und auch aus *Osteuropa* kommen:

Katja: (alles sehr laut) alle sind sie Schlampen und unsere Männer bringen sie, also, dazu so
         weit, wir müssen (ganz laut) KÄMPFEN, solche muss man!

(alle lachen) [...]

Sofja: ja und diese so: „sie können nur dieses eine: sich prostituieren, mehr können sie nicht"
         und überhaupt (Änderung des Tonfalls, wieder ruhiger) diese sitzen so dabei, und die
         arme Marinka, die so man sieht wenn sie, wenn Marinka – die Arme – der Wut ver-
         fällt, sie sitzen so und werden wütend

Katja: und sie sagt so (betont, laut, fragend): „und wir was machen wir dann hier?

---

14   Ein Partikel aus dem Russischen, der so etwas in der Art wie „Na" bedeutet.

Sofja: sie sagt so (betont, fragend): und wir was machen wir dann hier? Ja (lacht) sie haben sich so geärgert

[...]

Katja: Wobei wir hören das alles natürlich nicht, weil wir lieber oben, lieber dort irgendwo und weil wir mit ihnen nicht verkehren

Sofja: Ich höre da nicht zu (Im Russischen: Ich höre mich da nicht hinein)

[...]

Katja: wie fuurchtbar gut, dass wir das alles nicht hören, weil wir uns letztlich schon lange gestritten hätten, weil es doch einfach unerträglich ist

Katja und Sofja markieren mehrfache Distanz, sie hören die Aussagen, hören sie zugleich auch nicht: „Ich höre mich da nicht hinein" beschreibt Sofja das Weghören als aktive Handlung. Statt direkter Auseinandersetzung nutzen sie die Mittel der Groteske zur Distanzierung von Rassismen. Gleichzeitig lässt die Intensität, die Lautstärke und der performative Aufwand, mit dem die Kollegin beschrieben wird, vermuten, wie verletzend diese Abwertungen und Diffamierungen sind. Der Geschichte folgen weitere über den ebenfalls in diesem Unternehmen arbeitenden Fahrer Herrn König. Katja beschreibt, wie er über „Ausländer" schimpft, die ihm das Geschäft kaputt machten und alle in Waggons aus Deutschland ausgefahren werden sollten.

Sofja: Ne aber vorher begann er zu brüllen, dass man sie irgendwie alle in Waggons setzen müsste und ausfahren müsse aus Deutschland

DK: Gleich in Waggons?

Arkadi: Ja

Katja: Ja (lacht)

Sofja: Ja und ich sage zu ihm, ich sage (ernst, betont) „Herr König hier gab es schon mal eine Nation die in Waggons gesetzt und ausgefahren wurde"

Arkadi: (lauter, betont) ja die Waggons fuhren schon

Katja: (laut, betont) in Waggons ausgefahren wurden

Sofja: und ich sage das nahm für Deutschland gar kein gutes Ende [...]

Statt Herr König den Antisemitismus seiner Aussage vorzuhalten, warnen sie ihn, er würde „etwas wiederholen" das alles „nur schlimmer" (Katja) machen würde. Die drei umgehen in ihrer Erzählung Formen der direkten Kritik, Katja lacht abwehrend, als ich in meiner Nachfrage die Brisanz von Herr Königs Aussage betone. Während der Erzählung selbst ist ein ernster, entrüsteter Ton im Vordergrund,

220   Darja Klingenberg

die rassistischen und antisemitischen Aussagen werden zwar nicht so benannt, aber in belehrendem Ton berichtigt. Sofja, Katja und Arkadi stellen sich hier in die Tradition der Roten Armee, deren Sieg über die Nazis rhetorische mit „das nahm kein gutes Ende für Deutschland" evoziert wird. Der sowjetische Diskurs um den Zweiten Weltkrieg, der vor allem den schwer erkämpften Sieg über den Faschismus betont und Antisemitismus, die Shoa und Verstrickungen der deutschen Bevölkerung in die massenhafte Vernichtung der Jüdinnen und Juden häufig unthematisiert lässt, wird hier fortgeführt und als Deutungshorizont genutzt. Daher sprechen die drei nicht von Antisemitismus, auch das eigene Jüdischsein wird nicht thematisiert. Vielmehr wird argumentiert, dass Herr König „dumm" sei, was insbesondere von Arkadi auf Herr Königs Klassenposition zurückgeführt wird, der die Erzählung dadurch ins Komische kippen lässt:

> Arkadi: Wir sitzen dabei und was soll man da sagen, so ein super Analytiker, so einfach ein europäischer Intelligenzler Herr König, der sein ganzes Leben am Steuer saß, worüber soll man mit ihm diskutieren, […] Wenn das irgendein Doktor Goebbels gewesen wäre, da hätte man sich anstrengen können, aber hier irgendwie Herr König, der irgendwie sein ganzes Leben diese eine Bewegung gemacht hat (macht die Bewegung des Autofahrens nach) und er

> (mehrere lachen) […]

> Sofja: so und dort, irgendwie dieser ganze proletarische Teil beginnt irgendwie immer stärker auf uns einzudrücken

> Arkadi: ja, ja, ja genau sie beginnen uns einzuengen

> Sofja: Es ist schrecklich, wir sind jetzt alleine geblieben, weil Ustinova haben sie langsam rausgedrängt.

Obwohl hier eine Auseinandersetzung über rassistische und antisemitische Aussagen geschildert wird, werden sie als „dumme" Positionen bezeichnet und in einer aus dem sowjetischen Sprachgebrauch stammenden Terminologie von Klassenkonflikten erklärt. Dies ermöglicht es, aus der für sie prestigeträchtigeren Position der „Künstler_in" zu erzählen und nicht aus der schwächeren der „Migrant_in". Um dem Statusverlust in der Migration entgegenzuwirken, mobilisieren die drei biographische Ressourcen, die es ihnen ermöglichen, sich auch im Rahmen ihrer prekären Lohnarbeit als „künstlerisch Tätige" zu sehen. Im Rahmen des ernsten Problemgesprächs werden konversationelle Grotesken genutzt, um sich innerhalb der Gruppe über die Erfahrungen zu verständigen und Kränkungen zu verarbeiten und abzuwehren, ohne sich dabei als Opfer zu positionieren. Der komische Diskurs wird aber auch zur Überwindung von Abwertungserfahrungen und beschränkten Handlungsmöglichkeiten verwendet. Besonders Arkadi, der seiner Frau Sofja in die Migration folgte und im Gegensatz zu ihr beruflich und sprachlich Schwierigkeiten hat, nutzt den komischen Diskurs zur Aufwertung seiner Position. Arkadis mangelnde Deutschkenntnisse werden meist von ihm selbst ironisch bis übertrieben thematisiert. Zugleich versucht er in Anekdoten den Status des „Am-schlechtesten-Deutsch-Sprechenden" aufzuwerten und entwirft dabei Bilder von Sprachlosigkeit in der Migration, die letztlich ein tieferes, besseres Verständnis der Mehrheitsgesellschaft ermöglichen:

> Arkadi: Ja ne die *Penner* [im Original deutsch] hier sind große Klasse, so oft ich ihnen hier begegnet bin [...] es ist eine wahnsinnige Hitze, [...] ich schwitze überall, es geht mir richtig elendig, ich habe zwei riesengroße Tüten mit Einkäufen dabei [...] und alles taut und ich hab keine Kopeke Geld irgendwie und bei mir ist alles so und äh also dann so schließe ich das Fahrrad ab [....] ich fahre so los und das Schloss gerät in die Schaltung, mir fliegt diese Kette runter, das Rad verhakt sich und es ist „Blin"[15] alles einfach wie in der Hölle und ich denke ich muss nur irgendwie nach Hause kommen. [...] plötzlich kommt einer der Penner, die dort immer sitzen zu mit angerannt und beginnt so munter
>
> Sofja: wir haben da so einen Treffpunkt von denen
>
> Arkadi: und die Deutschen sind ja so *Velozepidisten* (Fahrradmenschen)[16] sie sind *Velozepidisten* von Kindheit an und so fängt er munter an mein Fahrrad zu reparieren, wobei seine Hände so cool[17] ... und so ... und so

Der deutsche Obdachlose erscheint in der Geschichte wie ein rettender Engel, der die Situation, die wie in der „Hölle" ist, auflöst und das Fahrrad, wie es kurz darauf heißt, „ohne Werkzeug" (Sofja) repariert. Sofja beschreibt sogar: „er schraubt das einfach alles mit den Händen auf". Die Anekdote funktioniert vor allem über Arkadis witzige, aber aufrichtige Bewunderung für die Handfertigkeit des Obdachlosen:

> Arkadi: Naja so ein auf deutsche Art gesunder, kräftiger, so ein Meter neunzig Kerl, na so ein lebendiger Typ halt, der das alles, so auf eine muntere und intensive Art so und so macht und mir dann so freudig das Fahrrad übergibt, so *Blin* schau es fährt, hier es fährt also fahr los!"
>
> (mehrere lachen)

Arkadi fährt nach Hause und besorgt als Dank ein paar Biere und eine Flasche Korn und kommt damit zu den Obdachlosen zurück, um sich zu bedanken. Dieser versteht Arkadi nicht so fort:

---

15   Mildes, häufig im Alltag verwendetes Schimpfwort Блин/Blin/Pfannkuchen ersetzt das richtige *Mat*-Schimpfwort Bljad/Schlampe.
16   Im Russischen heißt Fahrrad Veloziped, Fahrradfahrer Velozepidist.
17   „Kruta" („steil"), ist ein umgangssprachliches Wort für cool.

Arkadi: [...] ich sag da noch so irgendwas „Blae brm brm bla brmb" auf meiner Sprache da

(alle lachen)

   So in der Art: „hier das ist eine Flasche *Korn* da, sag ich ihm

(mehrere lachen)

      Und er antwortet irgendetwas in der Art so wie (überrascht, Stimme leicht erhöht)
      "hmm schöönes Diing" so

(mehrere lachen)

      Und ich sage „Hiierr nimm" (lacht) ja und so kurz gesagt äh

(mehrere lachen)

         Ja uns ist da so ein typisch russischer Austausch von Dienstleistungen gelungen, wie
         auf dem Dorf so, du hackst das Holz, dann bekommst du eine Flasche Wodka und ich
         hab das hier auf den deutschen Boden übertragen!

(alle lachen)

Arkadis Geschichte spielt mit den Grenzen von Stereotypen. Die Personen in der
Erzählung verhalten sich den Klischeevorstellungen geradezu entgegengesetzt.
„Der russische Mann" liegt nicht wodkatrunken in der Ecke, sondern fährt auf
dem Fahrrad für die Familie einkaufen, der deutsche Obdachlose ist weder be-
trunken noch unhöflich, sondern geschickter Retter in der Not, auch das sprachliche Unverständnis wird am Ende überwunden. Arkadi betont seine Interpretation, ihnen sei „da so ein typisch russischer Austausch von Dienstleistungen"
gelungen, den er „auf den deutschen Boden übertragen" habe. Der Charme der
Geschichte besteht in der Umkehr von Ressentiments und einer komischen Form
von Solidarisierung auf dem „untersten" gesellschaftlichen Niveau zwischen dem
„Penner" und dem sprachlosen „Migranten". Arkadi demonstriert in dieser Geschichte zugleich, dass auch ohne vollendete Sprachfähigkeiten im Deutschen
vielschichtige Handlungs- und Gestaltungsmöglichkeiten denkbar sind und wer-
tet seine eigene Position dadurch auf. Bei aller in komischen Artikulationen üb-
licher Übertreibung zeigt die Geschichte, dass im komischen Diskurs das Bild
einer selbstbewussten Migrant_in geschaffen wird, die sich nicht unvollständig
oder beschädigt fühlt, sondern mit den aus dem Herkunftsland mitgebrachten
Deutungsmustern, Kenntnissen und Werten selbstsicher umgeht und sie in das
sie umgebende Land einbringt und Spuren hinterlässt.

Wer zuletzt lacht

Die für diesen Beitrag ausgewählten Beispiele demonstrierten verschiedene Möglichkeiten komischer Positionierungen: Anekdoten, konversationelle Parodien und witzige Bemerkungen konstruieren, beschreiben und analysieren eine gemeinsame Lebenswelt. Die Anekdoten werden dabei auch genutzt (das kann hier nur angedeutet werden), um divergierende oder konflikthafte Wertvorstellungen und Positionen auszuhandeln. Der komische Diskurs ermöglicht die Artikulation, Kommentierung und Gestaltung von mit Migrationsprozessen einhergehenden Veränderungen der eigenen Deutungsmuster, sozialer Beziehungen und Selbstverständnisse. Konversationelle Grotesken werden genutzt, um rassistische Erfahrungen zu artikulieren, ohne sich dabei in eine Opferposition zu versetzten. In rassistischen Bemerkungen artikulierte Weltbilder wurden wortwörtlich ad absurdum geführt. Unangenehme oder beängstigende Erfahrungen, Unsicherheiten, Herabsetzungen oder kränkende Zuschreibungen werden relativiert und spielerisch umgekehrt. Fremdzuschreibungen, Rassismus oder andere Formen der Herabsetzung lassen sich scherzhaft artikulieren, wobei Distanz hergestellt und Verletzungspotential neutralisiert wird. Das Erzählen von kleinen komischen Episoden nutzen Lisa und Arkadi für die Bestimmung und Artikulation der eigenen Position in der Migration. Besonders Arkadi nutzt die komische Gestaltung und Umwertung von eigenen oder fremden Erlebnissen zum Entwurf gegenhegemonialer Selbstbilder.

So bietet die Rekonstruktion der Bedeutung humoristischer Formen in Alltagsgesprächen – so denn vorhanden, und es ist eine ebenso wichtige Frage, was im Komischen *nicht* verhandelt werden kann – eine fruchtbare Perspektive für kritische Migrationsforschung. Sie ermöglicht einen Zugang zu latenten, schwer artikulierbaren und widersprüchlichen Perspektiven von Migrant_innen und fordert ein, diese ernst zu nehmen. Das Komische als humoristisch geschaffener Umgang mit Realität überschreitet die „ernste Wirklichkeit" der als nur schwer veränderbar wahrgenommen gesellschaftlichen Verhältnisse, ist dabei aber weder phantastisch noch utopisch. Humor ist vielmehr eine spezifische Form, der Wirklichkeit zu begegnen, sie sprachlich abzutasten, neu anzuordnen und zu bewerten, ohne sie dabei direkt zu verändern. So gesehen ist die humoristische Haltung zur Welt auch ein Zeichen der Schwierigkeit, diese zu verändern und im eigenen Sinn zu gestalten. Oder optimistischer formuliert: Sie ist eine wichtige Ressource in Grenz- und Übergangssituationen, die es ermöglicht, nur schwer bewältigbar oder veränderbar erscheinende Erfahrungen zu profanieren, und dadurch die Beziehung zumindest ersteinmal verbal zu verändern.

Literatur

Bachtin, Michail M. (1995). Rabelais und seine Welt. Volkskultur als Gegenkultur, Frankfurt am Main.

Becker, Franziska (2001). Ankommen in Deutschland. Einwanderungspolitik als biografische Erfahrung im Migrationsprozess russischer Juden, Berlin.

Berger, Peter L. (1998). Erlösendes Lachen. Das Komische in der menschlichen Erfahrung, Berlin.

Bremmer, Jan/*Roodenburg*, Hermann/*Brodersen*, Kai (Hg.) (1999). Kulturgeschichte des Humors. Von der Antike bis heute, Darmstadt.

Castro Varela, María do Mar (2007). Unzeitgemäße Utopien. Migrantinnen zwischen Selbsterfindung und gelehrter Hoffnung, Bielefeld.

Cohen, Yinon/*Kogan*, Irena (2007). Next Year in Jerusalem … or in Cologne? Labour Market Integration of Jewish Immigrants from the Former Soviet Union in Israel and Germany in the 1990s, European Sociological Review, Vol. 23(2), 155–168.

Coser, Rose Laub (1960). Laughter among Colleagues. A Study of the Social Functions of Humour among the Staff of a Mental Hospital, in: Human Relations Vol. 12, 171–182.

Critchley, Simon (2004). On Humor, Wien.

Davies, Christie (1990). Ethnic Humor around the world. A comparative analysis, Bloomington.

Dunphy, Raymond Graeme/*Emig*, Rainer (2010). Hybrid humour. Comedy in transcultural perspectives, Amsterdam.

Freud, Sigmund (1905/1994): Der Witz und seine Beziehung zum Unbewussten, in: *Uexküll*, Thure von/*Grubrich-Simitis*, Ilse (Hg.): Sigmund Freud Studienausgabe, Frankfurt am Main, Vol. 4, 9–220.

Goldstein, Donna Meryl (2003). Laughter out of place. Race, class, violence and sexuality in a Rio shantytown, Berkeley.

Göktürk, Deniz (2004). Strangers in Disguise: Role-Play beyond Identity Politics in Anarchic Film Comedy, in: New German Critique, Vol. 92, 100–122.

Graham, Seth Benedict (2003). A cultural analysis of the Russo-Soviet Anekdot, Pittsburgh.

Gruber, Sabine (1999). Osteuropäische Ingeneure und Naturwissenschaftler im Spannungsfeld beruflicher Integration. Eine vergleichende Analyse des Hochschuldidaktischen Zentrums Dortmund, in: *Schoeps*, Julius Hans/*Jasper*, Willi/*Vogt*, Bernhard (Hg.): Ein neues Judentum in Deutschland? Fremd- und Eigenbilder russisch-jüdischer Einwanderer, Potsdam, 265–312.

Hausbacher, Eva (2009). Poetik der Migration. Transnationale Schreibweisen in der zeitgenössischen russischen Literatur, Tübingen.

Hegener, Victoria (2008). Gelebte Selbstbilder. Gemeinden russisch-jüdischer Migranten in Chicago und Berlin, Frankfurt am Main.

Kotthoff, Helga (1998). Spaß verstehen. Zur Pragmatik von konversationellem Humor, Tübingen.

Kotthoff, Helga (Hg.) (1996). Scherzkommunikation. Beiträge aus der empirischen Gesprächsforschung, Opladen.

Körber, Karen (2005). Russen, Juden, Emigranten. Identitätskonflikte jüdischer Einwanderer in einer ostdeutschen Stadt, Frankfurt am Main.

Lewis, Ben (2008). Hammer and Tickle. A history of communism told trough communist jokes, London.

Liebau, Elisabeth (2010). Arbeitsmarktintegration von hochqualifizierten Zuwanderern: Erklärung des spezifischen Integrationsmusters in den deutschen Arbeitsmarkt von Aussiedlern und jüdischen Kontingentflüchtlingen aus der ehemaligen Sowjetunion, Mannheim. Internet: http://madoc.bib.uni-Mannheim.de/madoc/volltexte/2011/3130/ (Recherchedatum 15.09.2011)

Luthe, Hans Otto (1992). Komik als Passage, München.

Lynch, Owen H (2002). Humorous communication. Finding a place for humour in communication research, in: Communication theory, Vol. 12(4), 423–445.

Morreall, John/*Mankoff*, Robert (2009). Comic relief. A comprehensive philosophy of humor, Chichester, U.K, Malden, MA.

Mulkay, Michael (1988). On Humor. Its nature and its place in society, Oxford.

Powell, Chris/*Paton*, George (Hg.) (1988). Humour in society: resistance and control. Basingstoke.

Remennick, Larissa (2007). Russian Jews on Three Continents: Identity, Integration, and Conflict. New Brunswick.

Thurston, Robert (1991). Social Dimensions of Stalinist Rule: Humor and Terror in the USSR, 1935–1941, in: Journal of Social History, Vol. 25, 541–562.

Yurchak, Alexei (1997). The Cynical Reason of Late Socialism: Power, Pretence and the Anekdot, in: Public Culture Vol. 9, 161–188.

Zijderveld, Anton (1976). Humor und Gesellschaft. Eine Soziologie des Humors und des Lachens, Graz, Wien, Köln.

Die Positionierungen deutsch-türkischer Jugendlicher zwischen ethnisierenden Zuschreibungen und Alltagserfahrungen. Eine Kritik am dominanten Diskurs über Zugehörigkeit

Moritz Merten

Einleitung

Ende der 1990er Jahre wurde auch von politischer Seite eingestanden, dass Deutschland ein Einwanderungsland ist. Damit ging die Erkenntnis einher, dass viele der in Deutschland lebenden MigrantInnen – darunter vor allem die ArbeitsmigrantInnen der 1960er und 70er Jahren und ihre Nachfahren – nicht wieder in ihre Herkunftsländer zurückkehren würden. Seitdem wird rege öffentlich darüber debattiert, wie gut die EinwanderInnen bereits in die deutsche Gesellschaft integriert seien und wie ihre Integration zu verbessern sei (vgl. Beck-Gernsheim 2006: 33; Castro Varela 2007: 62ff.). Was unter Integration verstanden wird, bleibt dabei meist unklar. Je nach Standpunkt kann dies von einer Nivellierung sozialstruktureller Unterschiede bis zu einer vollkommenen kulturellen Assimilation reichen.

Bei der Debatte um Integration stehen vor allem türkische MigrantInnen[1] im Mittelpunkt. Sie sind zum einen die mit Abstand größte Gruppe von MigrantInnen, die zum Teil schon seit über 40 Jahren und in der zweiten oder dritten Generation in Deutschland lebt. Zum anderen wird angenommen, dass sie eine große kulturelle Differenz zur deutschen Mehrheitsgesellschaft aufweisen (vgl. Çağlar/Soysal 2003: 5). Dabei wird vor allem auf ihre Herkunft aus ländlichen Gebieten in der Türkei verwiesen, wo Traditionen und der Islam das Leben bestimmen (vgl. Beck-Gernsheim 2007: 19ff.).

Die Debatte um kulturelle Differenz und Integrierbarkeit türkischer MigrantInnen muss als öffentlicher, über die Medien vermittelter dominanter Diskurs im Sinne der foucaultschen Diskurstheorie verstanden werden. Das heißt, dass durch die Aussagen von PolitikerInnen, WissenschaftlerInnen und Journa-

---

[1] Auch wenn sich die Gruppe der arabischen MigrantInnen in Bezug auf Größe, Migrationsgründe und -geschichte deutlich von türkischen MigrantInnen unterscheidet, wird in der Debatte häufig nicht differenziert, weil beide Gruppen als islamisch und damit als ähnlich betrachtet werden. Da ich ausschließlich deutsch-türkisch Jugendliche interviewt habe, wird im Folgenden der Fokus auf ihrer Situation liegen.

listInnen festgelegt wird, wie über dieses Thema gesprochen wird und was als „wahr" gilt (vgl. Hall 2008: 150; Jäger 2009: 128f.). Durch wiederholte Bezugnahme auf die kulturelle Differenz werden türkische MigrantInnen und ihre in Deutschland geborenen und aufgewachsenen Kinder und Enkelkinder als „Andere" konstruiert. Mithilfe dieser Ethnisierung wird die Gruppe der türkischen MigrantInnen als homogen und grundsätzlich verschieden von den „Deutschen" dargestellt. Auch die in Deutschland geborene und aufgewachsene zweite und dritte Generation wird meist als „TürkInnen" positioniert oder „angerufen", wie Althusser (1977) es bezeichnet (vgl. auch Çelik 2006).[2] So beeinflusst der Diskurs die öffentliche Wahrnehmung und konstruiert damit gesellschaftliche Realität. Als „DeutscheR" gilt, wer die deutsche Sprache spricht, die deutsche Kultur lebt – was auch immer das sein mag – und dessen Eltern aus Deutschland stammen (vgl. Çaglar 2001: 603). Neben diesem hegemonialen Diskurs gibt es auch alternative Diskurse, welche die Themen Zugehörigkeit und kulturelle Differenz anders konstruieren, ihr Einfluss auf die öffentliche Wahrnehmung ist aber weitaus geringer (vgl. Hall 2008a: 152; Yıldız 2006: 40).

Die „andere" Kultur der türkischen MigrantInnen wird in den Aussagen im dominanten Diskurs oft mit patriarchalen Familienstrukturen, Religiosität und Aggressivität in Verbindung gebracht (vgl. Farrokhzad 2006: 72ff.). Diese negativen Zuschreibungen sind Grundlage für Diskriminierung und Rassismus, welche türkische MigrantInnen alltäglich z. B. bei der Wohnungs- oder Arbeitsplatzsuche, aber auch auf der Straße erleben (vgl. Broden/Mecheril 2010: 12ff.).[3] Dies verdeutlicht, wie Diskurse soziale Realität konstruieren.

In Verbindung mit dem Diskurs über die Fremdheit der türkischen MigrantInnen existiert auch das verbreitete Bild von ihrer selbstgewählten Abschottung. Dem Ghetto- oder Parallelgesellschaftsdiskurs zufolge haben sie wenig Kontakt zu „Deutschen" und bewahren Sprache und Kultur ihres Herkunftslandes ohne Interesse an Integration in die deutsche Gesellschaft. Diese „Parallelgesellschaften" manifestierten sich in Stadtteilen mit hohem MigrantInnenanteil, es wird in diesem Zusammenhang sogar von Ghettos gesprochen. Dadurch drücke sich die kulturelle Distanz zur deutschen Mehrheitsgesellschaft auch in einer räumlichen Segregation aus (vgl. Çağlar 2001: 603ff.; Nikodem et al. 2007: 95ff.; Yıldız 2006: 41ff.).

---

2   Die hier verwendeten Begriffe „türkische MigrantInnen", „deutsch-türkische Jugendliche" und „zweite und dritte Generation" sind selbst ethnisierende Bezeichnungen. Es lässt sich jedoch nicht vermeiden sie zu verwenden, um eben diese bestimmte Gruppe von Menschen zu bezeichnen, die vom dominanten Diskurs als eine Gruppe zusammengefasst und ethnisiert wird.

3   Für Studien zur Diskriminierung auf dem Arbeits- und Wohnungsmarkt vgl. Bosch et al. 2008; OECD 2007; Peucker 2009.

In der Diskussion über solche sogenannten „Problemviertel" werden MigrantInnen, Arbeitslosigkeit, Kriminalität und Gewalt – vor allem von Jugendlichen – durch eine gemeinsame Nennung diskursiv miteinander verknüpft. Das Bild von den traditionalistischen und islamistischen MigrantInnen wird somit noch erweitert durch Zuschreibungen von Bereitschaft zu Gewalt und Kriminalität. Dies betrifft vor allem deutsch-türkische Jugendliche (vgl. Farrokhzad 2006: 64; Rauer 2004). Durch diese Kulturalisierung erscheint gewalttätiges und kriminelles Handeln in ihrem „Türkisch"-Sein begründet, Kultur wird als die Ursache für das Verhalten der Jugendlichen dargestellt.

Zum Teil wird das angeblich deviante Verhalten Jugendlicher der zweiten und dritten Generation auch mit ihrer vermeintlichen Position „zwischen den Kulturen" begründet. Im Diskurs wird ihre Situation häufig als Konflikt zwischen der angeblichen Parallelgesellschaft der türkischen MigrantInnen und der deutschen Mehrheitsgesellschaft beschrieben. Die in Deutschland geborenen Kinder türkischer Eltern seien „gefangen im Kulturkonflikt" und „zwischen den Kulturen zerrieben" (Beck-Gernsheim 2007: 92; vgl. auch Riegel/Geisen 2007: 8f.; Geisen 2007: 30). Das Aufwachsen mit mehreren Kulturen wird als defizitär beschrieben. Das Handeln der deutsch-türkischen Jugendlichen wird einerseits vor dem Hintergrund der „türkischen" Kultur ihrer Eltern beschrieben, zugleich seien sie aber mit der „deutschen" Kultur konfrontiert. Diese Theorie vom Kulturkonflikt führt Çağlar darauf zurück, dass im Alltagsverständnis der deutschen Gesellschaft ein essentialistisches Kulturverständnis vorherrsche. Kulturen werden meist als konstante, holistische Systeme begriffen, in denen Individuen nur einem dieser Systeme angehören können und ihre Lebensweisen und Handlungen in Bezug auf diese geschlossenen Systeme zu verstehen sind. Diese Systeme seien klar voneinander abgrenzbar und ließen daher „keinen Platz für Mischformen" (Çağlar 1990: 95f.; vgl. auch Ha 2004: 65f.; Geisen 2007: 30).

Deutsch-türkische Jugendliche stehen also im Fokus einer öffentlichen, über die Medien vermittelten Auseinandersetzung über Integration und benachteiligte Stadtviertel (vgl. Riegel/Geisen 2007: 15). In beiden Diskursen wird ihnen eine eher negative Rolle zugeschrieben und ihre Differenz zur „deutschen" Gesellschaft betont. Dieses Bild spiegelte sich auch lange in der deutschen Migrationsforschung wider. Weil die Forschung sich an der Politik und den von ihr definierten Problemen und Konflikten orientierte, lag ihr Fokus meist auf Defiziten und Differenz (vgl. Geisen 2007: 29ff.; Bukow/Heimel 2003: 15ff.). Seit Ende der 90er Jahre lässt sich jedoch ein Wandel feststellen. Das Aufgreifen poststrukturalistischer und postkolonialer Theorieansätze hat zu einem „konstruktivistischen Trend"

(Bukow/Heimel 2003: 26) geführt, der sich auch darin zeigt, dass vermehrt qualitative anstatt der bisher dominanten quantitativen Methoden verwendet werden. Mittlerweile gibt es eine größere Anzahl an Studien, die sich kritisch mit essentialisierenden bzw. ethnisierenden Zuschreibungen auseinandersetzt.[4] Denn gerade in der zweiten (und auch die dritten) Generation gibt es viele Jugendliche und junge Erwachsene, die kreativ mit ethnisierenden Zuschreibungen umgehen, sie reagieren auf die Fremdpositionierungen und positionieren sich in Aushandlungsprozessen selbst (vgl. Riegel/Geisen 2007: 8; Badawia et al. 2003: 8f.; Geisen 2007: 35f.). Um diese Handlungsfähigkeit in den Blick zu bekommen, ist es unerlässlich mit qualitativen Methoden nach den subjektiven Sichtweisen der Jugendlichen zu fragen, was jedoch sowohl im öffentlichen bzw. medialen als auch teilweise im wissenschaftlichen Diskurs nach wie vor zu kurz kommt (vgl. Bukow/Heimel 2003: 36ff.).

Auch in meiner Magisterforschung habe ich auf qualitative Methoden zurückgegriffen und 2008 zehn deutsch-türkische Jugendliche aus Berlin-Neukölln, die zu diesem Zeitpunkt zwischen 17 und 24 Jahre alt waren, interviewt. Ziel war es, zu erkunden, welchen Einfluss ethnisierende Diskurse einerseits und Alltagserfahrungen andererseits auf die Selbstpositionierung der Jugendlichen haben. Die Ergebnisse möchte ich im Folgenden kurz darstellen, um anschließend zu erörtern, was sich daraus für eine kritische Migrationsforschung schließen lässt.

Zwischen dominantem Diskurs und Alltagserfahrungen

In den Interviews zeigt sich, dass die Jugendlichen den medialen Diskurs über Deutsch-TürkInnen als massiv stigmatisierend wahrnehmen, weil überwiegend negativ berichtet wird.[5] Auch gehen sie davon aus, dass die deutsche Mehrheitsgesellschaft insgesamt ein überwiegend negatives Bild von dieser Gruppe hat. Zusätzlich haben die Jugendlichen im Alltag Erfahrungen mit Beleidigungen und Benachteiligungen aufgrund der ihnen zugeschriebenen Positionierung als „TürkInnen" gemacht, wenn auch in unterschiedlichem Maße. Entsprechend fühlen sie sich seitens der deutschen Mehrheitsgesellschaft als „Nicht-Deutsche", „Andere" und „TürkInnen" fremdpositioniert. Verbunden mit dieser Fremdpositionierung registrieren sie auch eine Zuschreibung von überwiegend negativen Eigenschaften und Verhaltensweisen, wie z. B. Gewaltbereitschaft oder Integrationsunwil-

---

4   Vgl. Çelik 2006; Dannenbeck 2002; Badawia 2002; für einen Überblick und eine theoretische Diskussion vgl. Bukow/Heimel 2003 und Geisen 2007.

5   Was mehrere Medienstudien auch belegen, wie z. B. Butterwegge/Hentges 2006, Hafez/Richter 2007, Pichler/Schmidtke 2004 oder Rauer 2004.

ligkeit. Die ethnisierenden und kulturalisierenden Diskurse lassen sich also nicht nur diskursanalytisch feststellen, sondern spiegeln sich auch in der Wahrnehmung der ethnisierten Jugendlichen der zweiten Generation. Sie empfinden diese Verweigerung von Anerkennung und Zugehörigkeit als verletzend und frustrierend. Obwohl sie in Deutschland geboren und aufgewachsen sind, werden sie als „Andere" positioniert und fühlen sich ungleich behandelt (vgl. Ha 2004: 62; Schiffauer 2002: 21).

Auch wenn die Jugendlichen die Fremdpositionierungen und Zuschreibungen der Medien kritisieren, reproduzieren sie diese zugleich manchmal auch, wenn sie von ihrem Alltag in Neukölln und ihren Familien erzählen. Das ist nicht verwunderlich, da sie – ebenso wie alle anderen Menschen in der Gesellschaft – in den dominanten Diskurs verstrickt sind (vgl. Jäger 2009: 148). Andere Aussagen zeigen jedoch auch, dass für sie im Alltag die Grenzen zwischen „deutsch" und „türkisch" meist nicht so eindeutig sind. So relativieren sie die Homogenität innerhalb der Gruppe der „TürkInnen" und die Differenz gegenüber den „Deutschen", sie zeigen Möglichkeiten der Grenzüberschreitung bzw. -verwischung zwischen „deutsch" und „türkisch" auf und stellen die klare Abgrenzung der beiden Gruppen in Frage. Von sich aus kommen die Jugendlichen auch immer wieder auf die schwierigen familiären und sozioökonomischen Umstände zu sprechen, unter denen sie aufgewachsen sind. Sie bieten soziale Erklärungen für stereotype „türkische" Eigenschaften und Verhaltensweisen und wehren sich somit gegen eine Ethnisierung. Damit zeigen sie auf, dass sich ihr Leben nicht nur vor einer ethnischen oder kulturellen Folie erzählen lässt.

Erzählungen über das Alltägliche lassen sich nach Yıldız als Alltagsdiskurs fassen, der für ihn das „Alltägliche und Pragmatische im Gegensatz zum Normativen und Festgesetzen" (Yıldız 2006: 41) darstellt. Gespeist aus den Erfahrungen des täglichen Lebens wird im Alltagsdiskurs zum Teil entdramatisiert, was im dominanten Diskurs als Problem oder Konflikt erscheint, normative Grenzen werden relativiert. Eine einfache Gegenüberstellung von dominantem, öffentlichem Diskurs und Alltagsdiskurs wäre jedoch verkürzt. Während die Alltagspraxen zwar im dominanten Diskurs häufig marginalisiert werden, hat dieser umgekehrt Einfluss auf den Alltagsdiskurs. Farrokhzad stellt dazu fest, dass Symbole und Argumentationsmuster, vor allem vermittelt über die Medien, aus dem dominanten Diskurs in den Alltagsdiskurs wandern. Das führt sogar so weit, dass die Argumentationen von PolitikerInnen und Medien zum Teil wortwörtlich wiederholt werden (vgl. Farrokhzad 2006: 59). So ist es möglich, dass der Alltagsdiskurs dem „hegemonialen Diskursen teilweise oder auch ganz entsprechen oder widersprechen kann" (Jäger 2009: 151).

Vor dem Hintergrund dieses Spannungsfeldes zwischen dominantem Diskurs und Alltagsdiskurs sind nun die kreativen Prozesse der Selbstpositionierung der Jugendlichen zu sehen. Positionierungsprozesse sind immer im Zusammenhang mit den „Anrufungen" (Althusser 1977) durch Diskurse zu sehen. Indem Individuen durch Diskurse angerufen werden, wird ihnen eine bestimmte Position zugeschrieben, z. B. als „Türke", „Frau" oder „Akademiker". Erst durch diese Anrufungen aus dem Diskurs werden Individuen subjektiviert, denn sprechen und handeln können Individuen in der diskursiv strukturierten Welt nur, indem sie sich positionieren, erst das macht sie zu Subjekten (vgl. Broden/Mecheril 2010: 8ff.). Dabei ist zwischen Fremd- und Selbstpositionierung zu unterscheiden, denn – wie Stuart Hall betont – die Subjektivierung erfordert, dass die Subjektposition auch von den Individuen selbst „ergriffen" wird. Hall bezeichnet dies als „Identifikation" (Hall 2008d: 173). Er bevorzugt diesen Begriff gegenüber „Identität", denn letzterer suggeriere eine Abgeschlossenheit und Statik, die gerade in unserer heutigen Zeit nicht mehr gegeben sei. In einer durch Globalisierung und Migration geprägten Welt sehen sich Individuen mit Anrufungen aus verschiedenen „kulturellen Systemen" konfrontiert, damit sei auch die Verhandlung der eigenen Subjektposition ein fortdauernder Prozess (vgl. Hall 2008a: 182ff.).

Die Anrufungen durch den dominanten Diskurs einerseits und Erfahrungen im Alltagsdiskurs andererseits stellen den Jugendlichen ein „diskursives Angebot" (Çelik 2006: 40) zur Verfügung, über dessen Aneignung sie sich positionieren. Selbstverständlich ist dieses Angebot begrenzt. Es gibt keine beliebige Vielfalt an Positionierungen, sondern nur solche, die von den Sagbarkeitsfeldern der Diskurse zugelassen werden. Außerdem sind nicht alle Positionierungen jedem Individuum verfügbar, denn die Kriterien für ihren Zugang sind diskursiv festgelegt.

Dominante Diskurse sind umkämpft und bleiben dadurch widersprüchlich und inkohärent. Daneben gibt es alternative Diskurse, die eine andere Art über ein Thema zu sprechen, ein anderes Wissen über ein Thema zur Verfügung stellen. So entstehen Brüche und „Zwischenräume" (Castro Varela 2007: 69), die eine Positionierung, die nicht vollständig vom dominanten Diskurs determiniert ist, erlauben (vgl. Broden/Mecheril 2010: 8ff.; Castro Varela 2007: 69f.).

Diskursive Selbstpositionierungen

Keiner der von mir interviewten Jugendlichen hat sich eindeutig als „DeutscheR" positioniert. Zwar besitzen alle die deutsche Staatsbürgerschaft oder streben sie an; sie sind in Deutschland aufgewachsen und fühlen sich in Berlin zu Hause, trotzdem positionieren sie sich nicht als „deutsch". Die Ursache hierfür ist offensichtlich, dass im dominanten Diskurs „deutsch"-Sein nicht primär über den Geburtsort, den Lebensmittelpunkt oder gar die Staatsbürgerschaft definiert wird. Als „DeutscheR" gilt, wessen Eltern „deutsch" sind, wem nachgesagt wird, er lebe die „deutsche" Kultur und wer „deutsch" aussieht (vgl. Çelik 2006: 64ff.). Diese diskursive Ausgrenzung wird von den Jugendlichen wahrgenommen, entsprechend fühlen sie sich von dieser Position ausgeschlossen und sind begrenzt in ihrer Möglichkeit, sich als „deutsch" zu positionieren. Exemplarisch dafür ist Cemres Aussage, der betont als „Ausländer" gesehen zu werden, ganz unabhängig davon, wie er sich selbst fühle:

> Also ich sag mal jetzt ehrlich so, wenn hier jetzt so ‚ne Auseinandersetzung wär, Ausländer und Deutsche und so... Da gehör ich auch zu den Ausländern, egal wie deutsch ich mich fühle, weißt du. Da werde ich auch gleich in die Seite gedrängt und bin ich auch einer von denen. (Cemre, 24 Jahre)

Die andere Positionierung, die sich den Jugendlichen theoretisch anbietet, ist die des „Türken"/der „Türkin". Diese Position wird ihnen meist vom dominanten Diskurs mit Verweis auf die Herkunft ihrer Eltern und die angebliche „Kultur" ihrer Familien zugeschrieben. Teilweise positionieren sich die Jugendlichen in den Interviews auch als „TürkInnen" und greifen dabei eben auf jene Argumentationsmuster zurück. Bei Erkan geschieht dies offensichtlich als Reaktion auf Ausgrenzungserfahrungen. Er identifiziert sich bewusst als „Türke", weil ihm die deutsche Staatsbürgerschaft und damit die rechtliche Anerkennung als „Deutscher" verweigert wird. Dadurch wird er nicht nur diskursiv, sondern auch rechtlich von der Positionierung als „deutsch" ausgeschlossen.

> Und ich sag's so: Mein Leben ist hier. Aber ich bin trotzdem so, wenn man mich fragt, also ich bin nur stolz drauf, Türke zu sein. Ich bin stolz drauf und andererseits auch automatisch so, weil ich wollte den deutschen Pass halt beantragen und es wurde abgelehnt bei mir. (Erkan, 18 Jahre)

Jedoch findet die Identifikation als „Türke"/"Türkin" meist nur unter Vorbehalt statt, denn auch dieses diskursive Angebot ist für die Jugendlichen nur begrenzt zugänglich. Das hängt erstens damit zusammen, dass der Diskurs nationaler Zugehörigkeit in der Türkei sie ebenso ausschließt wie in Deutschland, weil sie auch dort die Kriterien für „echte TürkInnen" nicht erfüllen (vgl. Çelik 2006: 56ff.) und als *almancıs* oder *almanyalıs gesehen werden (vgl. Çağlar 1995: 316).* Zweitens widerspricht ihr Gefühl, in Berlin aufgewachsen und hier zu Hause zu sein, einer Identifikation als „türkisch". Teilweise entstehen durch die Thematisierung dieser Widersprüche modifizierte Positionierungen als „Türke"/„Türkin". So bezeichnet sich Cemre als „europäischer Türke" und Eray sagt, er sei „ein Türke, der in Deutschland gerne wohnt".

Die Jugendlichen werden also sowohl vom deutschen als auch vom türkischen nationalen Zugehörigkeitsdiskurs ausgeschlossen bzw. auf die Position des jeweils „Anderen" festgeschrieben. Sie empfinden jedoch Verbundenheit sowohl mit der Türkei als auch ihrem Wohnort in Deutschland und beschreiben sich als von beiden Kulturen geprägt. Einige der Jugendlichen positionieren sich deshalb als „halb-halb", „dazwischen" oder „in der Mitte". Durch diese hybride Positionierung versuchen sie, sowohl den diskursiven Zuschreibungen bzw. Ausgrenzungen als auch der subjektiven Sicht und dem eigenen Erleben im Alltag Rechnung zu tragen. Gül z.B. positioniert sich „in der Mitte", nachdem sie zuvor erklärt hat, dass sie in der Türkei als „Deutsche" und in Deutschland als „Türkin" gesehen wird.

> Aber ich kann auch nich' sagen, dass ich Türkin bin, weil ähm... wenn ich in die Türkei fahre, dann bin ich ‚ne Deutsche, ich werd als ‚ne Deutsche gesehen. Wenn ich hierher komme, dann bin ich Türkin ... Irgendwas in der Mitte so. (Gül, 22 Jahre)

Für Hall stellen diese Identifikationen, „die im Übergang zwischen verschiedenen Positionen schweben" und auf verschiedene Kulturen zurückgreifen, einen dritten Weg neben einer Rückkehr zu den Wurzeln und einer Assimilation an die Mehrheitskultur dar. Diese „hybriden Identitäten" sind eine Form der „Übersetzung", denn die Jugendlichen sind Hall zufolge

> [...] die Produkte der neuen Diaspora, die durch die postkoloniale Migration geschaffen wurde. Sie mußten lernen, mindestens zwei Identitäten anzunehmen, zwei kulturelle Sprache zu sprechen, um zwischen ihnen zu übersetzen und zu vermitteln. (Hall 2008a: 218)

Ähnlich definiert Tarek Badawia sein Konzept von Bikulturalität und die von ihm untersuchte Metapher vom „Dritten Stuhl" als „den Traum einer Jugend von einer neuen Kultur in neuen Lebensformen, die mehr als die Summe zweier Kulturen ist" (Badawia 2003: 146).

Die von mir interviewten Jugendlichen widersprachen häufig aber auch jeglichen ethnischen bzw. kulturellen Zuschreibungen und positionierten sich jenseits ethnisch-nationaler Diskurse. So antwortet etwa Cemre auf meine Frage: „Wer bist du? Oder: Was bist du?" unmittelbar und spontan. Ein Mensch. (lacht) Ein Mensch, was soll ich sagen? Wer bist du, was bist du, ich bin ein Mensch. (Cemre, 24 Jahre)

Cemre und auch andere Jugendliche beziehen sich im Laufe der Interviews immer wieder auf die Identifikation als „Mensch" und betonen, dass alle Menschen gleich seien. Sie meinen das einerseits im normativen Sinne: Alle Menschen sollten gleich sein, gleich behandelt werden, die gleichen Rechte haben. Sie begründen dies andererseits mit der faktischen Gleichheit aller Menschen: Alle Menschen sind gleich. Dabei beziehen sie sich auf die religiösen Argumentionen, dass Gott alle Menschen erschaffen hat oder auf die Menschenrechte und die Vernunft. Als ich mit Eray auf die Frage zu sprechen komme, ob jemand stolz auf seine/ihre Herkunft sein könnte, antwortet er wie folgt:

> Wie soll ich stolz darauf sein. Ich bin stolz drauf, dass ich ,n gesunden Menschenverstand habe und fertig. Also für mich sind Kulturen gar nix. Türken, Deutsche, das hat gar keine Bedeutung für mich, Hauptsache man ist ein Mensch. (Eray, 18 Jahre)

Die Jugendlichen beziehen sich auch immer wieder auf die Positionierung als „Mensch", wenn es um Diskriminierungserfahrungen geht. So z. B. Boran:

> Mich interessiert das nicht, was sie reden. Ich bin auch ein Mensch wie die Deutschen oder wie die Italiener oder wie die Araber. Ich seh das einfach nur so: Menschen sind Menschen, die sind von Gott erschaffen worden. Das war's einfach. (Boran, 20 Jahre)

Um sich als „Mensch" zu positionieren, relativieren die Jugendlichen in den Interviews immer wieder die kulturelle Differenz. Dabei unterstreichen sie, dass es „gute" wie „schlechte" Menschen in allen Gruppen gäbe und dadurch auch alle Gruppen gleich seien, weil es eigentlich keine Gruppen- sondern nur individuelle Unterschiede gebe.

Mit dieser universalistischen Identifikation entgehen sie ethnisierenden und kulturalisierenden Anrufungen. Sie erschließen sich ein Positionierungsangebot jenseits der Logik ethnisch-nationaler Zugehörigkeit. Ermöglicht wird ihnen dies durch einen Diskurs über universalistische Werte der Aufklärung wie Menschenwürde und -rechte. In der Schule wird dieser Diskurs als Teil einer staatsbürgerlichen Erziehung vermittelt. Durch eine Auseinandersetzung mit der deutschen Geschichte wird versucht, ein eher europäisches als ein nationales Bewusstsein zu fördern, resümiert Sabine Mannitz (2005: 29). Der Diskurs universalistischer Gleichheitswerte kann für die Jugendlichen jedoch auch ausschließend wirken, wenn etwa behauptet wird, in ihrer Kultur seien diese Werte nicht verankert und aufgrund ihrer Herkunft falle es ihnen deshalb schwer, sich zu integrieren (vgl. Mannitz 2005: 35). In diesem Moment werden sie wieder ethnisiert und als „Nicht-Deutsche" fremdpositioniert.

Eine weitere Möglichkeit der nicht-ethnischen Positionierung ist die Identifikation mit der Stadt oder dem Stadtteil. Diese lokale Positionierung, die unter anderem von Heinz Moser (2007) und Christine Riegel (2007) analysiert wird, kommt in meinen Gesprächen mit den Jugendlichen nie direkt zur Sprache. Keiner der Jugendlichen positioniert sich selbst als „BerlinerIn" oder „NeuköllnerIn". Die vielen positiven Assoziationen mit Berlin und Neukölln deuten jedoch an, dass eine lokale Selbstpositionierung ein weiteres Identifikationsangebot für die Jugendlichen darstellt. Die Jugendlichen erklären deutlich Berlin bzw. Neukölln zu ihrem Zuhause und Lebensmittelpunkt, an dem sie sich wohlfühlen. Auch durch diese Form der Positionierung wird, wie Riegel schreibt, „die Gefahr gemindert, dass sie auf ethnische oder nationale Zugehörigkeiten festgeschrieben werden" (Riegel 2007: 251).

Die Performanz und Situativität von Positionierungen

Insgesamt zeigt sich in den Interviews, dass die angeeigneten Positionierungen flexibel sind, denn sie werden „im Verhältnis zu den verschiedenen Arten, in denen wir in den kulturellen Systemen, die uns umgeben, repräsentiert oder angerufen werden, kontinuierlich gebildet und verändert" (vgl. Hall 2008d: 183). Die Aneignung des diskursiven Angebots zur Positionierung (Selbstpositionierung, Identifikation) steht dabei in Wechselwirkung mit den Anrufungen durch den Diskurs (Fremdpositionierung). Mannitz (2005) und Schiffauer (2002) veranschaulichen anhand empirischer Beispiele, wie diese Wechselwirkung bei der zweiten Generation verläuft. Im dominanten Diskurs und im Alltag werden sie häufig durch Ethnisierungen als „TürkInnen" fremdpositioniert. Ihr Verhalten und auch ihre Defizite (z. B. in der Schule) werden mit der Herkunft ihrer Eltern oder dem Konflikt zwischen der Kultur ihrer Eltern und der „deutschen" Kultur erklärt (Mannitz 2005: 23). Zugleich wird eine Anpassung der Jugendlichen an die „deutsche" Kultur erwartet. In Reaktion auf diese Fremdpositionierungen, die damit verbundenen Ausgrenzungen und die vorenthaltene Anerkennung ethnisieren sich manche Jugendliche selbst. Eine solche Selbstethnisierung als „Antwort auf eine Anpassungszumutung" nennt Schiffauer „sekundäre Identifikation" (Schiffauer 2002: 21).

Doch die Positionierungen der Jugendlichen sind nicht nur flexibel in Bezug auf die gesellschaftlichen Anrufungen, sondern auch situativ und performativ. Die Prozesse der Positionierung ändern sich in der Gesprächssituation und werden durch den Akt des Sprechens und in der Interaktion durch (sprachliche) Inszenierung hergestellt (vgl. Tate 2003). Grundsätzlich orientieren sich die Jugendlichen zwar an den Diskursen, in die sie verstrickt sind, im konkreten Fall wird die Positionierung jedoch durch die Gegebenheiten der Situation bestimmt, wie z. B. die Reaktionen der GesprächspartnerInnen oder den Inhalt und die Art der Kommunikation. Die Selbstpositionierung und ihre Begründung hängen dabei auch immer davon ab, wie die Personen von ihrem Gegenüber gesehen werden möchten (Bamberg 1997).

Situativität und Performanz der Gesprächssituation ermöglichen eine Vermischung von Positionierungen und ihren Begründungen. In den Interviews beziehen sich die Jugendlichen meist nacheinander oder zugleich auf verschiedene diskursive Begründungen für ihre Positionierung. So „re-orchestrieren" sie „verschiedene Stimmen", wie Tate (2003: 175) es nennt, und produzieren dadurch eine „Hybridität des Alltäglichen" (ebd.). Indem sie sich auf verschiedene, sich zum Teil widersprechende Diskurse beziehen, vermischen sie diese und stellen ihre Grenzen so zugleich in Frage. Diese „Überlagerung von Stimmen" in den Interviews zeigt, „dass Hybridität performativ ist. Hybridität ist der Effekt der Performanz und wird performativ konstituiert. ‚Hybride Identitäten' haben demnach keinen ontologischen Status außerhalb der Interaktionen, die sie konstituieren" (Tate 2003: 180). So argumentieren die Jugendlichen zwar wiederholt essentialistisch, wenn sie sich als „TürkInnen" positioniert, relativieren ontologische Unterschiede zwischen Menschengruppen aber zugleich immer wieder. Gleichzeitig entziehen sie auch ihrer eigenen Positionierung als „TürkInnen" die Essenz, indem sie ihre Verbundenheit mit Berlin betonen. Die Jugendlichen müssen sich selbst „verankern", wie Tate schreibt, also eine Positionierung ergreifen, um überhaupt als Subjekte im Diskurs sprechen zu können. Erst dann können sie auch diese essentialisitische Identifikation hinterfragen, um eine hybride Positionierung zu ergreifen (vgl. Tate 2003: 180f).

Bei der Diskussion der Situativität und Performanz von Positionierungen muss natürlich die spezifische Situation der hier analysierten Interviews beachtet werden. Das Bewusstsein an einer Forschung teilzunehmen und einem „deutschen" Studenten gegenüber zu sitzen, hatte sicherlich Einfluss auf die Selbstpositionierungen der Jugendlichen. Ein solches Interview ist immer eine asymmetrische Situation, nicht nur weil sie meist nur einen Nutzen für den Interviewer/die Interviewerin hat, sondern auch weil diese/r das Gespräch strukturiert und zu lenken versucht (vgl. Mecheril et al. 2003). Um eine Ethnisierung von meiner Seite zu vermeiden, habe ich vor den Interviews als Thema allgemein „Jugendliche in Neukölln" angegeben. In den Interviews habe ich versucht, die Frage nach der Selbstpositionierung bewusst offen zu gestalten und gleich zu Beginn gefragt: „Wenn dich jemand fragen würde ‚Wer bist du?' oder ‚Was bist du?', was würdest du antworten?" Trotz dieser Versuche, die Jugendlichen nicht schon vor und in der Interviewsituation ethnisch zu positionieren, ist nicht auszuschließen, dass dies in der Dynamik der Interviewsituation auf verschiedene Weisen passiert ist. Möglicherweise erwarteten die Jugendlichen auch aufgrund der Interviewkonstellation („deutscher" Student befragt migrantische Jugendliche), dass Fragen der kulturellen Differenz und Zugehörigkeit eine Rollen spielen würden (vgl. Dannenbeck 2002: 273ff.; Mecheril et al. 2003). Die Tatsache, dass einige der Jugendlichen auf diese offene Frage mit einer ethnischen Selbstpositionierung antworteten, zeigt jedoch auch, wie relevant diese Dimension der Positionierung in unserer Gesellschaft erscheint. Neben ethnischen Identifikationen sind jedoch auch Positionierungen auf anderen Ebenen relevant, so werden Individuen auch durch andere Diskurse (z. B. Geschlechter- und Sexualitätsdiskurse, Diskurse über soziale Herkunft, etc.) angerufen. Deshalb kann eine ethnisch-nationale Positionierung nie ausreichen, um eine Subjekt vollständig zu beschreiben. Die Überschneidungen dieser verschiedenen Diskurse und der Umgang der Subjekte mit ihren Anrufungen in Positionierungsprozessen sind zwei Aspekte, denen ich leider im begrenzten Rahmen meiner Magisterforschung nicht nachgehen konnte.

Alltagsrealität als Kritik an dominanten Diskursen

Welche Kritik an gesellschaftlichen Diskursen und Verhältnissen ergibt sich nun aus den Positionierungen der Jugendlichen? Und was lässt sich daraus allgemein für eine kritische Migrationsforschung schließen? Auf der einen Seite greifen die Jugendlichen in den Interviews teilweise auf die Argumentationsmuster und Bilder des dominanten Diskurses zurück, der klar zwischen „deutsch" und „türkisch" differenziert und sie als „TürkInnen" fremdpositioniert. Dies zeigt, wie mächtig Diskurse sein können und dass sie die diskursive Positionierung von Individuen, die durch sie angerufen werden, beeinflussen. Dass die Jugendlichen zum Teil an den dominanten Diskurs anknüpfen, ist dabei nicht als „falsches Bewusstsein" sondern als Wirkung von Diskursen zu verstehen. Da die gesellschaftliche Realität maßgeblich durch dominante Diskurse geprägt ist, sind alle Menschen einer Gesellschaft in diese Diskurse „verstrickt" und durch sie in ihrer Wahrnehmung von ihrer Umwelt und sich selbst geprägt (vgl. Çelik 2006: 26; Jäger 2009: 148).

Andererseits wehren sich die Jugendlichen gegen Ethnisierungen und die eindeutige Fremdpositionierung durch die Anrufungen des dominanten Diskurses. Stattdessen positionieren sie sich häufig mit Bezug auf alternative Diskurse und ihre Alltagserfahrungen jenseits mono-ethnischer Kategorien. Das zeigt, dass sie nicht einfach nur Projektionsflächen des dominanten Diskurses sind, sondern aktiv, in Auseinandersetzung mit verschiedenen Diskursen, ihre Selbstpositionierung aushandeln. Sie besitzen also trotz der Dominanz des hegemonialen Diskurses als Subjekte Handlungsmacht und sind nicht bloß „Opfer" von Fremdpositionierungen und Zuschreibungen (vgl. Castro Varela 2007: 69ff.).

Ermöglicht wird dies durch die Brüche im dominanten Diskurs und jene Zwischenräume, die zwischen diesem und konkurrierenden Diskursen sowie dem Alltagsdiskurs entstehen. Wie Erol Yıldız (2006) gezeigt hat, kann eine Gegenüberstellung von dominanten Diskursen über Migration, Kultur und Zugehörigkeit mit der Alltagsrealität von MigrantInnen für eine kritische Migrationsforschung gewinnbringend sein. Anknüpfend an die Widersprüche zwischen Alltagsdiskurs und dominantem Diskurs, kann eine Kritik an vorherrschenden gesellschaftlichen Verhältnissen und der ihnen zugrunde liegenden Hegemonie formuliert werden (vgl. auch Hall 2008a: 121; Jäger 2009: 165).

So lässt sich auf Grundlage der Interviews für meine Magisterforschung der dominante Diskurs über deutsch-türkische Jugendliche und das hegemoniale Verständnis von Kultur und Zugehörigkeit in Deutschland kritisieren. Die Aussagen der Jugendlichen zeigen, dass in ihrem Alltag die Grenzen zwischen „deutscher" und „türkischer" Kultur selten so klar sind, wie sie im dominanten Diskurs konstruiert werden. Dies drückt sich insbesondere in den Versuchen der Jugendlichen aus, sich jenseits ethnischer Kategorien zu positionieren. Durch ihre hybriden Positionierungen stellen sie das in Deutschland verbreitete essentialistische Kulturverständnis, das zu Ethnisierungen und Kulturalisierungen führt, in Frage. Die Aussagen der Jugendlichen in den Interviews machen deutlich, dass eben jene Debatte über die angebliche Fremdheit und Nicht-Integrierbarkeit der türkischen MigrantInnen bei den Jugendlichen zu Gefühlen der Ausgrenzung führt und sie als „Andere" anruft. Somit produziert der Integrationsdiskurs selbst eben jenen Umstand, den er bemängelt, und ist aufgrund dessen in Frage zu stellen. Kritik in diesem Sinne bedeutet, den Rissen und Brüchen im dominanten Diskurs nachzuspüren und die Widersprüche zum Alltagsdiskurs aufzuzeigen. Da dominante Diskurse hegemoniale gesellschaftliche Verhältnisse formen und legitimieren, ist ein Aufzeigen der Inkohärenz dominanter Diskurse auch eine Kritik an der Legitimität der gesellschaftlichen Verhältnisse.

Die Kritik an dominanten Diskursen beruht dabei auf der Reflexion der interviewten Jugendlichen und ihrer Auseinandersetzung mit Anrufungen und diskursiven Zuschreibungen. Eine reflektierte Sicht auf Diskurse ist keine Perspektive, die nur SozialwissenschaftlerInnen vorbehalten ist. Dies wäre auch ein paternalistischer Forschungs- und Wissenschaftsstandpunkt, welcher der Idee einer kritischen Migrationsforschung zuwiderlaufen würde, weil sie bestimmte gesellschaftliche Hierarchien reproduziert. Da eine Interpretation der Interviewaussagen von migrantischen Jugendlichen alleine durch ForscherInnen Gefahr läuft, genau einem solchen Paternalismus zu verfallen, ist für die Zukunft eine partizipative Forschung wünschenswert. Die befragten Personen sollten in die Interpretation ihrer Aussagen und Positionierungen mit einbezogen werden (vgl. Bergold/ Thomas 2010), so könnte die wissenschaftliche Diskursanalyse mit der auf Alltagserfahrungen beruhenden Kritik der Jugendlichen noch enger verknüpft werden. Dafür ist es auch wichtig, den zu Beginn dieses Artikels erwähnten Trend

zu konstruktivistischen Theorieansätzen und qualitativen Methoden weiter vo-
ranzutreiben. Denn nur mit qualitativen Methoden lassen sich Alltagserfahrungen bzw. -diskurse adäquat erfassen und mithilfe von konstruktivistischen Theorieansätzen und unter Einbeziehung der Befragten kritischen interpretieren.

Literatur

Althusser, Louis (1977). Ideologie und ideologische Staatsapparate, in: *Althusser*, Louis (Hg.): Ideologie und ideologische Staatsapparate: Aufsätze zur marxistischen Theorie, Hamburg, 108–168.
Badawia, Tarek (2002). „Der dritte Stuhl": Eine Grounded-theory-Studie zum kreativen Umgang
bildungserfolgreicher Immigrantenjugendlicher mit kultureller Differenz, Frankfurt am Main.
Badawia, Tarek (2003). „Der dritte Stuhl" – Eine Entwicklungsperspektive für Immigrantenjugend-
liche aus einem Ethnisierungsdilemma, in: *Badawia*, Tarek/ *Hamburger*, Franz/*Hummerich*,
Merle (Hg.): Wider die Ethnisierung einer Generation: Beiträge zur qualitativen Migrationsforschung, Frankfurt am Main, 131–148.
Badawia, Tarek/*Hamburger*, Franz/*Hummerich*, Merle (2003). Wider die Ethnisierung einer Generation – Überlegungen zur Konzeptionsidee, in: *Badawia*, Tarek/ *Hamburger*, Franz/*Hummerich*, Merle. (Hg.): Wider die Ethnisierung einer Generation: Beiträge zur qualitativen Migra-
tionsforschung, Frankfurt am Main, 7–12.
Bamberg, Michael G.W. (1997). Positioning Between Structure and Performance, in: Journal of Nar-
rative and Life History, Vol 7(1–4), 335–342.
Beck-Gernsheim, Elisabeth (2006). Türkische Bräute und die Migrationsdebatte in Deutschland, in:
Aus Politik und Zeitgeschichte, Vol. 1-2(2006), 32–37.
Beck-Gernsheim, Elisabeth (2007). Wir und die Anderen: Kopftuch, Zwangsheirat und andere Miß-
verständnisse, Frankfurt am Main.
Bergold, Jarg/*Thomas*, Stefan (2010). Partizipative Forschung, in: *Mey*, Günter/*Mruck*, Katja (Hg.):
Handbuch Qualitative Forschung in der Psychologie, 333–344.
Bosch, Nicole/*Peucker*, Mario/*Reiter*, Stefanie (2008). Racism, Xenophobia and Ethnic Discrimina-
tion in Germany 2007: european forum for migration studies, Bamberg.
Broden, Anne/*Mecheril*, Paul (2010). Rassismus bildet. Einleitende Bemerkungen, in: *Broden*, Anne/
Mecheril, Paul (Hg.): Rassismus bildet: bildungswissenschaftliche Beiträge zu Normalisierung
und Subjektivierung in der Migrationsgesellschaft, Kultur und soziale Praxis, Bielefeld, 7–26.
Bukow, Wolf-Dietrich/*Heimel*, Isabel (2003). Der Weg zur qualitativen Migrationsforschung, in: *Badawia*, Tarek/*Hamburger*, Franz/*Hummerich*, Merle (Hg.): Wider die Ethnisierung einer Generation: Beiträge zur qualitativen Migrationsforschung, Frankfurt am Main, 13–40.
Butterwegge, Christoph/*Hentges*, Gudrun (2006). Massenmedien, Migration und Integration: Herausforderungen für Journalismus und politische Bildung, Wiesbaden.
Çağlar, Ayşe (1990). Das Kultur-Konzept der Zwangsjacke in Studien zu Arbeitsmigration, in: Zeitschrift für Türkeistudien, Vol. 1, 93–105.

Çağlar, Ayşe (1995). German Turks in Berlin: Social Exclusion and Strategies for Social Mobility, in: New Community, Vol. 21(3), 309–323.

Çağlar, Ayşe (2001). Constraining metaphors and the transnationalisation of spaces in Berlin, in: Journal of Ethnic and Migration Studies, Vol. 27(4), 601–613.

Çağlar, Ayşe/*Soysal*, Levent (2003). Introduction: Turkish Migration to Germany – Forty Years After, in: New Perspectives on Turkey, Vol. 28/29, 1–18.

Castro Varela, María do Mar (2007). Wer bin ich? Und wer sagt das? Migrantinnen und die Zumutung alltäglicher Zuschreibungen, in: *Munsch*, Chantal/*Gemende*, Marion/*Weber-Unger Rotino*, Steffi (Hg.): Eva ist emanzipiert, Mehmet ist ein Macho. Zuschreibungen, Ausgrenzung, Lebensbewältigung und Handlungsansätze im Kontext von Migration und Geschlecht, Weinheim und München, 62–73.

Çelik, Semra. (2006). Grenzen und Grenzgänger. Diskursive Positionierungen im Kontext türkischer Einwanderung, Münster.

Dannenbeck, Clemens (2002). Selbst- und Fremdzuschreibungen als Aspekte kultureller Identitätsarbeit. Ein Beitrag zur Dekonstruktion kultureller Identität, Opladen.

Farrokhzad, Schahrzad (2006). Exotin, Unterdrückte und Fundamentalistin. Konstruktionen der „fremden Frau" in deutschen Medien, in: *Butterwegge*, Christoph/*Hentges*, Gudrun (Hg.): Massenmedien, Migration und Integration: Herausforderungen für Journalismus und politische Bildung, Wiesbaden, 55–86.

Geisen, Thomas (2007). Der Blick der Forschung auf Jugendliche mit Migrationshintergrund, in: *Riegel*, Christine/*Geisen*, Thomas (Hg.): Jugend, Zugehörigkeit und Migration, Wiesbaden, 27–60.

Ha, Kien Nghi (2004). Ethnizität und Migration reloaded: kulturelle Identität, Differenz und Hybridität im postkolonialen Diskurs, Berlin.

Hafez, Kai/*Richter*, Carola (2007). Das Islambild von ARD und ZDF, in: Aus Politik und Zeitgeschichte, Vol. 26–27(2007), 40–46.

Hall, Stuart (2008a). Rassismus und kulturelle Identität, Ausgewählte Schriften Band 2, Hamburg, 180–222.

Hall, Stuart (2008b). Wer braucht „Identität"? in: ders. (Hg.): Ideologie, Identität, Repräsentation, Ausgewählte Schriften, Band 4, Hamburg, 167–187.

Jäger, Siegfried (2009). Kritische Diskursanalyse: eine Einführung, Münster.

Mannitz, Sabine (2005). Coming of Age as „The Third Generation." Children of Immigrants in Berlin, in: *Knörr*, Jacqueline (Hg.): Childhood and Migration, Bielefeld, 23–51.

Mecheril, Paul/*Scherschel*, Karin/*Schrödter*, Mark (2003). „Ich möchte halt von dir wissen, wie es ist, du zu sein". Die Wiederholung der alinierenden Zuschreibung durch qualitative Forschung, in: *Badawia*, Tarek/*Hamburger*, Franz/*Hummerich*, Merle.(H.): Wider die Ethnisierung einer Generation: Beiträge zur qualitativen Migrationsforschung, Frankfurt am Main, 13–40.

Moser, Heinz (2007). Lebensperspektiven im Rahmen des „Globalen, Lokalen und Originären", in: *Riegel*, Christine/*Geisen*, Thomas (Hg.): Jugend, Zugehörigkeit und Migration, Wiesbaden, 183–206.

Nikodem, Claudia/*Schulze*, Erika/*Yıldız*, Erol (2007). Routine in der differenzgeprägten metropolitanen Stadt, in: *Bukow*, Wolf-Dietrich/*Nikodem*, Claudia/*Schulze*, Erika/*Yıldız*, Erol (Hg.): Was heißt hier Parallelgesellschaft? Zum Umgang mit Differenzen, Wiesbaden, 93–108.

OECD (Hg) (2007). Jobs for immigrants. Labour Market Integration in Australia, Denmark, Germany and Sweden, Paris.

Peucker, Mario (2009). Racism, Xenophobia and Ethnic Discrimination in Germany. Update Report 2008: european forum for migration studies, Bamberg.

Pichler, Edith/*Schmidtke*, Oliver (2004). Migranten im Spiegel des deutschen Mediendiskurses: „Bereicherung" oder „Belastung"?, in: *Eder*, Klaus/*Rauer*, Valentin/*Schmidtke*, Oliver (Hg.): Die Einhegung des Anderen. Türkische, polnische und russlanddeutsche Einwanderer in Deutschland, Wiesbaden, 49–76.

Rauer, Valentin (2004). „Kriminelle Ausländer" und „deutsche Jungs": Mediale Täterrahmen als Stigma und Markierung kollektiver Identitäten, in: *Eder*, Klaus/*Rauer*, Valentin/*Schmidtke*, Oliver (Hg.): Die Einhegung des Anderen. Türkische, polnische und russlanddeutsche Einwanderer in Deutschland, Wiesbaden, 77–98.

Riegel, Christine (2007). Migrante Positionierungen: Dynamische Mehrfachverortungen und die Orientierung am Lokalen, in: *Bukow*, Wolf-Dietrich/*Nikodem*, Claudia/*Schulze*, Erika/*Yıldız*, Erol (Hg.): Was heißt hier Parallelgesellschaft? Zum Umgang mit Differenzen, Wiesbaden, 247–256.

Riegel, Christine/*Geisen*, Thomas (2007). Zugehörigkeit(en) im Kontext von Jugend und Migration – eine Einführung, in: *Riegel*, Christine/*Geisen*, Thomas (Hg.): Jugend, Zugehörigkeit und Migration, Wiesbaden, 7–26.

Schiffauer, Werner (2002). Migration und kulturelle Differenz. Studie für das Büro der Ausländerbeauftragten des Senats von Berlin, Berlin.

Tate, Shirley (2003). Widerstand und Shade – Körperpolitiken des Schwarzseins und die Risse der Hybridität, in: *Steyerl*, Hito/*Gutiérrez Rodríguez*, Encarnación (Hg.): Spricht die Subalterne deutsch? Migration und postkoloniale Kritik, Münster, 166–185.

Yıldız, Erol (2006). Stigmatisierende Mediendiskurse in der kosmopolitanen Einwanderungsgesellschaft, in: *Butterwegge*, Christoph/*Hentges*, Gudrun (Hg.): Massenmedien, Migration und Integration: Herausforderungen für Journalismus und politische Bildung, Wiesbaden, 37–54.

Integration – eine Gratwanderung zwischen Nähe und Distanz

Annemarie Profanter / Claudia Lintner

Franzensfeste, eine der kleinsten Gemeinden Südtirols, wurde am 1. Mai 2011 bereits zum zweiten Mal zum Zentrum für multikulturelles Zusammentreffen. Eine bunt zusammengewürfelte Gruppe von BewohnerInnen rief das „Fest der Völker" ins Leben, um Begegnungsmomente und -orte zwischen den verschiedenen kulturellen, religiösen und sprachlichen Gruppen im Dorf zu schaffen. Eine Tanzgruppe aus Bangladesch eröffnete das Spektakel, und „il coro della montagna" (der Chor der Berge) gab typische italienische Volkslieder zum Besten. Auf den Tischen in der Turnhalle reihten sich Pizzaschnitten neben Couscous, Strudel neben Sandesh. Im Hintergrund ertönt „Kein schöner Land", eine traditionelle Tiroler Weise, dann abwechselnd indische, pakistanische und marokkanische Melodien. Die vielen Farben der über zwanzig verschiedenen Nationen in Franzensfeste finden hier im kleinen Rahmen die Möglichkeit, sich zu zeigen (sich zu repräsentieren?). Das Ziel dieses Festes, interkulturelle Begegnungsmomente zu schaffen, schien aufzugehen. Für diesen einen Tag im Jahr wurde die Turnhalle des Dorfes Schauplatz einer multikulturellen Realität. Realität oder Eintagsfliege? Nachhaltigkeit heute oder morgen? Eine Darstellung von Integrationsdiskursen im lokalen Kontext. [1]

Das kurz skizzierte „Fest der Völker" ist der Ausgangspunkt für kritische Überlegungen, die in einer Analyse des Integrationsverständnisses im Dorf Franzensfeste selbst, in Südtirol und Italien ihren Abschluss finden. Anhand konkreter Erfahrungen sollen nicht nur theoretische Konzepte auf ihre Alltagstauglichkeit hin überprüft werden, sondern auch umgekehrt alltägliche Erfahrungen vor dem Hintergrund theoretischen Wissens kritisch betrachtet werden. In Anlehnung an

---

1   Das ESF Projekt „Interkulturelle Begegnung auf kommunaler Ebene" wurde 2009 in Franzensfeste von der OEW, Organisation für Eine solidarische Welt, initiiert, wobei verschiedene Workshops zur Verbesserung des interkulturellen Zusammenlebens mit den BewohnerInnen organisiert wurden. Das kleine Dorf Franzensfeste mit seinen knapp 1.000 EinwohnerInnen schien als Untersuchungsraum besonders geeignet, da es damals den zweithöchsten – mittlerweile den höchsten – MigrantInnenanteil in Südtirol aufweist und auch historisch mehrere Migrationsphasen erfahren hat.

Mecheril (2004) und Kessl/Reutlinger (2007) kann das „Fest der Völker" als Beispiel dafür dienen, dass interkulturelle Begegnung nicht nur Chancen für ein besseres Miteinander im interkulturellen Kontext bereit hält, sondern auch die Möglichkeit bietet, soziale Handlungsschemata zu hinterfragen.[2]

Begegnung als Antwort auf Integrationsfragen?

Ziel des eingangs beschriebenen Festes war es, „Begegnung zu schaffen, also ganz einfach mit den Leuten überlegen, wie Begegnung stattfinden kann" (T.I. 2010)[3], denn: „wenn man mehr Leute aus dem Ort kennt, fühlt man sich nicht mehr als Ausländerin. Die Sehnsucht lässt nach." (T.A. 2010). Durch mehr Begegnungsmomente, so also die Ausgangsüberlegung, sollten sich die verschiedenen Gruppen im Dorf, die sich sowohl in ihrer religiösen Orientierung sowie in ihrer (national)kulturellen Zugehörigkeit unterscheiden bzw. unterschieden werden, besser kennenlernen. Dieser Gedanke orientiert sich an dem begegnungspädagogischen Ansatz der interkulturellen Pädagogik, demzufolge Begegnung und Dialog als Mittel des wechselseitigen Verstehens und Respekts fungieren (Zwick 2009). Vorrangig ist hier nicht nur die Auseinandersetzung mit den als „kulturelle Andere" (Mecheril 2004) Konstruierten, sondern auch die Auseinandersetzung mit sich selbst (vgl. Lutz 1999). Einen ähnlichen Ansatz verfolgt auch Kristeva (1990: 209) und betont, dass die eigene Fremdheit zu erkennen „vielleicht die einzige Art ist, sie draußen nicht zu verfolgen", oder aber sie als „wechselseitige Fremdheit" (Möhring 1998: 55) zu verstehen. Im Zentrum steht hier der interkulturelle Austausch, durch den kulturelle Differenzen überwunden werden können. Diesem Ansatz der Begegnung und des Dialogs, dem fast überirdische Kräfte zugesprochen werden, stehen vor allem die KritikerInnen der interkulturellen Pädagogik skeptisch gegenüber, mit dem Argument, dass Identitäten von Gruppen und Individuen nicht nur durch Begegnungen gestaltet werden. Vielmehr werden auch diese Begegnungen durch bestehende Macht- und Herrschaftsverhältnisse determiniert (vgl. Gogolin/Krüger-Potratz 2006) und bestimmte Identitäten und Gruppen in den Begegnungen angerufen und erzeugt. Aus dieser Diskussion

---

2   Messerschmidt (2009) kritisiert den Begriff „Volk" als homogenisierende Schicksalsgemeinschaft, die auf einer völkisch, homogenen Kulturauffassung basiert, welche Migration als einen antagonistischen Prozess zu den verankerten Idealen innerer Homogenität sieht.

3   Um die Anonymität der InterviewpartnerInnen zu gewährleisten, werden ihre Vor- und Nachnamen im Text durch ein abgekürztes Pseudonym ersetzt. Die im Artikel zitierten Interviews wurden von den beiden Autorinnen im Zeitraum von Juni bis Dezember 2010 in Franzensfeste durchgeführt.

kann gefolgert werden, dass Integration[4] nicht durch (erzwungene) Begegnungsmomente geschaffen werden kann, sondern dass andere Aspekte in diese Überlegungen unweigerlich mit eingeschlossen werden müssen, wie etwa eine kritische Reflexion zum verwendeten Kulturbegriff.

Eine Nation – eine Kultur. Die Frage nach der Pluralität

Der im begegnungspädagogischen Ansatz verwendete Kulturbegriff, der sich an
einer national-homogenen Kulturdefinition orientiert, steht bei mehreren AutorInnen im Mittelpunkt kritischer Überlegungen (z. B. Hamburger 1994; Auernheimer 2003; Mecheril 2004). Mit der Verwendung einer zu starren Kulturdefinition gehen nicht nur stereotypisierende Zuschreibungen, sondern auch Dilemmata
(vgl. *Kulturkonflikt Hypothese* nach Kiesel 1996: 136–141) einher, die paradoxe Repräsentationsfragen in den Raum stellen, wie es auch beim „Fest der Völker" geschah. Hier basierte die multikulturelle Ausgestaltung auf der Annahme
der Zugehörigkeit der BewohnerInnen zu spezifischen Herkunftsländern: jedes
„Land" – und nicht jede Person – konnte „sich selbst" präsentieren oder wurde
über kulturelle (nationale) Zuschreibungen repräsentiert (vgl. Griese 2002). Eine
primär national definierte Kultur wurde zum alleinigen Unterscheidungsmerk-
mal. Was ist hier passiert? Welche Schlussfolgerungen lassen sich daraus ziehen?

(National)Kultur als einziges Differenzierungsmerkmal

Die primäre Zuordnung und Bindung von Menschen an bestimmte Nationen beruht auf der Annahme, Kultur sei ein starrer Container, der sich nicht verändert
(vgl. Hamburger 1994) und somit seine dynamische Wandlungsfähigkeit verliert.
Folglich repräsentiere jedes Kulturmitglied bestimmte Eigenschaften und verhal-
te sich auf eine bestimmte Weise, die einer Nationalkultur entspricht (vgl. Aluffi-Pentini et al. 1999). Grundlegende Verschiedenheiten, die auch innerhalb der
einzelnen Gesellschaftsgruppen bzw. zwischen Gruppenmitgliedern bestehen,
werden geleugnet (vgl. Ethnizität bei Groenemeyer/Mansel 2002). Dadurch werden homogene Gruppenidentitäten gebildet und aufrecht erhalten, was tatsächliche Repräsentationen durch reduktive Zuschreibungen in Frage stellt. Nicht zuletzt stabilisiert die Annahme von Kultur als ein starrer Container, mit der daraus

---

4   Während Integration von den BewohnerInnen in Franzensfeste überwiegend als unilateraler
     Prozess angesehen wird, in welchem es Aufgabe der MigrantInnen ist, sich zu integrieren
     (anzupassen), so verfolgen die Autorinnen ein bilaterales Verständnis von Integration. Mi-
     gration ist ein gesamtgesellschaftliches Phänomen und kann dementsprechend nur in einer
     gesamtgesellschaftlichen Auseinandersetzung funktionieren.

resultierenden Gefahr der Etikettierung, hegemoniale Strukturen (vgl. Broden/ Mecheril 2007). Aus Castro Varelas und Dhawans Argumentation (2007: 39–40) wird deutlich, dass – sobald Minderheitenkulturen präsentiert werden – nicht nur Wissen, sondern auch Ignoranz produziert und weitergeben wird. Folglich werden kulturelle Stereotype durch das Hervorheben von Differenzen nicht überwunden, sondern reproduziert und bleiben unreflektiert als „normal" bestehen (vgl. Normalisierung und Naturalisierung bei Yıldız 2009: 394–405). Demnach verhalten „sie" „sich so, weil sie Pakistaner sind" (D.F. 2010), oder weil „sie Muslime sind" (D.P. 2010).

Das in den Erziehungswissenschaften lange unreflektierte Verhältnis von Kultur und Nation beschreibt Bukow (2007: 30) als einen „exklusiven Nationalismus". Demzufolge wirken reduktive Zuschreibungen von Personen durch die Stereotype bestimmter Nationalkulturen nicht fördernd für die Integration innerhalb einer Gruppe, sondern führen paradoxerweise zu einem Status der Desintegration. Ungleiche kulturelle VertreterInnen treffen hier aufeinander, die einen wirklichen Austausch nur gering zulassen können (vgl. Kulturkonflikt bei Hamburger 1994), denn nicht das subjektive Handeln steht im Vordergrund, sondern das subjektive Handeln als Ausdruck kultureller Systeme (vgl. Kiesel 1996): „Kulturelle Merkmale dienen zwar der Stabilisierung der ethnischen Gruppenidentität, zugleich werden sie aber auch zur Ab- und Ausgrenzung derjenigen genutzt, die sie repräsentieren" (ebd. 139).

Die Kritik an der unilateralen Differenzierung

Die Vorstellung von Kultur als ausschlaggebende Differenzierungskategorie wurde besonders in den Erziehungswissenschaften, in der Frauen- sowie Migrationsforschung immer wieder in Frage gestellt. Nicht nur Kultur bestimmt Unterschiede, sondern eine Reihe von anderen Faktoren und Differenzlinien (vgl. Lutz/Wenning 2001), die letztlich auch auf den unterschiedlichen Lebensverhältnissen und -chancen beruhen. Indem kulturelle Grenzen betont, hervorgehoben und bestätigt werden, verschwinden andere Differenzierungslinien (vgl. Lutz/Wenning 2001; Bauschke-Urban 2010) wie beispielsweise Gender, Arbeit, Bildungsstand und soziale Lage aus dem Blickpunkt und es „verfestigen sich bestimmte Beschreibungsformen zu sozial-dominanten Mustern, wodurch andere Erklärungen bzw. Differenzen nicht mehr ins Blickfeld kommen" (Höhne 2001: 203). Mehrere AutorInnen verlangen hier einen Perspektivenwechsel hin zu intersektionalen Ansätzen, um unterschiedliche pädagogische und soziale Konstruktionen auf ihr Zusammenspiel und ihre gegenseitige Wirkung hin zu untersuchen (vgl. Crenshaw 1994; Jungwirth 2008).

Differenzierungsmächte

Es geht aber nicht grundsätzlich um die Frage, ob es Differenzen und soziale Grenzziehungen innerhalb von modernen Gesellschaften gibt oder nicht, sondern darum, ab wann das „doing difference" (West/Fenstermaker 1996) reflexive Hinterfragungen und Überlegungen notwendig macht. Oder aber: „inwieweit diese Differenzen durch wen und für wen diskursiv-reflexiv bearbeitet werden können" (Corsten/Bohler 2010)? Einigen AutorInnen zufolge müssen Differenzen immer dann öffentlich diskutiert werden, sobald sich „machtvolle Praktiken der Ausgrenzung, der Normalisierung und Stigmatisierung entlang von Differenzen" entwickeln (Kessl/Plößer 2010). Ähnlich argumentiert auch Rommelspacher (2002) und fügt hinzu, dass Differenzen und soziale Grenzziehungen von den Beteiligten selbst als problematisch angesehen werden müssen, bevor sie in öffentlichen Auseinandersetzungen Platz finden können. Demzufolge muss immer dann, wenn Differenzen auf „Ungleichartigkeit", „Ungleichwertigkeit und Hierarchie" verweisen (Klinger 1995: 40), ein Moment der De- und Rekonstruktion bzw. der konkreten Grenzbearbeitung folgen, damit – so Kessl/Maurer (2010: 159–160) – soziale und „territoriale Markierungen und hegemoniale Grenzverläufe", aber auch Machtstrukturen „in ihren Mechanismen, Wirkungen und Beziehungen" sichtbar werden (Foucault 1999b: 23). Wenn wir hier von Macht sprechen, folgen wir nicht einer repressiven Machtdefinition (vgl. Weber 1990), sondern einer Definition von Macht, wie wir sie bei Foucault (1999a) finden. In Anlehnung an Marx definiert Foucault nicht eine absolute *Macht*, sondern spricht von mehreren *Mächten*, die unterschiedlich und dennoch gleichzeitig wirken können. Macht äußert sich demnach in ungleichen Verhältnissen (Machtverhältnisse) zwischen Individuen und sozialen Gruppierungen und entwickelt sich entlang von „Diskursen, Praktiken und Institutionen" (Maurer 2001: 132). Das heißt, wann immer über *Macht* gesprochen wird, müssen wir uns der lokal funktionierenden vielförmigen *Mächte*verhältnisse bewusst werden und sie in ihrer „historischen und geographischen Eigentümlichkeit [...] lokalisieren" (Foucault 1999a: 177). Für die Praxis heißt das, dass alltägliche Machtmechanismen, Normalitäten und gesellschaftliche Institutionalisierungsformen hinterfragt und reflexiv (um)gestaltet werden müssen (vgl. Broden/Mecheril 2007).

Aufruf zur Differenzierung der Integrationskonzepte – Schauplatz Franzensfeste

Die Bedeutung dieser theoretischen Perspektive liegt in der Aufforderung zur Differenzierung (Griese 2002): als Differenzierung und kritische Beleuchtung nicht nur der gesellschaftlich geformten Kategorien und der aktuellen Wanderungsbewegungen, sondern auch der bestehenden Integrations- und Inkorporationskonzepte. Die zunehmende Komplexität und Individualität der internationalen Wanderungsbewegungen hat vielschichtige Muster der Inkorporation zur Folge (Merz-Benz/Wagner 2002; vgl. transnationale Ansätze nach Pries 2003; 2008). Während in öffentlichen Debatten Assimilisierungsforderungen eine neue Wichtigkeit erlangen (Esser 2003; 2006) und sich restriktive Immigrationspolitiken weiter ausdehnen, stellt sich für uns die Frage: was heißt Integration? Wie wird Integration im Alltag am konkreten Beispiel Franzensfeste gelebt und gestaltet?

Das Zusammenleben im Dorf ist seit jeher mehr von einem Nebeneinander als von einem Miteinander geprägt. Von Integration wird hier nicht gesprochen, „io odio questa parola […] perché è stata usata troppo e ha perso il suo significato" (Ich hasse dieses Wort […] weil es zu oft verwendet wurde und damit seine Bedeutung verloren hat) (D.S. 2010). Das Beispiel Franzensfeste zeigt, dass in der praktischen Umsetzung des Integrationskonzeptes eine Diskrepanz zwischen Theorie und Praxis besteht (vgl. Profanter/Lintner 2011). Die Überlegungen der BewohnerInnen bezogen sich vor allem auf den Bedeutungsverlust des Integrationskonzepts für das Alltagsleben. Dieses Phänomen findet sich auch in der wissenschaftlichen und kritischen Auseinandersetzung mit Migrationstheorien und -terminologien wieder (vgl. Castro Varela 2006; Yıldız 2010). Zentral ist dabei die Widersprüchlichkeit, die Begriffe wie Integration von vornherein implizieren: Gesellschaft und die zu integrierende Gruppe werden als getrennte Einheiten begriffen, die eine Bindung zueinander entwickeln müssen bzw. sollen (Geisen 2010). Dieses Verhältnis ist gesellschaftlich produziert und reproduziert dementsprechend vorhandene gesellschaftliche Machtstrukturen. So gesteht man MigrantInnen, wie auch am lokalen Beispiel Franzensfeste sichtbar, keinen Subjektstatus (Knecht 1993) zu, und es wird ihnen im öffentlichen Leben weitestgehend „die Fähigkeit ab[gesprochen], ihre Interessen und Bedürfnisse angemessen und glaubwürdig selbst zu repräsentieren" (Kiesel 1996: 160). Damit ist Integration „auch immer als eine Praxis der Bestimmung und Sortierung und letztendlich auch eine Praxis der Ein- und Ausgrenzung zu betrachten" (Riegel 2009: 24). Wer die Definitionsmacht (vgl. Butler 2001) hat zu bestimmen, wer zugehörig und nichtzugehörig bzw. integriert und nicht-integriert ist, der hat auch die Macht, Prozesse der Inklusion und Exklusion zu beeinflussen und zu determinieren. So wird mancherorts Integration als Höhepunkt der individuellen Migration gesehen, die dann „*gnadenhalber* auch honoriert werden mag" (Bukow 2007: 31).

Das Integrationsverständnis in-vivo

In Franzensfeste sprechen die BewohnerInnen zunächst von Integration als bilateralen Prozess, in dem sowohl die MigrantInnen als auch die Aufnahmegesellschaft aufgefordert sind, ihren Beitrag zu leisten. Bei einer genaueren Analyse fällt aber auf, dass sich dieser bilaterale Prozess sehr ungleich gestaltet (vgl. Profanter/Lintner 2011: 88). Auch am lokalen Beispiel entzündet sich die Machtfrage: „Jeder sollte hier im Dorf die gleichen Rechte haben, solange er dem anderen nichts nimmt" (E.R. 2010). Die MigrantInnen werden zwar akzeptiert, „wenn sie nicht stören" (F.I. 2010) und „sie bekommen alles, solange sie [uns] nichts wegnehmen" (G.W. 2010). Der Beitrag der Einheimischen bezieht sich auf die strukturelle Integration, wie wir sie bei Heckmann (1992) finden, während der Beitrag der MigrantInnen sich auf soziale und vor allem kulturelle Anpassung bezieht.[5] Vor allem der Beitrag der MigrantInnen wird im Dorf als grundlegende Voraussetzung für ein gelungenes Zusammenleben gesehen. Dies spiegelt sich auch in der Sprache wider, die von den InterviewparterInnen benutzt wird: „Devono capire [...]" (Sie müssen verstehen [...]) (U.F. 2010), „[...] devo adattarmi [...]" ([...] ich muss mich einfügen [...]) (H.J. 2010). Der verwendete Imperativ unterstreicht diese Forderung gegenüber der zugewanderten Bevölkerung, ihren Beitrag durch Anpassung an die hiesige Gesellschaft leisten zu müssen. Es sind aber nicht die unterschiedlichen Lebensbereiche, die das bestehende Ungleichgewicht zwischen den Einheimischen und den MigrantInnen hervorrufen, sondern die Art und Weise, wie die Beiträge (strukturell, sozial und kulturell) vom jeweils anderen gefordert werden und welche Wichtigkeit diese Forderungen innerhalb der lokalen Gemeinschaft erreichen. Die Einheimischen können strukturelle Vorkehrungen treffen bzw. förderliche Strukturen schaffen, müssen es aber nicht dringlich. Es wäre zwar wünschenswert, hat aber keine größeren Auswirkungen, wenn dies nicht geschieht, so die Ergebnisse. Anders bei den MigrantInnen; bei ihnen wird nicht von „wollen" gesprochen, sondern von „müssen". Diese Haltung, die lokal im Dorf Franzensfeste zu beobachten ist, findet sich nocheinmal verstärkt in Gebieten mit starken Zuwanderungsdynamiken wie Südtirol, in denen Migration und Minderheiten zu einem festen Teil des sozialen Alltagsverständnisses geworden sind.

---

5   Zur Frage, ob das Assimilationskonzept überholt sei, vgl. Esser 2003 und Mecheril et al. 2010.

Nähe gestalten – Nähe aushalten: das Beispiel Südtirol

Südtirol ist durch seine spezielle Lage zwischen dem deutschen und dem italienischen Sprachraum seit jeher ein Schnittpunkt von verschiedenen europäischen Kulturen und Sprachen. Seit den 90er Jahren wurde Südtirol, wie auch das restliche Italien, zu einem attraktiven Migrationsziel für Nicht-EU-BürgerInnen. In Südtirol werden besonders die Dörfer an der Brennerbahnlinie wie Salurn, Waidbruck und Franzensfeste (Astat 2011) zu Schauplätzen einer multikulturellen Szene. Um zu verstehen, wie Südtirol mit dieser relativ neuen Einbindung in globale Migrationsprozesse umgeht, ist es notwendig, das grundlegende Verständnis von „friedlichem" Zusammenleben bzw. Nebeneinander zu betrachten. Dieses basiert auf dem Schutz der drei offiziellen Sprachgruppen Deutsch, Italienisch und Ladinisch, der im Autonomiestatut von 1948 geregelt ist. Auch wenn das Südtiroler Modell vom Zusammenleben der verschiedenen Minderheitengruppen in der Region oft als Vorzeigemodell für Europa und Vergleichssituationen verwendet wird (Di Sotto 2009), so weist es gerade hinsichtlich der Integration von „neuen" Minderheitengruppen kritische Momente auf (Blanco 2006).

Vom Miteinander und Nebeneinander

Das Zusammenleben in Südtirol kann grundsätzlich nicht als „Miteinander" beschrieben werden, sondern als ein „Nebeneinander". Dies spiegelt sich vor allem auf institutioneller, aber auch auf sozialer und kultureller Ebene wider, was soweit führt, dass „es auch einheimische Fremde" gibt (G.O. 2010). Dies ist hauptsächlich darauf zurückzuführen, dass die verschiedenen Gruppen in einem gemeinsamen Territorium leben, das sie aber noch immer nicht als solches verstehen (vgl. Baur 2009). Auf Phasen des Nebeneinanders, unterbrochen durch kurze Momente des Miteinanders, folgten und folgen noch immer Phasen des Gegeneinanders. Südtirol lebt demnach eine paradoxe Ansicht des Zusammenlebens, die sich gleichzeitig in der Nähe und der Distanz zum anderen ausdrückt (ebd. 171). Dabei wird ein „Spannungsfeld zwischen konkurrierenden Werten" aufgebaut, was wiederum, um mit Luhmann (2002) zu sprechen, zur operationalen Schließung führen kann: „dieses Trennen und dieses Schachteldenken geht von den Eltern aus. Die Kinder lernen sehr früh, was und wer italienisch oder deutsch ist" (R.K. 2010).

Somit stellt sich die Frage, wo sich hier die sogenannten „neuen" Minderheiten positionieren sollen, müssen oder überhaupt können. Was bedeutet Integration in einer Gesellschaft, die bereits einen historisch plurikulturellen und plurilinguistischen Hintergrund aufweist?

„Vielfältigere Vielfalt" – eine Überlegung

Baur (2000) zufolge hat die Südtiroler Gesellschaft die Probleme mit der eigenen Vergangenheit noch nicht überwunden. Es geht grundsätzlich um den Versuch, Nähe zu gestalten, und das Problem, diese Nähe auch auszuhalten. Das Zusammenleben in Franzensfeste bestätigt diese These: räumliche Nähe und soziale Distanz werden hier zu den zentralen theoretischen Konzepten, um das Zusammenleben zu erklären (Steinbach 2004).

Aus rechtlicher Sicht nimmt Voltmer (2011: 183) kritisch Stellung zum lokalen Minderheitenschutz, dabei ist es vor allem die deutsche Sprachgruppe, die den Anspruch erhebt, dass sie die „einzig ‚wahre' Minderheit(...) mit ‚echtem' Anspruch auf Minderheitsschutz sei(...)". Die Präsenz von neuen Minderheiten auf dem Territorium passt nicht in das strikt geregelte System der Autonomie, es „verdecke[n] die Realität und schließe[n] wichtige Teile der Bevölkerung aus", so Larcher (2005: 169). Der Minderheitenschutz in Südtirol geht von homogenen Gruppen aus und leugnet dementsprechend die Tatsache der Heterogenität, die nicht nur aufgrund der ansteigenden Migrationszahlen, sondern auch innerhalb der sogenannten „historischen" Minderheitengruppen Realität geworden ist. MigrantInnen werden zwar akzeptiert, sie sind aber vom Minderheitenschutz weitestgehend ausgeschlossen. Sie müssen sich in dieser historisch begründeten Südtiroler Identitätskrise zurechtfinden und ihren Platz suchen (vgl. Petrovic et al. 2006). Voltmer (2011: 186) plädiert in seiner Analyse vor allem auf die Öffnung des Maßnahmenpaketes, welches sich der „vielfältigeren Vielfalt" Südtirols im 21. Jahrhundert stellen muss.

Aufgrund des politischen und gesellschaftlichen Drucks, eine Antwort auf die Frage zu finden, *wie* man mit dem sogenannten „Migrationsproblem" umgehen muss, entwickelte sich der Begriff Integration auch in Südtirol immer mehr zu einem öffentlichen politischen und gesellschaftlichen Schlagwort, dessen Umsetzung im Alltag weitestgehend ausbleibt (vgl. Sayad 2002). Folgt man der Analyse von Hoffmann-Nowotny (1973), so sind die sogenannten Probleme der MigrantInnen auch immer Probleme der Einheimischen, welche in den ungelösten Spannungen der Aufnahmegesellschaft selbst zu suchen sind. Integration der „neuen" ZuwanderInnen würde hier in erster Linie gemeinsame Aufarbeitung der Vergangenheit (vgl. Trauerarbeit, Baur 2000) seitens der Südtiroler Gesellschaft bedeuten.

Das Integrationsverständnis in Italien

Auch wenn diese ungelösten Spannungen für Südtirol exemplarisch sind, spiegeln sie letztendlich wider, wie mit dem sogenannten MigrantInnenproblem auf nationaler Ebene (vgl. Basso/Perocco 2004) und europäischer Ebene umgegangen wird. Längst feilt man an Lösungsansätzen und Immigrationspolitiken, die versuchen, die Einwanderung in eine bestimmte Richtung zu „biegen" (Goodman 2010). Die Resultate auf provinzialer, nationaler, aber auch europäischer Ebene verfolgen meist eine Richtung: restriktiv, eindämmend, verbietend. Italien ist mit seiner restriktiven Immigrationspolitik hier nur eine unter vielen europäischen Nationen, die versuchen, den Zaun zur „Festung Europas" noch höher und noch dichter zu machen. Die italienische Politik, aber auch die lokale Bevölkerung sind in den letzten Jahrzehnten unreflektiert in die Realität einer Migrationsgesellschaft hineingestolpert. Der relativ unvermittelte Wandel von einem Auswanderungsland (vom Ende des 19. Jahrhunderts bis in die 1970er Jahre) zu einem Einwanderungsland (seit den 1980er Jahren), hat dazu beigetragen, dass interne Spannungen verschärft wurden (vgl. Treibel 2008). Offiziellen Daten zufolge leben in Italien derzeit ca. 2,5 Mio. staatsbürgerliche „AusländerInnen". Somit liegt der AusländerInnenanteil von 4,2 % knapp unter dem europäischen Durchschnitt von 5,2 % (vgl. Caritas/Migrantes 2010). Die Probleme, die sich dadurch ergaben, wurden teilweise verdrängt, teilweise als Probleme abgetan, die lediglich MigrantInnen betreffen würden. Unbemerkt bleibt die Tatsache, dass Immigration auch in Italien zu einem strukturellen Phänomen geworden ist, welches nicht nur die MigrantInnen, sondern die gesamte Gesellschaft herausfordert, mehrdimensionale Integrationsprozesse zu initiieren. Wird über das „Ausländerproblem" debattiert, dann wird oft die Aufforderung laut, die MigrantInnen sollten sich integrieren. Dies geschieht meist ohne zu bedenken, dass wir alle selbst Teil dieser neuen *Migrations*gesellschaft sind. Wie zahlreiche andere AutorInnen unterstreicht auch Treibel (2008), dass Migration einer jener gesellschaftlichen Bereiche ist, in dem die modernen Gesellschaften besonders starke Wandlungen erleben werden. Dies ist dadurch bedingt, dass Migration eben nicht nur einen Bereich des gesellschaftlichen Lebens betrifft, sondern alle Bereiche unseres sozialen Lebens beeinflusst. Die Last der Integration wird jedoch meist den MigrantInnen aufgebürdet. „Es wird Eingliederung erwartet, ohne Bürgerrechte zuzugestehen. Und es wird kulturelle Anpassung verlangt, ohne zu definieren, woran man sich denn nun anpassen sollte." (Milborn 2006: 220)

Schlussbemerkung. Realität oder Eintagsfliege?

Die Frage nach Integration von „neuen" Minderheiten ist ein Thema, welches auf nationaler, provinzialer, aber auch auf lokaler Ebene unumgänglich geworden ist. Da konkrete Anweisungen für die Umsetzung des Integrationskonzepts weitestgehend ausbleiben, werden auf lokaler Ebene oft „Feuerlöschaktionen" gestartet, damit das sogenannte Problem der Migration „nicht eskaliert" (D.G. 2010). Die Idee von Dialog und Begegnung hält vor dem Hintergrund der Kritik an homogenisierenden Kulturkonzepten sowohl Chancen als auch Schwierigkeiten bereit. Initiativen wie das „Fest der Völker" laufen jedoch häufig Gefahr, bestehende Homogenitätsunterstellungen zu reproduzieren, diese sind nicht durch den einfachen Dialog und eine einmalige Begegnung zu überwinden. Das Problem der symbolischen Aus- und Abgrenzung bestimmter Bevölkerungsgruppen wird dabei nicht überwunden, sondern akzentuiert. Jeder Einzelne und jede Organisation, die an solchen Initiativen mitwirkt, ist eingebettet in bestimmte Machtstrukturen, aus denen man sich zwar nicht entziehen kann, die man sich aber bewusst machen kann. Genau an diesen Punkt liegt aber auch die Chance für solche Initiativen und alle beteiligten AkteurInnen: nämlich die vorherrschenden Machtstrukturen bewusst und geplant zu beeinflussen, und aktiv mit den daraus sich entwickelten Dilemmata umzugehen. Das Fest wird somit nicht nur ein Ort des Sich-begegnens, sondern vielmehr ein Ort, wo Zugangsmöglichkeiten und Schließungsmechanismen gleichzeitig ausgehandelt werden. Die Begegnung wird so zur aktiven Umsetzung, der Dialog zur kritisch-reflexiven Auseinandersetzung.

Greifen wir die Frage auf, die wir zu Beginn in Bezug auf das „Fest der Völker" gestellt haben: Wie steht es um die Nachhaltigkeit solcher Projekte? Nach dem Fest zeigt sich Franzensfeste noch gleich wie am Tag zuvor, mit Ausnahme von einigen kleinen nachhaltigen Schritten. Gemeinschaft-Werden und Gemeinschaft-Leben ist ein sozial gesellschaftliches Anliegen, welches die Gesellschaft in ihrem Innersten in all ihren kulturellen, sozialen und strukturellen Ausprägungen betrifft (vgl. Basso/Perocco 2004). Des Weiteren ist Integration einer jener Prozesse, bei dem man erst am Ende sagen kann, ob er erfolgreich war oder nicht. Es ist ein langwieriger und komplexer Prozess, der auf langfristig angelegten Projekten und Initiativen basieren muss (vgl. Profanter/Lintner 2011). Aufgrund des hohen AusländerInnenanteiles von 18,65 % wurde das kleine Dorf im Norden Südtirols vor allem in den letzten Jahren zu einem sozialen Laboratorium und Schlaraffenland für MigrationsforscherInnen, die hier die Basis für ein interkulturelles Zusammen verstehen wollen. Vorliegende Forschungsdaten (vgl. Profanter/Lintner 2011) bestätigen die Notwendigkeit, Integration als einen beidseitigen Prozess zu verstehen, der auch ein Umdenken in der lokalen Bevölkerung impliziert Wie die Analyse des Integrationsverständnisses in Südtirol und Italien zeigt, wird auf politischer Ebene Migration als „Problem" definiert, und somit auch auf rechtlicher Ebene als solches behandelt wird. Integration bleibt hier Aufgabe der MigrantInnen. Dabei wird Integration nicht als bilateraler Prozess gesehen, sondern als Assimilisierungsprozess, der unter dem Begriff Integration verabschiedet wird. Diese paradoxen Interpretationen entfachen aktuell heftige Diskussion um die Trennlinie zwischen Integration und Assimilation im Rahmen des zurzeit in Ausarbeitung befindlichen ersten Integrationsgesetzes für das Land Südtirol. Restriktive Politiken wie in Italien und Südtirol legitimieren sich durch wissenschaftliche Auftragsforschungen, die so einen neuen Aufschwung erleben (vgl. Mecheril 2007). Es genügt auf wissenschaftlicher Ebene also nicht, einzelne Aktionen und Projekte zu analysieren, wenn darauf nicht eine kritische Analyse der gesellschaftlichen und politischen Kontexte erfolgt, in die diese Projekte eingebettet sind. Initiativen wie das Fest der Völker können auf lokaler Ebene nicht für sich allein stehen, es müssen die dahinterstehenden sozialen und gesellschaftlichen Dynamiken, Macht- und Herrschaftsfragen sowie Legitimierungstendenzen kritisch hinterfragt werden. Die Gratwanderung der Integration ist schlussendlich kein speziell interkulturelles „Problem", sondern Aufgabe der gesamten Gesellschaft, auf deren Herausforderungen und Fragen wir die Antwort schuldig bleiben müssen. Dabei geht es letztendlich auch um die Frage, und hier orientieren wir uns an den Worten Baumans (2001): hat unsere Gesellschaft, in der wir leben, überhaupt Lust (Zeit) auf (für) (interkulturelle) Gemeinschaft?

Literatur

Aluffi-Pentini, Anna/*Gstettner*, Peter/*Lorenz*, Walter/*Wakounig*, Vladimir (Hg.) (1999). Antirassistische Pädagogik in Europa, Klagenfurt.

ASTAT (2011). Ausländische Wohnbevölkerung 2010/Popolazione straniera residente 2010, Bozen.

Auernheimer, Georg (2003). Einführung in die interkulturelle Pädagogik, Darmstadt.

Basso, Pietro/*Perocco*, Fabio (2004). Immigrazione e trasformazione della società, Milano.

Bauman, Zygmunt (2001). Voglia di comunità, Bari.

Baur, Siegfried (2000). Die Tücken der Nähe. Kommunikation und Kooperation in Mehrheits-/Minderheitssituationen. Kontextstudie am Beispiel Südtirol, Meran.

Baur, Siegfried (2009). Alto Adige–Südtirol: la vicinanza insidiosa – aspetti problematici di convivenza tra più gruppi linguistici in una zona di confine, in: *Riccioni*, Ilaria (Hg.): Multiculturalismi a confronto. Chipas, Catalogna, Amazzonia, Peruviana, Alto-Adige Südtirol: La funzione delle minoranze nel mondo globalizzato. Atti del seminario Bressanone, 20 maggio 2009, Bozen, 31–38.

Bauschke-Urban, Carola (2010). Differenz in Bewegung – Transnationale Mobilität und Intersektionalität, in: *Bauschke-Urban*, Carola (Hg): Im Transit. Transnationalisierungsprozesse in der Wissenschaft, Wiesbaden, 109–123.

Blanco, Luigi (2006). Storia e identità culturale in una regione di confine: il Trentino-Alto Adige/ Südtirol, in: Scienza & Politica, Vol. 34, 121–140.

Broden, Anne/*Mecheril*, Paul (2007). Re-Präsentationen. Dynamiken der Migrationsgesellschaft, Düsseldorf.

Bukow, Wolf-Dietrich (2007). Die Rede von Parallelgesellschaften. Zusammenleben im Zeitalter einer metropolitanen Differenzgesellschaft, in: *Bukow*, Wolf-Dietrich/*Nikodem*, Claudia/*Schulze*, Erika/*Yıldız*, Erol (Hg.): Was heißt hier Parallelgesellschaft? Zum Umgang mit Differenzen, Wiesbaden, 29–51.

Butler, Judith (2001). Psyche der Macht. Das Subjekt der Unterwerfung, Frankfurt am Main.

Caritas Italiana, F.M (2010). XX Rapporto, Dossier 1991–2010: per una cultura dell'altro, Roma.

Castro Varela, María do Mar (2006). Integrationsregimes und Gouvernementalität. Herausforderungen an interkulturelle/internationale Soziale Arbeit, in: Neue Praxis. Zeitschrift für Sozialarbeit, Sozialpädagogik und Sozialpolitik, Vol. 8, 152–164.

Castro Varela, María do Mar/*Dhawan*, Nikita (2007). Migration und die Politik der Repräsentation, in: *Broden*, Anne/*Mecheril*, Paul (Hg.), Re-Präsentationen. Dynamiken der Migrationsgesellschaft, Düsseldorf, 29–47.

Corsten, Michael/*Bohler*, Karl F. (2010). Begegnung von Kulturen? Wiesbaden.

Crenshaw, Kimberlé (1994). Mapping the Margins. Intersectionality, Identity Politics, and Violence Against Women of Color, in: *Albertson Fineman*, Martha/*Mykitiuk*, Roxanne, (Hg): The Public Nature of Private Violence, New York, 93–118.

Di Sotto, Nicoletta (2009). La provincia autonoma di Bolzano: un modello europeo? in: Le istituzioni del federalismo: Regione e governo locale. Bimestrale di studi giuridici e politici della regione Emilia-Romagna. Approfondimenti su regioni ed enti locali, Vol. 1, 121–144.

Esser, Hartmut (2003). Ist das Konzept der Assimilation überholt? in: Geographische Revue: Zeitschrift für Literatur und Diskussion, Vol. 5(2), 5–22.

Esser, Hartmut *(2006)*. Integration und Sprache, Frankfurt.

Foucault, Michael (1999a). Botschaften der Macht. Der Foucault-Reader, Diskurs und Medien, Stuttgart.

Foucault, Michael (1999b). In Verteidigung der Gesellschaft. Vorlesungen am Collège de France 1975–76, Frankfurt am Main.

Geisen, Thomas (2010). Vergesellschaftung statt Integration. Zur Kritik des Integrations- Paradigmas, in: *Mecheril*, Paul/*Dirim*, İnci/*Gomolla*, Mechthild/*Hornberg*, Sabine /*Stojanov*, Krassimir (Hg): Spannungsverhältnisse. Assimiliationsdiskurse unter interkulturell-pädagogische Forschung, Münster, 13–34.

Gogolin, Ingrid/*Krüger-Potratz*, Marianne (2006). Einführung in die interkulturelle Pädagogik, Opladen/Farmington Hills.

Goodman, Sara W. (2010). Integration requirements for integration's sake? Identifying, categorising and comparing civic integration policies, in: Journal of Ethnic and Migration Studies, Vol. 36(5), 753–772.

Griese, Hartmut M. (2002). Kritik der „Interkulturellen Pädagogik". Essays gegen Kulturalismus, Ethnisierung, Entpolitisierung und einen latenten Rassismus, Münster.

Groenemeyer, Axel/*Mansel*, Jürgen (2003). Die Ethnisierung von Alltagskonflikten, Opladen.

Hamburger, Franz (1994). Pädagogik der Einwanderungsgesellschaft, Frankfurt am Main.

Heckmann, Friedrich (1992). Ethnische Minderheiten, Volk und Nation. Soziologie inter-ethischer Beziehungen, Regensburg.

Hoffmann-Nowotny, Hans J. (1973). Soziologie des Fremdarbeiterproblems. Eine theoretische und empirische Analyse am Beispiel Schweiz, Stuttgart.

Höhne, Thomas (2001). Kultur als Differenzierungskategorie, in: *Lutz* Helma/*Wenning*, Norbert (Hg.): Unterschiedlich verschieden. Differenz in der Erziehungswissenschaft, Opladen, 197 215.

Jungwirth, Ingrid (2008). The change of normative gender orders in the process of migration: a transnational perspective, Bielefeld.

Kessl, Fabian/*Reutlinger*, Christian (2007). Sozialraum. Eine Einführung, Wiesbaden.

Kessl, Fabian/*Maurer*, Susanne (2010). Praktiken der Differenzierung als Praktiken der Grenzbearbeitung. Überlegungen zur Bestimmung sozialer Arbeit als Grenzbearbeiterin, in: *Kessl*, Fabian/*Plößer*, Melanie (Hg.): Differenzierung, Normalisierung, Andersheit. Soziale Arbeit als Arbeit mit den Anderen, Wiesbaden, 154–169.

Kessl, Fabian/*Plößer*, Melanie (2010). Differenzierung, Normalisierung, Andersheit. Soziale Arbeit als Arbeit mit den Anderen, Wiesbaden.

Kiesel, Doron (1996). Das Dilemma der Differenz. Zur Kritik des Kulturalismus in der Interkulturellen Pädagogik, Frankfurt am Main.

Klinger, Cornelia (1995). Beredtes Schweigen und verschwiegenes Sprechen, in: *Bußmann*, Hadumod/*Hof*, Renate/*Bronfen*, Elisabeth (Hg): Genus. Zur Geschlechterdifferenz in den Kulturwissenschaften, Stuttgart, 34–59.

Knecht, Michi (1993). Bilder – Texte – Macht. Wie die Darstellung von ‚anderen' Frauen als Opfer und ‚anderen' Kulturen als frauenfeindlich zur Rechtfertigung von Ausgrenzung benutzt wird, in: *WIDEE* – Wissenschaftlerinnen in der Europäischen Ethnologie (Hg.): Nahe Fremde – fremde Nähe. Frauen forschen zu Ethos, Kultur, Geschlecht, Wien, 273–301.

Kristeva, Julia (1990). Fremde sind wir uns selbst, Frankfurt am Main.

Larcher, Dietmar (2005). Heimat, eine Schiefheilung – Südtirols große Erzählungen. Ein Versuch der Dekonstruktion, in: *Larcher*, Dietmar/*Thuswald*, Marion/*Twrdy*, Ute/*Schautzer*, Wolfgang (Hg.): Fremdgehen. Fallgeschichten zum Heimatbegriff, Klagenfurt, 165–193.

Luhmann, Niklas (2002). Einführung in die Systemtheorie, Heidelberg.

Lutz, Ellrich (1999). Verschriebene Fremdheit. Die Ethnographie kultureller Brüche bei Clifford Geertz und Stephen Greenblatt, Frankfurt/New York.

Lutz, Helma/*Wenning*, Norbert (2001). Unterschiedlich verschieden. Differenz in der Erziehungswissenschaft, Opladen

Maurer, Susanne (2001). Das Soziale und die Differenz. Zur (De-)Thematisierung von Differenz in der Sozialpädagogik, in: *Lutz*, Helma/*Wenning*, Norbert (Hg.): Unterschiedlich verschieden. Differenz in der Erziehungswissenschaft, Opladen, 125–142.

Mecheril, Paul (2004). Einführung in die Migrationspädagogik, Weinheim/Basel.

Mecheril, Paul/*Dirim*, İnci/*Gomolla*, Mechthild/*Hornberg*, Sabine/*Stojanov*, Krassimir (Hg.) (2010). Spannungsverhältnisse. Assimilationsdiskurse und interkulturell-pädagogische Forschung, Münster.

Mecheril, Paul (2007). Politische Verantwortung und Kritik. Das Beispiel Migrationsforschung, in: *Figatowski*, Bartholomäus/*Gabriel*, Kokebe H./*Meyer*, Malte (Hg.): Making of migration. Repräsentationen, Erfahrungen, Analysen, Münster, 24–32.

Messerschmidt, Astrid (2009). Rassismusanalyse in einer postnationalsozialistischen Gesellschaft, in: *Melter*, Claus/*Mecheril*, Paul (Hg.): Rassismuskritik. Band 1: Rassismustheorie und -forschung, Schwalbach/Ts., 59–74.

Merz-Benz, Peter-Ulrich/*Wagner*, Gerhard (2002). Der Fremde als sozialer Typus. Klassische soziologische Texte zu einem aktuellen Phänomenen, Konstanz.

Milborn, Corinna (2006). Gestürmte Festung Europa. Einwanderung zwischen Stacheldraht und Ghetto. Das Schwarzbuch, Wien.

Möhring, Peter (1998). Zum psychoanalytischen Verständnis von Migration und Interkultureller Begegnung, in: *Büttner*, Christian (Hg.): Brücken und Zäune. Interkulturelle Pädagogik zwischen Fremden und Eigenem, Gießen, 53–74.

Petrovic, Dragana/*Azil*, Fatima/*Chiaretti*, Giuliana/*Perocco*, Fabio (2006). Inclusione ed esclusione delle donne immigrate in Alto Adige, Bozen.

Pries, Ludger (2003). Transnationalismus, Migration und Inkorporation. Herausforderung an Raum- und Sozialwissenschaften, in: Geographische Revue: Zeitschrift für Literatur und Diskussion, Vol. 5(2), 23–40.

Pries, Ludger (2008). Die Transnationalisierung der sozialen Welt. Sozialräume jenseits von Nationalgesellschaften, Frankfurt am Main.

Profanter, Annemarie/*Lintner*, Claudia (2011). Zusammen und weniger getrennt. Eine wissenschaftliche Analyse des interkulturellen Zusammenlebens in Franzenfeste. Insieme e meno divisi. Un'analisi scientifica della convivenza interculturale a Fortezza, Brixen.

Riegel, Christine (2009). Integration – ein Schlagwort? Zum Umgang mit einem problematischen Begriff, in: *Sauer*, Karin E./*Held*, Josef *(Hg.):* Wege der Integration in heterogenen Gesellschaften. Vergleichende Studien, Wiesbaden, 23 40.

Rommelspacher, Birgit (2002). Anerkennung und Ausgrenzung. Deutschland als multikulturelle Gesellschaft, Frankfurt am Main.

Sayad, Abdelmalek (2002). La doppia assenza. Dalle illusioni dell'emigrato alle sofferenze dell'immigrato, Milano.

Steinbach, Anja (2004). Soziale Distanz. Ethnische Grenzziehung und die Eingliederung von Zuwanderern in Deutschland, Wiesbaden.

Treibel, Annette (2008). Migration in modernen Gesellschaften. Soziale Folgen von Einwanderung, Gastarbeit und Flucht, Weinheim/München.

Voltmer, Leonhard (2011). Vom Schutz der Minderheit zum Minderheitenschutz – alte und neue Vielfalt in Südtirol, in: *Bukow*, Wolf-Dietrich/*Heck*, Gerda/*Schulze*, Erika/*Yıldız*, Erol (Hg.): Neue Vielfalt in der urbanen Stadtgesellschaft, Wiesbaden, 175–186.

Weber, Max (1990). Wirtschaft und Gesellschaft: Grundriß der verstehenden Soziologie, Tübingen.

West, Candace/*Fenstermaker*, Sarah (1995). Doing difference, in: Gender& Society, Vol. 9(1), 8–37.

Yıldız, Erol (2010). Über die Normalisierung kultureller Hegemonie im Alltag. Warum Adnan keinen „normalen Bürgersmann" spielen darf, in: *Mecheril*, Paul/*Dirim*, İnci/*Gomolla*, Mechthild/*Hornberg*, Sabine/*Stojanov*, Krassimir (Hg): Spannungsverhältnisse. Assimilationsdiskurse und interkulturelle-pädagogische Forschung, Münster, 59–78.

Yıldız, Safiye (2009). Interkulturelle Erziehung und Pädagogik. Subjektivierung und Macht in den Ordnungen des nationalen Diskurses, Wiesbaden.

Zwick, Elisabeth (2009). Pädagogik als Dialog der Kulturen. Grundlagen und Diskursfelder der interkulturellen Pädagogik, Berlin.

The manufacturer's authorised representative in the EU is Springer
Nature Customer Service Centre GmbH, Europaplatz 3, 69115 Heidelberg,
Germany. If you have any concerns regarding our products, please
contact ProductSafety@springernature.com

Printed and bound by CPI Group (UK) Ltd, Croydon, CR0 4YY
01/05/2026
02101002-0004